"十四五"职业教育国家规划教材　高等学校航海与海事类系列教材

船舶值班与避碰

（第三版）

主　编　翁建军　徐言民　周　阳
副主编　陈鹏飞　吴小红　陈琳瑛
赵月林　陈进涛　王建军
魏智勇　杨学辉　张维俊
主　审　刘正江　刘明俊

武汉理工大学出版社
·武　汉·

内 容 提 要

"船舶值班与避碰"是我国政府履行《STCW 公约(1978 年海员培训、发证和值班标准国际公约)》马尼拉修正案的履约课程，是海船船员考试的重要课程。本书全面阐述了《1972 年国际海上避碰规则》和《STCW 公约》关于海船船员的值班标准，同时讲述了特殊水域如渔区水域、船舶定线制水域和内河水域的避碰方法，以及雷达避碰、国际信号规则、船舶避碰原理等内容。

本书为高等院校航海技术专业教材，也可作为海船驾驶员参考用书。

图书在版编目(CIP)数据

船舶值班与避碰/翁建军，徐言民，周阳主编.—3 版.—武汉:武汉理工大学出版社，2023.12
ISBN 978-7-5629-6752-1

Ⅰ.①船… Ⅱ.①翁… ②徐… ③周… Ⅲ.①船舶操纵-高等学校-教材 ②船舶航行-避碰规则-高等学校-教材 Ⅳ.①U675.9

中国版本图书馆 CIP 数据核字(2022)第 236175 号

项目负责:陈军东
责任编辑:陈军东
责任校对:黄 鑫
装帧设计:许伶俐
出版发行:武汉理工大学出版社
地　　址:武汉市洪山区珞狮路 122 号
邮　　编:430070
网　　址:http://www.wutp.com.cn
经 销 者:各地新华书店
印 刷 者:湖北恒泰印务有限公司
开　　本:787×1092 1/16
印　　张:23.5
字　　数:617 千字
版　　次:2023 年 12 月第 3 版
印　　次:2025 年 8 月第 1 次印刷
定　　价:58.00 元
凡购本书，如有缺页、倒页、脱页等印装质量问题，请向出版社发行部调换。
本社购书热线电话:027-87515798 87785758 87165708(传真)

第 3 版前言

为贯彻党的二十大精神，建设交通强国，实施科教兴国战略，推动航海教育高质量发展，强化现代化航海人才支撑作用，同时为更好地适应我国海事主管机关《海船船员培训大纲》（2021 版）和《海船船员考试大纲》（2022 版）的要求，在之前版本的基础上，我们对本书进行了修订，修订后的教材可以满足普通本科、职教本科和高职专科等不同层次专业课程的教学需求，也可用于船员培训。具体修订内容包括：

1. 突出任务引领和案例导入。在每章开头部分新增"任务引领"模块，包括"本章重点""学习任务""课程目标"和"案例导入"等环节。其中"课程目标"包括"知识目标""能力目标"和"素质目标"，而"素质目标"对驾驶员的专业素质和思政素质提出了明确的要求。"案例导入"环节设置了与相关章节知识点紧密联系的典型碰撞事故案例，分析事故原因，总结事故教训，提出具有针对性和引导性的问题，其目的是激发读者对本章内容的学习兴趣，并对学习任务和目的有更加清楚的认识。

2. 采用"理实一体"的编写思路。以理论分析为基础，进一步加强案例分析内容。在原第四章、第五章和第六章碰撞案例基础上，本次修订新增了第一章、第二章、第三章、第七章、第八章、第九章和第十章碰撞案例分析，通过案例教学，可以进一步提升学生运用避碰理论和技术解决水上交通运输实践问题的能力。

3. 本书由国内本科航海院校、高职航海院校、航海与海事企事业单位等机构的教授、船长和海外博士共同参与编写，教材广泛吸纳了专家和学者的学识观点和实践经验，使本书的层次得到提高，内容更加充实，碰撞案例分析更加透彻。本书作者有武汉理工大学翁建军教授、徐言民教授、陈鹏飞特任研究员、周阳博士、陈琳瑛副教授和吴小红船长，大连海事大学赵月林教授、江苏海事职业技术学院陈进涛教授、中国海事服务中心王建军船长、重庆交通大学杨学辉副教授、武汉航海职业技术学院魏智勇副教授、南京城市交通运输学校张维俊船长。

本次修订第一章和第二章由周阳、陈鹏飞、陈进涛编写；第三章由徐言民、张维俊、陈鹏飞编写；第四章、第五章和第六章由翁建军、周阳、徐言民、赵月林和王建军编写；第七章和第八章由陈进涛、赵月林、吴小红和杨学辉编写；第九章和第十章由赵月林、陈琳瑛和魏智勇编写。附录一至附录六由翁建军、周阳、陈鹏飞、吴小红和陈琳瑛编写。

4. 为对本书质量严格把关，特邀请大连海事大学刘正江教授和武汉理工大学刘明俊教授作为本书主审。

全书由翁建军统稿。通过本次改版修订，本书在“理论学习”与“实际应用”两个环节上的联系更加紧密，同时有机地融入了课程思政元素，使读者明确学习目标和任务，更好地把握学习重点，提高学习效率。由于时间和水平有限，疏漏之处在所难免，敬请读者批评指正。

编　者

2023 年 12 月

第 2 版前言

为更好的适应我国海事主管机关关于船员适任培训的最新要求和当前智能避碰的发展形势，对教材作了修订，具体内容有：

1. 新增“船舶在能见度不良时的避让技术分析”一节，重点分析了船舶在能见度不良时的避让技术。本节内容侧重于理论分析，可以作为智能避碰和无人避碰行动决策的技术支撑；也可以应用于驾驶员海上避碰实践，以避免避碰技术上的失误，达到提升避让效果，增强避让行动协调性的目的。本节由翁建军、周阳编写。

2. 新增“AIS 在船舶避碰中的作用”一节，目的是为了使驾驶员认识到 AIS 对船舶避碰的作用及其局限性，以避免盲目使用 AIS 信息对船舶避碰带来不利影响。本节由刘明俊编写。

3. 根据 IMO《1972 年国际海上避碰规则公约》修正案(第 A. 1085(28)号决议)，在教材附录一中补充经修正的《1972 年国际海上避碰规则》第六章“对符合本公约规定的验证”。

在教材修订中，编者力求教材内容符合国际有关公约和国内法规、规定的要求，并考虑智能航海发展和海员适任考试培训的需求，以使教材具有较好的适应性，但由于时间和水平有限，疏漏之处在所难免，敬请读者批评指正。

编　者

2020 年 9 月

第 1 版前言

“船舶值班与避碰”是海船船员适任证书考试的重要课程，具有理论性和实践性的双重特征。本书以《STCW 公约(1978 年海员培训、发证和值班标准国际公约)》马尼拉修正案和《STCW 规则(海员培训、发证和值班规则)》马尼拉修正案为指导，以《1972 年国际海上避碰规则》(2007 年修正)为主要内容，凝聚编者的航海教学和实践经验，并在参考国内外船舶避碰学术专著和教材的基础上编写而成。

本书将理论、实践和海员适任证书考试有机结合，以分析规则条文为重点，辅以船舶避碰原理和碰撞案例分析，详细分析了避碰规则的全部内容和海员通常做法，阐述了船舶值班国际公约内容。为适应国际公约要求和船舶避碰的需要，编写了船舶定线制、雷达避碰、通信信号、特殊水域避碰等内容。本书可作为航海院校教学用书，也可作为船舶航行安全相关研究的参考用书。

本书由翁建军和刘明俊主编。全书共十章，翁建军编写第一章至第六章，翁建军、周阳编写第七章和第八章，刘明俊编写第九章和第十章。全书由翁建军负责统稿和定稿。

在本书的编写过程中，周阳搜集、整理和翻译了大量国外资料，曾凡超、秦雪儿、张志昂搜集和整理了船舶碰撞案例及相关资料，邓鹤群绘制了号灯号型示意图，郑道、陈俊锋参与了校对工作，在此向他们致以由衷的感谢！

为配合课程教学，提高专业学生的学习效率，作者还开发制作了配套的课程学习网站，网址为：http://59.69.102.20:81/meol/jpk/course/welcome.jsp? courseId=7300，欢迎广大读者登录网站或向出版社索取配套学习资源。

本书的编写由于时间仓促和编者水平有限，难免有疏漏之处，敬请读者批评指正。

编　者

2015 年 6 月

目　　录

第一章　国际海上避碰规则概述

Introduction to COLREGs

本章重点

1. 国际海上避碰规则的适用水域与适用船舶。

2. 国际海上避碰规则的定义及其内涵。

学习任务

1. 了解国际海上避碰规则的历史沿革、内容与性质。

2. 国际海上避碰规则的适用水域与适用船舶。

3. 国际海上避碰规则允许各国政府或有关主管机关制定的特殊规定，以及对特殊规定的要求。

4. 不同类别的分道通航制对本规则有关条款的适用性。

5. 规则所涉及的十三个名词定义及其内涵。

课程目标

1. 知识目标

(1)能正确理解避碰规则的适用水域与适用船舶。

(2)认识到各种特殊规定的制定主体、具体内容，以及相应的要求。

(3)明确未经和已经 IMO 采纳的分道通航制对规则有关条款的适用性。

(4)能深度理解本规则所涉及各名词的定义及其内涵。

2. 能力目标

(1)对各种水域、各种水上工具和水上设施是否属于规则的适用水域、适用船舶具备准确判断的能力。

(2)具备制定特殊规定的纲领性能力。

(3)能准确理解各名词的定义，能区分各类船舶的法律属性、界定各种航行与避让场景。

(4)能认识到经 IMO 采纳的分道通航制对规则第十条的适用性。

3. 素质目标

(1)从航行安全角度出发，具备明确界定各类船舶的法律属性以正确判断船舶会遇局面和船舶之间避让关系的专业素质。

(2)从海事安全管理角度出发，具备明确界定各类船舶的法律属性的专业素质，为判定船舶碰撞过失和确定责任奠定基础。

(3)具备为我国水域制定特殊规定的基本知识素养。

(4)思政素质目标：建设中国式现代化交通强国、爱国爱家、责任使命、民族振兴。包括：

①了解我国海洋强国战略、交通强国战略；深刻理解中国式现代化交通强国的内涵。

②了解我国国际海运和国际海事管理的水平，认清在中国式现代化建设中的责任和航海报国的历史使命；

③了解智能船舶的发展趋势和知识需求，为培养创新能力提供专业知识支撑。

案例导入

《规则》中“一般定义”所及十三个名词对理解和使用《规则》具有十分重要的作用，对船舶号灯和号型的显示、声响信号的使用和船舶之间避让关系的确定具有密切的关系。只有正确理解《规则》的定义，才能确定船舶之间的避让关系，并采取进一步的避让行动，防止碰撞。

案例：2013 年 10 月某日，在能见度良好的某分道通航制水域，A 轮在顺分道行驶中雷达突然发生故障，此时 B 轮正在从 A 轮的右舷穿越通航分道，两船相互看见。

A 轮认为本船雷达发生故障，属于“失去控制的船舶”，应依据《规则》第十八条的规定确定避让关系，即本船是直航船、B 轮是让路船，于是 A 轮没有及早采取任何行动。而 B 轮认为双方处于交叉相遇局面之中，应依据《规则》第十五条的规定确定避让关系，即本船是直航船，A 轮是让路船，于是 B 轮也没有及早采取任何避让行动。当两船逼近到相距 0.8n mile 时，尽管双方都采取了紧急措施，但为时已晚，最终发生了碰撞。

海事法院认为：A 轮雷达发生故障这种情形不属于“异常情况”，它仍然有能力按《规则》要求进行操纵和避让，因而能够给他船让路，不属于“失去控制的船舶”，而属于“机动船”，两船所构成的会遇局面是“交叉相遇局面”，即 A 轮是让路船。

本起碰撞的主要原因是 A 轮错误认定本船的类型，继而产生对会遇局面和避让关系的误判，致使最终没有及早的采取让路行动。

通过本案例，结合本章内容，提出如下思考：

(1)《规则》中设立“一般定义”的目的是什么？

(2)界定航行环境(如互见与能见度不良)、船舶种类(如机动船与失控船)和船舶动态(如在航与不在航)等对确定船舶之间的避让关系有何意义？

(3)“一般定义”是如何具体界定航行环境、船舶种类和船舶动态的？

第一节　海上避碰规则的沿革、内容与性质
Evolution, Contents and Nature of COLREGs

一、海上避碰规则的历史沿革

《国际海上避碰规则》(以下简称《规则》或"避碰规则",或 COLREGs)是防止船舶碰撞事故、保障海上交通安全的重要法规,其历史萌芽可以追溯到公元前的罗德海法,其成为较为系统全面的国际性海事法规,已有一百多年的历史。从海上避碰规则的历史沿革看,其各项条款、各种术语、各类号灯号型与声号的产生和变化,以及安全避碰理念的演变都来源于海上避碰实践,更来源于船舶碰撞的教训。海上避碰规则既是海员成功避碰经验的总结,也是无数碰撞事故血的教训总结。一般来说,海上避碰规则规定应该怎么做,大都是因为过去没有那么做而导致了碰撞事故的发生;而它规定不应或避免做什么,也主要是因为过去那样做已造成了碰撞事故。因此,了解海上避碰规则的沿革,对于正确解释和运用其规定、指导避碰实践、避免碰撞事故发生是有益的。

1. 早期的海上避碰法则

表 1-1 列出了早期的海上避碰法则。

表 1-1　早期的海上避碰法则

公元前	罗德海法(Lex Rhodia),一部海商习惯法,它将据以判断过错责任的一些海上避碰惯例列举出来。
1840 年 10 月	英国伦敦引航公会(London Trinity House)在总结当时被普遍接受的避碰做法的基础上,提出了世界上第一个成型的海上避碰规则——《汽船航行规则》。
1846 年	英国议会将《汽船航行规则》颁布为法律——《汽船航行规则法》。
1848 年	英国海军部关于汽船应显示左红右绿舷灯和一盏白桅灯的规定亦被纳入《汽船航行规则法》。
1858 年	《汽船航行规则法》增添了帆船应显示有色舷灯、汽船应用号笛、帆船应用雾角或号钟鸣放雾号的规定。
1861 年	英国商务部制订了一套新的避碰规则,经与法国协商补充修改后于 1863 年开始执行。
1863 年	《1863 年海上避碰规则》开始执行,规则包括前言、号灯规则、雾号规则、驾驶和航行规则四个部分,共 20 条。
1864 年	到 1864 年底,《1863 年海上避碰规则》被英国、法国、美国和德国等 30 多个海运国家采用。
1879 年	《1863 年海上避碰规则》在该年又经过修改,并于 1880 年生效,其中准许汽船鸣放操纵声号,以表明为避免碰撞而采取的行动。
1884 年	将遇险信号的规定单独作为一条加入避碰规则

2. 国际海上避碰规则的产生与发展

早期的海上避碰规则主要由英国制定。真正意义上的国际海上避碰规则是 1889 年制

定的《1889 年海上避碰规则》，此后，国际海上避碰规则不断发展变化，见表 1-2。

表 1-2　近代国际海上避碰规则

1889 年 09 月	在华盛顿召开了第一次讨论海上避碰规则的国际会议并制定了更加充实和全面的《1889 年海上避碰规则》，但新制定的规则没有立即生效，直到 1897 年才被英国和美国等少数几个国家采纳和实施。
1910 年 10 月	世界主要海运国家在布鲁塞尔召开了第二届国际海事会议，认识到《1889 年海上避碰规则》在国际上生效的必要性，对其做了少量修改，并决定该规则立即生效，该规则（即《1910 年国际海上避碰规则》）成为第一个国际海上避碰规则。直到 1954 年该规则才被生效的《1948 年国际海上避碰规则》所取代。
1914 年	召开第一次《海上人命安全公约（SOLAS）》会议对《1910 年国际海上避碰规则》进行了修订，但因故未能实施和生效。
1929 年	召开第二次《海上人命安全公约（SOLAS）》会议，对《1910 年国际海上避碰规则》进行了修订，但因故未能实施和生效。
1948 年	在伦敦召开的 SOLAS 会议又修订了《1910 年国际海上避碰规则》并制订了《1948 年国际海上避碰规则》，但其修订之处并不多。《1948 年国际海上避碰规则》于 1954 年 1 月 1 日生效。
1960 年	由 1959 年成立的政府间海事协商组织[简称“海协”，IMCO（1982 年 5 月更名为国际海事组织，IMO）]召开了 SOLAS 会议，对《1948 年国际海上避碰规则》进行了修订，制定《1960 年国际海上避碰规则》并作为 1960 年国际海上人命安全会议最终议定书的附件被大会通过，于 1965 年生效。
1970 年	“海协”（IMCO）修订避碰规则工作小组根据避碰学术探讨的情况撰写了一份工作报告，对修订《1960 年国际海上避碰规则》的必要性、用数学方法研究避碰问题的价值、新规则的基本原则等做出了详细叙述。这些基本原则在 1972 年避碰规则中几乎全部得到了反映

3. 现行的海上避碰规则

表 1-3 列出了现行的海上避碰规则的发展进程。

表 1-3　现行的海上避碰规则

1972 年 10 月	“海协”主持在伦敦召开专门大会，修订《1960 年国际海上避碰规则》。签署了《1972 年国际海上避碰规则公约》，并将新修订的《1972 年国际海上避碰规则》作为该公约的附件。该公约及其所附的规则于 1977 年 7 月 15 日在国际上生效。
1972 年至今	在《1972 年国际海上避碰规则》生效后，为适应海上避碰实际需要，“海协”即更名后的国际海事组织（IMO）于 1981 年、1987 年、1989 年、1993 年、2001 年和 2007 年通过六个修正案，对《1972 年国际海上避碰规则》进行了修正，使其内容不断丰富和完善，这些修正案分别在 1983 年 6 月 1 日、1989 年 11 月 19 日、1991 年 4 月 19 日、1995 年 11 月 14 日、2003 年 11 月 29 日和 2009 年 12 月 1 日生效

4. 国际海上避碰规则在我国的实施

表 1-4 给出了国际海上避碰规则在我国实施的过程。

表 1-4　国际海上避碰规则在我国的实施

1957 年	我国接受《1948 年国际海上避碰规则》时，对有关非机动船的规定作了保留，并于 1958 年颁布了《中华人民共和国非机动船舶海上安全航行暂行规则》，规范我国非机动船舶的海上避让事宜。
1975 年	《1960 年国际海上避碰规则》于 1965 年 9 月 1 日生效，我国于 1975 年 6 月 2 日正式接受，但仍对我国的非机动船作出了保留。
1980 年	《1972 年国际海上避碰规则》于 1977 年 7 月 15 日生效，我国于 1980 年 1 月 7 日正式加入和接受，对于我国的非机动船仍作了保留，并于当年 4 月 1 日零点起正式实施

二、国际海上避碰规则的内容与结构

《1972 年国际海上避碰规则》分为五章 38 条和 4 个附录，其主要内容结构如下：

- 第一章　总则
  - 第一条　适用范围
  - 第二条　责任
  - 第三条　一般定义
- 第二章　驾驶和航行规则
  - 第一节　船舶在任何能见度情况下的行动规则
    - 第四条　适用范围
    - 第五条　瞭望
    - 第六条　安全航速
    - 第七条　碰撞危险
    - 第八条　避免碰撞的行动
    - 第九条　狭水道
    - 第十条　分道通航制
  - 第二节　船舶在互见中的行动规则
    - 第十一条　适用范围
    - 第十二条　帆船
    - 第十三条　追越
    - 第十四条　对遇局面
    - 第十五条　交叉相遇局面
    - 第十六条　让路船的行动
    - 第十七条　直航船的行动
    - 第十八条　船舶之间的责任
  - 第三节　船舶在能见度不良时的行动规则
    - 第十九条　船舶在能见度不良时的行动规则

第三章　号灯和号型
- 第二十条　适用范围
- 第二十一条　定义
- 第二十二条　号灯的能见距离
- 第二十三条　在航机动船
- 第二十四条　拖带和顶推
- 第二十五条　在航帆船和划桨船
- 第二十六条　渔船
- 第二十七条　失去控制或操纵能力受到限制的船舶
- 第二十八条　限于吃水的船舶
- 第二十九条　引航船舶
- 第三十条　锚泊船舶和搁浅船舶
- 第三十一条　水上飞机

第四章　声响和灯光信号
- 第三十二条　定义
- 第三十三条　声号设备
- 第三十四条　操纵和警告信号
- 第三十五条　能见度不良时使用的声号
- 第三十六条　招引注意的信号
- 第三十七条　遇险信号

第五章　豁免　第三十八条　豁免

附录Ⅰ　号灯和号型的位置和技术细节

附录Ⅱ　在相互邻近处捕鱼的渔船的额外信号

附录Ⅲ　声号器具的技术细节

附录Ⅳ　遇险信号

三、《规则》的性质

《规则》作为一个重要的规范，其地位和作用毋庸置疑。《规则》具有双重性质，即兼有技术规范与法律规范的性质，亦已经得到航运界及海事界的肯定与承认。作为一种技术规范，《规则》的作用主要在于指导驾驶人员如何采取避让行动来避免碰撞事故发生。作为一种法律规范，《规范》的主要功能在于约束船舶的行为以及作为确定碰撞事故责任的主要依据。

思 考 题

1. 试述《规则》中“驾驶和航行规则”的内容结构。
2. 试述《规则》的双重性质。

第二节 海上避碰规则的适用范围
The Application of COLREGs

第一条 适用范围

1. 本规则条款适用于在公海和连接公海可供海船航行的一切水域中的一切船舶。

2. 本规则条款不妨碍有关主管机关为连接公海而可供海船航行的任何港外锚地、港口、江河、湖泊或内陆水道所制定的特殊规定的实施。这种特殊规定，应尽可能符合本规则条款。

3. 本规则条款不妨碍各国政府为军舰及护航下的船舶所制定的关于额外的队形灯、信号灯、号型或笛号，或者为结队从事捕鱼的渔船所制定的关于额外的队形灯、信号灯或号型的任何特殊规定的实施。这些额外的队形灯、信号灯、号型或笛号，应尽可能不致被误认为本规则其他条文所规定的任何信号灯、号型或信号。

4. 为实施本规则，本组织可以采纳分道通航制。

5. 凡经有关政府确定，某种特殊构造或用途的船舶，如不能完全遵守本规则任何一条关于号灯或号型的数量、位置、能见距离或弧度以及声号设备的配置和特性的规定时，则应遵守其政府在号灯或号型的数量、位置、能见距离或弧度以及声号设备的配置和特性方面为之另行确定的、尽可能符合本规则所要求的规定。

一、适用水域与船舶

1. 适用水域

《规则》第一条 1 款规定，《规则》的适用水域为：公海和连接公海可供海船航行的一切水域。

(1)公海：根据《1982 年联合国海洋法公约》第八十六条的规定，“公海”是指不包括在国家的专属经济区、领海或内水，或群岛国的岛群水域在内的全部海域。公海具有以下特征：公海对所有国家开放；公海自由，具体包括：航行自由、捕鱼自由、铺设海底电缆和管道自由、公海上飞行自由；军舰在公海上享有不受船旗国外任何其他国家管辖的豁免权；公海上发生船舶碰撞或涉及船员的其他刑事或纪律责任时，除船旗国和船员隶属国外，其他任何国家不得提起任何刑事诉讼或纪律诉讼程序。

(2)连接：分人工连接与自然连接。

人工连接：指人工开挖的运河，使之与海相连，如苏伊士、巴拿马运河。

自然连接：天然的、自然的连接，如长江、黄浦江都属于与海自然连接。

连接水域的适用：自然连接适用于国际海上避碰规则，人工连接适用于地方规则(特殊规则)。

(3)可供海船航行：

海船的概念：《规则》未作定义，一般认为是在设计上为从事海上运输或作业的船舶，或是能够从事海上运输的船舶。

可供海船航行的水域：意指“可航”，仅指地理上海船能到达的一切水域。不管该水域对某类船舶是否安全，也不要求在所有时间内均能够驶入该水域，不论该水域是否为“感潮水域”、是否会结冰等。

(4)一切水域：指符合上述条件的所有水域。

(5)适于《规则》的水域有两方面：一是公海，二是连接公海可供海船航行的水域。应注意的是，“连接公海”和“可供海船航行”两个条件缺一不可，如我国内河最终都与公海连接，但对于小河流，海船并不能到达，因此，这些水域最终也不适用于《规则》。而长江中下游，海船都能到达，而且这些水域与公海相连，所以这些水域就适用于《规则》。

2. 适用船舶

(1)凡在上述适用水域内航行、锚泊、搁浅的一切船舶。

(2)若一艘设计航区为内河的船舶驶入海上，则也属于海船，并应遵守《规则》。

(3)军舰(无论是战时还是平时)、政府公务船(无论是否正在执行公务)均适用于《规则》。

(4)潜水艇在水面航行(包括接近水面的上浮和下沉过程)适用于《规则》，但在水下潜航时则不适用于《规则》。

(5)系岸及在船坞里修理的船舶不适用于《规则》。

(6)我国在加入《1972 年国际海上避碰规则公约》时，对我国的非机动船作了保留。因此，我国的非机动船不适用于《规则》，而应遵守《中华人民共和国非机动船安全航行暂行规则》。

应注意的是，无论船舶是在航还是锚泊，无论是在航对水移动或在航不对水移动，无论船舶的大小，无论船舶的种类，无论船舶的推进器类型，只要符合《规则》的定义，均为适用于《规则》的船舶。

二、特殊规则的制定

《规则》第一条 2 款的规定：允许各国在其管辖的水域中根据具体情况另行制定特殊规则。

1. 特殊规则的含义

特殊规则是指沿海国主管机关在其管辖的水域内根据实际情况而制定的避碰规则，通常称之为“地方规则”或“特殊规则”。如我国的《中华人民共和国内河避碰规则》、各港的港章等。

2. 制定特殊规则的机构

被《规则》授权与实施的主体是“有关主管机关(appropriate authority)”，由缔约国立法确定的政府主管部门、水上交通安全的主管机关或经授权的地方当局，如我国交通运输部、中华人民共和国海事局及经授权的各海事局、地方当局。

3. 允许制定特殊规则的水域

(1)港外锚地(roadstead)：按《联合国海洋法公约》第二十条的定义，港外锚地是指全部或部分位于领海外界限之内，或全部位于领海外界限之外的通常用于船舶装卸和锚泊的水域，属于领海范围。

(2)港口、江河、湖泊均为一国的管辖水域。

(3)内陆水道(inland waterways):通常指领海基线以内水域中的水道。

值得注意的是:对于领海及专属经济区,尽管《规则》没有直接提到上述两种水域是否可以制定特殊规定,但根据《联合国海洋法公约》规定,在一国政府管辖下的领海及专属经济区的局部水域可以制定特殊规定,所以,在领海及专属经济区制定特殊规则并不违反《规则》的规定。

4.对特殊规则的要求

主管机关应考虑当地水域条件、交通环境及当地习惯做法,使特殊规则尽可能符合《规则》或尽可能与《规则》保持一致,这样才能使特殊规则与《规则》更接近,驾驶员更容易理解、掌握和应用。

5.特殊规则与《规则》的关系

(1)特殊规则具有优先适用权,在同一水域,当特殊规则与《规则》同时适用时,特殊规则优先。

(2)当两者不一致时,应执行特殊规则。

(3)特殊规则未规定的事项应依照《规则》执行。

6.我国几个典型的特殊规则

(1)中华人民共和国内河避碰规则。

(2)中华人民共和国非机动船海上安全暂行规则。

(3)中华人民共和国渔船作业暂行避让条例。

三、额外的队形灯、信号灯、号型和笛号

《规则》第一条3款规定,不妨碍各国政府为军舰及护航下的船舶所制定的有关额外的队形灯、信号灯、号型或笛号,或者为结队从事捕鱼的渔船所制定的关于额外的队形灯、信号灯或号型的任何特殊规定的实施。并对这些额外的队形灯、信号灯、号型或笛号的规定提出了相关的要求。

1.制定额外信号的机构

制定额外信号的机构为各国政府,而不是有关主管机关。

2.适用船舶

(1)额外的队形灯、信号灯、号型或笛号:适用于军舰及护航下的船舶。

(2)额外的队形灯、信号灯、号型:适用于结队从事捕鱼的渔船。

应注意的是,结队从事捕鱼的渔船没有额外的笛号。

3.制定额外信号的原则

额外信号应尽可能不致被误认为是《规则》其他条文所规定的任何信号灯、号型或信号,即《规则》已经有明确规定的信号灯、号型或信号就不能用作额外信号,反之即可,关键是额外信号必须与《规则》规定的已有信号有明显的区别,从而不致使驾驶员误认或误解。

4.额外信号的显示要求

额外信号并不能替代《规则》规定的应显示的信号,军舰及护航下的船舶和结队从事捕

鱼的船舶仍应显示或鸣放《规则》规定的有关信号灯、号型或笛号。

四、分道通航制规定的适用

《规则》第一条4款规定，为实施《规则》，国际海事组织（IMO）可以采纳分道通航制（traffic separations schemes）。

（1）经IMO采纳的分道通航制：适用于《规则》第十条，并应遵守除第十条以外的其他条款。

（2）未经IMO采纳的分道通航制：适用于有关主管机关为该分道通航制水域制定的特殊规定，并应遵守《规则》除第十条以外的其他条款。

五、对特殊构造或用途船舶的特殊规定

1. 适用范围

《规则》第一条5款适用于特殊构造或用途的船舶，而不适用于一般船舶。该类船舶主要是指军舰、专用作业船和某些新型船舶。例如：航空母舰由于其驾驶台偏于一舷，其桅杆（桅灯）不能设置在首尾中心线的上方；长度超过50m的军舰为了避免妨碍甲板上武器装备的正常使用而不设置两个桅杆（桅灯）；某些客滚船或集装箱船因驾驶台置于船首而致使其舷灯的安装位置超过前桅灯。

2. 制定特殊规定的条件

当特殊构造或用途的船舶完全遵守《规则》的要求而影响其特殊功能或用途时，有关政府可以为此类船舶制定特殊规定。

3. 特殊规定的内容

特殊规定的内容包括：号灯或号型的数量、位置、能见距离或弧度以及声号设备的配置和特性。

4. 制定特殊规定的机构

为特殊构造或用途的船舶制定号灯或号型的数量、位置、能见距离或弧度以及声号设备的配置和特性方面的规定的机构是船旗国政府，而不是有关主管机关。

5. 制定特殊规定的原则

为便于识别，此类特殊规定应尽可能符合《规则》的规定。

思考题

1. 简述《规则》的适用水域和适用船舶。
2. 如何理解《规则》与特殊规则（地方规则）之间的关系？
3. 被IMO采纳的分道通航制与未被IMO采纳的分道通航制，在《规则》条款适用上有何区别？
4.《规则》对额外的队形灯、信号灯、号型和笛号的配备有何要求？
5.《规则》对特殊构造或特殊用途船舶的号灯或号型有何特殊规定？

第三节 一般定义
General Definitions

第三条 一般定义

除条文另有解释外，在本规则中：

1.“船舶”一词，指用作或者能够用作水上运输工具的各类水上船筏，包括非排水船筏、地效船和水上飞机。

2.“机动船”一词，指用机器推进的任何船舶。

3.“帆船”一词，指任何驶帆的船舶，如果装有推进器但不在使用。

4.“从事捕鱼的船舶”一词，指使用网具、绳钓、拖网或其他使其操纵性能受到限制的渔具捕鱼的任何船舶，但不包括使用曳绳钓或其他并不使其操纵性能受到限制的渔具捕鱼的船舶。

5.“水上飞机”一词，包括为能在水面操纵而设计的任何航空器。

6.“失去控制的船舶”一词，指由于某种异常的情况，不能按本规则条款的要求进行操纵，因而不能给他船让路的船舶。

7.“操纵能力受到限制的船舶”一词，指由于工作性质，使其按本规则条款要求进行操纵的能力受到限制，因而不能给他船让路的船舶。“操纵能力受到限制的船舶”一词应包括，但不限于下列船舶：

(1)从事敷设、维修或起捞助航标志、海底电缆或管道的船舶；

(2)从事疏浚、测量或水下作业的船舶；

(3)在航中从事补给或转运人员、食品或货物的船舶；

(4)从事发射或回收航空器的船舶；

(5)从事清除水雷作业的船舶；

(6)从事拖带作业的船舶，而该项拖带作业使该拖船及其拖带物驶离其航向的能力严重受到限制者。

8.“限于吃水的船舶”一词，指由于吃水与可航水域的可用水深和宽度的关系，致使其驶离航向的能力严重地受到限制的机动船。

9.“在航”一词，指船舶不在锚泊、系岸或搁浅。

10.船舶的“长度”和“宽度”是指其总长度和最大宽度。

11.只有当两船中的一船能自他船以视觉看到时，才应认为两船是在互见中。

12.“能见度不良”一词，指任何由于雾、霾、下雪、暴风雨、沙暴或任何其他类似原因而使能见度受到限制的情况。

13.“地效船”一词，系指多式船艇，其主要操作方式是利用表面效应贴近水面飞行。

一、定义的适用

(1)除《规则》另有解释外，按本条款的定义解释各个名词。在使用定义时，应考虑《规则》其他条款是否另有规定，当其他条款另有规定时，则应按其另行规定来解释和使用该名词。如，“机动船”一词，在《规则》不同条款中有不同的含义，这在学习和理解《规则》时应予以特别注意。

(2)制定定义的目的是为了使这些名词服务于本规则。

(3)“一般定义”可能与其他学科的同一名词的定义不同，这并不矛盾，本规则的定义仅为本规则服务。

二、定义的解释

1. 船舶(vessel)

该定义强调的是“用作或者能够用作水上运输工具”的各类水上船筏，包括非排水船筏、地效船和水上飞机。

用作水上运输工具是指实际用于或从事水上运输的船筏，如客轮、货轮等。

能够用作水上运输工具是指虽不作为水上运输工具而设计、建造或使用，但这些船筏可以用作或者有能力用作水上运输工具。

非排水船筏是指航行时基本或完全不依靠浮力支撑船体的重量而脱离水面的船舶。如全垫升气垫船、水翼船、滑翔船等。水上飞机当在水面滑行、漂浮或锚泊时应作为船舶论处。救生艇筏、竹木排、地效船均为船舶。有关水上飞机和地效船的解释将在后续定义中详细阐述。

下列情况不属于船舶：

①拆除设备、常年坐底的“沙龙”、“旅馆”；

②机械连接于码头的趸船；

③用作航标的灯船；

④水面以下潜航的潜水艇。

不管船舶的大小、种类、形状、结构、用途，只要符合《规则》的定义，都属本规则所指的船舶。

2. 机动船(power-driven vessel)

机动船一词是指用机器推进的任何船舶。

机器推进(propelled by machinery)：不论使用何种类型的机器，如柴油机、蒸汽机、汽轮机、核动能、空气螺旋桨、电动力装置等均属“机器推进”。

使用该名词时应注意：

①除装有推进器而不在使用的帆船外，任何装有推进器的船舶均为机动船。

②机器并非一定要“正在推进”，当船舶关闭主机，漂浮于水面，无论在航对水移动或不对水移动，均作为机动船。

③正在从事某种作业的船舶，如从事捕鱼作业的船舶、操纵能力受限制的船舶或处于某种特定条件，如失去控制的船舶，《规则》另行定义。

④被拖船在法律上与拖轮等同，整个拖带船队都属于机动船。

⑤机动船的定义有“广义”和“狭义”之分，从广义上说，从事捕鱼作业的船舶、操纵能力受限制的船舶、失去控制的船舶均属于机动船，但在《规则》某些条款中，“机动船”一词又不包括上述三类船，这在学习和理解《规则》时应特别注意，逐一掌握条文中出现的“机动船”的

含义，以免适用对象出错。

3. 帆船(sailing vessel)

《规则》中，帆船是指任何驶帆的船舶，包括装有推进器而不在使用者。

帆船以风力作为动力，用帆而不用机器，作帆船论；用帆又用机器，作机动船论；不用帆又不用机器，《规则》无明确规定，但从安全的角度出发，“机帆船”本身应将自己视为机动船并遵行《规则》相关要求。当一船是机动船，且无法判断他船是驶帆还是使用机器时，应将其视为帆船，机动船应作出主动避让的行动。

4. 从事捕鱼的船舶(vessel engaged in fishing)

《规则》中的从事捕鱼的船舶是指使用网具、绳钓、拖网或其他使其操纵性能受到限制的渔具捕鱼的任何船舶，但不包括使用曳绳钓或其他并不使其操纵性能受到限制的渔具捕鱼的船舶。从事捕鱼的船舶的构成要件如下：

①正在从事捕鱼作业

正在捕鱼包括在航中捕鱼和锚泊中捕鱼。正在从事捕鱼作业的时段：始于放网，终于起网。正在赶往渔场途中的船舶(用机器推进)应为机动船，只有从放网开始至收网结束这个时段才属于从事捕鱼的船舶。

②所使用的渔具致使船舶的操纵性能受到限制

若渔具不影响其操纵性能则不能构成“从事捕鱼船”。事实上，不管什么渔具都会在一定程度上妨碍船舶的转向和(或)变速避让行动，但并未严重到不能给他船让路的程度时，则不构成“使其操纵性能受到限制”。所谓“操纵性能受限”是指船舶的旋回性能、停止性能受到一定的限制，也即转向、变速的能力受到一定的限制。

《规则》定义中明确指出使操纵性能受到限制的渔具有网具、绳钓、拖网，如流网作业捕鱼船、张网作业捕鱼船、拖网作业捕鱼船、绳钓作业捕鱼船、正在追捕鲸鱼的捕鲸船。曳绳钓、手钓不属于操纵性能受限制的渔具，因而，使用这些渔具的船舶也不构成“从事捕鱼船”。

③从事捕鱼船的种类

从事捕鱼船的种类有机动船捕鱼、帆船捕鱼、其他船舶捕鱼。

5. 水上飞机(seaplane)

《规则》将水上飞机定义为包括为能在水面操纵而设计的任何航空器。

水面操纵是指在水面上起飞、降落、滑行，此时水上飞机作为船舶。一旦水上飞机脱离水面，则以飞机论处，不适用于海上避碰规则，而适用于“航空规则”。

6. 失去控制的船舶(vessel not under command)

失去控制的船舶是指由于某种异常的情况，致使该船不能按本规则各条的要求进行操纵，因而不能给他船让路的船舶。只要符合《规则》的定义，任何种类的船舶均有可能成为失去控制的船舶(航海习惯简称其为“失控船”)。

(1)构成失去控制船的基本条件：异常情况

“异常情况”通常指船舶本身发生的一些非正常情况或意外的突发情况。通常，“异常情况”包括：

①主机故障或舵机发生故障；

②车叶损坏或舵叶丢失；

③操舵系统发生故障；

④帆船在急流中航行时突遇无风；

⑤没有备车的走锚船或锚泊船在大风急流中走锚；

⑥船舶发生火灾或爆炸事故，尽管车、舵尚能正常使用但需按照灭火要求进行操纵；

⑦船舶碰撞后进水而无法正常航行；

⑧用卸掉锚的锚链顶风浪滞航；

⑨恶劣天气致使船舶无法或不能改向和(或)变速。

(2)构成失去控制船的必要条件：不能按本规则各条的要求进行操纵

“本规则各条的要求”通常指第二章“驾驶和航行规则”中的要求，例如：第八条避免碰撞的行动、第十六条让路船的行动、第十七条直航船的行动、第十九条船舶在能见度不良时的行动规则。

“操纵”指改向、变速或两者结合。

“不能按本规则的要求进行操纵”的含义：

①由于异常情况，根本不能按规则要求进行操纵；

②由于异常情况，无法迅速地达到规则要求进行操纵；

③由于异常情况，只能按本船安全的需要进行操纵而无法按规则的要求进行操纵和避让，如船舶发生火灾、爆炸，船舶碰撞后进水等。

(3)最终条件：不能给他船让路

“不能给他船让路”是指船舶无法履行《规则》可能赋予其应给他船让路的责任与义务，无法采取有效的操纵避让行动。

应注意的是，不论船舶的种类、大小，不论异常情况是意料之中还是意料之外，不论是人为的或是非人为的因素，只要符合定义的条件，都属于失控船。

有下列情况的船舶不属于失控船：

①雷达故障或 ARPA、电航系统故障；

②船舶正在进行抛单锚掉头作业，无法正常避让；

③正在起锚时锚机发生故障；

④操舵系统中其中一种或两种操舵方式发生故障。

失去控制船只存在于在航中，如有以下情况之一则该船不再是一艘失控船：

①当被拖带时，作为被拖船；

②当已抛锚时，作为一般锚泊船；

③当搁浅时，作为一般搁浅船；

④当系岸时，作为一般系岸船。

(4)号灯、号型显示

失去控制的船舶必须按《规则》要求显示相应的号灯、号型才能获得相应权利，否则将丧失一切关于“失控船”的权利。

7.操纵能力受到限制的船舶(vessel restricted in her ability to manoeuver)

《规则》规定，操纵能力受限制的船舶是指由于工作性质，使其按本规则要求进行操纵的能力受到限制，因而不能给他船让路的船舶(航海习惯简称其为“操限船”)。

(1)构成操纵能力受限制船舶的基本条件：工作性质

致使一船成为操纵能力受限制的船舶的原因是船舶正在从事的工作的性质比较特殊，而不是船舶的种类或用途特殊。

(2)构成操纵能力受限制的船舶的必备条件：按《规则》要求进行操纵的能力受到限制

操纵能力受限制指的是改向和(或)变速的能力受到限制。

(3)构成操纵能力受限制的船舶的最终条件：不能给他船让路

不能给他船让路：无法履行《规则》可能赋予的让路船的责任和义务。

(4)《规则》列举了六种应属于操纵能力受限制的船舶，但不限于这六种。该六种船舶为：

①从事敷设、维修或起捞助航标志、海底电缆或管道的船舶；

②从事疏浚、测量或水下作业的船舶；

③在航中从事补给或转运人员、食品或货物的船舶；

④从事发射或回收航空器的船舶；

⑤从事清除水雷作业的船舶；

⑥从事拖带作业的船舶，该项拖带作业使该拖船及被拖船或被拖物驶离原航向的能力严重受到限制。

正确理解操纵能力受到限制的船舶的概念时应注意：

①船舶必须正在从事致使其操纵能力受限制的某项作业。除“在航中从事补给或转运人员、食品或货物的船舶”必须是在航中从事作业外，其他种类的作业既可以是在航中作业，也可以是锚泊中作业。

②就其工作性质而言，不包括船舶测速、操纵性能测试、罗经校正等，因为此类作业完全属于常规的航海操作，也不包括正在从事捕鱼的作业。

③从事拖带作业的船舶，只有当该项作业使拖船与被拖船或物体驶离原航向的能力严重受到限制时，才构成操纵能力受限制的船舶，且拖轮与被拖船或被拖物地位平等，都属于“操限船”。从事一般拖带的船舶不构成“操纵能力受限制的船舶”。

④在致使其操纵能力受限制的作业之前及之后均不属于“操限船”。

⑤只要符合《规则》的定义，任何种类的船舶均有可能成为操纵能力受限制的船舶。

(5)号灯、号型显示

操纵能力受限制的船舶必须按《规则》要求显示相应的号灯、号型才能获得相应权利，否则将丧失一切关于“操限船”的权利。

8. 限于吃水的船舶(vessel constrained by her draught)

限于吃水的船舶是指由于吃水与可航水域的水深和宽度的关系，致使其驶离所驶航向的能力严重受到限制的机动船。

(1)构成“限于吃水的船舶”的要件

①由于吃水与可航水域的水深和宽度的关系，致使其驶离所驶航向的能力严重受到限制。

②机动船。

(2)考虑的主要因素

致使船舶限于吃水的原因是由于“吃水和可航水域的水深及宽度的关系”，在判断时应同时考虑水深与水域宽度两个因素，但考虑的主要因素是可航水域的宽度，而不是水深。

(3)判断的最终依据

在具体判断一船是否属于限于吃水的船舶时,还要以“驶离航向的能力”作为最终依据。

相对于水域的水深若一船的吃水较大,但海底较为平坦,可航水域的宽度不受限制,则不属于《规则》定义的限于吃水的船舶。

驶离所在航向的能力:通常理解为转向能力,主要取决于可航水域的宽度,若水域宽度有限,则驶离所在航向的能力将受到限制。

(4)构成限于吃水的船舶的运动状态

限于吃水的船舶只存在于在航状态,锚泊中的船舶或一艘本来属于限于吃水的船舶一旦锚泊,则不存在“驶离能力”的问题,因而也不属于“限于吃水的船舶”。

(5)限于吃水船的机动船属性

构成限于吃水的船舶必须是机动船,若不是机动船,如一艘很大的帆船航行在浅水区的航道中,即使其他条件符合,也不能视为一艘限于吃水的船舶。

除《规则》对限于吃水的船舶有另行规定外,限于吃水的船舶应遵守机动船的规定。另行规定如在雾中航行,限于吃水的船舶鸣放的声号与机动船不同。

操纵能力受限制的船舶、失去控制的船舶、从事捕鱼的船舶不属于构成限于吃水的船舶所要求的“机动船”。

当限于吃水的船舶与他船有碰撞危险时,限于吃水的船舶应按机动船论处,并按照《规则》第二章“驾驶和航行规则”的有关条款确定避让关系。

(6)三种“受限”情况的分析

①如图 1-1 所示,由于吃水比较大,使其可航的水域宽度比较小,离开航道就会搁浅,即吃水导致其可航水域变小,所以,该船是限于吃水的船舶。

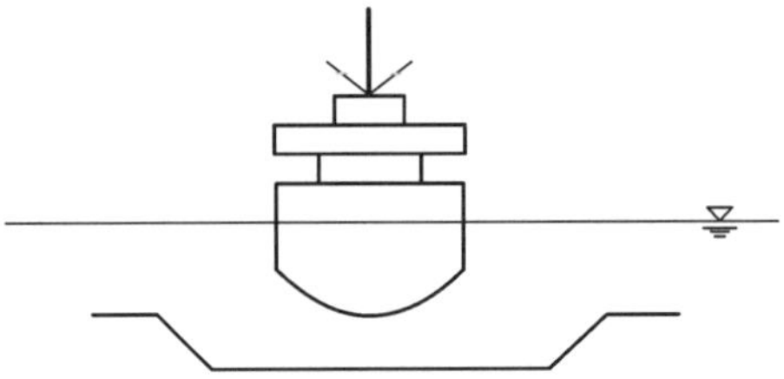

图 1-1　限于吃水的船舶

②如图 1-2 所示,水域宽度虽有限,船舶驶离所驶航向的能力受到限制,但该限制是由于地理固有因素所引起,即使是一艘吃水较小的船舶在此水域航行,其可航水域宽度也将受限,因此该船不属于限于吃水的船舶。

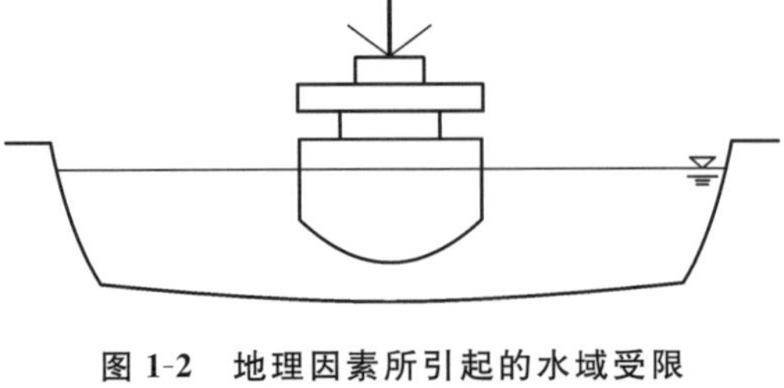

图 1-2　地理因素所引起的水域受限

③如图 1-3 所示，尽管该船吃水相对较大，龙骨以下的富裕水深较小，但海底较为平坦，可航水域的宽度并没有受到限制，因而该船不属于限于吃水的船舶。

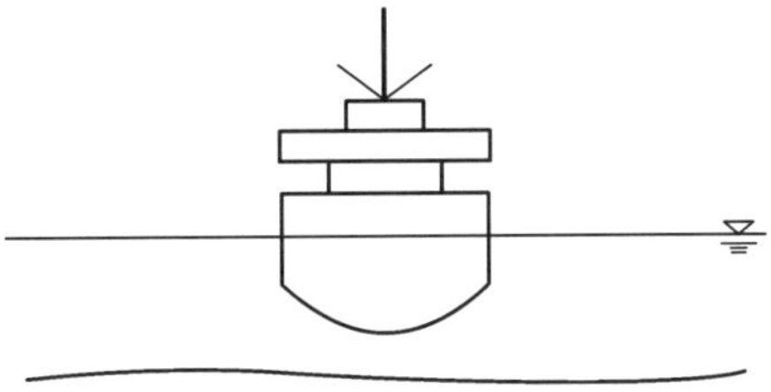

图 1-3　海底平坦不致水域受限

综上分析，决定一船是否属于限于吃水的船舶的主要因素是可航水域的宽度（或可供回转的水域宽度），而不是龙骨以下的水深（如图 1-3）。

应注意的是，在某些水域，地方当局出于航行安全目的，以行政手段确定船舶超过某一吃水时即视为"限于吃水船"，如长江将吃水在 7m 及以上、珠江将吃水在 4m 及以上的进江海船定义为"限于吃水的海船"，此类规定不适用于《规则》。

（7）号灯、号型显示

限于吃水的船舶必须按《规则》要求显示相应的号灯、号型才能获得相应权利，否则将丧失一切关于"限于吃水船"的权利。

9. 在航（underway）

《规则》将船舶的运动状态分在航与不在航（锚泊、系岸、搁浅）两种状态。在航，就是指船舶不在锚泊、系岸或搁浅，包括在航对水移动和在航不对水移动。

（1）锚泊

锚泊是指船在锚泊力作用下被牢固控制的一种状态，下列情况应视为在航：

①拖锚航行；

②抛锚掉头；

③走锚。

应注意的是，一船在本意上并不想抛锚，但锚抓住了一个障碍物、岩石缝等而使船舶无法继续航行时，应视为锚泊。系靠于另一锚泊船也视为锚泊。

如何界定锚泊的始与终，各国对这个问题的答案不尽相同。我国海员的习惯做法是：抛出锚至底为始，绞上锚为终。比较妥当的界定方法为：以锚抓牢海底为锚泊开始，以锚破土离底为锚泊结束。

（2）系岸

系岸是指船舶借助缆绳的拉力牢固地系在岸壁或码头的一种状态。

系岸的始与终：通常认为，靠码头时，当船舶的第一根缆绳上桩并系牢为系岸开始；离泊时当船舶的最后一根缆绳离桩为系岸结束，同时，在航开始。

当一船系靠于另一系岸船舶时应视为系岸，至于系浮筒的船舶属于锚泊还是系岸，《规则》并无明确规定，但可以肯定的是系浮筒属于不在航。

（3）搁浅

搁浅是指船舶全部或部分搁置在浅滩上，丧失全部或部分浮力致使船舶无法漂浮或航行的一种状态,即使在主机的推力作用下船舶可以局部移动或转动,也应认为是搁浅。

①在主机作用下局部尚能移动,但最终无法脱浅的状态应视为搁浅;

②船头搁在浅滩上,船尾在水上尚可转动的状态应视为搁浅;

③不考虑致因是人为因素还是其他因素,只要事实上船舶搁浅了,即是搁浅船;

④我国海事主管机关关于搁浅事故的认定方法不适于本规则中的“搁浅”;

⑤船底虽接触海底但尚能航行,则不属于搁浅,如长江上船舶“冲沙包”;

⑥当船舶触礁,有类似搁浅的表现特征时也属于搁浅。

(4)在航的两种状态

①在航对水移动:指船舶在推力的作用下,在水面上移动的一种状态。推力包括:动力、风力、人力。在航对水移动还包括当船舶的推力消失,在惯性作用下运动的状态。

②在航不对水移动:指船舶停止使用推进设备,并在惯性作用消失后在水面上漂浮的一种状态。不对水移动还包括:惯性作用消失之后随风、流作用的漂移运动以及走锚时漂移速度低于水流速度而具有速度差的状态。

(5)号灯、号型显示

凡锚泊、系岸、搁浅的船舶都应按《规则》规定显示相应的号灯和(或)号型。

10. *船舶的长度和宽度*(length and breadth)

船舶的长度是指其总长度,从船首最前缘至船尾最后端的水平距离。

船舶的宽度是指最大宽度,是船舶最宽处的宽度,即两舷外壳外缘之间的水平距离。

11. *互见*(in sight of one another)

《规则》将“互见”定义为“只有当两船中的一船能自他船以视觉看到时,才应认为两船是在互见中”。“互见”的含义并不仅指互相看见(in sight of each other)。

“互见”是一个重要的定义,两船相遇致有构成碰撞危险时,是否互见,直接影响到两船之间的避让关系,若为互见,应按照《规则》第二章第二节“互见中的行动规则”采取相应行动。

(1)互见以视觉看到为依据

①视觉看到是指具有正常视力的肉眼看到他船船体或号型,或号灯;

②用雷达看到或用 VHF 听到不属于互见;

③只看到船舶的模糊轮廓不属于互见;

④用望远镜看到他船时一般认为是互见,因为望远镜与雷达等仪器有本质的区别,望远镜看到的是船舶的实体,而雷达显示的只是回波。

(2)互见的构成并不以“相互看见”为条件

当一船用视觉看到他船或他船以视觉看到本船时即为互见,相互看见当然属于互见。因此,当一船业已看到他船时,并不需要去证实对方是否也同时看到了本船或本船是否“被看到”,此时已构成互见,该船应按“互见中的行动规则”采取相应的行动。事实上,在同一海域,两船之间为同一气象条件,当一船看到了另一船,常理下,另一船若能做到“正规的瞭望”,则理应也能看到他船,若另一船以“没有看到”为理由而不采取相应行动,则在船舶发生碰撞后,将极有可能被对方指责为“没有正规瞭望”。《规则》之所以如此下定义,目的是为了促使每个驾驶员认真地瞭望。

(3)“互见”适用于任何能见度

在能见度良好的水域中存在互见，而在能见度不良的水域中，当两船驶近到一定距离时也可以互见，此时也符合“互见”定义。

(4)解释“互见”时应注意的特殊情况

按《规则》关于“互见”的定义，一般情况下，只要其中一船能够看到另一船，则就认为两船是在互见中。但也存在两种特殊情况：

①能见度良好的夜间，由于双方的船舶长度不同，致使两船的号灯能见距离不同，小船能够看到大船的号灯，而在同一时刻大船却看不到小船的号灯，这种情况下的单方面看到不属于互见。

②低层雾遮蔽了一船的驾驶台但未遮蔽桅杆，则他船可以看到该船(桅杆)，而该船却看不到他船，此种单方面看到不属于互见。

上述两种特殊情况提醒驾驶员，夜间航行时大船的驾驶员和低层雾中航行时船体较小的船舶驾驶员应特别认真地瞭望。

12. 能见度不良(restricted visibility)

能见度不良是指任何由于雾、霾、下雪、暴风雨、沙暴或任何其他类似原因而使能见度受到限制的情况。其中，“任何其他原因”包括来自本船、他船或岸上的烟雾及尘暴。实际航行时，驾驶员应根据当时的各种影响能见度情况的因素来判定是否属于“能见度不良”，若是如此，则应按《规则》关于能见度不良的行动要求作出相应的行动，包括显示号灯、鸣放雾号等，也包括呼叫船长上驾驶台、将自动舵转为手操舵、必要时择地锚泊等一系列安全措施。

《规则》对能见度不良无定量的规定，也没有按气象学中对能见度划分的等级来确定能见度的良与不良，而主要由驾驶员根据当时实际情况来确定是否属于能见度不良。

应注意的是，某些港口或内河水域，将可见距离小于某一特定值时作为能见度不良，并采取相应的行动或措施，这只是地方规定，某些船公司内部也有类似的规定。船舶既要遵守《规则》，又要遵守地方规定。

13. 地效船(wing-in-ground craft)

地效船是一种多式船艇，其主要操作方式是利用表面效应贴近水面飞行，又名地效翼船。地效船在国外早在 20 世纪 50 年代就出现了，但近年来不断应用于民用，在我国即是一种新型的运载工具。

地效船不同于非排水船舶，也不同于飞机。当地效船脱离水面时可以低空“飞行”，一般，在离水面高度为 5～8m 时其“表明效应”最佳，在贴近水面巡航时，航行阻力很小，航行速度快，比一般船艇速度快 9～14 倍，适于海洋维权执法、救助和旅游等。按有关国际公约的规定，地效船允许在 150m 高度以下“飞行”，一般的地效船均具备较高高度的“飞行”能力。

地效船无论是在水面上航行，还是脱离水面低空“飞行”，均属于《规则》中的船舶。

案例分析

1994 年 8 月 27 日，在某一宽阔的海域，天气晴朗，能见度良好。在此海域，CF 轮与 BL 轮发生碰撞。

1. 事故经过

CF 轮正常航行，航向 216°，航速 14.1kn。BL 轮正在测速，航向 040°。两船航向接近相反，且各自位于对方的右前方，两船处于互见中，构成对遇态势。

BL 轮认为，本船正在测速，属于“操纵能力受限制的船舶”，不符合“对遇局面”的构成要件，因此认为两船不构成对遇局面，应依据《规则》第十八条(船舶之间的责任)的规定，本船为直航船，而对方是让路船，于是 BL 轮没有采取避让行动。

CF 轮的驾驶员看到对方没有避让行动，就认为两船将右舷对右舷通过(对驶)，因而也未及时采取向右转向的避让行动。直到两船相距约 1.26n mile 时，才认为有紧迫危险，因此在慌乱之中下令用左满舵，最后因两船的行动不协调而发生碰撞。如图 1-4 所示。

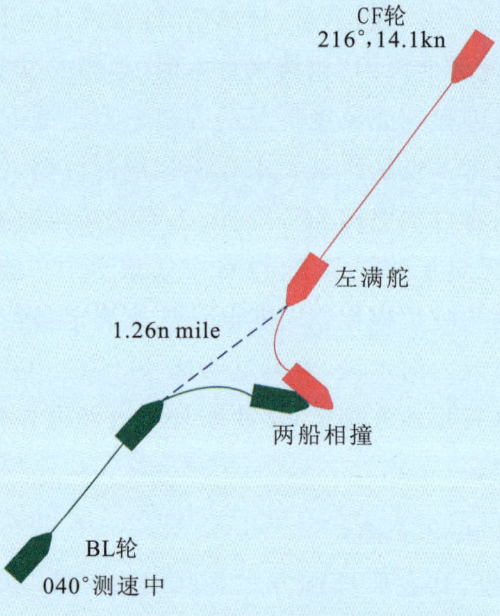

图 1-4 CF 轮与 BL 轮碰撞过程示意图

2. 事故分析

BL 轮：

BL 轮正在从事测速，依据“一般定义”的规定，该船不属于“操纵能力受限制的船舶”，而属于“机动船”，两船所构成的会遇局面是《规则》中的“对遇局面”，即双方均应采取向右转向的避让行动。因此，BL 轮将自己的船舶类型定性为“操纵能力受限制的船舶”且不采取任何避让行动是错误的。BL 轮除违反《规则》第五条、第七条和第八条规定外，还违反了《规则》第十四条的规定。

CF 轮：

CF 轮也存在瞭望上的疏忽，对碰撞危险没有做到准确的估计和判断，在临近碰撞时，没有使用良好船艺采取最有助于避碰的行动，违反了《规则》第五条、第七条、第八条的规定。

3. 事故教训

每一船舶在任何时候都应保持正规瞭望，当对会遇局面有怀疑时，应假设危险是确实存在的，并积极采取相应避让行动。

应严格按照《规则》"一般定义"确定船舶的属性，并进一步确定会遇局面和避让关系。

在紧迫危险时，任何一船均应采取最有助于避碰的行动，包括良好船艺的使用。

思考题

1.《规则》第三条中"除条文另有解释外"的含义包括哪些内容？

2. 在理解"船舶"这一定义时应注意哪些问题？

3. 如何理解"机动船"、"帆船"的含义？

4. 构成"从事捕鱼的船舶"、"操纵能力受到限制的船舶"、"失去控制的船舶"、"限于吃水的船舶"应当具备哪些条件？

5. 如何理解"在航"？

6. 如何理解"能见度不良"？

7."互见"的含义是什么？

第二章　号灯和号型

Lights and Shapes

本章重点

1. 有关号灯和号型的基本规定和技术要求。
2. 各类船舶号灯和号型的显示与识别。

学习任务

1. 号灯和号型的作用与显示的时机。
2. 号灯和号型的定义和技术细节。
3. 各类船舶在不同条件下显示的号灯和号型。

课程目标

1. 知识目标

(1)了解号灯和号型的作用与显示的时机。

(2)熟练掌握各类船舶在不同条件下应该显示和可以显示的号灯和号型。

(3)熟练识别他船的号灯和号型。

2. 能力目标

(1)具备对本船种类和性质、本船动态和当时环境条件正确判断的能力,严格按规则显示相应的号灯和号型。

(2)具备有效识别他船号灯和号型,并以此判断他船动态、他船与本船所构成的会遇局面,以及他船会遇意图的能力。

3. 素质目标

(1)从航行安全角度出发,具备本船正确显示号灯和号型,并依据他船的号灯和号型识别他船种类、分析他船动态及两船会遇局面的专业素质。

(2)从海事安全管理角度出发,具备依据两船所显示的号灯和号型分析两船种类、动态和会遇局面的专业素质,为判定船舶碰撞过失及碰撞责任奠定基础。

(3)思政素质目标:强化科学精神,运用唯物辩证法发展观,讲究复杂问题的处理方法,实现综合素质提升。包括:

①空间思维能力(号灯三维显示与可视角度);

②随机应变能力(船舶失控时的号灯和号型随着船舶动态的变化而变化);
③复杂问题处理能力(复杂号灯和号型的识别);
④环境变化响应能力(能见度变化对应号灯和号型显示的相应要求变化)。

案例导入

船舶的号灯和号型具有表示船舶大小、种类、动态的作用,对确定避让关系和进一步采取避让行动具有重要意义。船舶驾驶员应按《规则》要求正确显示本船的号灯和号型,并能通过他船显示的号灯和号型有效识别他船的大小、种类和动态。正确显示号灯和号型是船舶航行安全的保障。

案例:1981 年 3 月 17 日,在某港口附近水域,T 轮拖带 F 船,与 S 船发生碰撞,事故导致 S 船倾覆,人员伤亡。

经有关海事主管机关认定,事故原因之一是被拖船 F 没有按《规则》要求正确显示号灯,而是在甲板上开启了七盏甲板照明灯,致使 S 船将 F 船误认为是一艘静止的锚泊船,欲从 F 船船首前方水域通过,而实际上 F 船是一艘被拖带的在航行中的船舶,最终 S 船与 F 船发生碰撞。

通过本案例,结合本章内容,提出如下思考:

(1)正确显示号灯和号型的意义是什么?

(2)号灯和号型与船舶碰撞具有怎样的因果关系?

(3)在航海实践中,为满足《规则》关于号灯和号型的要求,具体应怎么做?如何有效识别他船的号灯和号型?

第一节　号灯与号型概述
Introduction to Lights and Shapes

第二十条　适用范围

1. 本章条款在各种天气中都应遵守。

2. 有关号灯的各条规定,从日没到日出时都应遵守。在此期间不应显示别的灯光,但那些不会被误认为本规则各条款订明的号灯,或者不会削弱号灯的能见距离或显著特性,或者不会妨碍正规瞭望的灯光除外。

3. 本规则条款所规定的号灯,如已设置,也应在能见度不良的情况下从日出到日没时显示,并可在一切其他认为必要的情况下显示。

4. 有关号型的各条规定,在白天都应遵守。

5. 本规则条款订明的号灯和号型,应符合本规则附录Ⅰ的规定。

第二十一条　定义

1. "桅灯"是指安置在船的首尾中心线上方的白灯,在 225°的水平弧内显示不间断的灯光，其安装要使灯光从船的正前方到每一舷正横后 22.5°内显示。

2.“舷灯”是指右舷的绿灯和左舷的红灯，各在 112.5°的水平弧内显示不间断的灯光，其装置要使灯光从船的正前方到各自一舷的正横后 22.5°内分别显示。长度小于 20m 的船舶，其舷灯可以合并成一盏，装设于船的首尾中心线上。

3.“尾灯”是指安置在尽可能接近船尾的白灯，在 135°的水平弧内显示不间断的灯光，其装置要使灯光从船的正后方到每一舷 67.5°内显示。

4.“拖带灯”是指具有与本条 3 款所述“尾灯”相同特性的黄灯。

5.“环照灯”是指在 360°的水平弧内显示不间断灯光的号灯。

6.“闪光灯”是指每隔一定时间以频率为每分钟闪 120 次或 120 次以上的号灯。

第二十二条　号灯的能见距离

本规则条款规定的号灯，应具备本规则附录Ⅰ第 8 款订明的发光强度，以便在下列最小距离上能被看到：

1. 长度为 50m 或 50m 以上的船舶：

——桅灯，6n mile；

——舷灯，3n mile；

——尾灯，3n mile；

——拖带灯，3n mile；

——白、红、绿或黄色环照灯，3n mile。

2. 长度为 12m 或 12m 以上但小于 50m 的船舶：

——桅灯，5n mile，但长度小于 20m 的船舶，3n mile；

——舷灯，2n mile；

——尾灯，2n mile；

——拖带灯，2n mile；

——白、红、绿或黄色环照灯，2n mile。

3. 长度小于 12m 的船舶：

——桅灯，2n mile；

——舷灯，1n mile；

——尾灯，2n mile；

——拖带灯，2n mile；

——白、红、绿或黄色环照灯，2n mile。

4. 不易察觉的，部分淹没的被拖带船舶或物体：

——白色环照灯，3n mile。

一、号灯、号型的作用

号灯和号型是用来表示船舶的存在，并表示船舶的种类、尺度（船舶大小）、动态、作业方式或工作性质等信息的灯光与型体，是互见中船舶避碰的主要信息来源，能为根据《规则》确定避让关系提供重要依据。船舶驾驶员应全面掌握号灯和号型的内容，在航行与避碰时能够做到正确显示与识别。

二、号灯与号型的显示时间和要求

有关号灯和号型的各项规定在各种天气中都应遵守。

1. 号灯的显示时间

①从日没到日出应该显示；

②能见度不良的日出到日没应该显示；

③一切其他认为有必要的情况可以显示。

"必要的情况"通常指在能见度不良水域附近航行时、晨昏蒙影期间和能见度良好但乌云密布、光线较暗的白天等情况。

2. 在显示号灯时不应显示的其他灯光

①会被误认为本规则各条的灯光；

②会削弱号灯的能见距离或显著特性的灯光；

③会妨碍正规瞭望的灯光。

此类灯光会使他船误解或产生号灯识别上的影响，易误认为另一种运动状态，如果因此而发生碰撞，则可能会被指责为犯有严重过失。不应显示的灯光通常包括甲板照明灯、舱室照明灯光外泄、过亮的海图室照明灯及仪表指示灯等。在号灯的附近显示其他不应显示的灯光时，号灯的能见距离将大大下降，同时其颜色也将发生变化，例如：红灯与白灯在一起可能会变成橘黄色的灯色。

在海上实践中，违反《规则》关于"不应显示的灯光"要求的情况还有：

①在抛锚掉头时同时显示锚灯和航行灯；

②走锚时同时显示锚灯和航行灯；

③失控船锚泊时同时显示锚灯和失控灯。

3. 号型的显示时间与要求

号型应在白天显示。《规则》所指的白天包括：

①从日出到日没；

②日出前、日没后的晨昏蒙影期间。

4. 同时显示号灯和号型的时间

①晨昏蒙影时；

②白天能见度不良时。

由于船舶所有人、船长、船员对号灯、号型的使用产生疏忽，则对因此而引起的责任负责。

案例：英国海事法庭曾审理"Forest Lake"与"Janet Quinn"轮碰撞一案。"J"轮在起锚后进入航行状态时，未及时关闭锚灯，导致"F"轮误认为"J"轮是一艘锚泊船，从而选择在其船首通过，最终发生碰撞。

法官称，"F"轮认为"J"轮是锚泊船而从其船首通过并无过错，关键是"J"轮没有及时关闭锚灯。法官最终判决"J"轮因错误显示锚灯，同时又未履行交叉局面中让路船的责任，"J"轮独自承担碰撞责任。

三、号灯的定义

1. 桅灯(masthead light)
位置:船的首尾中心线的上方;
颜色:白色;
角度:225°;
范围:从船的正前方至每一舷正横后 22.5°;
特性:不间断光。

2. 舷灯(side lights)
位置:左右两舷(驾驶台两侧);
颜色:左红、右绿;
角度:112.5°;
范围:从正前方至每一舷正横后 22.5°;
特性:不间断光。

3. 尾灯(stern light)
位置:尽可能接近船尾;
颜色:白色;
角度:135°;
范围:从正后方至每一舷 67.5°;
特性:不间断光。

4. 拖带灯(towing light)
颜色:黄色;
特性:其他均与尾灯相同特性。

5. 环照灯(all-round light)
颜色:红、绿、黄、白;
角度:360°;
特性:不间断光。

6. 闪光灯(flashing light)
每分钟大于等于 120 次闪光。
号灯的水平光弧如图 2-1 所示。

四、号灯的能见距离及使用注意事项

号灯的能见距离是指在大气透射率为 0.8 的黑夜,用正常视力所能看到的最小距离,大约相当于 13n mile。

1. 号灯的能见距离与光弧
各类号灯的灯色、水平光弧和能见距离如表 2-1 所示。

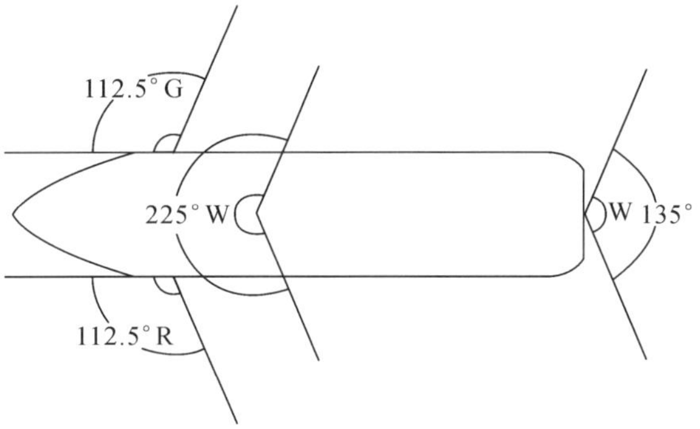

图 2-1　号灯的水平光弧

表 2-1　各类号灯的灯色、水平光弧及最小能见距离

号灯类别	灯 色	水平光弧(°)	最小能见距离(n mile)			
			$L \geqslant 50m$	$20m \leqslant L < 50m$	$12m \leqslant L < 20m$	$L < 12m$
桅灯	白	225	6	5	3	2
舷灯	左红右绿	112.5	3	2	2	1
尾灯	白	135	3	2	2	2
拖带灯	黄	135	3	2	2	2
环照灯	白、红、绿、黄	360	3	2	2	2
闪光灯	红、黄	360	能见距离未作规定,闪光频率大于或等于 120 次/min			

不易察觉、部分淹没的被拖物所显示的环照灯:白色、3n mile;
操纵号灯(环照灯):白色,5n mile;
相互邻近捕鱼的渔船的额外号灯:1n mile,并应小于《规则》为渔船规定的号灯的能见距离

2. 号灯使用注意事项

根据“海员通常做法”,在使用号灯前应注意以下几点:

①开航前,检查号灯是否能够正常使用;

②应经常检查本船号灯是否正常显示,尤其是航行中发现他船时;

③驾驶员交接班时应注意号灯的工作情况;

④开启和关闭号灯的时间应在航海日志中记载。

五、号型的种类及使用注意事项

1. 号型的颜色

所有号型的颜色均为黑颜色。

2. 号型的形状

号型的形状有:球体、圆锥体、菱形体、圆柱体。组合使用有两个尖端对接的圆锥体。

3. 号型的使用注意事项

使用前应认真检查,确保号型能够正常显示。

六、利用他船号灯的变化判断其航向或航向区间

根据《规则》第二十一条定义关于各种号灯的水平光弧，船舶可根据所观测到的他船号灯的变化大致判断他船的航向或航向区间。

1. 本船在某一真方位线上同时看到他船的红绿舷灯

此种情形分三种情况：

①同时看到红绿舷灯；

②红灯消失看到绿灯；

③绿灯消失看到红灯。

上述三种情况下，求取他船的航向：

他船航向为：$TC = TB + 180°$

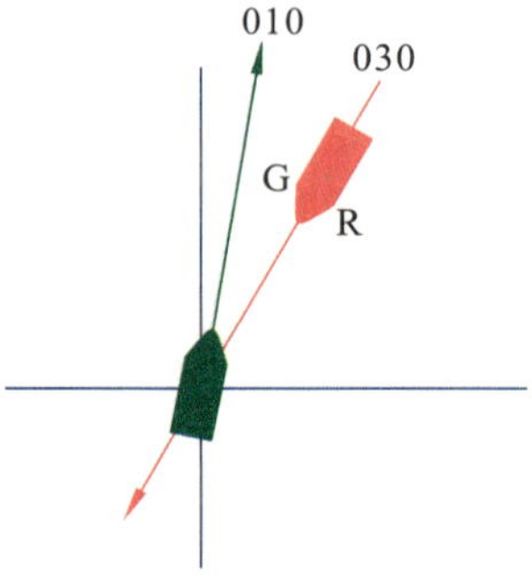

图 2-2　求取他船的航向

【例 1】　如图 2-2 所示，本船真航向 010°，在真方位 030°上看到一船的红绿舷灯，判断该船的航向。

$TC = 030° + 180° = 210°$

本例中，若是红灯消失看到绿灯，或绿灯消失看到红灯，该船的 TC 均为 210°。

2. 本船在某一真方位线上看到他船的舷灯和尾灯

在某一真方位线上看到他船的舷灯和尾灯将有三种情况：

①同时看到舷灯和尾灯；

②舷灯消失看到尾灯；

③尾灯消失看到舷灯。

上述三种情况下，求取他船航向的方法为：

$TC = TB + 67.5°$(绿舷灯)

$TC = TB - 67.5°$(红舷灯)

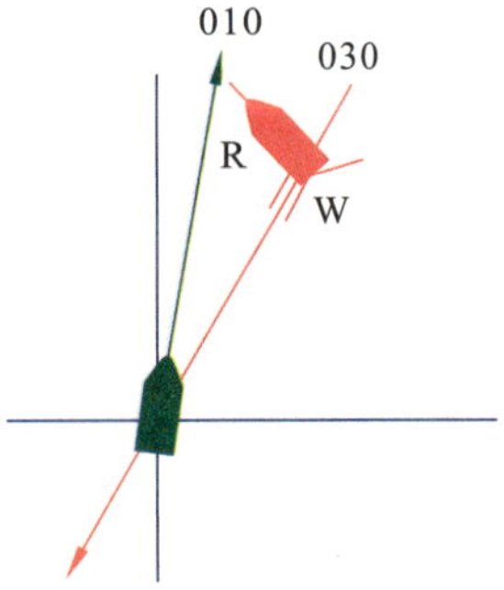

图 2-3　求取他船的航向（例 2 图）

【例 2】　如图 2-3 所示，本船真航向 010°，在真方位 030°上看到一船的红舷灯（绿舷灯）和尾灯，判断该船的航向。

$TC = 030° - 67.5° = 322.5°$（红舷灯）

$TC = 030° + 67.5° = 097.5°$（绿舷灯）

本例中，若是红灯消失看到白灯，或白灯消失看到红灯，则 TC 均为 322.5°；

若是绿灯消失看到白灯，或白灯消失看到绿灯，则 TC 均为 097.5°。

3. 本船在某一真方位线上看到他船的红灯或绿灯，或白灯（尾灯），求他船的航向区间。

航向区间：$TC_1 = TB + 180°$，$TC_2 = TB + 180° + 112.5°$（看到红灯）

$TC_1 = TB + 180°$，$TC_2 = TB + 180° - 112.5°$（看到绿灯）

$TC_1 = TB - 67.5°$，$TC_2 = TB + 67.5°$（看到白灯）

【例 3】 如图 2-2 所示，本船真航向 010°，在真方位 030°上看到一船的红舷灯，判断该船的航向区间。

TC_1 = 030° + 180° = 210°；TC_2 = 030° + 180° + 112.5° = 322.5°。即该船的航向区间为 210°～322.5°。

同理，本例中若看到的是白灯（尾灯），则用上述算式同样可以求取相应答案，如图 2-4 所示。

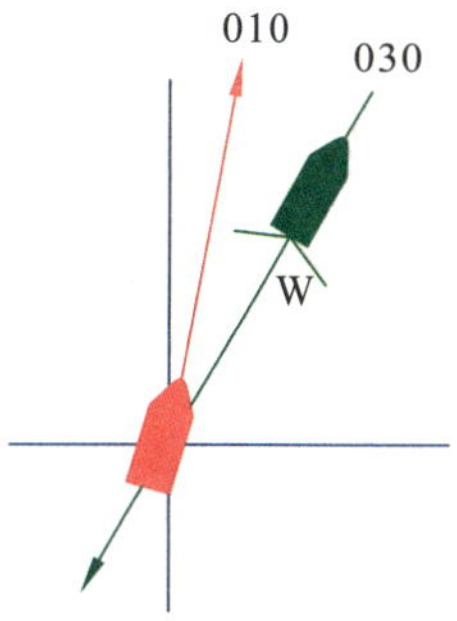

图 2-4　求取他船的航向（例 3 图）

思考题

1. 试述号灯、号型的作用与显示时间。
2. 试述桅灯、舷灯、尾灯、拖带灯、环照灯、闪光灯的定义、光弧范围和法定最小能见距离。
3. 号灯、号型显示时应注意哪些事项？
4. 试述用来船的号灯变化求取航向的方法。
5. 本船真航向 030°，在右舷 60°发现来船的桅灯和绿舷灯同时消失，进而看到尾灯，求来船的航向。(157.5°)
6. 本船向西航行，在西南方向发现一船绿灯，请描述该船的航向区间。（西北西～东北）
7. 本船航向 010°，在右舷 45°处发现来船红灯消失而见到绿灯，则来船的航向为多少？(235°)
8. 本船航向 000°，在左 6 点处发现一艘帆船的红灯，当时真风向为正东，则该帆船的航向区间为多少？何舷受风？(112.5°～225°，左舷受风)
9. 本船真航向 060°，在相对方位 045°处发现一船的尾灯，判断该船的航向区间。(037.5°～172.5°)
10. 本船向正东航行，在右前方 2 点处发现一船的红灯，判断该船的航向区间。(292.5°～045°)

第二节　各类船舶的号灯与号型
Lights and Shapes for Vessels

一、《规则》对号灯、号型显示的规定

《规则》第二十三条至第三十一条规定了在航机动船、拖带和顶推、在航帆船和划桨船、从事捕鱼船、失去控制的船舶、操纵能力受限制的船舶、限于吃水船、引航船、锚泊船、搁浅船、水上飞机、地效船的号灯、号型。

第二十三条　在航机动船

1. 在航机动船应显示：

(1)在前部有一盏桅灯；

(2)第二盏桅灯，后于并高于前桅灯；长度小于 50m 的船舶，不要求显示该桅灯，但可以这样做；

(3)两盏舷灯；

(4)一盏尾灯。

2. 气垫船在非排水状态下航行时，除本条1款规定的号灯外，还应显示一盏环照黄色闪光灯。

3. 除本条1款规定的号灯外，地效船只有在起飞、降落和贴近水面飞行时，才应显示高亮度的环照红色闪光灯。

4. (1)长度小于12m的机动船，可以显示一盏环照白灯和舷灯以代替本条1款规定的号灯；

(2)长度小于7m且其最高速度不超过7kn的机动船，可以显示一盏环照白灯以代替本条1款规定的号灯。如可行，也应显示舷灯；

(3)长度小于12m的机动船的桅灯或环照白灯，如果不可能装设在船的首尾中心线上，可以离开中心线显示，条件是其舷灯合并成一盏，并应装设在船的首尾中心线上或尽可能地装设在接近该桅灯或环照灯所在首尾线处。

1. 适用范围

本条适用于在航的机动船，包括在航对水移动和在航不对水移动两种状态。当机动船搁浅或锚泊时应显示《规则》其他条款规定的号灯、号型。

本条所指的“机动船”并非指所有用机器推进的船舶，不包括失去控制的船舶、操纵能力受限制的船舶、从事捕鱼的船舶和引航船。从事拖带作业的机动船和限于吃水的船舶在本条规定的基础上将另有规定。

2. “规定”的强制性和可选择性

条文中“应该”或“应”表示强制性使用，而“可以”或“可”是供船舶选择性使用，并不强制。

3. 气垫船与地效船

气垫船在非排水状态下航行与地效船在起飞、降落和贴近水面飞行时，由于速度较快，所以在显示机动船号灯的基础上，另外分别显示一盏黄色环照闪光灯和高亮度的红色环照闪光灯。

各类机动船所显示的号灯、号型如图2-5(1)～(9)所示。

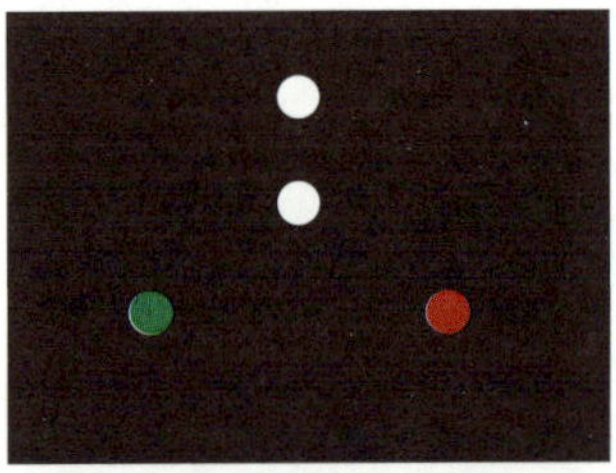

(1)$L\geqslant 50$m 在航机动船正视

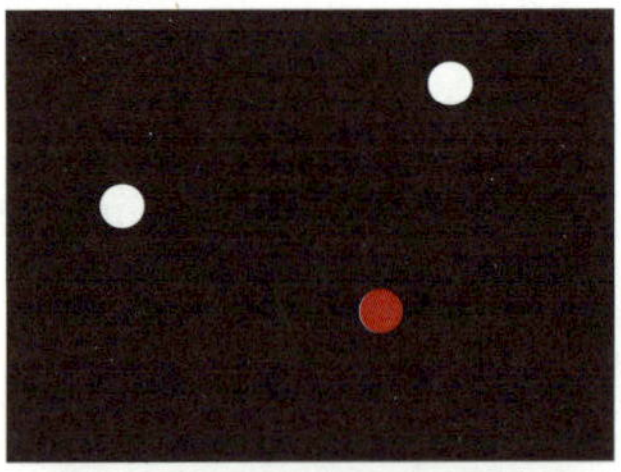

(2)$L\geqslant 50$m 在航机动船左视

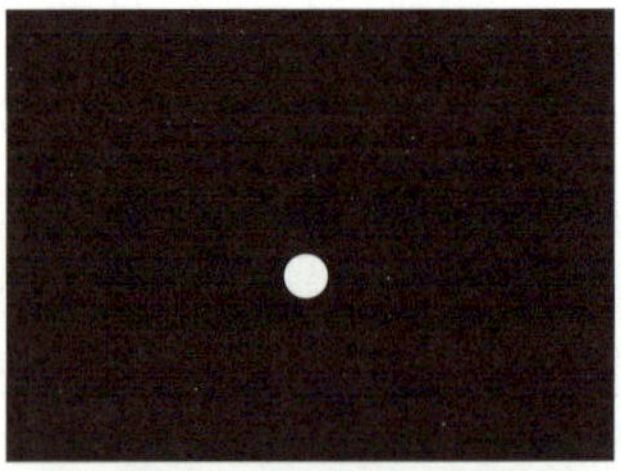

(3)$L\geqslant 50$m 在航机动船后视

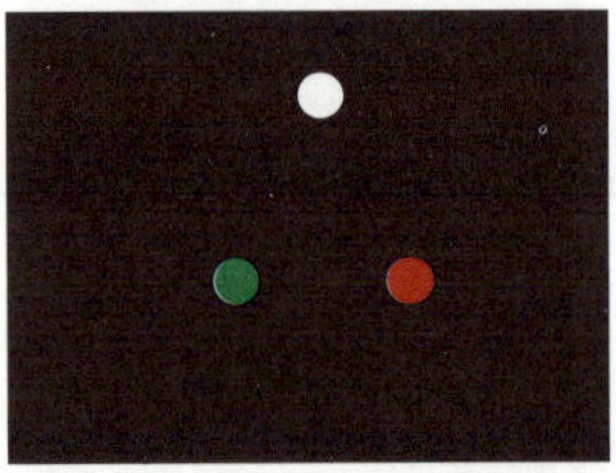

(4)$L<50$m 在航机动船正视

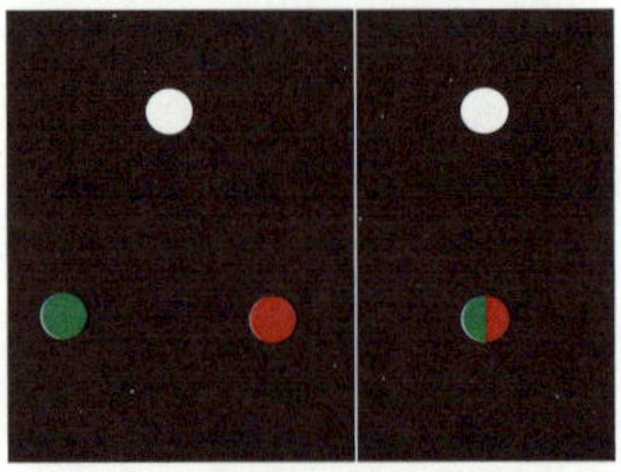

(5)$L<12$m 在航机动船正视

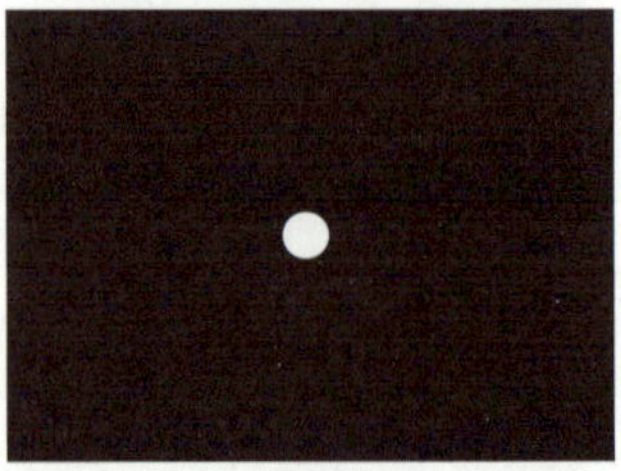

(6)$L<7$m，$v\leqslant 7$kn 机动船

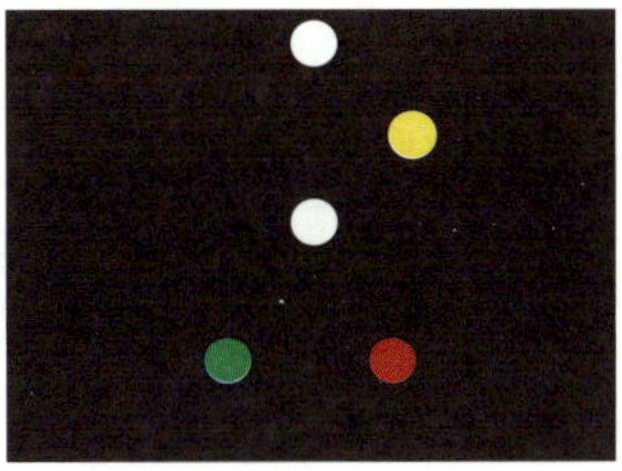

(7)$L \geqslant 50$m 气垫船正视

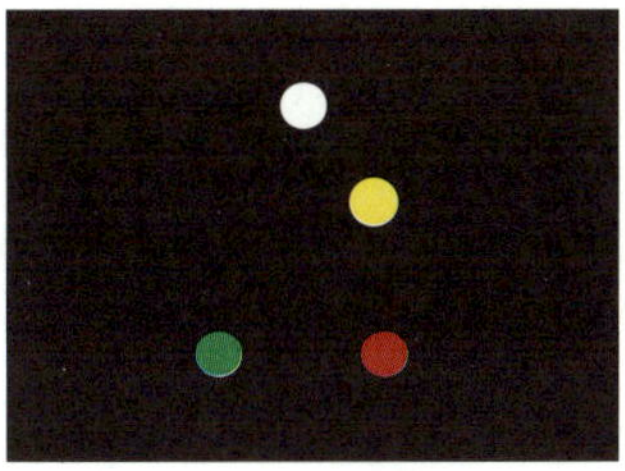

(8)$L < 50$m 气垫船正视

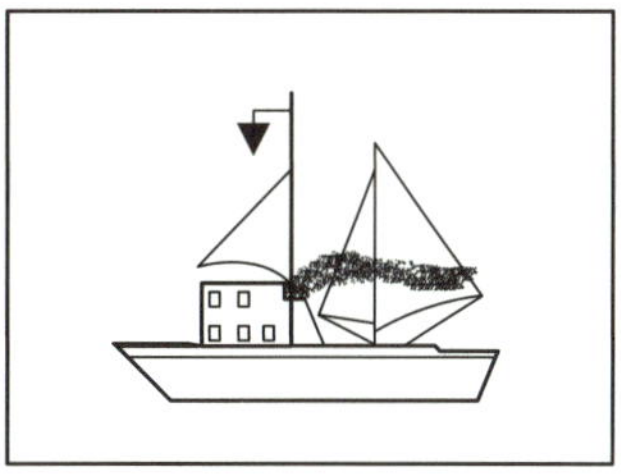

(9)帆机并用船的号型

●——红灯；○——白灯；●——绿灯；●——黄灯

图 2-5　机动船的号灯与号型

第二十四条　拖带和顶推

1. 机动船当拖带时应显示：

(1)垂直两盏桅灯，以取代第二十三条 1 款(1)项或 1 款(2)项规定的号灯。当从拖船船尾至被拖物体后端的拖带长度超过 200m 时，垂直显示三盏这样的号灯；

(2)两盏舷灯；

(3)一盏尾灯；

(4)一盏拖带灯位于尾灯垂直上方；

(5)当拖带长度超过 200m 时，在最易见处显示一个菱形体号型。

2. 当一顶推船和一被顶推船牢固地连接成为一组合体时，则应作为一艘机动船，显示第二十三条规定的号灯。

3. 机动船当顶推或旁拖时，除组合体外，应显示：

(1)垂直两盏桅灯，以取代第二十三条 1 款(1)项或 1 款(2)项规定的号灯；

(2)两盏舷灯；

(3)一盏尾灯。

4. 适用本条 1 或 3 款的机动船，还应遵守第二十三条 1 款(2)项的规定。

5. 除本条 7 款所述外，一被拖船或被拖物体应显示：

(1)两盏舷灯；

(2)一盏尾灯；

(3)当拖带长度超过 200m 时，在最易见处显示一个菱形体号型。

6. 任何数目的船舶如作为一组被旁拖或顶推时，应作为一艘船来显示号灯：

(1)一艘被顶推船，但不是组合体的组成部分，应在前端显示两盏舷灯；

(2)一艘被旁拖的船应显示一盏尾灯，并在前端显示两盏舷灯。

7. 一不易觉察的、部分淹没的被拖船舶或物体或者这类船舶或物体的组合体应显示：

(1)除弹性拖曳体不需要在前端或接近前端处显示灯光外，如宽度小于 25m，在前后两端或接近前后两端处各显示一盏环照白灯；

(2)如宽度为 25m 或 25m 以上时，在两侧最宽处或接近最宽处，另加两盏环照白灯；

(3)如长度超过 100m，在(1)和(2)项规定的号灯之间，另加若干环照白灯，使得这些灯之间的距离不超过 100m；

(4)在最后的被拖船舶或物体的末端或接近末端处，显示一个菱形体号型，当拖带长度超过 200m 时，在尽可能前部的最易见处另加一个菱形体号型。

8. 凡由于任何充分理由，被拖船舶或物体不可能显示本条 5 款或 7 款规定的号灯或号型时，应采取一切可能的措施使被拖船舶或物体上有灯光，或至少能表明这种船舶或物体的存在。

9. 凡由于任何充分理由，使得一艘通常不从事拖带作业的船不可能按本条 1 或 3 款的规定显示号灯，这种船在从事拖带另一遇险或需要救助的船时，就不要求显示这些号灯。但应采取如第三十六条所准许的一切可能措施来表明拖带船与被拖船之间关系的性质，尤其应将拖缆照亮。

1. 从事拖带的机动船

从事拖带的机动船所显示的号灯与拖轮本身长度和拖带长度有关，拖轮按机动船论处。

(1)$L \geqslant 50$m 时应显示前后桅灯；

(2)$L < 50$m 时只显示一盏桅灯；

(3)拖带长度 $S > 200$m 时以垂直三盏桅灯取代其中一盏桅灯；

(4)拖带长度 $S \leqslant 200$m 时以垂直两盏桅灯取代其中一盏桅灯。

上述四种情况组成四种组合，如图 2-6(1)～(9)所示。

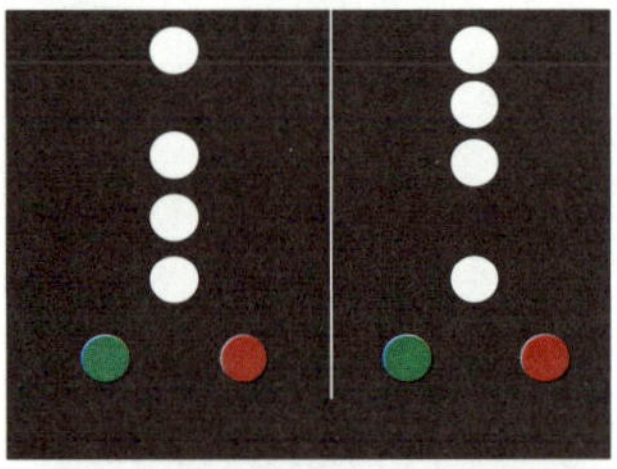
(1)$L \geqslant 50$m，$S > 200$m 拖带正视

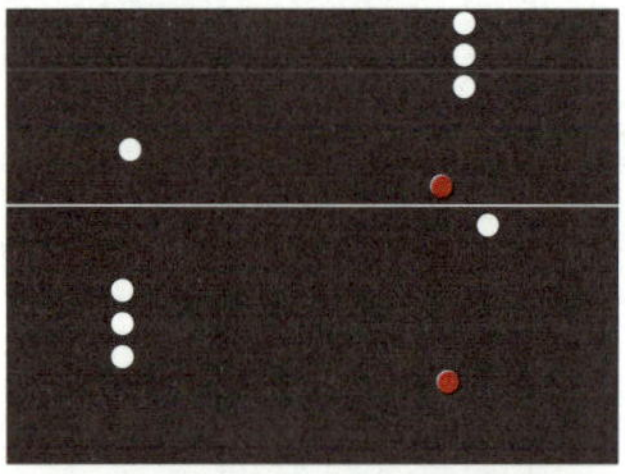
(2)$L \geqslant 50$m，$S > 200$m 拖带左视

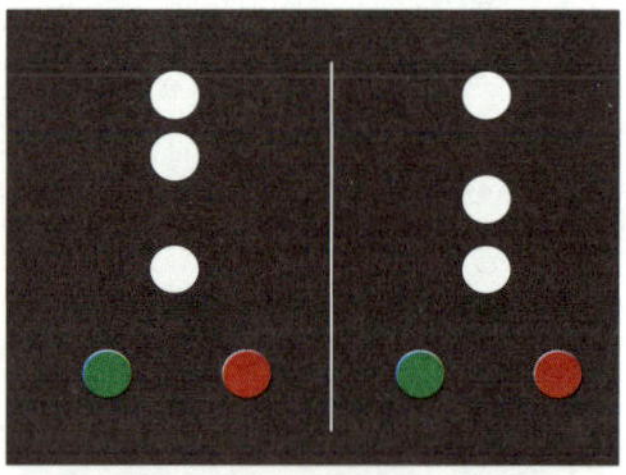
(3)$L \geqslant 50$m，$S \leqslant 200$m 拖带正视

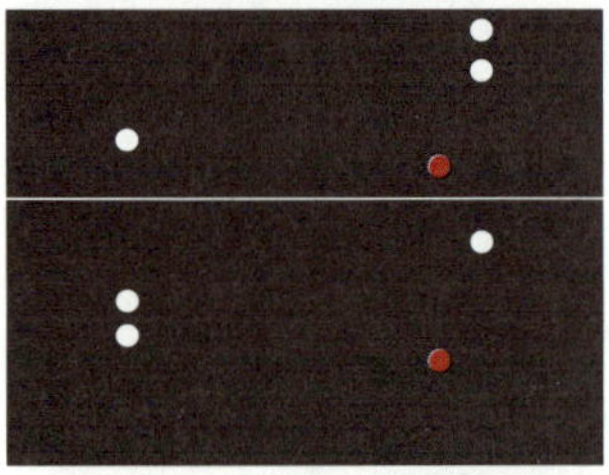
(4)$L \geqslant 50$m，$S \leqslant 200$m 拖带左视

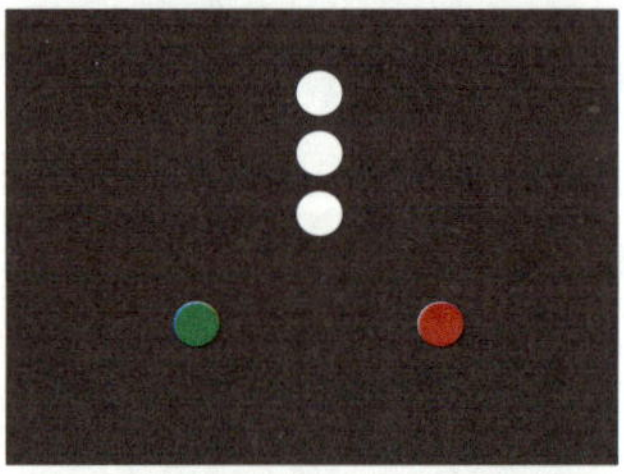
(5)$L < 50$m，$S > 200$m 拖带正视

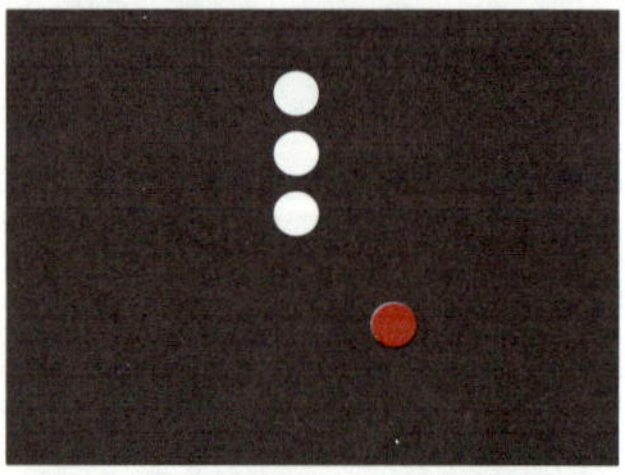
(6)$L < 50$m，$S > 200$m 拖带左视

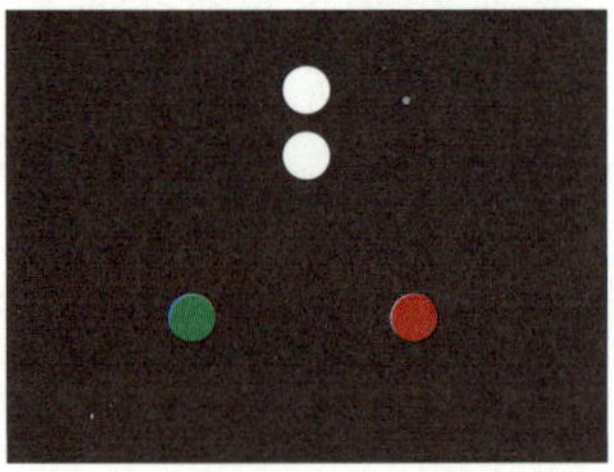
(7)$L < 50$m，$S \leqslant 200$m 拖带正视

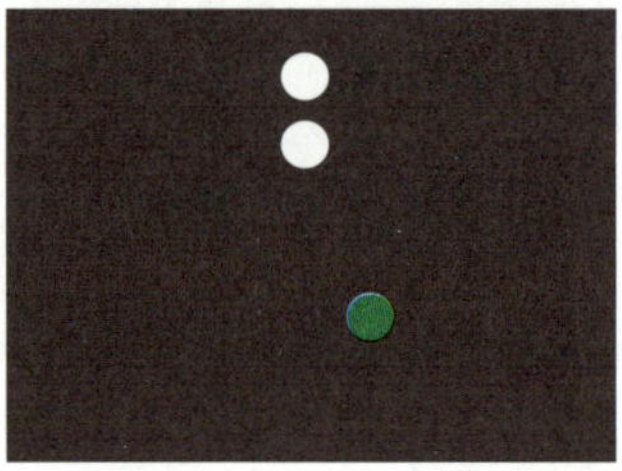
(8)$L < 50$m，$S \leqslant 200$m 拖带右视

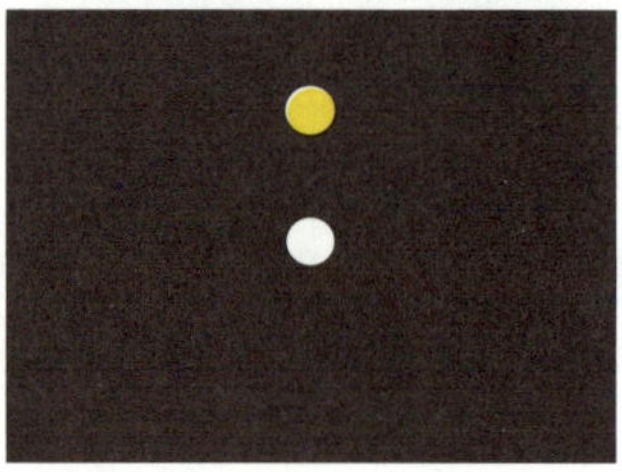
(9)所有从事拖带的机动船后视

●——红灯；○——白灯；●——绿灯；●——黄灯

图 2-6　从事尾拖的机动船号灯与号型

当一顶推船和一被顶推船牢固地连接成为一组合体时，则应作为一艘机动船，显示第二十三条规定的“机动船”号灯。

2. 从事顶推或旁拖的机动船

从事顶推或旁拖的机动船所显示的号灯与拖轮本身长度有关，拖轮按机动船论处。

(1)$L \geqslant 50$m 时，用垂直两盏桅灯取代前桅灯或后桅灯；

(2)$L < 50$m 时显示垂直两盏桅灯。

如图 2-7(1)～(3)所示。

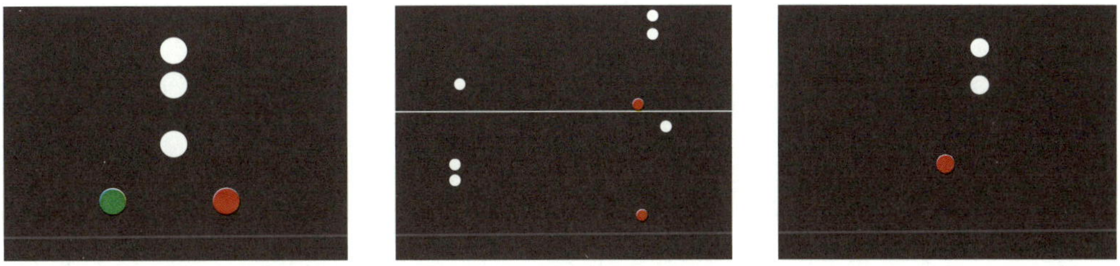

(1)$L \geqslant 50$m 顶推或旁拖正视　(2)$L \geqslant 50$m 顶推或旁拖左视　(3)$L < 50$m 顶推或旁拖左视

●——红灯；○——白灯；●——绿灯

图 2-7　从事顶推或旁拖的机动船号灯与号型

3. 被拖带船或物体

(1)被拖带船或物体应显示红绿舷灯、一盏尾灯；

(2)当拖带多艘船或多件物体时，每一船或物体均应显示红绿舷灯、一盏尾灯；

(3)当拖带长度 $S \leqslant 200$m 时，被拖船或物体不需要显示号型，当拖带长度 $S > 200$m 时，才应在最易见处显示一个菱形体号型。

4. 被顶推船

(1)被顶推船应显示红绿舷灯，不需要显示尾灯；

(2)任何数目的船舶如作为一组被顶推时，应作为一艘船来显示号灯。

5. 被旁拖船

(1)被旁拖船应显示红绿舷灯、一盏尾灯；

(2)任何数目的船舶如作为一组被旁拖时，应作为一艘船来显示号灯。

6. 一不易觉察的、部分淹没的被拖船舶或物体或者这类船舶或物体的组合体

(1)除弹性拖曳体不需要在前端或接近前端处显示灯光外，如宽度小于 25m，应在前后两端或接近前后两端处各显示一盏环照白灯；

(2)如宽度为 25m 或 25m 以上时，在两端最宽处或接近最宽处，另各加一盏环照白灯；

(3)如长度超过 100m，在前后两端的号灯之间，另加若干环照白灯，使得这些灯之间的距离不超过 100m。

在最后一艘被拖船舶或物体的末端或接近末端处，显示一个菱形体号型，当拖带长度超过 200m 时，在尽可能前部的最易见处另加一个菱形体号型。

7. 被拖船舶或物体不可能按《规则》要求显示号灯时

凡由于任何充分理由，一被拖船舶或物体不可能显示本条 5 或 7 款规定的号灯或号型时，应采取一切可能的措施使被拖船舶或物体上有灯光，或者至少能表明这种船舶或物体的存在。

8. 通常不从事拖带作业的船舶

一艘通常不从事拖带作业的船舶应采用招引注意的信号，比如，用探照灯将缆绳和被拖船舶或物体照亮。

第二十五条　在航帆船和划桨船

1. 在航帆船应显示：

(1) 两盏舷灯；

(2) 一盏尾灯。

2. 在长度小于 20m 的帆船上，本条 1 款规定的号灯可以合并成一盏，装设在桅顶或接近桅顶的最易见处。

3. 在航帆船，除本条 1 款规定的号灯外，还可在桅顶或接近桅顶的最易见处，垂直显示两盏环照灯，上红下绿。但这些环照灯不应和本条 2 款所允许的合色灯同时显示。

4. (1) 长度小于 7m 的帆船，如可行，应显示本条 1 或 2 款规定的号灯。但如果不这样做，则应在手边备妥白光的电筒一个或点着的白灯一盏，及早显示，以防碰撞。

(2) 划桨船可以显示本条为帆船规定的号灯，但如不这样做，则应在手边备妥白光的电筒一个或点着的白灯一盏，及早显示，以防碰撞。

5. 用帆行驶同时也用机器推进的船舶，应在前部最易见处显示一个圆锥体号型，尖端向下。

1. 在航帆船应显示的号灯

在航帆船应显示红绿舷灯和一盏尾灯，不应显示桅灯。

2. 关于三色合座灯

长度小于 20m 的帆船，其舷灯和尾灯合并成一盏，装设在桅顶或接近桅顶的最易见处。

3. 在航帆船的特征号灯

在航帆船的特征号灯为上红下绿环照灯，但并不强制显示。

4. 长度小于 7m 的帆船

长度小于 7m 的帆船如可行，应显示红绿舷灯和一盏尾灯或“三色合座灯”，如不显示，则应显示白光电筒或白灯一盏。

5. 划桨船

划桨船可以按帆船要求显示号灯，如不按帆船要求显示，则应显示白光电筒或白灯一盏。

6. 机帆船

机帆船（帆机并用船）属于机动船，应根据其长度按机动船要求显示相应的号灯。号型则为一个尖端向下的圆锥体，显示在前部最易见处。

帆船的号灯、号型如图 2-8(1)～(3)所示。

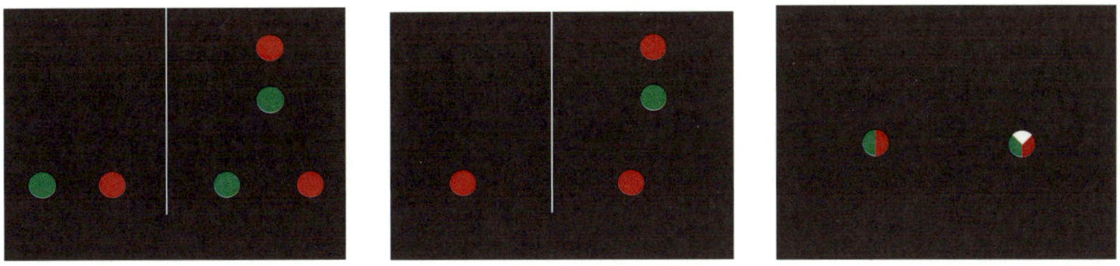

(1)$L \geqslant 20$m 在航帆船正视　(2)$L \geqslant 20$m 在航帆船左视　(3)$L < 20$m 帆船正视与俯视

●——红灯；○——白灯；●——绿灯

图 2-8　帆船的号灯与号型

第二十六条　渔船

1. 从事捕鱼的船舶，不论在航还是锚泊，只应显示本条规定的号灯和号型。

2. 船舶从事拖网作业，即在水中拖曳爬网或其他用作渔具的装置时，应显示：

(1)垂直两盏环照灯，上绿下白，或一个由上下垂直、尖端对接的两个圆锥体所组成的号型；

(2)一盏桅灯，后于并高于那盏环照绿灯；长度小于 50m 的船舶，则不要求显示该桅灯，但可以这样做；

(3)当对水移动时，除本款规定的号灯外，还应显示两盏舷灯和一盏尾灯。

3. 从事捕鱼作业的船舶，除拖网作业者外，应显示：

(1)垂直两盏环照灯，上红下白，或一个由上下垂直、尖端对接的两个圆锥体所组成的号型；

(2)当有外伸渔具，其从船边伸出的水平距离大于 150m 时，应朝着渔具的方向显示一盏环照白灯或一个尖端向上的圆锥体号型；

(3)当对水移动时，除本款规定的号灯外，还应显示两盏舷灯和一盏尾灯。

4. 本规定附录Ⅱ所述的额外信号，适用于在其他捕鱼船舶附近从事捕鱼的船舶。

5. 船舶不从事捕鱼时，不应显示本条规定的号灯或号型，而只应显示为其同样长度的船舶所规定的号灯或号型。

1. 适用范围

本条标题虽为“渔船”，实质指的是《规则》定义中的“从事捕鱼船”。

2. 从事捕鱼船的分类

从事捕鱼船按其捕鱼方式分为拖网渔船和非拖网渔船两类。

3. 从事捕鱼船在航与锚泊时应显示的号灯、号型

从事捕鱼船不论是在航中捕鱼还是锚泊中捕鱼，只显示本条规定的号灯和号型，即锚泊中捕鱼作业的船不应显示锚灯、锚球。

4. 不捕鱼时显示的号灯号型

当“渔船”不捕鱼时，不作为“从事捕鱼的船舶”，因而只按其长度显示一般船舶的号灯、号型。

5. 从事拖网作业的捕鱼船应显示的号灯、号型

(1)垂直显示上绿下白两盏环照灯。号型：上下垂直、尖端对接的两个圆锥体所组成的号型。

(2)$L \geqslant 50$m 时，还应显示一盏桅灯，位置：后于并高于那盏环照绿灯；$L < 50$m 时，不要求显示该桅灯，但也可以显示。

(3)当对水移动时，除上述外，还应显示两盏舷灯和一盏尾灯(不对水移动时不应显示)。

(4)当与其他渔船相互邻近捕鱼时，还可以显示《规则》附录Ⅱ“相互邻近处捕鱼的渔船额外信号”。

(5)锚泊中捕鱼时应显示与在航不对水移动时相同的号灯、号型(不显示锚灯、锚球)。

6. 从事非拖网作业的捕鱼船应显示的号灯、号型

(1)垂直显示上红下白两盏环照灯。号型：同拖网作业的捕鱼船。

(2)当有外伸渔具，其从船边伸出的水平距离大于 150m 时，应朝着渔具的方向显示一盏环照白灯，号型：一个尖端向上的圆锥体号型；

(3)当对水移动时，除上述号灯外，还应显示两盏舷灯和一盏尾灯(不对水移动时不显示)；

(4)锚泊中捕鱼时应显示与在航不对水移动时相同的号灯、号型(不显示锚灯、锚球)。

应注意的是，从事非拖网作业的捕鱼船不管其长度如何，都不显示桅灯。

从事捕鱼的船舶的号灯、号型如图 2-9(1)～(11)所示。

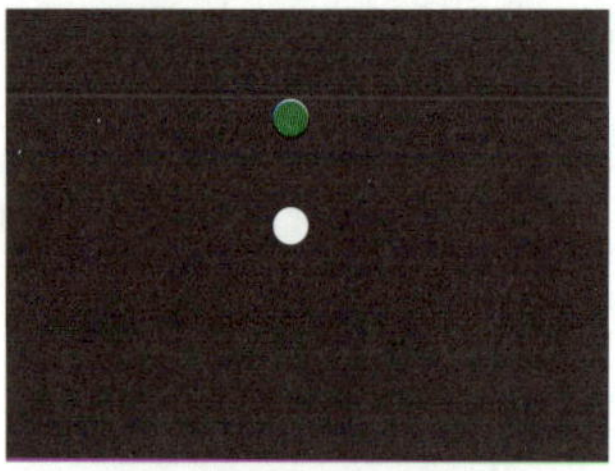

(1)$L < 50$m 拖网渔船不对水移动正视

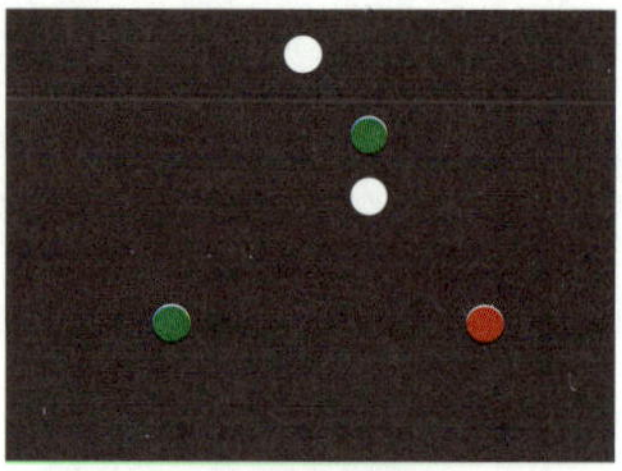

(2)$L \geqslant 50$m 拖网渔船对水移动正视

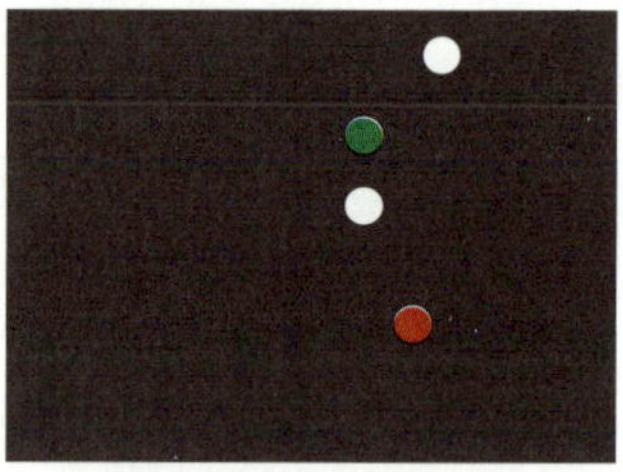

(3)$L \geqslant 50$m 拖网渔船对水移动左视

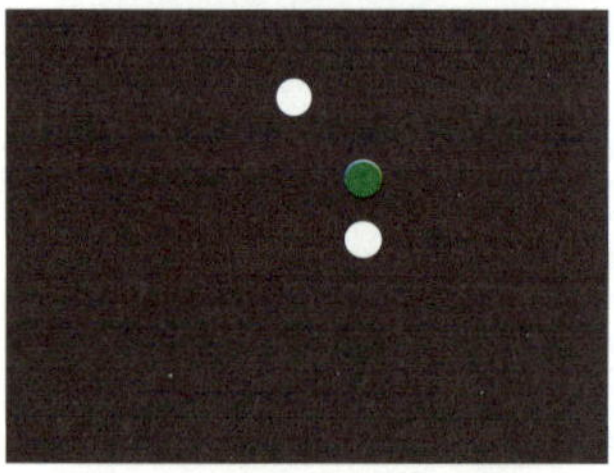

(4)$L \geqslant 50$m 拖网渔船不对水移动正视

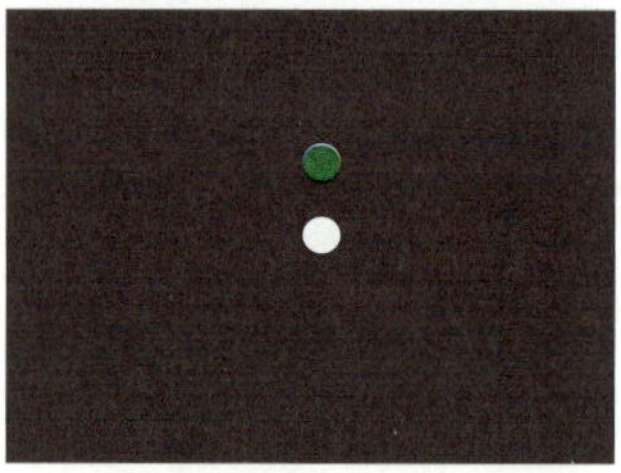

(5)拖网渔船不对水移动或锚泊正视

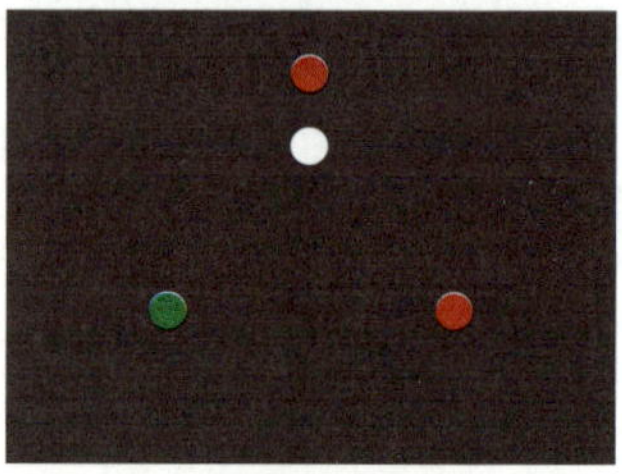

(6)非拖网渔船对水移动正视

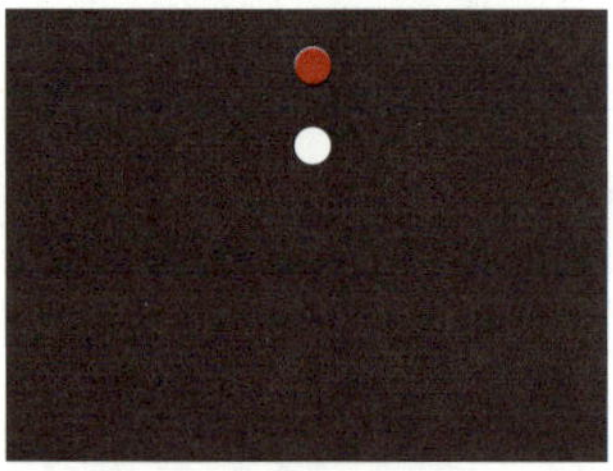

(7)非拖网渔船不对水移动或锚泊

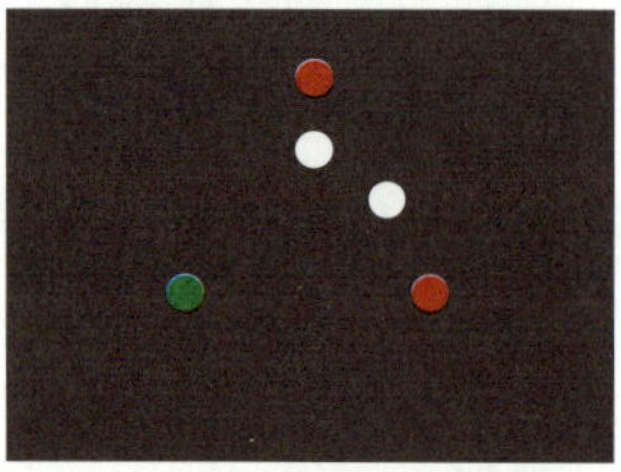

(8)非拖网渔船对水移动，渔具伸出 $>$150m 正视

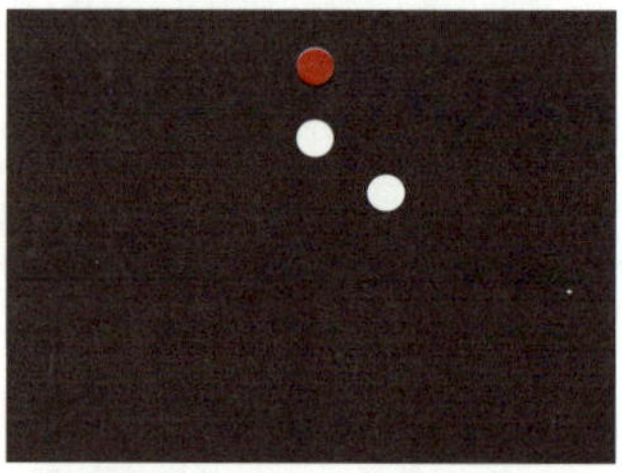

(9)非拖网渔船不对水移动或锚泊，渔具伸出 $>$150m 正视

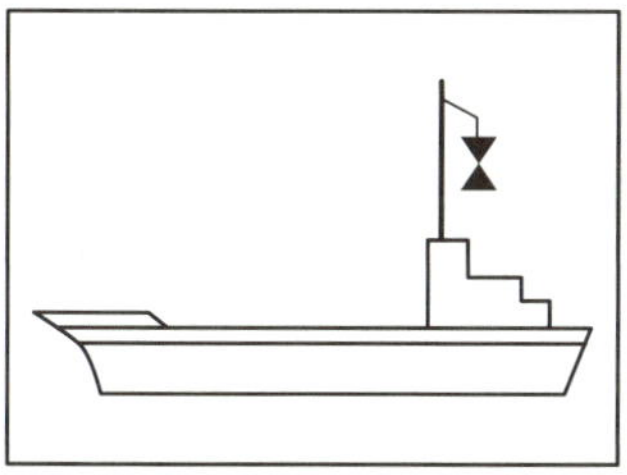

(10)拖网渔船在航或锚泊号型

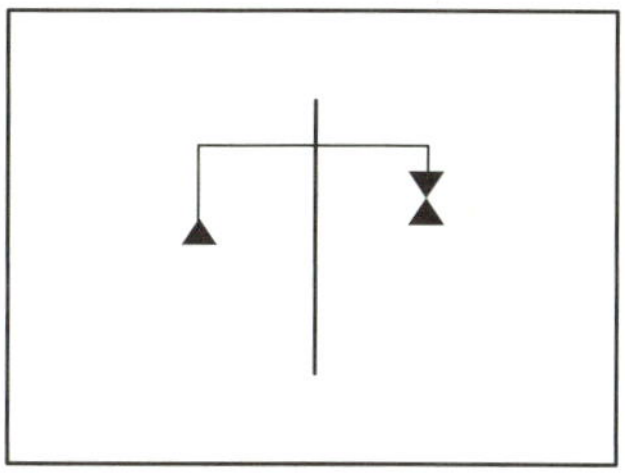

(11)非拖网渔船渔具伸出>150m在航或锚泊号型

●——红灯;○——白灯;●——绿灯

图 2-9　从事捕鱼船的号灯与号型

第二十七条　失去控制或操纵能力受到限制的船舶

1. 失去控制的船舶应显示:

(1)在最易见处,垂直两盏环照红灯;

(2)在最易见处,垂直两个球体或类似的号型;

(3)当对水移动时,除本款规定的号灯外,还应显示两盏舷灯和一盏尾灯。

2. 操纵能力受到限制的船舶,除从事清除水雷作业的船舶外,应显示:

(1)在最易见处,垂直三盏环照灯,最上和最下者应是红色,中间一盏应是白色;

(2)在最易见处,垂直三个号型,最上和最下者应是球体,中间一个应是菱形体;

(3)当对水移动时,除本款(1)项规定的号灯外,还应显示桅灯、舷灯和尾灯;

(4)当锚泊时,除本款(1)和(2)项规定的号灯或号型外,还应显示第三十条规定的号灯或号型。

3. 从事一项使拖船和被拖物体双方在驶离其航向的能力上受到严重限制的拖带作业的机动船,除显示第二十四条1款规定的号灯或号型外,还应显示本条2款(1)和(2)项规定的号灯或号型。

4. 从事疏浚或水下作业的船舶,当其操纵能力受到限制时,应显示本条2款(1)、(2)和(3)项规定的号灯和号型。此外,当存在障碍物时,还应显示:

(1)在障碍物存在的一舷,垂直两盏环照红灯或两个球体;

(2)在他船可以通过的一舷,垂直两盏环照绿灯或两个菱形体;

(3)当锚泊时,应显示本款规定的号灯或号型以取代第三十条规定的号灯或号型。

5. 当从事潜水作业的船舶其尺度使之不可能显示本条4款规定的号灯和号型时,则应显示:

(1)在最易见处垂直三盏环照灯,最上和最下者应是红色,中间一盏应是白色;

(2)一个国际信号旗“A”的硬质复制品,其高度不小于1m,并应采取措施以保证周围都能见到。

6. 从事清除水雷作业的船舶,除显示第二十三条为机动船规定的号灯或第三十条为锚泊船规定的号灯或号型外,还应显示三盏环照绿灯或三个球体。这些号灯或号型之一应在接近前桅桅顶处显示,其余应在前桅桁两端各显示一个。这些号灯或号型表示他船驶近至清除水雷船1000m以内是危险的。

7. 除从事潜水作业的船舶外，长度小于 12m 的船舶，不要求显示本条规定的号灯和号型。

8. 本条规定的信号不是船舶遇险求救的信号。船舶遇险求救的信号载于本规则附录Ⅳ内。

1. 失去控制的船舶应显示的号灯

(1)号灯：垂直两盏环照红灯；号型：垂直两个球体或类似的号型，显示在最易见处。

(2)当对水移动时，显示两盏舷灯和一盏尾灯（不显示桅灯）、垂直两盏环照红灯。

(3)当不对水移动时，仅显示垂直两盏环照红灯。

(4)“失控船”只存在于在航中，一旦锚泊，则按一般锚泊船处理，其“失控”号灯、号型不再显示。

(5)帆船、限于吃水的船舶、操纵能力受限制的船舶、从事捕鱼的船舶、执行引航任务的船舶一旦失控，只按“失控船”显示号灯、号型，其原来的“特征”号灯、号型不再显示。

失控船的号灯、号型如图 2-10(1)～(6)所示。

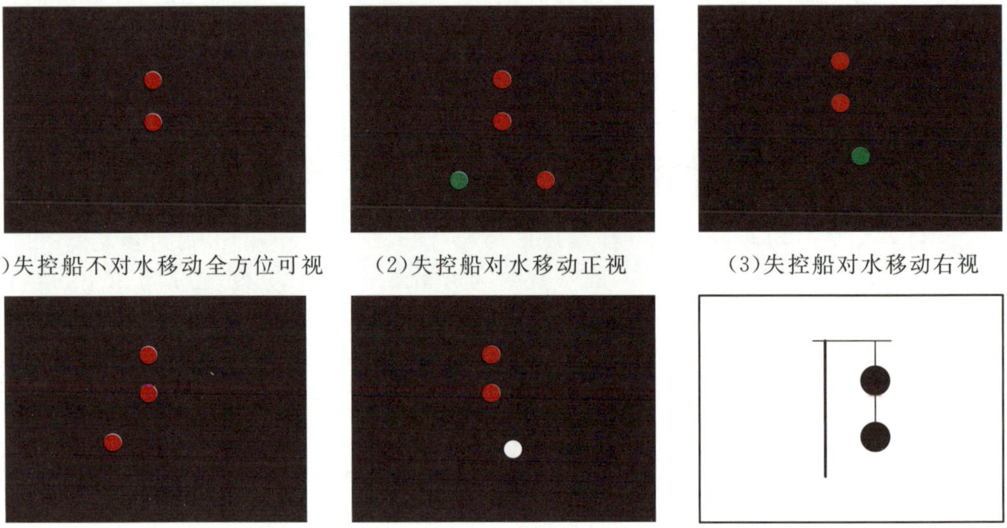

(1)失控船不对水移动全方位可视　(2)失控船对水移动正视　(3)失控船对水移动右视

(4)失控船对水移动左视　(5)失控船对水移动后视　(6)失控船号型

●——红灯；○——白灯；●——绿灯

图 2-10　失去控制船的号灯与号型

2. 操纵能力受限制的船舶

按《规则》定义，操纵能力受限制的船舶至少包括六类，这六类“操限船”的号灯、号型显示有不同的规定，其基本“特征”号灯为垂直显示的红、白、红环照灯，但从事清除水雷作业的船舶的“特征”号灯为呈“品”字布置的三盏绿色环照灯。

(1)从事疏浚或水下作业的船舶

①首先，根据其长度按机动船显示相应的桅灯、舷灯、尾灯（在航对水移动时），不对水移动时关闭。

②在最易见处垂直显示红、白、红环照灯，对应的号型为垂直悬挂球体、菱形体、球体。

③当存在障碍物时，还应显示：在障碍物存在的一舷，垂直两盏环照红灯（对应的号型为两个球体）；在他船可以通过的一舷，垂直两盏环照绿灯（对应的号型为两个菱形体）。

④锚泊中的从事疏浚或水下作业的船舶不应显示锚灯、锚球，只显示在航不对水移动时的号灯、号型。

(2)从事潜水作业的小船

从事潜水作业的船舶，如果其尺度能使该船显示前述“水下作业船”的号灯、号型，则应按“水下作业船”显示。若从事潜水作业的船尺度较小，不能按本条款中“水下作业船”显示相应的号灯、号型时，则应：

①在最易见处，垂直显示红、白、红三盏环照灯；

②对应的号型为国际信号旗“A”的硬质复制品。

(3)从事拖带作业的操纵能力受限制的船舶

本款中的“从事拖带作业”仅指尾拖船队。

①首先，根据拖轮长度、拖带长度按尾拖船队显示相应的号灯、号型；

②其次，垂直显示红、白、红环照灯，所对应的号型为球体、菱形体、球体；

③该船一旦锚泊，不再是“操限船”，按一般锚泊船显示相应的锚灯、锚球。

(4)从事清除水雷作业的船舶是一种比较特殊的操纵能力受限制的船舶，其“特征”号灯为呈“品”字形布置的三盏绿色环照灯。

①首先，根据其长度显示机动船在航或锚泊的号灯、号型。

②其次，还应显示三盏环照绿灯(号型为三个黑球)。这些号灯或号型之一应在接近前桅桅顶处显示，其余应在前桅桁两端各显示一个(即“品”字布置)。其号灯或号型表示他船驶近至清除水雷作业船 1000m 之内是危险的。

(5)除从事疏浚或水下作业的船舶、从事潜水作业的小船、从事拖带作业的操纵能力受限制船舶、从事清除水雷作业的船舶以外，其他操纵能力受限制的船舶应：

①首先，根据其长度按机动船显示桅灯、舷灯、尾灯(对水移动时开启，不对水移动时关闭)；若是锚泊中作业，则应显示相应的锚灯、锚球。

②其次，在最易见处，垂直显示红、白、红环照灯，对应的号型为垂直显示球体、菱形体、球体。

应注意的是：在航中从事补给或转运人员、食品或货物的双方船舶都应显示上述相应号灯、号型，另外，若是在锚泊中从事补给或转运人员、食品或货物，则不作为操纵能力受限的船舶，因而仅按一般锚泊船显示锚泊号灯、号型。

(6)$L<12$m 的操纵能力受限制的船舶

除从事潜水作业的船舶外，$L<12$m 的船舶，不要求显示操纵能力受限制的船舶的号灯、号型，但 $L<12$m 的潜水作业船舶仍应按上述规定显示相应的号灯、号型。

操纵能力受限制的船舶的号灯、号型如图 2-11(1)～(18)所示。

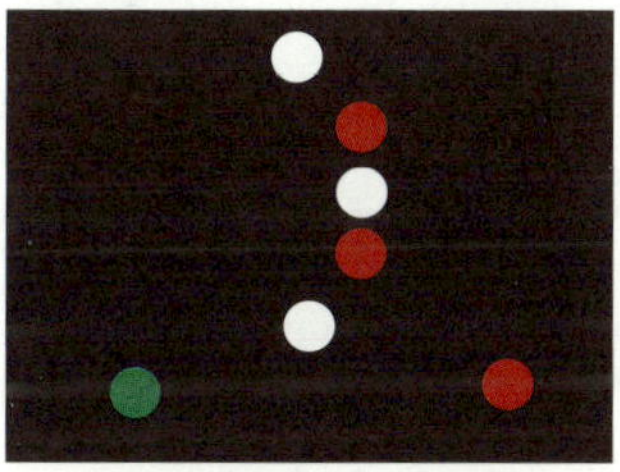

(1)敷设航标电缆管道
$L\geqslant50$m 对水移动正视

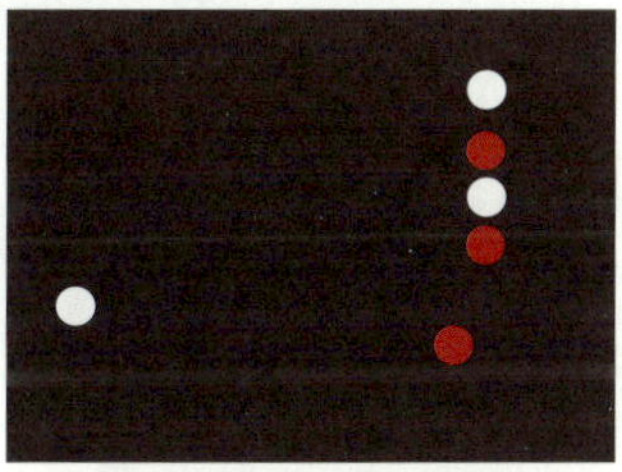

(2)敷设航标电缆管道
$L\geqslant50$m 对水移动左视(1)

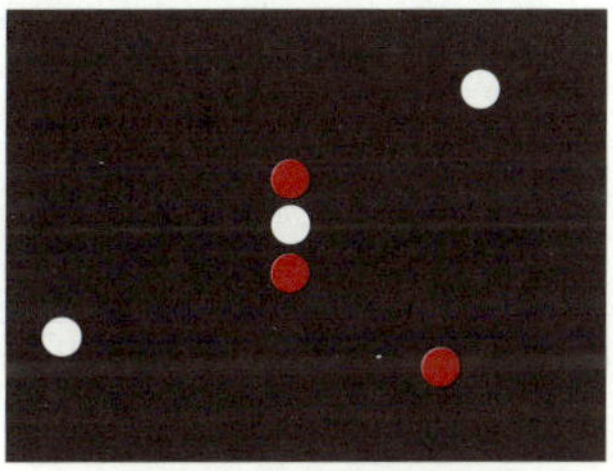

(3)敷设航标电缆管道
$L\geqslant50$m 对水移动左视(2)

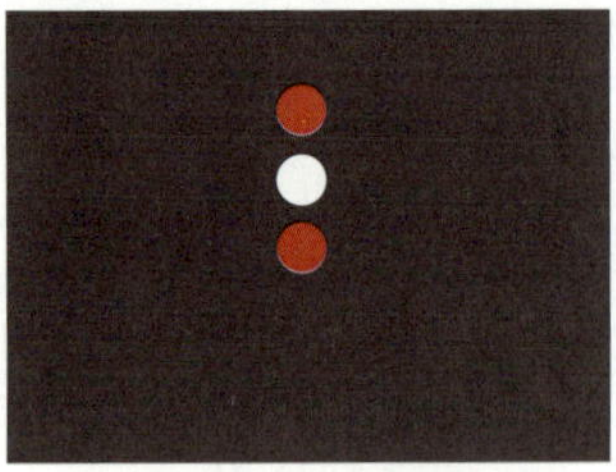

(4)敷设航标电缆管道 $L \geqslant 50$m 不对水移动

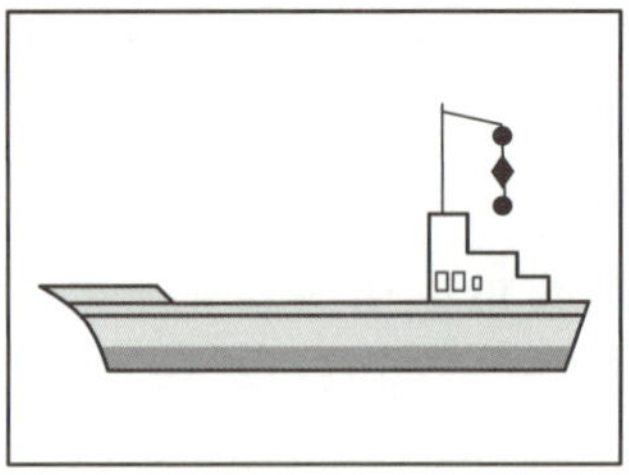

(5)敷设航标电缆管道在航时号型

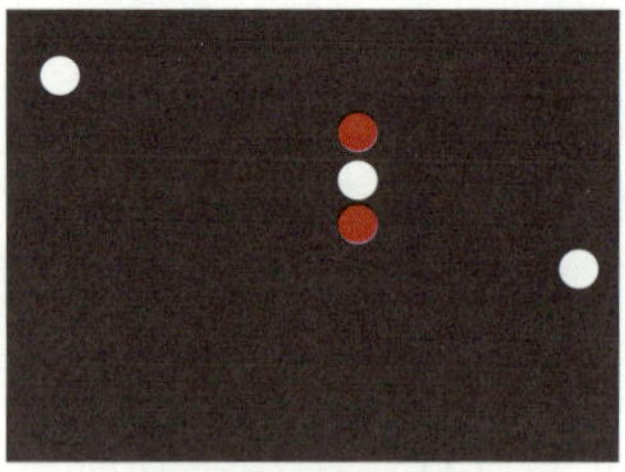

(6)敷设航标电缆管道 $L \geqslant 50$m 锚泊左视

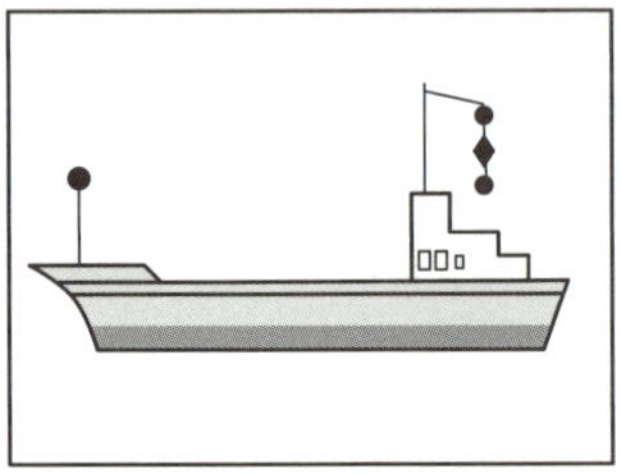

(7)敷设航标电缆管道锚泊时号型

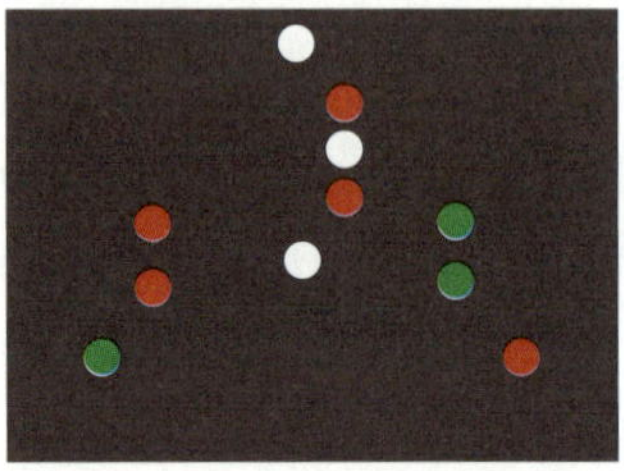

(8)$L \geqslant 50$m 疏浚对水移动正视

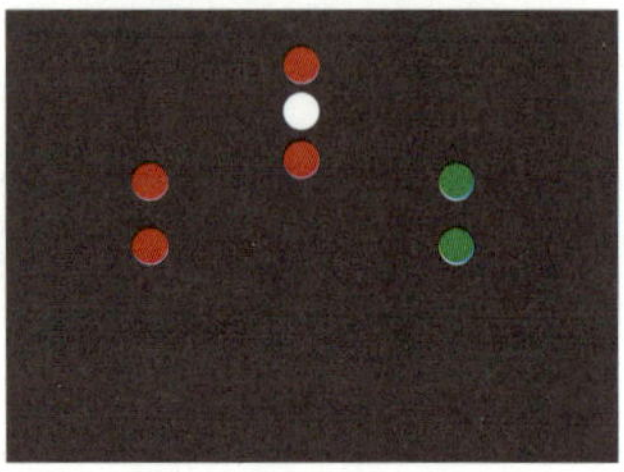

(9)疏浚不对水移动或锚泊正视

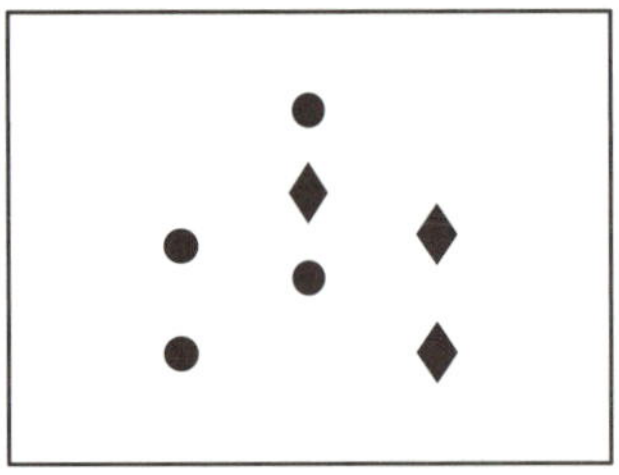

(10)疏浚在航或锚泊正视

(11)潜水作业小船在航或锚泊号灯

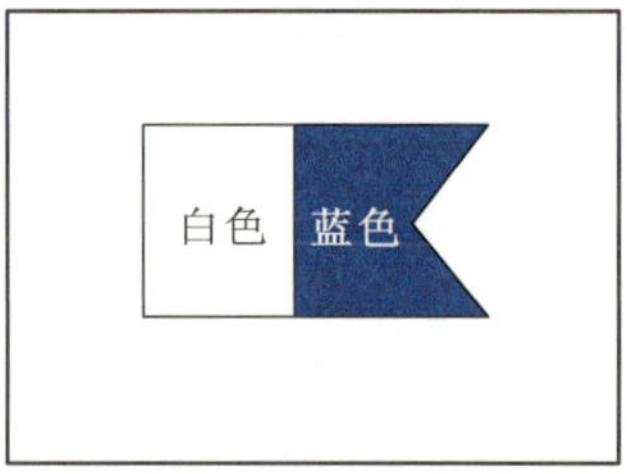

(12)潜水作业小船在航或锚泊号型

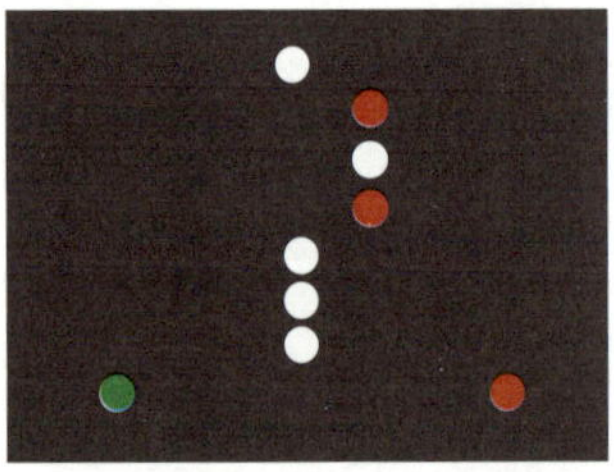

(13)$L \geqslant 50$m，$S > 200$m 拖带操限正视

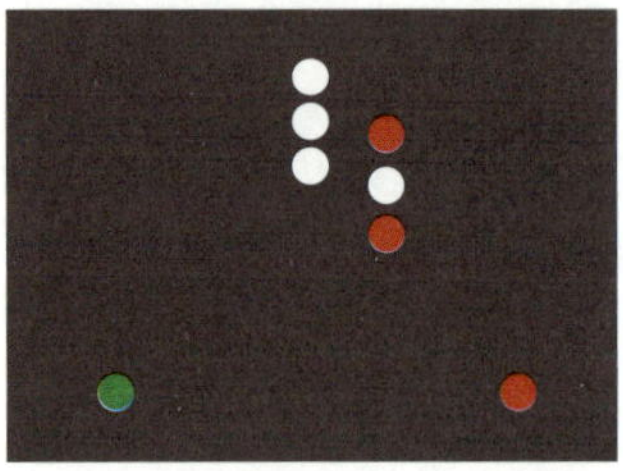

(14)$L < 50$m，$S > 200$m 拖带操限正视

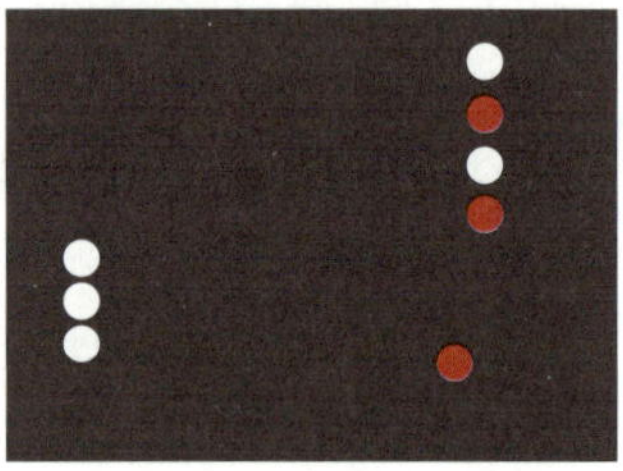

(15)$L \geqslant 50$m，$S > 200$m 拖带操限左视

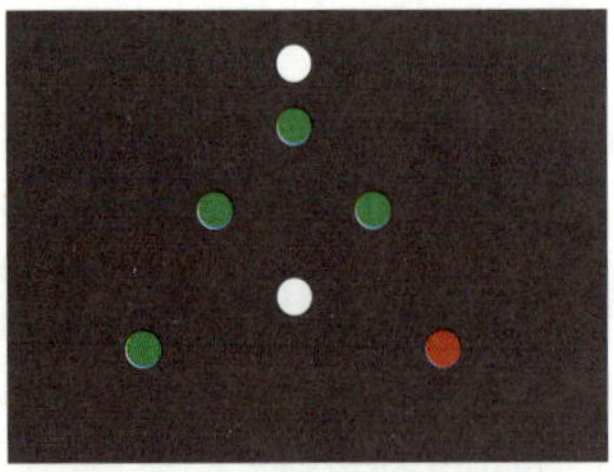

(16)$L \geqslant 50$m 清除水雷在航正视

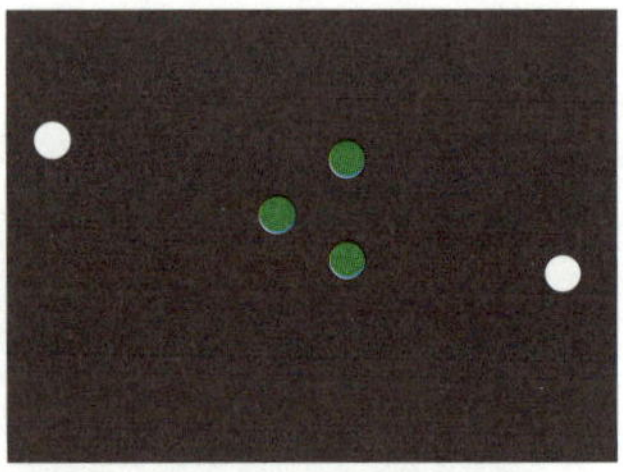

(17)$L \geqslant 50$m 清除水雷锚泊左视

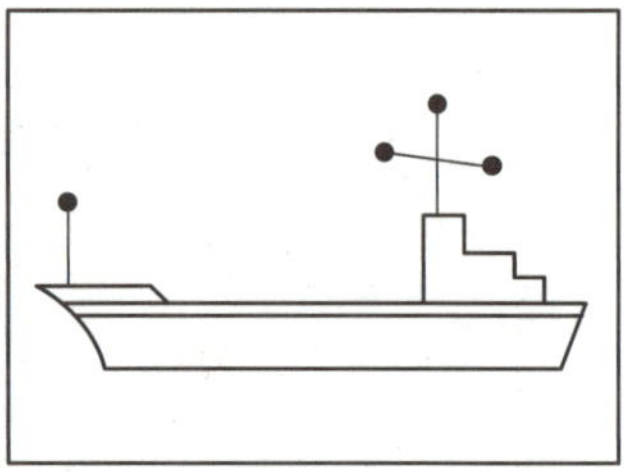

(18)清除水雷作业船锚泊号型

●——红灯；○——白灯；●——绿灯

图 2-11　操纵能力受限制船的号灯与号型

第二十八条　限于吃水的船舶

限于吃水的船舶，除第二十三条为机动船规定的号灯外，还可在最易见处垂直显示三盏环照红灯，或者一个圆柱体。

限于吃水的船舶本质上是机动船，其号灯、号型显示：

(1)首先，根据其长度按机动船显示相应的号灯；

(2)其次，可以显示垂直红、红、红三盏环照灯，在最易见处，其对应的号型为圆柱体一个。

应注意的是，三盏红灯和圆柱体并非强制显示，另外，限于吃水的船舶一旦锚泊，只按同等长度锚泊船显示相应的号灯、号型，不再显示三盏红灯和圆柱体号型。

限于吃水的船舶显示的号灯、号型如图 2-12(1)～(6)所示。

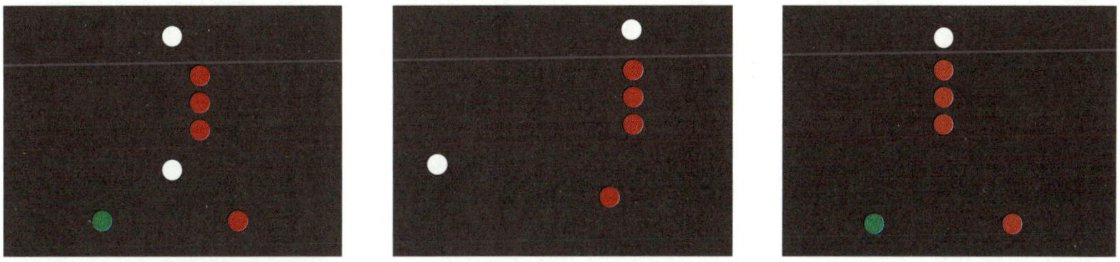

(1)$L\geqslant 50$m 限于吃水船正视　(2)$L\geqslant 50$m 限于吃水船左视　(3)$L<50$m 限于吃水船正视

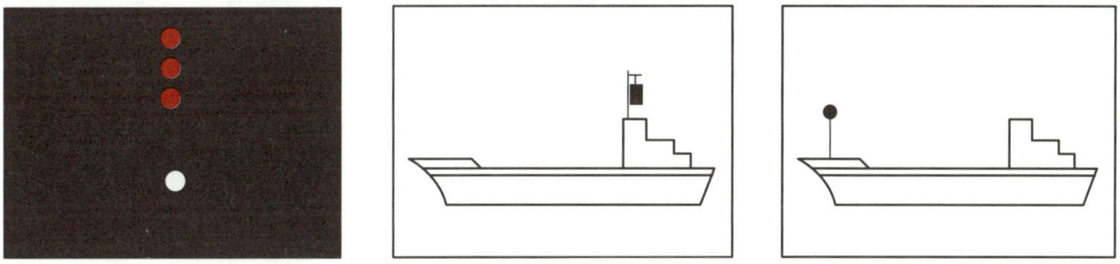

(4)限于吃水船后视　(5)限于吃水船在航号型　(6)限于吃水船锚泊号型

●——红灯；○——白灯；●——绿灯

图 2-12　限于吃水船的号灯与号型

第二十九条　引航船舶

1. 执行引航任务的船舶应显示：

(1)在桅顶或接近桅顶处，垂直两盏环照灯，上白下红；

(2)当在航时，外加舷灯和尾灯；

(3)当锚泊时，除本款(1)项规定的号灯外，还应显示第三十条对锚泊船规定的号灯或号型。

2. 引航船当不执行引航任务时，应显示为其同样长度的同类船舶规定的号灯或号型。

执行引航任务的船舶应显示的号灯为：

(1)在航时，首先显示舷灯、尾灯(不显示桅灯)；其次，显示其“特征”号灯：垂直两盏上白下红环照灯。

(2)白天在航执行任务时的号型：规则并未规定专门号型，但可以显示国际信号旗“H”。

(3)锚泊执行引航任务时，根据其长度显示锚灯，另垂直显示上白下红环照灯。号型：锚球一个。如图 2-13(1)～(3)所示。

应注意的是，不执行引航任务的船舶按一般船舶显示在航或锚泊的号灯、号型。

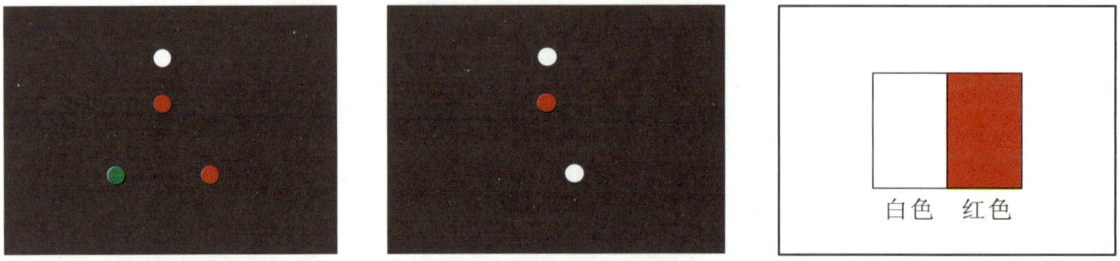

(1)引航船在航正视　(2)引航船在航后视　(3)引航旗

●——红灯；○——白灯；●——绿灯

图 2-13　引航船的号灯与号型

第三十条　锚泊船舶和搁浅船舶

1. 锚泊中的船舶应在最易见处显示：

(1)在船的前部，一盏环照白灯或一个球体；

(2)在船尾或接近船尾并低于本款(1)项规定的号灯处，一盏环照白灯。

2. 长度小于 50m 的船舶，可以在最易见处显示一盏环照白灯，以取代本条 1 款规定的号灯。

3. 锚泊中的船舶，还可以使用现有的工作灯或同等的灯照明甲板，而长度为 100m 及 100m 以上的船舶应使用这类灯。

4. 搁浅的船舶应显示本条 1 或 2 款规定的号灯，并在最易见处外加：

(1)垂直两盏环照红灯；

(2)垂直三个球体。

5. 长度小于 7m 的船舶，不是在狭水道、航道、锚地或其他船舶通常航行的水域中或其附近锚泊时，不要求显示本条 1 和 2 款规定的号灯或号型。

6. 长度小于 12m 的船舶搁浅时，不要求显示本条 4 款(1)项和(2)项规定的号灯或号型。

1. 锚泊船号灯、号型

本条有关锚泊船的号灯、号型不包括从事捕鱼的船舶锚泊作业和从事疏浚或水下作业的操纵能力受限制的船舶锚泊中作业，此两类船舶锚泊时不显示锚灯、锚球(详见前述“从事捕鱼船”和“从事疏浚或水下作业船”的号灯、号型)。

(1)$L \geqslant 100$m 的船舶：前、后各一盏锚灯(前高后低)，应该使用甲板工作灯照明，号型为一个锚球显示在最易见处。

(2)100m$>L \geqslant 50$m 的船舶：前、后各一盏锚灯(前高后低)，可以使用甲板工作灯照明，号型为一个锚球显示在最易见处。

(3)$L<50$m 的船舶：在最易见处显示一盏锚灯，可以使用甲板工作灯照明，号型为一个锚球显示在最易见处。

(4)$L<7$m 的船舶：只要不是在狭水道、航道、锚地或其他船舶通常航行的水域及其附近锚泊时，不要求显示锚泊船的号灯、号型。

2. 搁浅船的号灯、号型

(1)搁浅船的号灯：首先按同等长度的锚泊船显示号灯，另外再显示垂直两盏环照红灯；

(2)搁浅船的号型：最易见处显示垂直的三个黑球(不另行显示锚球)；

(3)$L<12$m 的搁浅船，不要求显示垂直的两盏环照号灯或三个黑球。

锚泊船与搁浅船的号灯、号型如图 2-14(1)～(6)所示。

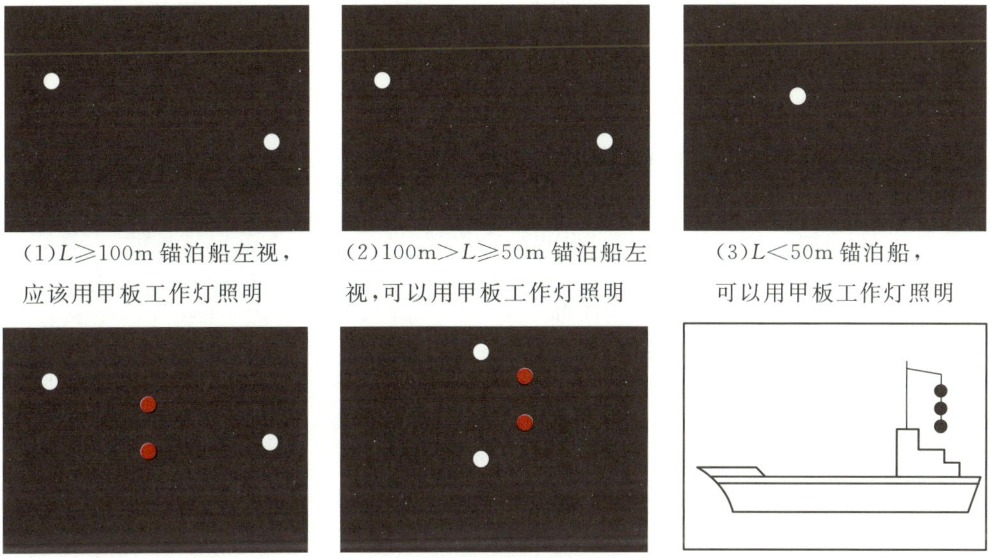

(1)$L\geqslant100$m 锚泊船左视，应该用甲板工作灯照明

(2)100m$>L\geqslant50$m 锚泊船左视，可以用甲板工作灯照明

(3)$L<50$m 锚泊船，可以用甲板工作灯照明

(4)$L\geqslant50$m 搁浅船左视

(5)$L\geqslant50$m 搁浅船正视

(6)搁浅船号型

●——红灯；○——白灯

图 2-14　锚泊船与搁浅船的号灯与号型

第三十一条　水上飞机和地效船

当水上飞机或地效船不可能显示按本章各条规定的各种特性或位置的号灯和号型时，则应显示尽可能近似于这种特性和位置的号灯和号型。

本条规定允许水上飞机或地效船在号灯和号型的特性或位置方面可以不完全遵守《规则》关于号灯、号型的各条规定，但应尽可能与《规则》保持一致。

二、船舶号灯、号型表

船舶号灯、号型表如表 2-2 所示。

表 2-2　号灯及号型表

<table>
<tr><th colspan="2" rowspan="2">船舶种类</th><th colspan="2">在　航</th><th colspan="2">锚　泊</th></tr>
<tr><th>号 灯</th><th>号 型</th><th>号 灯</th><th>号 型</th></tr>
<tr><td rowspan="8">机动船</td><td>$L \geqslant 100m$</td><td>前后桅灯、舷灯、尾灯</td><td></td><td>前后锚灯、应该用甲板工作灯照明</td><td rowspan="8">●</td></tr>
<tr><td>$L \geqslant 50m$</td><td>同上</td><td></td><td>前后锚灯，可以用甲板工作灯照明</td></tr>
<tr><td>$L < 50m$</td><td>一盏桅灯、舷灯、尾灯</td><td></td><td>一盏锚灯</td></tr>
<tr><td>$L < 12m$</td><td>可显示一白色环照灯、舷灯（可合并成一盏）</td><td></td><td>一盏锚灯</td></tr>
<tr><td>$L < 7m$
且 $v \leqslant 7kn$</td><td>可显示一白色环照灯（如有可能应显示舷灯）</td><td></td><td>一盏锚灯</td></tr>
<tr><td>气垫船</td><td>桅灯、舷灯、尾灯、黄色环照闪光灯（排水状态关闭）</td><td></td><td rowspan="2">按长度显示锚灯</td></tr>
<tr><td>帆机并用</td><td>按同等长度机动船处理</td><td>▼</td></tr>
<tr><td>地效船</td><td>号灯的位置和特性可以不按《规则》要求，但尽可能按《规则》要求显示。地效船只有在贴近水面起飞、降落和飞行时才应显示高亮度的红色环照闪光灯</td><td></td><td>按长度显示锚灯</td></tr>
<tr><td rowspan="4">帆船</td><td>$L \geqslant 20m$</td><td>舷灯、尾灯，还可显示上红下绿环照灯（注：没有桅灯）</td><td></td><td>按长度显示锚灯</td><td rowspan="4">●</td></tr>
<tr><td>$L < 20m$</td><td>舷灯、尾灯（可合并成三色灯），还可显示上红下绿环照灯（不应与三色灯同时显示）</td><td rowspan="3"></td><td rowspan="3">一盏锚灯</td></tr>
<tr><td>$L < 7m$</td><td>同上栏，或备一手电或白灯</td></tr>
<tr><td>划桨船</td><td>按同等长度帆船处理</td></tr>
</table>

续表 2-2

<table>
<tr><th colspan="3" rowspan="2">船舶种类</th><th colspan="3">在　航</th><th colspan="2">锚　泊</th></tr>
<tr><th colspan="2">号 灯</th><th>号 型</th><th>号 灯</th><th>号 型</th></tr>
<tr><td rowspan="5">从事拖带的机动船</td><td rowspan="2">尾拖</td><td>$L'>200$m</td><td colspan="2">垂直 3 盏桅灯，$L\geqslant 50$m 加后桅灯，另有舷灯、尾灯、拖带灯</td><td>◆</td><td colspan="2" rowspan="3">《规则》无明确规定，但应按锚泊船显示号灯、号型</td></tr>
<tr><td>$L'\leqslant 200$m</td><td colspan="2">垂直 2 盏桅灯，其余同上</td><td></td></tr>
<tr><td colspan="2">顶推或旁拖</td><td colspan="2">垂直 2 盏桅灯、舷灯、尾灯（注：无拖带灯）</td><td></td></tr>
<tr><td colspan="2">与被顶推船成牢固组合体</td><td colspan="2">作为一艘机动船显示</td><td rowspan="2"></td><td colspan="2" rowspan="2">《规则》无明确规定，但应按锚泊船显示号灯、号型</td></tr>
<tr><td colspan="2">非拖船临时用作拖带</td><td colspan="2">不能显示拖带号灯时，采取招引注意信号将缆绳照亮</td></tr>
<tr><td rowspan="8">被拖船或物体</td><td rowspan="2">尾拖</td><td>$L'>200$m</td><td colspan="2" rowspan="2">舷灯、尾灯。若不能按规定显示，点灯或至少表明其存在的措施</td><td>◆</td><td colspan="2" rowspan="8">应按锚泊船显示号灯、号型</td></tr>
<tr><td>$L'\leqslant 200$m</td><td></td></tr>
<tr><td colspan="2">被顶推</td><td>舷灯</td><td rowspan="2">任何数目船作为一组时，应作为一艘船来显示</td><td rowspan="2"></td></tr>
<tr><td colspan="2">被旁拖</td><td>舷灯、尾灯</td></tr>
<tr><td rowspan="3">部分淹没不易察觉</td><td>$B<25$m</td><td colspan="2">前后各一白色环照灯（弹性体前部不需要显示）</td><td rowspan="3">末端◆
$L'>200$m 时前部另加◆</td></tr>
<tr><td>$B\geqslant 25$m</td><td colspan="2">同上栏外，两侧最宽处各加一白色环照灯</td></tr>
<tr><td>$L>100$m</td><td colspan="2">同上栏外，号灯之间另加若干白色环照灯，间距不超过 100m</td></tr>
<tr><td colspan="2">不能显示规定的号灯、号型</td><td colspan="2">应在其上面点灯或至少表明其存在</td><td></td></tr>
<tr><td colspan="3">限于吃水船</td><td colspan="2">同机动船外，还可垂直 3 盏环照红灯（不强制）</td><td>■</td><td>按长度显示锚灯</td><td rowspan="2">●</td></tr>
<tr><td colspan="3">失控船</td><td colspan="2">舷灯、尾灯（不对水移动时应关闭）垂直 2 盏环照红灯（没有桅灯）</td><td>●
●</td><td>按长度显示锚灯</td></tr>
<tr><td colspan="3">引航船</td><td colspan="2">舷灯、尾灯、上白下红环照灯（没有桅灯）</td><td></td><td>按长度显示锚灯及上白下红环照灯</td><td>●</td></tr>
<tr><td colspan="3">搁浅船</td><td colspan="2">（注意与失控船区别）</td><td></td><td>按长度显示锚灯及垂直两盏环照红灯</td><td>●
●
●
（没有锚球）</td></tr>
</table>

续表 2-2

船舶种类		在航		锚泊	
		号灯	号型	号灯	号型
水上飞机、地效船		尽可能近似于《规则》第三章号灯号、型所规定的特性和位置			
操限船	从事敷设、维修、起捞航标、电缆、管道，收发航空器	桅灯、舷灯、尾灯 (不对水移动时关闭) 垂直红白红环照灯	● ◆ ●	锚灯，以及 ○R ○W ○R	锚球，以及 ● ◆ ●
	在航中从事补给转运人员、食品、货物	同上	同上	锚泊中从事该项作业时，不属操限船，按一般锚泊船处理	
	从事疏浚或水下作业	同上栏，当有障碍物时， 有障碍一舷○R ○R 可通航一舷○G ○G	● ◆ ● ● ◆ ● ◆	○R ○W ○R ○R ○G ○R ○G (没有锚灯)	● ◆ ● ● ◆ ● ◆ (没有锚球)
	从事潜水作业小船	○R ○W ○R	"A"字旗硬质复制品	○R ○W ○R (没有锚灯)	"A"字旗 (没有锚球)
	从事拖带作业，驶离能力严重受限	除按尾拖长度显示号灯外， 另加○R ○W ○R	● ◆ ● 若 $L'>200\text{m}$ 另加◆	一旦锚泊，不属操限船，按一般锚泊船处理	
	从事清除水雷作业的船舶	除按同等长度机动船显示号灯外，另加： ○G ○G ○G	● ● ●	锚灯，另加 ○G ○G ○G	锚球，另加 ● ● ●
	$L<12\text{m}$ 的小船	不要求显示搁浅、失控、操限(潜水作业除外)的号灯和号型			
从事捕鱼船	拖网渔船	舷灯、尾灯(不对水移动时关闭)，$L\geqslant 50\text{m}$ 应显示后桅灯($L<50\text{m}$ 时也可显示)、上绿下白环照灯	上下两个尖端对接的圆锥体	○G ○W (没有锚灯)	上下两个尖端对接的圆锥体(没有锚球)

续表 2-2

<table>
<tr><td colspan="4" rowspan="2">船舶种类</td><td colspan="2">在　航</td><td colspan="2">锚　泊</td></tr>
<tr><td>号 灯</td><td>号 型</td><td>号 灯</td><td>号 型</td></tr>
<tr><td rowspan="5">从事捕鱼船</td><td rowspan="2">非拖网</td><td colspan="2">渔具水平伸出 150m 及以下</td><td>舷灯、尾灯（不对水移动时关闭），上红下白环照灯</td><td>上下两个尖端对接的圆锥体</td><td>○R
○W
（没有锚灯）</td><td>上下两个尖端相接的圆锥体（没有锚球）</td></tr>
<tr><td colspan="2">渔具水平伸出 150m 以上</td><td>同上栏，另在伸出方向加一白色环照灯</td><td>上下两个尖端对接的圆锥体，伸出方向：▲</td><td>○R
○W
○W
（没有锚灯）</td><td>上下两个尖端相接的圆锥体，伸出方向：▲
（没有锚球）</td></tr>
<tr><td rowspan="3">相互邻近处捕鱼的额外信号</td><td rowspan="2">拖网渔船</td><td>非对拖</td><td colspan="4">不论是底拖还是中层渔具捕鱼，可显示：
放网○W　起网○W　网挂住○R
○W　○R　○R</td></tr>
<tr><td>对拖</td><td colspan="4">同上，另外朝前方并向本船对拖的另一船方向照射探照灯</td></tr>
<tr><td colspan="2">围网</td><td colspan="4">船的行动为渔具所妨碍时，才可显示：垂直两盏黄色号灯（每秒交替闪光一次，明暗历时相等）</td></tr>
</table>

思考题

1. 如何正确显示和识别各类船舶的号灯、号型？
2. 哪些在航中的船舶不显示桅灯？
3. 哪些船在航不对水移动时应关闭桅灯、舷灯和尾灯？
4. 哪些船锚泊时不显示锚灯和(或)锚球？
5. 夜间在海上见到一盏白灯，可能有哪些情况？应如何对待？
6. 试述显示号灯、号型的目的和意义。

第三节　号灯与号型的位置和技术细节

Positioning and Technical Details of Lights and Shapes

1. 船体以上高度

船体以上高度是指最上层连续甲板以上的高度，这一高度应从灯的位置垂直下方处量起。

2. 号灯的垂向位置和间距

(1)$L\geqslant 20$m 的机动船：一盏桅灯 $H\geqslant 6$m；$B>6$m 时，$B\leqslant H\leqslant 12$m。

两盏桅灯：后灯高于前灯不少于 4.5m。

(2)机动船两盏桅灯的垂向间距：正常吃水情况下，从船首 1000m 海面处看，前后灯分开且后灯在前灯的上方。如图 2-15 所示。

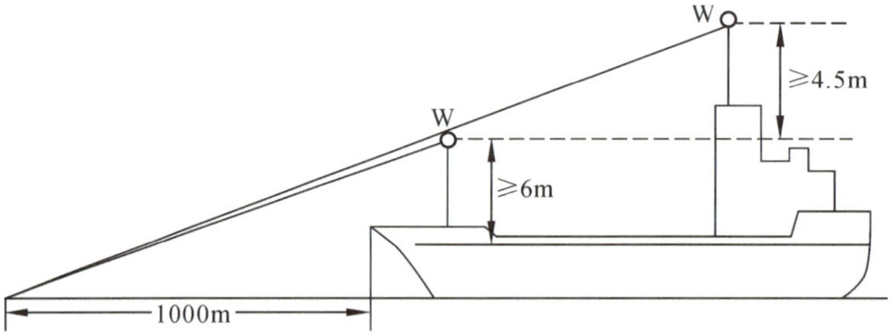

图 2-15　号灯的垂向位置和间距示意图

(3)$12\leqslant L<20$m 机动船：桅灯在舷边以上高度不小于 2.5m。

(4)$L<20$m 机动船：最上一盏号灯装在舷边以上小于 2.5m 的高度，当舷灯和尾灯之外设一盏桅灯时，则桅灯高于舷灯不小于 1m。

(5)顶推、拖带船等三盏或两盏桅灯中的一盏，应置于前桅灯或后桅灯相同的位置，若在后桅上，则最低一盏高于前桅灯至少 4.5m。桅灯布局如图 2-16(1)、图 2-16(2)所示。

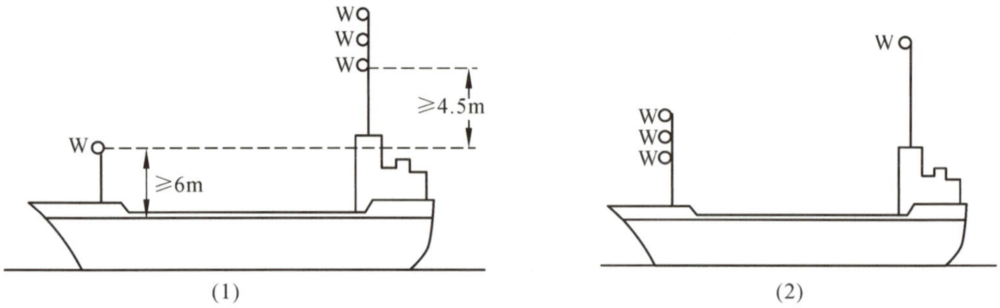

图 2-16　拖带船的前后桅灯

(6)操纵能力受限制船的号灯

①机动船的桅灯应高于并离开其他一切灯光和遮蔽物。

②操纵能力受限制的船舶、限于吃水的船舶的环照灯：位于后桅上方或悬挂于前后桅垂向之间。如图 2-17(1)～(3)所示。

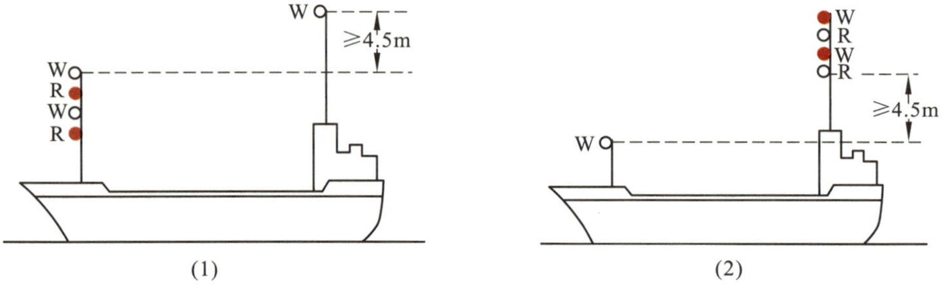

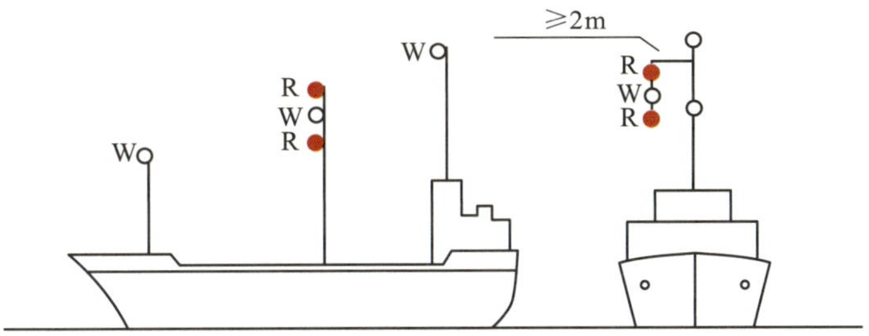

(3)

图 2-17　操纵能力受限制船的号灯

(7)机动船的舷灯：船体以上高度不超过前桅灯高度的四分之三。

(8)$L<20$m 的机动船的舷灯如合并为一盏，低于桅灯不小于 1m 处。

(9)垂直两盏或三盏号灯，号灯的间距设置如下：

①$L\geqslant 20$m 机动船，$L<20$m 机动船应分别设置；②三盏号灯的间距应相等。如图 2-18(1)、图 2-18(2)所示。

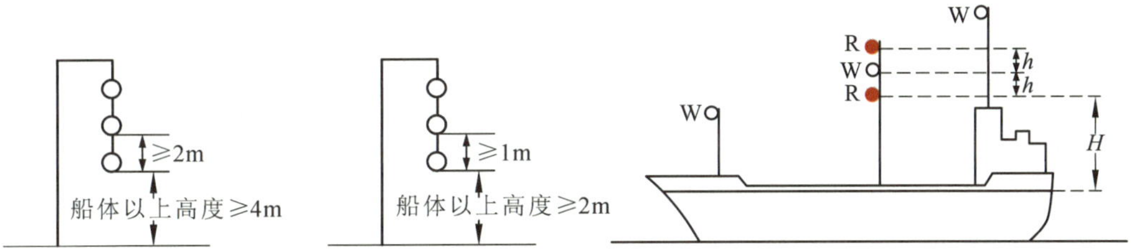

$L\geqslant 20$ 机动船　　$L<20$m 机动船

(1)

$L\geqslant 20$m 时　$h\geqslant 2$m　$H\geqslant 4$m

$L<20$m 时　$h\geqslant 1$m　$H\geqslant 2$m

(2)

图 2-18　两盏或三盏号灯的间距

(10)从事捕鱼的船舶的环照灯高度：$H\geqslant 2h$，如图 2-19 所示。

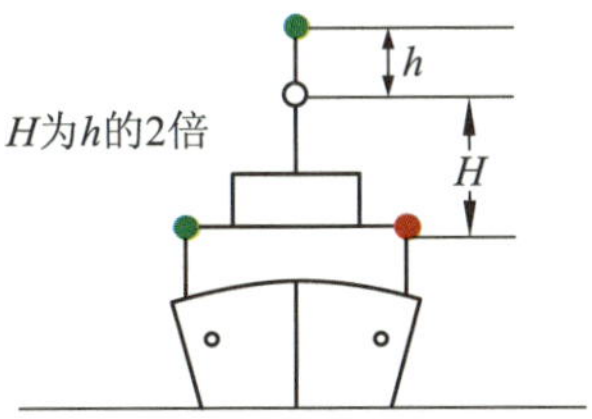

图 2-19　从事捕鱼船的环照灯高度

(11)锚灯：前锚灯高于后锚灯不小于 4.5m，$L\geqslant 50$m 时前锚灯的船体以上高度不小于 6m。如图2-20所示。

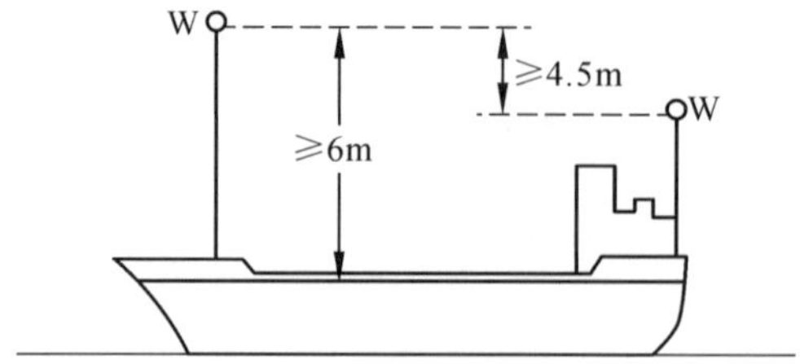

图 2-20　锚灯的高度

3. 号灯的水平位置和间距

(1)前后桅灯的水平间距 S：$\frac{1}{2}L \leqslant S \leqslant 100\text{m}$；

前桅灯：离船首的距离 D：$\leqslant \frac{1}{4}L$。

(2)$L \geqslant 20\text{m}$ 机动船，舷灯不应在桅灯之前。

(3)三盏或两盏环照灯离首尾中心线的间距：大于或等于 2m。

(4)当机动船只有一盏桅灯时：应在船中前部显示；$L < 20\text{m}$ 船舶不必这样做，但尽可能显示在靠前的位置上。如图 2-21、图 2-22 所示。

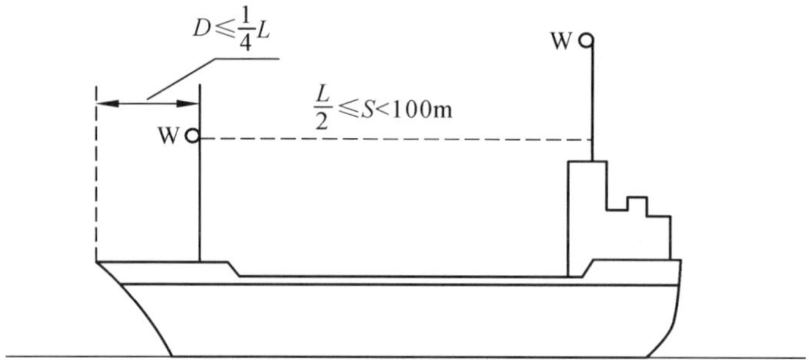

图 2-21　前后桅灯的水平间距

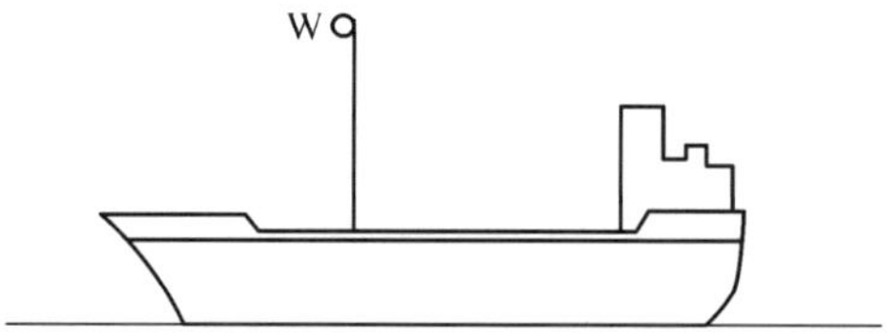

图 2-22　船长小于 50m 的桅灯位置

4. 舷灯遮板

$L \geqslant 20\text{m}$ 船舶舷灯的内侧遮板为无光黑色。

5. 号型尺寸

(1)各种号型尺寸如图 2-23 所示，其中 H 为 0.6m。

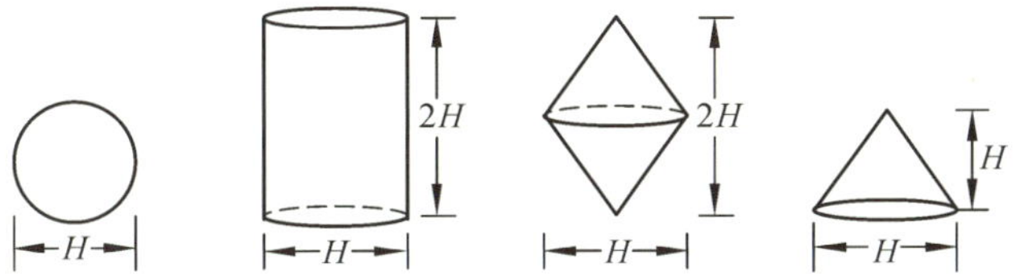

图 2-23　各种号型尺寸图

(2)号型间的垂直距离：$L \geqslant 20$m，间距$\geqslant 1.5$m；$L < 20$m，间距可以缩小。如图 2-24 所示。

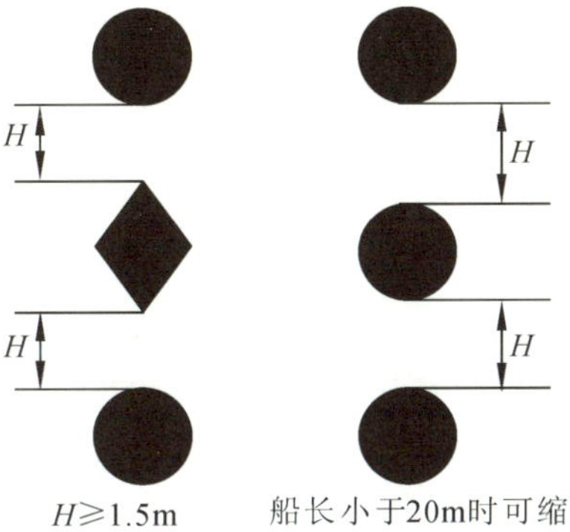

图 2-24　号型的垂向间距

6. 号灯的水平光弧

号灯的水平光弧如图 2-25、图 2-26 所示。

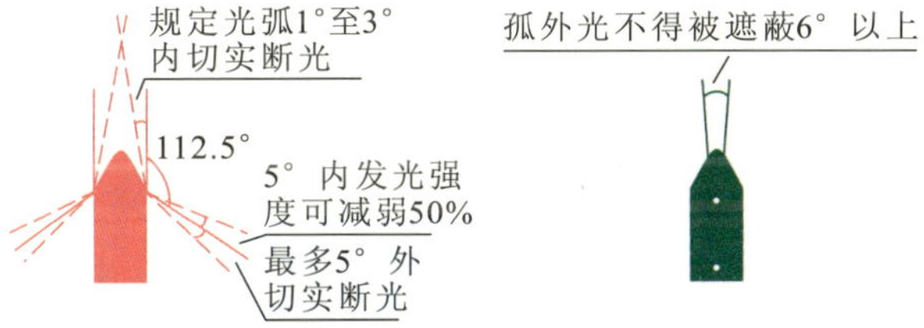

图 2-25　舷灯、环照灯的水平光弧

图 2-26　桅灯、尾灯的水平光弧

当用一盏环照灯难以达到上述要求时，可以用两盏灯置于适当位置，并用挡板遮挡，在 1n mile 处看起来像是一盏灯。

7. 垂向光弧

帆船的电气号灯、除帆船外的非帆船所装电气号灯的垂向光弧如图 2-27 所示。

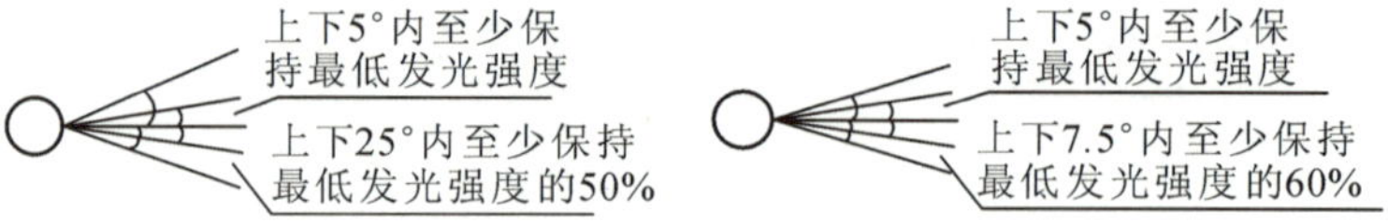

图 2-27 帆船(左)及非帆船(右)的电气号灯垂向光弧

8. 操纵号灯

操纵号灯应安置在:

(1)一盏或多盏桅灯的同一首尾垂直面上。

(2)高于前桅灯垂向距离至少 2m;高于或低于后桅灯的垂向距离至少 2m。

(3)只有一盏桅灯时,则操纵号灯与桅灯的垂向距离不小于 2m 的最易见处。

9. 认可

号灯、号型的构造及在船上的安装,应符合船旗国有关主管机关的要求。

10. 关于高速船的号灯

长宽比小于 3.0 的高速船的桅灯可置于相应于船的宽度、低于《规则》附录Ⅰ第 2(1)①规定的高度上,但由舷灯和桅灯形成的等腰三角形的底角,在正视时不应小于 27°。

案例分析

1981 年 3 月 17 日,约 0500 时,T 轮拖带 F 船与 S 船在 34°46′35″N,119°32′14″E 发生碰撞,两船碰撞过程如图 2-28 所示。

1. 船舶概况

T 轮:总吨 748,船长 48m,双推进器,1800 马力,为近海拖轮;被拖船 F 为起重能力 30t 的浮吊,船长 34.1m,无舵和推进装置。

S 船:木质帆船,船长 23m,载重 38t。

2. 事故经过

T 轮拖带 F 船由青岛港启航,驶往连云港。拖缆长 340m,按规定显示三盏白色桅灯和舷灯。17 日 0150,航向 204°,0455 双车进三,0456 准备进港改双车进二。0455 T 轮在左正横 170m 处发现一艘木帆船,显示一盏白灯。拖轮船长认为是一艘同向航行的船舶,没有采取避让措施,只鸣放一长声以示警告,0509 接 F 船发来摩尔斯信号告:"有人落水,立即停车",0510 停车、抛右锚、并放救生艇,方知碰撞事故已经发生。

碰撞前,被拖船 F 船值班员于 0457 听到 T 轮鸣一长声,0459 发现左前方 7~8m 处有一船的灯光并听到呼喊声,随即 F 船的船首左侧已与 S 船发生碰撞。碰撞前,F 船除显示左右舷灯、尾灯外,并开启七盏甲板灯。甲板灯在舷灯下方,间距约 1m。

S船于16日0900由射阳河口开航，空载驶往山东省岚山头港。碰撞前船位在灌河口开山岛东南方，能看清山形。航向NNW，航速约10km/h，在右舷尾部燃点一盏白色油灯。

S船误认为T轮为单船航行，而把F船误认为锚泊船，让清T轮后企图从T轮与F船之间穿越。由于双方均未停车，相对速度达10kn，致使S船瞬间翻沉。幸存者称从碰撞发生到船舶翻沉，时间不足一分钟。碰撞前两船成交叉相遇的态势，交角约为30°。

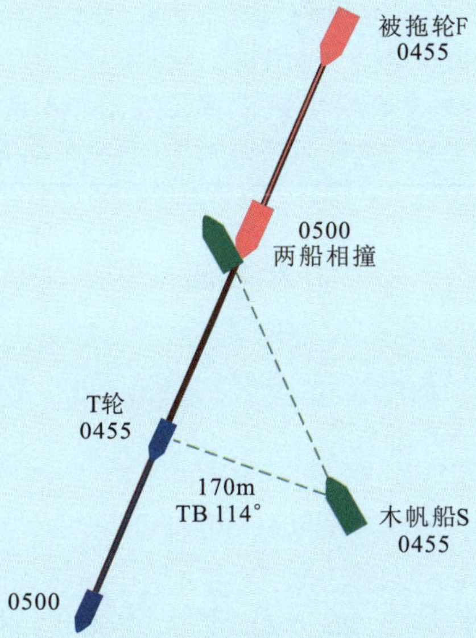

图 2-28　被拖船 F 与木帆船 S 碰撞过程示意图

3. 事故分析

T轮：

(1)根据《规则》第十八条第1款规定，T轮应给S船让路，T船长在其左正横发现S船后，没有判明来船种类、航向及是否存在碰撞危险，也未采取任何避让行动，仅鸣放一长声，仍以双车进三的速度保向航行。直至0456为准备进港而改为双车进二。拖轮驾驶员未把被拖船视为一个整体，未充分判断过往船舶是否与被拖船之间构成碰撞危险。违反了《规则》第七条和第十八条的规定。

(2)根据当时的能见度条件，用视觉即可在左前方2n mile的范围内发现S船，而实际是在其左正横170m处才发现S船，而后驾驶员把S船误认为是同向航行的船舶(T轮船首瞭望人员和舵工确认为交叉态势)。T轮没有正规瞭望，违反《规则》第五条规定。

(3)显示号灯的过失。《规则》第二十条第2款规定："在此时间内不应显示别的灯光"。T轮在拖航过程中，F船开启了七盏甲板灯，甲板灯位于舷灯下方，相距不足1m，其发光强度大于红色舷灯，S船事故的发生地点又接近连云港引航检疫锚地，易被误认为锚泊船，致使S船将F船误认为邻近锚地的锚泊船。

S船：

(1)违反《规则》第五条规定，未能保持正规瞭望。T轮垂直显示三盏白色桅灯和左右舷灯，按当时的能见度，在相距4～5n mile时应发现T轮，并可以判断T轮是尾拖船。

(2)在碰撞前没有运用良好船艺，没有采取最有助于避碰的行动，违反《规则》第十七条的规定。

4.事故教训

船舶应保持正规瞭望，在进港前和船舶密度较大的水域航行时，在保持正规瞭望的同时应有足够的戒备，使用适合当时环境和情况的一切有效手段判断碰撞危险。严格按照《规则》要求显示相应的号灯，不应显示可能会致使混淆和误认的其他灯光。

在紧迫危险时，任何船舶均应使用良好船艺，积极采取最有助于避让的行动。

思考题

1.号型的尺寸是如何规定的？
2.什么是船体以上高度？
3.试述各航行灯的水平光弧。
4.试述桅灯和锚灯的安装要求。

第四节　在相互邻近处捕鱼的渔船的额外信号
Additional Signals for Fishing Vessels Fishing in Close Proximity

一、通则

(1)位置：应安置在最易见处；

(2)间距：额外信号的间距至少应为0.9m，但要低于第二十六条2款(1)项和3款(1)项规定的号灯，应能在水平四周至少1n mile的距离上被见到，但应小于《规则》为渔船规定的号灯的能见距离。

二、额外信号

额外信号详见本章“号灯、号型表”。应注意的是，相互邻近处捕鱼的船舶，若要显示额外信号，则首先应按《规则》要求显示从事捕鱼的船舶的号灯。

思考题

1.试述相互邻近捕鱼的额外信号。
2.试述从事捕鱼的船舶应显示的号灯与额外信号之间的关系。

第三章　声响和灯光信号
Sound and Light Signals

本章重点

1. 有关声响和灯光信号的基本规定和技术要求。
2. 各类船舶及其动态下的声响和灯光信号的显示与识别。

学习任务

1. 声响和灯光信号的作用与使用的时机。
2. 声响和灯光信号的定义和技术细节。
3. 各类船舶在不同条件下鸣放和显示的声响和灯光信号。

课程目标

1. 知识目标

(1)了解声响和灯光信号的作用与使用的时机。

(2)熟练掌握各类的船舶在不同条件下应该使用和可以使用的声响和灯光信号。

(3)熟练识别他船使用的声响和灯光信号。

2. 能力目标

(1)具备对本船种类和性质、本船动态和当时环境条件正确判断的能力，严格按规则使用相应声响和灯光信号。

(2)具备有效识别他船声响和灯光信号，并以此判断他船动态、他船与本船所构成的会遇局面，以及他船会遇意图的能力。

3. 素质目标

(1)从航行安全角度出发，具备本船正确使用声响和灯光信号，并依据他船的声响和灯光信号识别他船种类、分析他船动态及两船会遇局面的专业素质。

(2)从海事安全管理角度出发，具备依据两船所使用的声响和灯光信号分析两船种类、动态和会遇局面的专业素质，为判定船舶碰撞过失及碰撞责任奠定基础。

(3)思政素质目标：强化科学精神，运用唯物辩证法发展观，讲究“和谐发展”，实现综合素质提升。包括：

①法治精神(严格按规则要求使用声响和灯光信号)；

②良好的驾驶技术(按规则准许的行动进行并使用相应声响和灯光信号)；

③良好的船员职业道德和大局意识(在规则并未强制要求的情况下,积极协调配合他船行动,并使用相应声响和灯光信号);

④环境变化响应能力(能见度变化对应声响和灯光信号使用的相应要求变化)。

案例导入

船舶声响和灯光信号具有表示船舶大小、种类、动态的作用。无论是在互见中还是在能见度不良时,声响和灯光信号对本船确定避让行动的决策具有重要意义。船舶应按《规则》要求正确鸣放或显示声响和灯光信号,并能通过他船的声响和灯光信号有效识别他船的大小、种类和动态。正确鸣放或显示声响和灯光信号是船舶航行安全的保障。

案例:1987 年某日,SC 轮与 TB 轮在某港口附近水域发生碰撞,导致两船均有不同程度的损伤。事故当日是晴天,NE 风 4～5 级,视线良好。

经有关海事主管机关认定,事故原因之一是 SC 轮在避让 TB 轮的过程中,先后分三次鸣放一长声,对照《规则》,该一长声既不是操纵信号,也不是用来怀疑他船是否正在采取足够的行动以避免碰撞的警告信号。正确的做法是鸣放至少短而急的五短声用来表示怀疑和警告他船,并鸣一短声以表明本船的行动和动态。SC 轮所鸣放的错误声号致使 TB 轮无法正确的理解 SC 轮的动态和行动目的,致使 TB 轮采取了与 SC 轮不协调的转向行动,从而导致了碰撞事故发生。

通过本案例,结合本章内容,提出如下思考:

(1)正确使用声响信号的意义是什么?

(2)声响信号与船舶碰撞具有怎样的因果关系?

(3)在航海实践中,为满足《规则》关于声响信号的要求,具体应怎么做?如何有效识别他船的声响信号

第一节　声响和灯光信号概述
Introduction to Sound and Light Signals

第三十二条　定义

1.“号笛”一词,指能够发出规定笛声并符合本规则附录Ⅲ所载规格的任何声响信号器具。

2.“短声”一词,指历时约 1s 的笛声。

3.“长声”一词,指历时 4～6s 的笛声。

第三十三条　声号设备

1. 长度为 12m 或 12m 以上的船舶,应配备一个号笛,长度为 20m 或 20m 以上的船舶除了号笛以外还应配备一个号钟,长度为 100m 或 100m 以上的船舶,除了号笛

和号钟以外，还应配备一面号锣。号锣的音调和声音不可与号钟相混淆。号笛、号钟和号锣应符合本规则附录Ⅲ所载规格。号钟、号锣或二者均可用与其各自声音特性相同的其他设备代替，只要这些设备随时能以手动鸣放规定的声号。

2. 长度小于12m的船舶，不要求备有本条1款规定的声响信号器具。如不备有，则应配置能够鸣放有效声号的其他设备。

一、声响和灯光的作用

声响和灯光信号的作用与号灯和号型的作用类似，它是用来表明船舶的存在，并在一定程度上反映船舶的种类、大小与动态的一种听觉或视觉信号。

(1)在能见度不良的水域中，声响信号可用来表明船舶的种类、动态，以及作为船舶，尤其是未装雷达或雷达发生故障而无法正常使用的船舶，采取某些避让行动的有效依据。

(2)在互见中，声响和灯光信号可用来表明一艘船舶正在采取的一种行动或企图采取的行动，或对他船的行动表示提醒注意、怀疑和警告。

二、声号的定义

(1)号笛：指能够发出规定笛声并符合《规则》附录Ⅲ所载要求的任何声响信号器具。

(2)短声：历时约1s的笛声。

(3)长声：历时4～6s的笛声。

三、声号设备的配备要求

按船舶长度分别配备声号设备，船长L分四个等级，应配备的设备为：

(1)$L \geqslant 100$m：一个号笛、一个号钟和一面号锣；

(2)100m$>L\geqslant$20m：一个号笛、一个号钟；

(3)20m$>L\geqslant$12m：一个号笛；

(4)$L<$12m：不要求配备上述声响器具，但应至少配备能发出有效声响的其他设备，如雾角和手摇铃等。

号锣的音调和声音不可与号钟相混淆。号笛、号钟和号锣应符合《规则》附录Ⅲ所载规格。号钟、号锣或二者均可用与其各自声音特性相同的其他设备代替，但任何时候都要能以手动的方式鸣放规定的声号。

船舶所有人、船长、船员应确保所配置的器具能按要求工作，否则，当发生碰撞时，若证实声响或灯光信号使用上的过失与碰撞有因果关系，则不能免除其相应的责任。

思考题

1. 船舶的声响设备应当如何配备？

2. 声响和灯光信号的作用是什么？

第二节　声响和灯光信号
Sounds and Lights Signals

第三十四条　操纵和警告信号

1. 当船舶在互见中，在航机动船按本规则准许或要求进行操纵时，应用号笛发出下列声号表明之：

——一短声　表示“我船正在向右转向”；

——二短声　表示“我船正在向左转向”；

——三短声　表示“我船正在向后推进”。

2. 在操纵过程中，任何船舶均可用灯号补充本条1款规定的笛号，这种灯号可根据情况予以重复：

(1)这些灯号应具有以下意义：

——一闪　表示“我船正在向右转向”；

——二闪　表示“我船正在向左转向”；

——三闪　表示“我船正在向后推进”。

(2)每闪历时应约1s，各闪间隔约1s，前后信号的间隔应不少于10s。

(3)如设有用作本信号的号灯，则应是一盏环照白灯，其能见距离至少为5n mile，并应符合本规则附录Ⅰ所载规定。

3. 在狭水道或航道内互见时：

(1)一艘企图追越他船的船应遵照第九条5款(1)项的规定，以号笛发出下列声号表示其意图：

——二长声继以一短声，表示“我船企图从你船的右舷追越”；

——二长声继以二短声，表示“我船企图从你船的左舷追越”。

(2)将要被追越的船舶，当按照第九条5款(1)项行动时，应以号笛依次发出下列声号表示同意：

——一长、一短、一长、一短声。

4. 当互见中的船舶正在互相驶近，并且不论由于何种原因，任何一船无法了解他船的意图或行动，或者怀疑他船是否正在采取足够的行动以避免碰撞时，存在怀疑的船应立即用号笛鸣放至少五声短而急的声号以表示这种怀疑。该声号可以用至少五次短而急的闪光来补充。

5. 船舶在驶近可能被居间障碍物遮蔽他船的水道或航道的弯头或地段时，应鸣放一长声。该声号应由弯头另一面或居间障碍物后方可能听到它的任何来船回答一长声。

6. 如船上所装几个号笛，其间距大于100m，则只应使用一个号笛鸣放操纵和警告声号。

一、操纵和警告信号

为达到协调一致的行动目的，互见中的船舶需彼此明白对方的意图和动态，操纵和警告信号用以告知对方本船的意图和动态，当对他船动态不理解时，用以警告、提醒或表示怀疑。

1.转向行动声号

当船舶在互见中，在航机动船按本规则准许或要求进行操纵时，应用下列声号表明其动态：

一短声表示我船正在向右转向，二短声表示我船正在向左转向，三短声表示我船正在向后推进(operating astern propulsion)。应注意的是：

(1)本款的基本条件为互见，不互见则不需鸣放。

(2)只有在航机动船才能使用。本款所指的机动船是任何用机器推进的船舶。

(3)“准许”:《规则》条文未明确提及的行动，但在采取最有助于避碰行动时或使用良好船艺时，可以用上述声号表明其行动。

(4)“本规则要求”指《规则》条文明确要求的行动，必须鸣放声号来表明其动态。

(5)在航：包括对水移动和不对水移动。

(6)互见：包括能见度良好的互见；能见度不良两船接近时的互见。

(7)正在：表示正在进行的操作行动。

(8)小幅度行动：即使采取了小幅度的避让行动，也必须鸣放相应声号。

(9)规则不准许或不要求的行动，从安全出发，也应鸣放声号。

(10)出于航行需要或其他目的而采取的操纵行动，通常不需鸣声号：

①抵消风、流压或倒车引起的首偏；

②弯曲航道的自然转向；

③正在系泊、离泊、锚泊而改向；

④正在倒车退出船坞。

(11)不正确的做法：以一短或二短声试探对方，表示两船对遇时何舷会船，而并无实际转向行动。

(12)三短声表明本船正在向后推进，而并非表明本船的动态一定是后退，可能出现推进器虽已倒转但由于惯性作用船舶仍向前滑行的情况。

2.转向行动的灯光信号

灯光信号的作用是用以补充声响信号，其含义与“短声”一致，但适用船舶不同。

(1)本款只适用于互见中的任何船舶；

(2)含义：一闪、二闪、三闪光与一短、二短、三短声含义分别相同；

(3)这种灯号可以根据需要重复显示；

(4)历时与间隔：每闪历时约 1s，间隔约 1s，前后信号间隔不少于 10s；

(5)灯色：白色环照灯；

(6)能见距离：至少 5n mile；

(7)鸣放方法：与声号同步显示，也可在鸣放声号后再显示。

3.追越声号

追越声号表示一船将要采取追越行动,有两层含义:一是将要追越,二是从哪一舷追越。在理解和使用追越声号时,应注意:

(1)本款适用于互见中的船舶。

(2)适用于任何追越船。

(3)鸣放本款声号表明的含义:追越行动前表明意图,即“将要”采取的行动。

(4)根据需要鸣放声号:

①在前船配合行动时才能安全追越的情况下,必须鸣放声号;

②如不需要前船配合行动即可安全追越时,不必鸣放声号。

(5)只适用于狭水道或航道,而对开阔水域并未明确规定。但在交通密度大的水域,如渔船密度大,使航路相对变窄,此时鸣放追越声号未尝不可。

(6)含义:— — · ·表示(— 表示长声,·表示短声,下同)企图从前船左舷追越;— — ·表示企图从前船右舷追越。

(7)前船若同意,回答声号—·—· ;若不同意回答声号·····(短而急的五短声)。《规则》本身并未明确规定不同意的声号,但可以鸣放至少短而急的五短声,尽管该“不同意”声号并非强制使用,但这是一种良好船艺的表现,应予以鸣放。

(8)关于回答声号的要求:

《规则》规定,前船有两种回答声号可供选择,一是同意,二是不同意。如果前船不回答任何声号,则是一种违反《规则》的错误做法。如果在追越过程中两船发生碰撞,前船可能被指责为犯有过错而承担一定的责任。前船回答的正确方法是:综合考虑自然条件、交通条件和船舶条件,根据实际情况作出相应的回答,并采取适当的协助行动。

(9)后船正确的做法是综合考虑自然条件、交通条件和船舶条件决定是否追越,不应不考虑综合条件而盲目追越。

(10)五短声只适用于互见中。

4.怀疑与警告信号

(1)至少短而急的五短声

互见中的任何船舶,当对他船的行动、意图持有怀疑,或不理解他船正在采取的行动,可以用声号表示怀疑和警告。

①怀疑或警告信号:至少短而急的五短声。

②适用于互见中的任何船舶,不论是否在航。

③含义:表明一船对他船的行动及意图持有怀疑;或是警告他船应按《规则》行动;或是该船将要采取独自行动或进一步行动。鸣放怀疑和警告信号是强制性的,而闪光是作为补充,虽不强制,但应积极使用。

(2)一长声

一长声的使用地点:船舶驶近可能被居间障碍物遮蔽他船的水道或航道的弯头或地段。如图3-1所示。

①一长声的作用:警告他船,航海习惯称之为“过弯道声号”。

②适用于任何船舶。

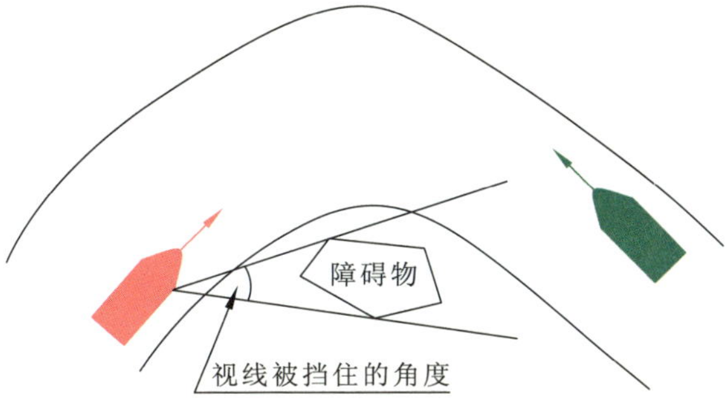

图 3-1 被障碍物遮蔽的弯道

③适用于能见度良好但不互见的情况，若能见度不良则应鸣放的声号是每次不超过2min 的间隔鸣放一长声或两长声(《规则》第三十五条)。

④回答声号：当听到他船鸣放一长声信号后，应回答一长声。一船鸣放声号后若没有听到他船回答一长声，则可以反复鸣放，不管前方是否存在船舶。

操纵与警告信号如表 3-1 所示。

表 3-1 操纵和警告信号

信号类别	适用船舶	信　号	信号含义	适用条件
操纵声号	在航机动船	·(Λ) · ·(ΛΛ) · · ·(ΛΛΛ)	我船正在向右转向 我船正在向左转向 我船正在向后推进	◆互见中 ◆在航机动船 ◆按照《规则》准许或要求进行操纵时
操纵灯光信号	任何在航船舶	Λ ΛΛ ΛΛΛ	我船正在向右转向 我船正在向左转向 我船正在向后推进	◆互见中 ◆在航的机动船 ◆按照《规则》准许或要求进行操纵时
追越声号	狭水道或航道内的任何在航船舶	— — · — — · · — · — ·	我船企图从你船右舷追越 我船企图从你船左舷追越 同意追越	◆互见中 ◆在狭水道或航道内追越 ◆只有在被追越船必须采取行动以允许安全通过时
警告声号	任何船舶	至少五短声 (ΛΛΛΛΛ)	正在相互驶近，一船无法了解他船的意图或行动，或者怀疑他船是否正在采取足够的行动以避免碰撞	◆互见中 ◆任何船舶 ◆一船无法了解他船的意图、行动或者怀疑他船是否正在采取足够的行动以避免碰撞时

续表 3-1

<table>
<tr><th>信号类别</th><th>适用船舶</th><th>信 号</th><th>信号含义</th><th>适用条件</th></tr>
<tr><td rowspan="2">弯头声号</td><td rowspan="2">任何在航船舶</td><td>—</td><td>在驶近可能被居间障碍物遮蔽他船的水道或航道的弯头或地段</td><td rowspan="2">◆能见度良好
◆任何在航船舶在驶近可能被居间障碍物遮蔽他船的水道或航道的弯头或地段时，或者弯头另一面或居间障碍物后的来船听到声号时</td></tr>
<tr><td>—</td><td>弯头另一面或居间障碍物后的来船听到声号</td></tr>
</table>

二、能见度不良时使用的声号

第三十五条　能见度不良时使用的声号

在能见度不良的水域中或其附近时，不论白天还是夜间，本条规定的声号应使用如下：

1. 机动船对水移动时，应以每次不超过 2min 的间隔鸣放一长声。

2. 机动船在航但已停车，并且不对水移动时，应以每次不超过 2min 的间隔连续鸣放二长声，二长声间的间隔约 2s。

3. 失去控制的船舶、操纵能力受到限制的船舶、限于吃水的船舶、帆船、从事捕鱼的船舶，以及从事拖带或顶推他船的船舶，应以每次不超过 2min 的间隔连续鸣放三声，即一长声继以二短声，以取代本条 1 或 2 款规定的声号。

4. 从事捕鱼的船舶锚泊时，以及操纵能力受到限制的船舶在锚泊中执行任务时，应当鸣放本条 3 款规定的声号以取代本条 7 款规定的声号。

5. 一艘被拖船或者多艘被拖船的最后一艘，如配有船员，应以每次不超过 2min 的间隔连续鸣放四声，即一长声继以三短声。当可行时，这种声号应在拖船鸣放声号之后立即鸣放。

6. 当一顶推船和一被顶推船牢固地连接成为一个组合体时，应作为一艘机动船，鸣放本条 1 或 2 款规定的声号。

7. 锚泊中的船舶，应以每次不超过 1min 的间隔急敲号钟约 5s。长度为 100m 或 100m 以上的船舶，应在船的前部敲打号钟，并应在紧接钟声之后，在船的后部急敲号锣约 5s。此外，锚泊中的船舶，还可以连续鸣放三声，即一短、一长和一短声，以警告驶近的船舶注意本船位置和碰撞的可能性。

8. 搁浅的船舶应鸣放本条 7 款规定的钟号，如有要求，应加发该款规定的锣号。此外，还应在紧接急敲号钟之前和之后各分隔而清楚地敲打号钟三下。搁浅的船舶还可以鸣放合适的笛号。

9. 长度为 12m 或 12m 以上但小于 20m 的船舶，不要求鸣放本条 7 款和 8 款规定的声号。但如不鸣放上述声号，则应鸣放其他有效的声号，每次间隔不超过 2min。

10. 长度小于 12m 的船舶，不要求鸣放上述声号，但如不鸣放上述声号，则应以每次不超过 2min 的间隔鸣放其他有效的声号。

11. 引航船执行引航任务时，除本条 1、2 或 7 款规定的声号外，还可以鸣放由四短声组成的识别声号。

1. 适用范围

航海习惯将能见度不良时使用的声号称之为“雾号”，适用于能见度不良的水域或其附近航行、锚泊和搁浅的任何船舶，具体地说：

(1)适用水域：适用于能见度不良的水域中及其附近。

(2)适用船舶：在上述水域航行、停泊和搁浅的任何船舶。

(3)适用时间：能见度不良时的白天和夜间。

2. 重要性

能见度不良时使用的声号是船舶在雾中及其附近航行的重要安全保障。

IMO《关于航行值班建议》第 2 节 24 款规定，“当遇到或怀疑能见度不良时，值班驾驶员的首要责任就是遵守国际海上避碰规则的有关条款，特别是有关鸣放雾号……”有些船公司的《航行安全制度》将能见度在 3～5n mile 作为能见度不良，此时，船舶应进入航雾的戒备状态，并做好雾航准备，如报告船长、通知机舱、开启雷达，按规定鸣放雾号等。

3. 鸣放声号的水域

(1)在能见度不良的水域中；

(2)在能见度不良的水域附近：船舶虽航行在能见度不良水域的外侧，所处水域视线尚可，但接近能见度不良水域的边缘时仍应鸣放声号。

考虑到大船号笛的听距为 2n mile，同时考虑到顺风可以使声号的听距变大等因素，从安全角度考虑，在雾墙 2n mile 外鸣放雾号是一种安全做法。

雾号的使用水域如图 3-2 所示。

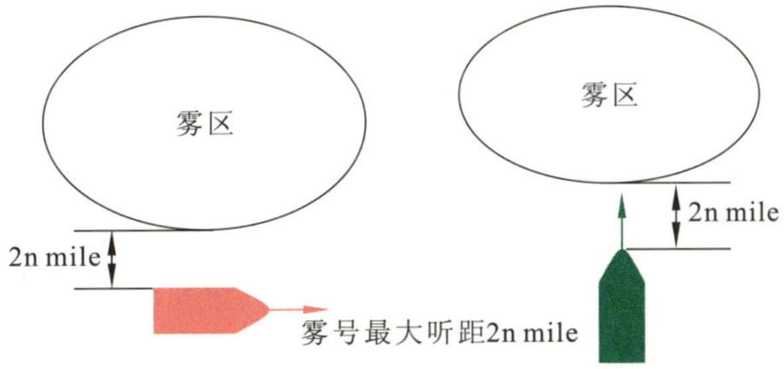

图 3-2　雾号的使用水域

4. 能见度不良水域中两船处于互见时的声号鸣放

在能见度不良水域中两船处于互见时，既要考虑当时能见度不良的环境，又要考虑互见时行动的需要，其声号的鸣放应：

(1)当采取行动时应鸣放相应的互见中的操纵行动声号；

(2)能见度不良时的声号依然应该鸣放，目的主要是对尚未互见的船舶表明本船的存在和动态；

(3)上述两种声号的鸣放应注意交叉配合，不致使他船产生误解。当使用互见中声号时可以短时间中断鸣放能见度不良的声号。

5. 鸣放的时间间隔

(1)每组声号之间的时间间隔不超过 2min；机动船在航但已停车，并且不对水移动时，应鸣放两长声，其两长声之间的时间间隔约 2s。

(2)锚泊中的船舶急敲号钟或号锣的持续时间约 5s，每组钟声或锣声之间的时间间隔不超过 1min。

(3)引航船鸣放表明其正在执行任务的四短声识别声号，没有具体的时间间隔要求，但应以合适的方法鸣放。

(4)按规定的时间间隔鸣放，也可小于规定的间隔，目的是为未装设雷达的船舶提供充分的信息，但不宜太频繁。

6. 声号的规定及含义

各种声号的规定及含义如表 3-2 所示。

表 3-2　能见度不良时使用的声号

<table>
<tr><th colspan="3">船舶类型和动态</th><th>声号形式</th><th>备　注</th></tr>
<tr><td rowspan="4">在航</td><td rowspan="2">机动船(包括牢固组合体)</td><td>对水移动</td><td>—</td><td>信号组之间的时间间隔 2min</td></tr>
<tr><td>已停车且不对水移动</td><td>— —</td><td>信号组之间的时间间隔 2min</td></tr>
<tr><td colspan="2">失去控制的船舶
操纵能力受到限制的船舶
限于吃水船
帆船
从事捕鱼的船舶
从事拖带或顶推他船的船舶</td><td>— · ·</td><td>信号组之间的时间间隔 2min</td></tr>
<tr><td colspan="2">被拖船或多艘被拖船的最后一艘</td><td>— · · ·</td><td>如可行，应在拖船鸣放后立即鸣放</td></tr>
<tr><td rowspan="4">锚泊</td><td colspan="2">从事捕鱼的船舶在锚泊中作业
操限船在锚泊中执行任务时</td><td>— · ·</td><td>不同信号组之间的时间间隔 2min</td></tr>
<tr><td colspan="2">船长 $L<100$m 的锚泊船</td><td>急敲号钟 5s</td><td>信号组之间的时间间隔 1min；$12\text{m}\leqslant L<20\text{m}$ 的船舶如不鸣放该信号，应当以不超过 2min 的间隔鸣放其他有效声号</td></tr>
<tr><td colspan="2">船长 $L\geqslant100$m 的锚泊船</td><td>急敲号钟(前)、锣(后)各 5s</td><td>信号组之间的时间间隔 1min</td></tr>
<tr><td colspan="2">锚泊中发现他船驶近时</td><td>· — ·</td><td>连续鸣放</td></tr>
</table>

续表 3-2

<table>
<tr><th>船舶类型和动态</th><th>声号形式</th><th>备　注</th></tr>
<tr><td>搁　浅　船</td><td colspan="2">除按同等长度的锚泊船鸣放声号外，还应在紧接急敲号钟之前和之后各分隔而清楚地敲打号钟 3 下，搁浅的船舶还可以鸣放合适的笛号（如单字母信号码语 U · · —）。$12\text{m} \leq L < 20\text{m}$ 的船舶如不鸣放上述信号，应当以不小于 2min 的间隔鸣放其他有效声号</td></tr>
<tr><td>船长$<$12m 的船舶</td><td>如不鸣放上述有关的声号，应鸣放其他有效的声号</td><td>2min</td></tr>
<tr><td>引航船执行引航任务时</td><td>除鸣放机动船在航或锚泊的声号外，还可鸣放 · · · · 的识别声号</td><td>适时鸣放</td></tr>
</table>

7. 声号使用的注意事项

应严格按《规则》要求鸣放相应的声号，并注意以下几种情况：

（1）在航机动船对水移动或不对水移动时鸣放一长声或两长声，此处的“机动船”不包括：操纵能力受限制的船舶、失去控制的船舶、限于吃水的船舶、从事捕鱼的船舶、拖带或顶推他船的船舶。另外，必须在船舶确实不对水移动时才能鸣放两长声。

（2）鸣放一长两短声的船舶，不论是对水移动还是不对水移动均应鸣放，且操纵能力受限制的船舶和从事捕鱼的船舶在锚泊中作业时也鸣放该声号。

（3）被拖船鸣放一长三短声，是指被尾拖船的最后一艘（如有船员），且在拖船鸣放一长两短声后紧接着鸣放。

（4）顶推和被顶推的船组成牢固组合体，按一艘机动船处理。

（5）锚泊船声号不适用于操纵能力受限制的船舶和从事捕鱼的船舶在锚泊中作业的情况。当锚泊船与他船接近到互见，可用五短声表示警告。

（6）搁浅船鸣放两短一长声（国际莫斯信号 U，含义为“你正在临近危险中”）被认为是一种合适的声号。

三、招引注意的信号

> **第三十六条　招引注意的信号**
>
> 如需招引他船注意，任何船舶可以发出灯光或声响信号，但这种信号应不致被误认为本规则其他条款所准许的任何信号，或者可用不致妨碍任何船舶的方式把探照灯的光束朝着危险的方向。任何招引他船注意的灯光，应不致被误认为是任何助航标志的灯光。为此目的，应避免使用诸如频闪灯这样高亮度的间歇灯或旋转灯。

1. 制定招引注意信号的目的

制定招引注意信号的目的是为了弥补《规则》其他各条可能没有涉及的各种特殊情况，

这些船舶不得不从事这项作业，但又无法按规定显示相应的号灯或号型，这种情况下，招引注意的信号能为船舶避让提供信息。

2.招引注意信号的适用范围

(1)一艘通常不从事拖带作业的船舶在拖带一艘遇险船时，将拖缆照亮，以表明前后两船之间的拖带关系。

(2)拖带作业的船舶因种种原因在没有解脱拖缆的情况下，以拖带的方式锚泊，为防止他船穿越拖船与被拖船之间，可用灯光将拖缆照亮以表示拖船与被拖船之间的连接关系。

(3)被拖船或物体，由于种种原因不能显示规定的信号时，显示灯光表明被拖船或物体的存在。

(4)一艘正在走锚的船舶，在尚未得到有效控制前，鸣放超长的一长声以提醒附近船舶。

(5)在航船发现本船号灯熄灭，在修复前显示适当的灯光以招引他船注意或鸣放适当的声号提醒他船注意。

(6)从事捕鱼的船舶、操纵能力受限制的船舶发现过往船舶可能影响其作业时，显示适当的灯光闪烁，并将探照灯指向危险的方向。

(7)当一船正在驶向危险水域，另一船发现后可用探照灯照射该船的前方或危险的方向，以提醒他船正在面临危险。

(8)当有人落水时鸣放适当的声号，招引他船注意让开本船，并希望得到附近船舶的配合与协助。

(9)有特殊使命的船舶，如军舰、政府公务船当希望他船协助时，显示合适的灯光或声号。

(10)高速船或超大型船舶显示合适的信号，如在桅杆上显示紫光闪光灯等，提醒他船本船具有“特殊性”。

(11)本船靠离码头、系离浮筒、走锚但尚未控制时，或发现另一船走锚时，可以用超长的一长声用以提醒。

(12)一船发现另一船可能影响其作业，用适当的灯光或探照灯照向危险的方向。

3.招引注意信号的种类

招引注意的信号通常包括“灯光信号”与“声响信号”。灯光信号包括：环照灯、探照灯、莫尔斯信号灯或耀眼的火焰等；声响信号包括号笛、号钟、号锣或其他有效声响的爆发声。

4.使用招引注意信号的注意事项

(1)招引注意的信号虽不强制使用，但在需要时应积极使用；另一方面，只在有必要时才使用，防止滥用，避免给他船在局面判断上造成困惑。

(2)不致被他船误认为是《规则》其他条款的信号；不能与助航标志的灯光相混淆；不得与遇险求救信号相混淆，不致被误认为是特殊规则所规定的信号。

(3)各种信号可适当配合使用。

(4)不应影响他船驾驶员的正常瞭望。

思考题

1. 阐述各种操纵与警告信号含义和适用范围。
2. 阐述各种能见度不良时使用的声号的含义。
3. 招引注意的信号有哪些？在使用时应注意哪些事项？
4. 试述声号使用的注意事项。

第三节　声号器具的技术细节
Technical Details of Sound Signal Appliances

一、对号笛的规定

号笛的基频应在 70～700Hz 的范围内。号笛的可听距离应通过其频率来确定，这些频率可包括基频和（或）一种或多种较高的频率，并具规定的声压级。对于 $L \geqslant 20$m 的船舶，频率范围为 180～700Hz（±1%）；对于长度为 20m 以下的船舶，频率范围为 180～2100Hz（±1%）。

（1）频率（基频）

$L \geqslant 200$m 的船舶，其号笛的频率为 70～200Hz；$75\text{m} \leqslant L < 200$m，其频率为 130～350Hz；$L < 75$m，其频率为 250～700Hz。

（2）号笛的声强和可听距离

船上所装的号笛，在其最大声强方向上，距离 1m 处，在频率为 180～700Hz（±1%）（长度 20m 或 20m 以上船舶）或 180～2100Hz（±1%）（$L < 20$m 船舶）范围内的至少一个 1/3 倍频带中，应具有不小于表 3-3 所规定相应数值的声压级别。

表 3-3　声压级别表

船舶长度（m）	1/3 倍频带声压级（距离 1m，相对于 2×10^{-5} N/m^2）（dB）	可听距离（n mile）
$L \geqslant 200$	143	2
$75 \leqslant L < 200$	138	1.5
$20 \leqslant L < 75$	130	1
$L < 20$	120[*1]	0.5
	115[*2]	
	111[*3]	

[*1] 当量测频率为 180～450Hz 时；

[*2] 当量测频率为 450～800Hz 时；

[*3] 当量测频率为 800～2100Hz 时。

(3)方向性

方向性号笛的声压值，在轴线±45°内的任何水平方向上，比轴线上的规定声级至多只应低 4dB，在任何其他水平方向上的声压级，比轴线上的规定声压值至多只应低 10dB，以使任何方向上的可听距离至少是轴线前方可听距离的一半。声压级应在决定可听距离的那个1/3 倍频带中测定。

(4)号笛的安装

当方向性号笛作为船上唯一的号笛使用时，其安装应使最大声强朝着正前方。

号笛应安置在船上尽可能高的地方，使发出的声音少受遮蔽物的阻截，并使人员听觉受损害的危险降到最低程度。在船上收听点听到本船声号的声压级不应超过 110dB(A)。并应尽可能不超过 100dB(A)。

(5)一个以上号笛的安装

如各号笛配置的间距大于 100m，则应作出安排使其不致同时鸣放。

(6)组合号笛系统

如果由于遮蔽物的存在，以致单一号笛或两个号笛之一的声场可能有一个声压值大为降低的区域时，建议用一组合号笛系统以克服这种降低。就本规则而言，组合号笛系统作为单一号笛论。组合系统中各号笛的间距应不大于 100m，并应作出安排使其同时鸣放。任一号笛的频率应与其他号笛的频率至少相差 10Hz。

二、对号钟与号锣的规定

1. 声号的强度

距号钟与号锣 1m 处，不少于 110dB。

2. 构造

号钟和号锣应用抗蚀材料制成，其设计应能使之发出清晰的音调。$L \geqslant 20$m 的船舶，号钟口的直径应不小于 300mm。如可行，建议用一个机动钟锤，以保证敲力稳定，但仍应能用手操作。钟锤的质量不得小于号钟质量的 3%。

三、认可

声号器具的构造性能及其在船上的安装，应符合船旗国的有关主管机关的要求。

思考题

1. 试述各种长度的船舶的声号听距。
2. 试述安装两个号笛时使用过程中的注意事项。

第四节　遇险信号
Distress Signals

第三十七条　遇险信号

1. 下列信号，不论是一起或分别使用或显示，均表示遇险需要救助：

(1)每隔约 1min 鸣炮或燃放其他爆炸信号一次；

(2)以任何雾号器具连续发声；

(3)以短的间隔，每次放一个抛射红星的火箭或信号弹；

(4)无线电报或任何其他通信方法发出莫尔斯码… — — — …(SOS)的信号；

(5)无线电话发出“梅代”(MAYDAY)语音信号；

(6)《国际简语信号规则》中表示遇险的信号 N. C. ；

(7)由一个球体或任何类似球体的物体及在其上方或下方的一面方旗所组成的信号；

(8)船上的火焰(如从燃着的柏油桶、油桶等发出的火焰)；

(9)火箭降落伞式或手持式的红色突耀火光；

(10)放出橙色烟雾的烟雾信号；

(11)两臂侧伸，缓慢而重复地上下摆动；

(12)通过数字选择性呼叫(DSC)在以下频道上发送的遇险报警：

①VHF 70 频道，或

② MF/HF，频率为 2187. 5kHz、8414. 5kHz、4207. 5kHz、6312kHz、12577kHz 或 16804. 5kHz ；

(13)通过国际海事卫星(Inmarsat)站或其他移动卫星服务供应商提供的船舶地面站发送的船到岸遇险报警；

(14)由无线电应急示位标发出的信号；

(15)无线电通信系统发出的经认可的信号，包括救生艇筏雷达应答器。

2. 除为表示遇险需要救助外，禁止使用或显示上述任何信号，并禁止使用可能与上述任何相混淆的其他信号。

3. 应注意《国际信号规则》、《商船搜寻和救生手册》的有关部分，以及下述的信号：

(1)一张橙色帆布上带有一个黑色正方形和圆圈或者其他合适的符号(供空中识别)；

(2)海水染色标志。

遇险信号使用注意事项：

(1)各种遇险信号可以单独使用，也可一起使用；

(2)仅在遇险需要救助时才使用。

案例分析

1987 年某日 1820 时，晴天，NE 风 4～5 级，视线良好。SC 轮与 TB 轮在 38°55.′3N，121°43.′5E 发生碰撞。

1. 事故经过

1987 年某日 1755，SC 轮船长在 VHF 08 频道上向大连港信号台申请起锚出口，信号台当即同意。1800 开始绞锚，1809 左锚绞起，前进一，驶航向 165°，1812 发现左前方距离约 2.05n mile 处有一艘显示绿灯的船（TB 轮），1817 改驶航向 170°，发现与左前方显示绿灯的船距离约 0.8n mile，有碰撞危险，即鸣笛一长声，前进二并右满舵，接着又鸣笛一长声，1819 前进三，企图增加舵效，随即停车，1819 时后退三，鸣笛三短声，但为时已晚，两船发生碰撞。TB 轮以接近 90°角碰撞 SC 轮船首左侧之后，SC 轮随即停车，TB 轮船首沿 SC 轮左舷向后滑去。约 1919，SC 轮驶回锚地抛锚。两船碰撞发生过程如图 3-3 所示。

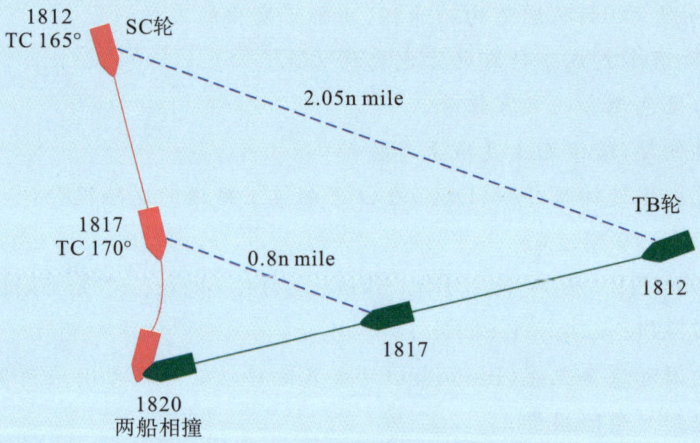

图 3-3　SC 轮与 TB 轮碰撞过程示意图

2. 事故分析

SC 轮：

(1)疏忽瞭望。1809 时，在当时晴天，NE 风 4～5 级，视线良好的情况下，SC 轮在大连锚地左锚绞起，在动车航行前，应特别注意附近船的动态，而直到 1812，SC 轮才发现一艘显示绿灯的 TB 船在其左前方，且 SC 轮未使用 VHF 有效收听进出港船的动态信息，违反了《规则》第五条的规定。

(2)对碰撞危险的判断和行动的疏忽。从会遇态势看，属于交叉相遇局面，但 SC 轮不应消极等待 TB 轮避让本船，应考虑到从锚地驶出的船舶与他船所形成的会遇局面与一般的开阔水域经长时间航行后所形成的交叉相遇局面的区别，本次会遇局面的形成过程较快，SC 轮船长未引起足够重视，继续保向保速，等待对方让路，从而失去了安全避让的良机，违反了《规则》第七条和第十七条的规定，其对航向、航速作一连串的小变动，违反了《规则》第八条关于大幅度行动的规定。

(3)对操纵和警告信号的疏忽。在 1817 时，SC 轮在意识到与 TB 轮已形成十分紧迫的局面时，即鸣笛一长声，航向分两次转至 175°再右满舵鸣笛一长声。SC 轮分三次用一长声的意图是警告对方未采取避让行动。对照《规则》第三十四条第 1 款和第 4 款，该一长声既不是操纵信号，也不是用来怀疑他船是否正在采取足够的行动以避免碰撞的警告信号，SC 轮应鸣放至少短而急的五短声表示怀疑和警告，并鸣一短声以表明本船的行动，以促使双方协调避让。

TB 轮：

TB 轮在瞭望、安全航速、碰撞危险判断、避免碰撞的行动以及碰撞前采取最有助于避碰行动等方面均犯有严重过错。

3. 事故教训

船舶航行时应加强瞭望和安全航速的使用，在港口水域和锚地水域附近，任何船舶尤应加强戒备，注意守听 VHF 的信息，采取一切有效手段判断碰撞危险，并采取相应的行动。

应按《规则》规定正确鸣放声号，正确区分操纵声号与警告声号，以使他船能明确领会本船的行动意图和正在采取的行动。

思考题

1. 试述遇险信号的使用方法。
2. 试述各种遇险信号。

第四章　船舶在任何能见度下的行动规则
Conduct of Vessels in any Condition of Visibility

本章重点

1. 适用范围。

2. 船舶在任何能见度下的航行方法和行动要求。

学习任务

1. 条款的适用能见度。

2. 船舶瞭望、安全航速、碰撞危险、避免碰撞的行动的要求；狭水道、船舶定线制和分道通航制水域内航行和锚泊的有关规定。

课程目标

1. 知识目标

(1)掌握适用能见度。

(2)掌握瞭望的内涵、正规瞭望的方法和要求。

(3)掌握安全航速的内涵、决定安全航速应考虑的因素。

(4)掌握碰撞危险的含义、判断碰撞危险的方法与手段、可靠信息的使用方法。

(5)掌握避免碰撞的行动的原则、要求与要领。

(6)掌握狭水道的航行原则和航行方法。

(7)掌握 IMO 关于船舶定线制的定义和使用定线制的方法。

(8)掌握分道通航制水域的航行和锚泊的原则、方法和要求。

2. 能力目标

(1)能正确区分能见度良好与能见度不良、互见与不互见之间的关系。

(2)能正确地根据能见度情况使用相关条款。

(3)能正确使用适于当时环境和情况的各种瞭望手段，实现正规瞭望。

(4)能综合考虑当时的能见度和其他因素,确定本船的安全航速。

(5)能正确使用适于当时环境和情况的方法和手段,判断是否存在碰撞危险。

(6)当存在碰撞危险时,能按照规则要求实施"早、大、宽、清"的避让行动;并遵守"不应妨碍"、减速停车的要求。

(7)在IMO采纳的船舶定线制水域,能按照规定的要求和正确方法实现正常航行。

(8)在IMO采纳的分道通航制水域,能按照规定的航行原则、方法和要求实现正常航行与正确避让。

3. 素质目标

(1)从航行安全角度出发,具备安全航行的业务素质,包括:结合当时实际情况采取安全航速,并通过正规瞭望判断是否存在碰撞危险,能采取适当而有效的避让行动防止碰撞;在狭水道和船舶定线制(分道通航制)水域航行时,能摆好船位按规定的线路航行。

(2)从海事安全管理角度出发,具备分析船舶航行规范性的业务素质;在船舶发生碰撞后能依据规则分析双方过失并确定双方责任。

(3)思政素质目标:运用辩证唯物主义,掌握事物发展规律,坚持实事求是,实现综合素质提升。包括:

①细致科学的工作态度和方法(正规瞭望);

②具体问题具体分析(安全航速);

③掌握量变到质变的事物发展规律(碰撞危险的演变,强化风险意识);

④实事求是科学应对碰撞危险(避免碰撞的行动);

⑤尊重客观规律(狭水道、分道通航制水域航行)。

案例导入

"船舶在任何能见度下的行动规则"是船舶安全航行的总的原则。在任何能见度下,每一船舶在任何时候均应遵守,其中瞭望、安全航速、碰撞危险和避免碰撞的行动四个条款是船舶安全航行与避让的准则与要求;狭水道和分道通航制条款规定了船舶在上述水域内安全航行的基本方法。

船舶一旦发生碰撞事故,分析双方的过失,船舶往往一并存在对瞭望、碰撞危险判断和避免碰撞的行动要求上的疏忽,也可能存在对安全航速的疏忽。

案例:2018年4月28日,散货船TG轮装载约9000吨石子由舟山东白莲岛驶往上海途中,在舟山小板以北约7.5n mile水域与油船Z轮在浓雾中发生碰撞。事故导致TG轮沉没,Z轮船艏破损进水。

经有关海事主管机关认定,TG轮和Z轮均未保持正规瞭望,未及早采取有效的避让行动，未准确判断碰撞危险并采取有效的避让行动，违反了《规则》第五条、第七条、第八条的规定。

通过本案例，结合本章内容，提出如下思考：

(1)“船舶在任何能见度下的行动规则”对船舶安全航行与避让具有怎样的重要意义？

(2)如何深刻领会“船舶在任何能见度下的行动规则”中的各条款(第五条至第十条)？

(3)在航海实践中，为严格执行“船舶在任何能见度下的行动规则”各条款，具体应怎么做？

第一节　适用范围
Application

第四条　适用范围

本节条款适用于任何能见度的情况。

《规则》第二章“驾驶和航行规则”共分为三节：

(1)第一节“船舶在任何能见度情况下的行动规则”；

(2)第二节“船舶在互见中的行动规则”；

(3)第三节“船舶在能见度不良时的行动规则”。

任何能见度包括：

(1)能见度良好时的互见及不互见(除个别条款另有规定外)；

(2)能见度不良时的互见及不互见(除个别条款另有规定外)。

主要内容包括：

《规则》第二章第一节的主要内容包括有关船舶应保持各种戒备的规定；有关船舶采取避让行动的一般原则的规定；以及有关船舶在特殊水域的航行规则的规定，具体如下：

(1)避免碰撞而须保持的各种戒备或航行安全的基本要点：第五条、第六条、第七条；

(2)采取避碰行动的一般原则：第八条；

(3)确保船舶航行安全的航行原则：第九条、第十条。

思考题

1. 试述“任何能见度”的含义。
2. 试述《规则》第二章的基本结构。

第二节　瞭望
Look-out

第五条　瞭望

每一船舶在任何时候都应使用视觉、听觉以及适合当时环境和情况的一切可用手段保持正规的瞭望，以便对局面和碰撞危险作出充分的估计。

一、保持正规瞭望的重要性

正规瞭望是确保海上航行安全的首要因素。保持正规瞭望是正确执行《规则》其他的条款如"安全航速"、"碰撞危险"、"避免碰撞的行动"等的前提。从国内外法院审理的船舶碰撞案来看，几乎所有当事船舶都被法院判定为犯有不同程度或不同形式的瞭望过失，从各国学者对船舶碰撞事故原因的统计结果看，无人瞭望或未保持正规瞭望是船舶发生航行碰撞事故的主要原因。1983 年 5 月 12 日，在能见度良好的印度洋，我国"LS"轮与日本"Pioneer Runner"对遇，迎面发生碰撞，主要原因为日本船无人瞭望，而我国船舶在航行过程中中止了瞭望。该事故所得到的经验教训是：尽管在大洋上航行时可能长时间无船相遇，但也应保持正规瞭望。

二、瞭望的适用范围

1. 适用船舶

瞭望条款适用于符合《规则》定义的任何船舶，不论船舶的用途、种类、大小和动态，都应遵守瞭望条款，包括军舰、政府公务船、工程作业船、锚泊船、搁浅船等。虽然不同动态、不同作业方式的船舶其瞭望内容侧重点有所不同，但都应达到《规则》关于正规瞭望的要求。

2. 适用时间

保持正规瞭望的规定适用于任何时候。不论是白天还是夜间，不论是能见度良好还是能见度不良，不论是良好的天气还是恶劣天气，不论是开阔水域还是狭窄水域，不论是船舶正常航行还是处于失控、搁浅状态，船舶均应保持正规的瞭望。

3. 适用人员

瞭望条款适用于值班驾驶员，也适用于其他负有瞭望职责的人员。

三、瞭望的含义

所谓瞭望，就是对船舶所处水域的一切情况进行观察，并对所发生的一切情况作出充分的估计与分析，或是对正在发生的情况进行鉴别。《STCW 公约》(《1978 年海员培训、发证和值班标准国际公约》)马尼拉修正案对瞭望提出了更为具体的要求，也是对《规则》第五条的详细补充和说明。驾驶员不但应遵守《规则》第五条"瞭望"条款，还应掌握并遵守《STCW 公约》中关于瞭望的要求。

四、瞭望人员

1.瞭望人员的职责

“瞭望人员”指专门负责或承担对周围的海况进行全面观察的航海人员。所谓“专门承担”是指其唯一的任务就是瞭望。瞭望人员应集中注意力,并不应承担或被分配会妨碍本工作的其他任务。瞭望人员和舵工的职责是分开的。

“瞭望人员”通常指专司瞭望之职的专门人员,舵工在操舵时不应视为瞭望人员。在小船上,能在操舵位置上无阻碍地看到周围情况,且不存在夜间视力的减损和执行正规瞭望的其他障碍,舵工可作为瞭望人员。

在某些特定情况下,值班驾驶员在白天可作为唯一的瞭望人员,但应同时满足:

(1)已对当时的处境予以仔细、充分地估计,确信此种做法是安全的,并不存在任何航行和碰撞危险;

(2)对至少以下几种因素已充分考虑:天气、能见度、交通密度、临近航行危险;

(3)情况突变而需要协助时,协助人员能立即到驾驶台。

2.瞭望人员的资格

瞭望人员必须具有良好的身体素质和航海业务素质。

(1)身体素质良好,视觉、听觉正常;

(2)合格的业务能力,掌握航海知识并具分析判断能力。

3.瞭望人员的数量

(1)在开阔水域,能见度良好时,如同时满足上述三个条件,驾驶员在白天可作为唯一的瞭望人员;

(2)当能见度不良,由船长操作时,驾驶员作为瞭望人员;若由驾驶员操作,则需派专人瞭望;

(3)在狭水道、航道,驾驶台加派瞭望人员,必要时船首或船尾增派瞭望人员。

4.瞭望的位置

根据当时环境、情况以及实际操作需要,驾驶台内部、罗经甲板、船首、船尾均是合适的瞭望位置。

五、瞭望的目的

《规则》第五条规定,保持正规瞭望的目的是为了对“局面”和“碰撞危险”作出充分的估计。《STCW 公约》第 A —Ⅷ/2 节 4-1 部分(航行值班中应遵守的原则)指出:“应遵照经修订的《1972 年国际海上避碰规则》第五条的规定随时保持正规的瞭望,并应达到下列目的:

(1)针对操作环境中发生的任何重大变化,利用视觉和听觉以及所有其他可用的手段保持连续戒备状态;

(2)全面评估碰撞、搁浅和其他航行危险的局面和风险;

(3)探明遇险的船舶或飞机、遇难船舶人员、沉船、残骸和其他航行危险物。”

因此，瞭望的目的是通过对局面和碰撞危险的充分估计，避免船舶碰撞、搁浅、触礁等海上事故的发生，并及时救助遇险的船舶、飞机、人员，以达到保证海上安全的最终愿望。

1. 对局面作出充分的估计

所谓局面，是指所处水域的环境和情况，包括自然环境条件如能见度情况、天气情况、水域条件等，交通环境条件如交通密度、助航标志配布情况等，船舶本身条件如操纵性能、吃水情况、仪器使用情况等。

通过瞭望，对当时局面作出充分的估计，包括：

(1)通过系统观察，对当时环境和情况作全面分析，尤其是分析影响本船航行安全的不利因素；

(2)使用一切可用手段，尤其是雷达，对当时能见距离作出充分的估计；

(3)根据所获得的信息，对该海区的交通密度，航线分布，各类船舶的特点、航行习惯，以及当地船员习惯做法作出全面分析；

(4)充分注意船舶本身的各种仪器、设备的工作情况，分析存在的误差、缺陷，信息的正确性、可靠性；

(5)夜间根据号灯的变化，估计他船的大致航向或航向区间。

2. 对碰撞危险作出充分的估计

对碰撞危险作出充分的估计通常包括：

(1)通过各种方法与手段，获知来船的相关航行信息，并根据来船的号灯、号型，声响信号、雷达回波和 AIS、VHF、VTS 信息判明来船的种类、大小及动态；

(2)根据来船的罗经方位变化及雷达观测与标绘所得到的信息分析 *DCPA*、*TCPA*，并判断是否存在碰撞危险；

(3)根据 VHF 及 VTS 或与来船的通话等获取来船的运动要素，判断船舶会遇的时间、地点；

(4)根据来船的方位、距离及方位变化率判断两船的会遇情况及碰撞的可能性；

(5)根据观测来船号灯(桅灯)的水平张角、舷灯颜色的变化，罗经方位等要素，判断来船的动态及可能采取的避让措施；

(6)根据来船鸣放的声号，分析与估计来船当时的处境、避让意图，或是否需要我船采取协助避让的行动。

使用一切可用手段判断是否存在碰撞危险是瞭望的关键点。例如，1981 年 3 月 24 日，浓雾，N 轮与 M 轮渔船在 23°50′N，118°47′E 水域发生碰撞，N 轮从 0050 时～0139 时未使用雷达，也未加派瞭望人员，值班水手反而由 2 人减至 1 人，在碰撞前 15min 才开启雷达，严重疏于瞭望。

六、瞭望手段

《规则》要求，应使用适合当时环境和情况的一切可用手段保持正规的瞭望，具体地说，瞭望的手段至少包括：

(1)视觉瞭望，这是最基本的手段，具有直观、真实、方便的特点；

(2)听觉瞭望，在能见度不良时特别有效，尤其对未安装雷达的船舶；

(3)一切可用手段包括雷达、ARPA、望远镜、VHF、AIS、VTS、ECDIS 等，也包括人的嗅觉。

七、保持正规瞭望的注意事项

在瞭望时，还应注意以下几点：

(1)足够的瞭望人员、合适的位置、正确的手段，并能做到对当时的局面和碰撞危险作出充分的估计。采用不当方法和手段得到的瞭望信息不能用于对局面和碰撞危险的判断，也不能用于避碰行动方案的确定。

(2)瞭望应是连续的、不间断的和全方位的。

(3)瞭望应是认真的、极其谨慎的，不放过一个疑点。

(4)正确处理好瞭望与船舶定位及海图作业的关系，在确保安全的情况下进行定位和海图作业，并且时间应尽量的短。

案例分析

2007 年 9 月 15 日 1935 时，“HANJIN GOTHENBURG”轮(以下简称“H 轮”)与“CHANG TONG”轮(以下简称“C 轮”)发生碰撞事故，概位 38°18′.7N、121°29′.3E，事故等级“重大”，“H 轮”与“C 轮”碰撞过程如图 4-1 所示。

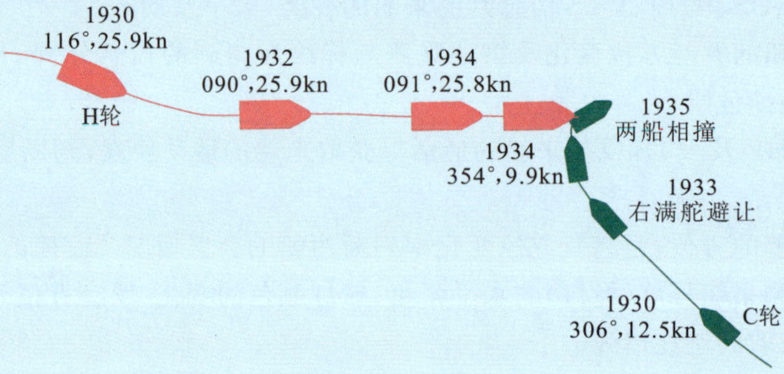

图 4-1　“H 轮”与“C 轮”碰撞过程示意图

1. 船舶概况

H 轮：

船名：HANJIN GOTHENBURG；种类：集装箱船；总长：274.67m；型宽：40.12m；

型深:20.16m;总吨:65131;装载情况:1672 标箱;首吃水:11.9m;尾吃水:11.9m。

C 轮:

船名:CHANG TONG;种类:散货船;总长:182.3m;型宽:26.0m;型深:15.7m;总吨:20700;装载情况:空载;首吃水:3.5m;尾吃水:6.5m。

2. 事故经过

H 轮:

2007 年 9 月 15 日 1600 时,H 轮船位 38°45′.0N、119°42′.0E,航向 102°。驾驶台仅大副一人值班,两台 ARPA 雷达分别置于 6n mile、12n mile 挡,两部 VHF 均保持 16 频道守听,航行灯开启。

1910 时,船位 38°23′.0N、121°16′.7E,航向 122°,航速 26.1kn;1930 时,航向 116°,航速 25.9kn,为绕开船首右舷方向的渔船群,H 轮左转;1932 时,船舶航向调整至 090°,航速不变;此后,大副突然发现船首方向的 C 轮的灯光,十几秒后,约 1935 时,船位 38°18′.7N、121°29′.3E,航向 091°,航速 25.8kn,两船相撞。H 轮船首插入 C 轮的船体中,顶推 C 轮前行,船速不断降低,最后随风流漂航。

C 轮:

2007 年 9 月 15 日 1535 时,船位 37°48′.0N、122°23′.5E,航向约 305°,航速约 12.4kn,驾驶台大副、值班水手值班,一台 ARPA 雷达开启,3n mile、6n mile 距离挡交替使用,两部 VHF 分别置于 08 频道和 16 频道,航行灯显示正常。

1927 时,船位 38°17′.7N、121°30′.6E,航向 297°,航速 12.6kn,此时发现左舷船首 15°～20°方向有一来船红色舷灯,两船相距 4.9n mile;1930 时,船位 38°18′.0N、121°30′.0E,航向 306°,航速 12.5kn;随后,大副观测到来船的舷灯从红灯变为红绿灯,稍后又变成绿灯,两船距离缩减到 2.1n mile;约 1933 时,大副通过 VHF 呼叫“HANJIN, HARD PORT”两遍,无应答后,当即右满舵避让;1935 时,航向 077°,H 轮与 C 轮发生碰撞。H 轮船首碰撞 C 轮左舷 4、5 舱处并插入船体中,碰撞角度约 40°。

3. 事故分析

H 轮:

(1)驾驶台只有大副一人值班,直到碰撞前十几秒钟大副才发现 C 轮。该大副未能以适合当时环境和情况下一切有效手段保持正规的瞭望,违反了《规则》第五条和第七条的规定。

(2)船舶在通航密集区航行时,H 轮仍以约 26kn 的航速高速航行,没有根据当时的通航环境使用安全航速,违反了《规则》第六条的规定。

(3)H 轮大幅度左转向时,值班大副没有按照《规则》要求鸣放船舶操纵信号,违反了《规则》第三十四条的相关规定。

C 轮:

(1)首次观测到 H 轮时,两船相距约 4.9n mile,值班大副未对当时的局面和碰撞危险作出充分的估计,主动、及早地采取避让行动;在观察到 H 轮的舷灯变化后,未采取减速或者停止或倒转推进器把船停住的措施。违反了《规则》第七条和第八条的规定。

(2)在对H轮的意图或行动有疑问时,C轮没有立即用号笛鸣放至少5声短而急的声号以表示这种怀疑,违背了《规则》第三十四条的规定。

4. 事故教训

(1)每一船舶都应保持正规瞭望,这是保证航行安全的首要措施。没有正规瞭望,就不能及时发现情况,也不可能对局面和碰撞危险作出充分的估计。H轮的值班安排不足以保证船舶的正规瞭望,H轮在瞭望方面的重大疏忽是这次事故发生的重要原因和直接原因。

(2)互见中两船构成碰撞危险时,在对他船行动意图有疑问时,应依据《规则》的要求果断发出灯光、声响信号,并运用良好船艺采取最有效的避免碰撞的行动。

思考题

1. 试述瞭望的含义。
2. 试述保持正规瞭望的重要性。
3. 瞭望的目的是什么?
4. 试述"瞭望"条款的适用范围。
5. 瞭望的手段主要有哪些? 各有什么优缺点?
6. 船舶如何保持正规瞭望?

第三节　安全航速
Safe Speed

第六条　安全航速

每一船在任何时候都应以安全航速行驶,以便能采取适当而有效的避碰行动,并能在适合当时环境和情况的距离以内把船停住。

在决定安全航速时,考虑的因素中应包括下列各点:

1. 对所有船舶:

(1)能见度情况;

(2)交通密度,包括渔船或者任何其他船舶的密集程度;

(3)船舶的操纵性能,特别是在当时情况下的冲程和旋回性能;

(4)夜间出现的背景亮光,诸如来自岸上的灯光或本船灯光的反向散射;

(5)风、浪和流的状况以及靠近航海危险物的情况;

(6)吃水与可用水深的关系。

2.对备有可使用的雷达的船舶,还应考虑:

(1)雷达设备的特性、效率和局限性;

(2)所选用的雷达距离标尺带来的任何限制;

(3)海况、天气和其他干扰源对雷达探测的影响;

(4)在适当距离内,雷达对小船、浮冰和其他漂浮物有探测不到的可能性;

(5)雷达探测到的船舶数目、位置和动态;

(6)当用雷达测定附近船舶或其他物体的距离时,可能对能见度作出的更确切的估计。

一、安全航速的含义

安全航速并没有直接的定义,但是《规则》间接地给出了定义,即安全航速是指船舶能采取适当而有效的避让行动,并能在适合当时环境和情况的距离以内把船停住的速度。

1.适当而有效的避让行动

避让行动主要包括转向、变速、转向与变速相结合。达到能采取适当而有效的避让行动,实际上是为采取避让行动留有更多的时间。速度越大,则用以判断局面和碰撞危险的时间以及采取行动的时间越短,而且驾驶员易出现心理紧张等状况。但速度过小也可能导致舵效变差甚至失去舵效,这也不利于船舶避让。

"适当"是指避让行动是适合当时环境及情况要求的;"有效"是指根据实际情况所采取的行动,其中改向时避让效果明显,适于开阔水域;减速、停车行动适于狭水道或航道。

2.在适合当时环境和情况的距离以内把船停住

减速、停船是避免碰撞的有效行动之一。所以,对于速度的考虑,不仅应能采取适当而有效的避让行动,而且在必要时采取减速、停船措施后能使船舶在适合当时环境和情况的距离以内把船停住,以避免碰撞。

3."安全航速"与"限制速度"的关系

在地方规则中可能出现"限制速度"、"港内速度"、"缓速"等,它们与安全航速的关系是,"限制速度"、"缓速"只是对某一水域内的船舶速度的基本要求。如2006年4月实施的《上海黄浦江通航安全规定》第二十条规定:"船舶航行时船速不得大于8kn",该速度是否属于安全航速则与很多因素有关,不能简单地把该速度作为安全航速。因此,"限制速度"、"港内速度"、"缓速"不一定是一船的安全航速。

船舶正确的做法是既遵守地方规则的规定,又不违反《规则》关于安全航速的规定。

二、安全航速的适用范围

(1)适用船舶:任何船舶。

(2)适用时机:在航的任何时候。无论白天还是夜间、能见度良好还是能见度不良、开阔水域还是受限水域。

三、决定安全航速时应考虑的因素

《规则》并没有给出安全航速的定量规定，在海上实践中，应根据当时具体情况来决定船舶速度的大小。《规则》列举了决定安全航速时应考虑的因素，但不限于这些因素：

1. 所有船舶应考虑的因素

(1)能见度情况

能见度情况是决定安全航速的首要因素，应根据当时能见度情况，对船舶速度作出合理选择。

(2)交通密度

交通密度大小将直接影响到船舶避让的自由度，最终影响到采取的行动方式和避让效果，交通密度越大，船舶的速度一般要小一些。

(3)操纵性能

操纵性能指航向稳定性能、旋回性能、停止性能，尤指旋回性能、停止性能。如果船舶的操纵性能相对较差，则决定船舶速度时应适当考虑采取较小的速度。

(4)背景光亮

背景光亮直接影响视觉瞭望的效果。背景光亮较大时，可视距离减小。通常的背景光亮有来自岸上的灯光和来自本船的灯光。

(5)风、浪、流、危险物

风、浪、流对船舶的操纵性能产生明显的影响，主要体现在对减速、停车冲程的影响和转向效果的影响，以及船位控制的影响，应予以充分的估计；危险物数量及与本船的间距是决定船舶速度的因素，以避免产生搁浅、触礁等危险。

(6)吃水与可用水深的关系

吃水和可用水深影响船舶操纵性能，应注意船舶速度，以防止产生浅水效应、岸推岸吸、斜坡效应等。

2. 备有雷达的船舶应另外考虑的因素

对备有雷达的船舶，除考虑上述因素外，还应考虑：

(1)雷达设备的特性、效率和局限性

雷达对小物标有探测不到的可能性，对他船的航向、航速改变的动态反应较慢，需要一定的时间过程，雷达观测与标绘也需花费一定时间。另外，不同型号的雷达其距离分辨率、方位分辨率等指标参数不同，存在各种误差，还可能出现假回波的情况。

(2)所选的距离标尺带来的任何限制

雷达远距离扫描可以获得早期警报，纵观整个局面，但小物标易丢失；雷达近距离扫描时目标回波大且较清晰，但长时间近距离扫描时易忽视远距离物标。

(3)海况、天气、其他干扰源对雷达探测的影响

应考虑海况、天气、其他干扰源对雷达探测的影响，正确使用“调谐”、“海浪抑制”、“雨雪抑制”等功能，以免小物标丢失。

(4)探测不到小物标的可能性

小船、浮冰、漂浮物等对电磁波反射能力较弱的现象应引起高度重视，尤其是小木质船、

渔网等。

（5）雷达测到的船舶数目、位置、动态

雷达测到的船舶数目、位置和动态反映了海域的交通密度和交通环境的整体情况，在决定安全航速时应予以充分考虑。

（6）对能见度的估计

用驾驶员的视觉很难判明当时的能见距离，因此，可以用雷达探测物标，配合视觉瞭望，以得到当时能见度情况下的可视距离大小，即对能见度作出判断，以决定安全航速。

案例分析

2001 年 4 月 17 日 0800 时，“大勇”轮在长江口水域与“大望”轮在浓雾中发生碰撞，概位 31°03′.4N、122°46′.5E，造成“大勇”轮 701m³ 苯乙烯泄漏入海的严重污染事故，两船碰撞过程如图 4-2 所示。

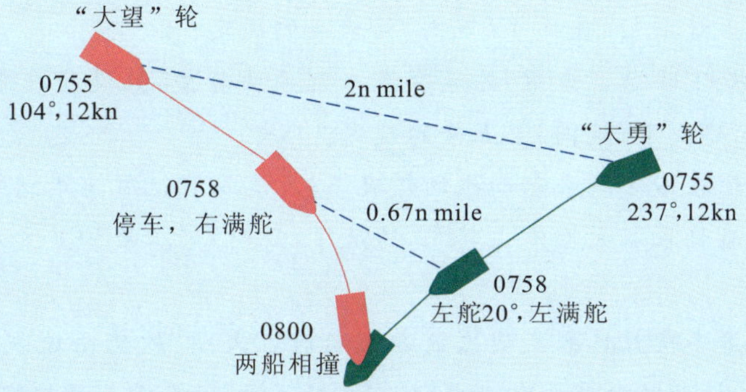

图 4-2　“大勇”轮与“大望”轮碰撞过程示意图

1. 船舶概况

“大勇”轮：

船名：大勇(DAE MYONG)；种类：散装化学品船；总长：85.6m；型宽：14.0m；型深：6.6m；总吨：1599；装载情况：2290t 苯乙烯；首吃水：4.5m；尾吃水：5.5m。

“大望”轮：

船名：大望(GREAT PRESTIGE)；种类：散装船；总长：181.41m；型宽：31.0m；型深：16.6m；总吨：27251；装载情况：29427t 焦炭；首吃水：9.0m；尾吃水：9.0m。

2. 事故经过

“大勇”轮：

2001 年 4 月 17 日 0730 时，“大勇”轮航行至长江口外水域，驾驶台有 3 名船员(船长、三副和水手)，两台雷达均处于开启状态，能见度约 500m，船舶航向 237°，航速 12kn。

0755 时，能见度急剧下降，驾驶台人员无法看清船首，船长没有安排人员在船头瞭望，此时在雷达中发现有一船在其右前方约45°，距离2n mile处，但没有对该轮进行标绘，也没有通过VHF呼叫，船舶继续保向保速；0758时，从雷达上发现与来船相距0.67n mile，船长立即命令左舵20°、左满舵；0800时，两船相撞。

"大望"轮：

2001年4月17日0618时，"大望"轮航向104°，航速12kn。船长在驾驶台指挥航行，船舶自动鸣放雾号，没有派人员至船头瞭望；0745时，大副从雷达中发现左前方"大勇"轮，两船相距6.7n mile，船舶未采取任何避让行动；0758时，两船距离接近，来船物标回波从雷达上丢失，船长立即命令停车、右满舵；0800时，"大望"轮船首插入"大勇"轮右舷第4货舱，碰撞夹角约45°。

3. 事故分析

"大勇"轮：

(1)碰撞事故发生时，该海域视距仅约10m。在两船相距约2n mile时，"大勇"轮仍以12kn的航速航行，违反了《规则》第六条的规定。

(2)在能见度下降后，"大勇"轮没有派人到船头瞭望，且没有在雷达上对来船连续、有效地跟踪，违反了《规则》第五条的规定。

(3)"大勇"轮在不了解来船动态的情况下，没有及时把航速减到能维持其航向的最小速度，而是盲目采取大幅度左转向，违反了《规则》第八条和第十九条的规定。

"大望"轮：

(1)在能见度不良且已经发现左前方来船时，"大望"轮仍全速航行，以致不能在适合当时环境和情况的距离内把船停住，违反了《规则》第六条的规定。

(2)在能见度极度不良时，"大望"轮没有派人在船头瞭望，不能保证及时对局面和碰撞危险作出充分的估计，违反了《规则》第五条的规定。

(3)在两船相距6.7n mile时，"大望"轮没有采取任何避碰措施，直到碰撞前2min才向右转向，违反了《规则》第八条和第十九条的规定。

4. 事故教训

(1)安全航速是船舶采取适当而有效的避碰行动的前提，而能见度情况是船舶在确定安全航速时应考虑的重要因素。案例中两船在能见度极度不良的情况下，仍全速航行，是碰撞事故发生的重要原因。

(2)雾中航行时，利用雷达瞭望是保持正规瞭望的重要手段，但同时也应考虑雷达的性能、效率和局限性。案例中"大望"轮在雷达观测过程中，来船回波突然丢失，导致在采取避碰行动时陷入极其被动的局面。

思考题

1. 试述“安全航速”的含义。
2. 试述“安全航速”的重要性。
3. 对任何船舶，在确定安全航速时应当考虑哪些因素？
4. 对装有可使用雷达的船舶，在确定安全航速时应当考虑哪些因素？

第四节 碰撞危险
Risk of Collision

第七条 碰撞危险

1. 每一船应使用适合当时环境和情况的一切可用手段判断是否存在碰撞危险，如有任何怀疑，则应认为存在这种危险。

2. 如装有雷达设备并可使用，则应正确予以使用，包括远距离扫描，以便获得碰撞危险的早期警报，并对探测到的物标进行雷达标绘或与其相当的系统观察。

3. 不应当根据不充分的信息，特别是不充分的雷达观测信息作出推断。

4. 在判断是否存在碰撞危险时，考虑的因素中应包括下列各点：

(1)如果来船的罗经方位没有明显的变化，则应认为存在这种危险；

(2)即使有明显的方位变化，有时也可能存在这种危险，特别是在驶近一艘很大的船或拖带船组时，或是在近距离驶近他船时。

一、碰撞危险的含义

《规则》没有给出“碰撞危险”的定义。考虑是否存在碰撞危险的主要因素是最近会遇距离(Distance of Closest Point of Approaching，DCPA)和到达最近会遇点的时间(Time to Closest Point of Approaching，TCPA)。通常认为，当 $DCPA$＜安全距离，且 $TCPA$ 较小时，应认为两船存在碰撞危险。当 $DCPA=0$，且两船保向保速航行，则将在同一时间到达同一地点，即两船必将发生碰撞。

在考虑 $DCPA$ 的同时，必须适当考虑 $TCPA$，$TCPA$ 反映了会遇的紧迫程度，若 $TCPA$ 很大，则会遇局面显得不太紧迫，碰撞危险程度也相应变小。

《规则》中很多条款都出现了“碰撞危险”这个词，如第五条、第八条、第十二条、第十四条、第十八条和第十九条，这说明它在船舶避碰领域是一个很重要的名词。

在学习和理解“碰撞危险”一词时，应注意 Risk of Collision 与 Danger of Collision 的区别：在《规则》原文中出现的是 Risk of Collision，但中文版避碰规则将 Risk of Collision 翻译为“碰撞危险”，易与 Danger of Collision 混淆。Risk 反映出潜在危险之含义，Danger 是真正的碰撞危险，其危险程度更大，从时间上说更接近于实际碰撞。

二、判断碰撞危险的手段

《规则》规定，每一船舶应使用适合当时环境和情况的一切有效手段断定是否存在碰撞危险，如有任何怀疑，则应认为存在这种危险。“适合当时环境和情况”表明船舶在判断碰撞危险时所采取的手段应与当时环境和情况相适应，如互见时在开阔水域采用罗经方位观测判断的方法，在能见度不良时采用雷达标绘的方法，同时考虑其他方法如 VHF、AIS 的配合使用，以便获得更充分的信息。

三、判断碰撞危险的方法

1. *罗经方位判断法*

(1)观测罗经方位的变化情况判断碰撞危险

罗经方位判断法是最常用、最有效的方法，其特点是简单、方便、迅速、直观，不受罗经误差的影响；但缺点是无法测定来船的距离。其方法是利用驾驶台两侧分罗经观测来船的方位，通过罗经方位是否明显变化来判断碰撞危险，电罗经或磁罗经都可以用来观测罗经方位的变化。

判断碰撞危险的方法：

①若来船的罗经方位无明显变化，但距离在不断缩小，应认为有碰撞危险，如图 4-3 所示。

②罗经方位即使有明显变化，有时也可能存在碰撞危险。如，在较远的距离上，来船航向作一连串小变动；驶近一艘很大的船舶或拖带船组；近距离驶近他船。如图 4-4(1)～(4)所示。

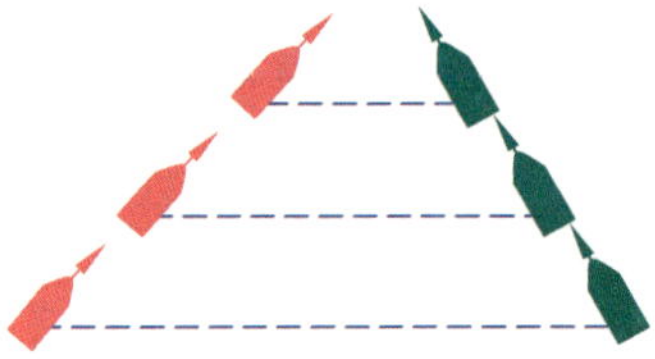

图 4-3 罗经方位没有明显变化、距离不断缩小

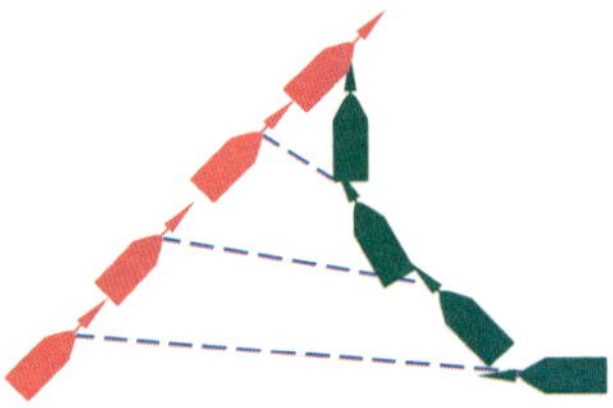

(1)来船航向作一连串小变动

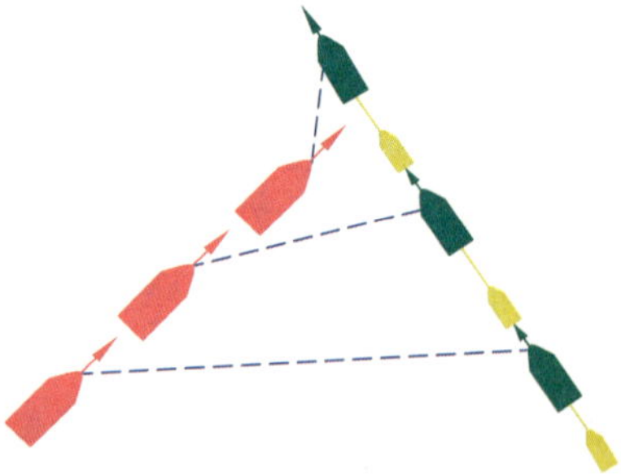

(2)驶近拖带船组

(3)驶近很大的船舶　　(4)近距离驶近他船

图 4-4　罗经方位判断法

图 4-3:罗经方位没有明显变化但距离不断缩小,存在碰撞危险。

图 4-4(1):罗经方位尽管有明显的变化。但他船的航向不稳定,仍有碰撞危险。

图 4-4(2):罗经方位虽有明显的变化,但只表明本船与拖轮不发生碰撞,而与被拖船仍有碰撞危险。

图 4-4(3):观测时以他船的船首为参考点,测得的是他船船首罗经方位,而船舶实际上是一个面,对于尺度较大的他船来说,并不能保证本船与他船的船尾不发生碰撞。

图 4-4(4):由于方位的变化率随距离变小而增大,所以当近距离驶近他船时,尽管方位变化很大,仍有碰撞危险。

注意:用罗经方位判断法时应注意方位变化与距离变化的关系:方位变化率随距离的变小而增大,所以,当近距离时,尽管方位变化较大,但实际上因两船距离 d 不断减小,碰撞危险依然存在。

(2)用罗经方位变化估算 $DCPA$

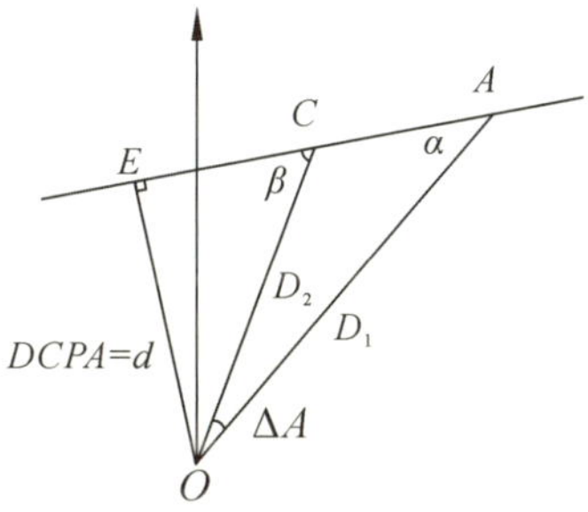

图 4-5　$DCPA$ 的估算

如图 4-5 所示,$\Delta A = \arcsin d/D_2 - \arcsin d/D_1$

式中:$d = DCPA$;

D_1——第一次观测时来船与本船的距离;

D_2——第二次观测时来船与本船的距离;

ΔA——两次观测的方位变化。

根据上述公式,可列出方位变化、距离变化与 $DCPA$ 的关系表,在已知方位变化和距离变化的前提下,可以查表得到两船会遇的 $DCPA$。如表 4-1 所示。

表 4-1　方位、距离变化与 $DCPA$ 的关系表

距离(n mile) ΔA(度) DCPA(n mile)	2～1	3～2	4～3	5～4	6～5	7～6	8～7	9～8	10～9	11～10	12～11	13～12	14～13	15～14
0.25	7.3	2.4	1.2	0.7	0.5	0.3	0.3	0.2	0.2	0.1	0.1	0.1	0.1	0
0.50	15.5	4.9	2.4	1.5	0.9	0.7	0.5	0.4	0.3	0.3	0.2	0.2	0.2	0.1
0.75	26.6	7.5	3.7	2.2	1.4	1.0	0.8	0.6	0.5	0.4	0.3	0.3	0.2	0.1
1.00	60.0	10.5	5.0	3.0	1.9	1.4	1.0	0.9	0.7	0.6	0.4	0.4	0.3	0.3
1.50		18.5	8.0	4.5	3.0	2.1	1.5	1.2	1.0	0.8	0.6	0.5	0.4	0.4
2.00		48.2	11.8	6.4	4.1	2.9	2.1	1.6	1.3	1.0	0.8	0.7	0.6	0.5
2.50			17.7	8.7	5.4	3.7	2.7	2.0	1.7	1.4	1.1	0.9	0.8	0.7

海员在实践中根据该表呈现的规律，总结出了一段口诀，可以用作估算 *DCPA* 的一种快捷方法：$DCPA=\Delta A\times K$，式中 ΔA 为两次观测的方位变化值，K 为系数。

口诀为：八七同，六五半，十一十加倍算，十九一点六，九八一点三，七六零点七，五四零点三。“八七”指距离由 8n mile 接近至 7n mile，“同”指系数为 1，“半”指系数为 0.5，“加倍”指系数为 2，其他同理类推。

例如：来船距离由 10n mile 接近至 9n mile 的方位变化为 1.3°，则 $DCPA=1.3\times1.6=2.08$n mile，与查表所得的答案 2.00n mile 很接近。

2. 舷角判断法

舷角判断法是通过舷角的变化来判断碰撞危险的方法，也叫相对方位判断法，其原理与罗经方位判断法完全一致。基本原理为：他船的罗经方位为本船航向与他船的舷角之和，若本船航向不变，则罗经方位的变化实际上就是舷角的变化，因此，根据罗经方位的变化可以判断是否存在碰撞危险。

海上实践中，驾驶员可以在船上选一参考点，将驾驶员眼睛、参考点、来船三点连成一线，通过一定时间段的观测，观测他船的舷角是变大还是变小，或是没有明显变化，从而对碰撞危险作出判断。此方法简便、迅速、直观，但该方法存在较大缺点，即由于本船操舵不稳，或船舶摇摆等因素的影响，致使所观测到的他船舷角不稳定，因此误差较大。另外，驾驶员眼睛与船上参考点的间距不宜过小，否则观测灵敏度过高，影响观测精度。此方法适于在开阔水域，视线良好，交通密度较小，会遇局面不太紧迫的情况。

3. 雷达标绘判断法

本条 2 款规定，如装有雷达设备并可使用的话，则应正确予以使用，包括远距离扫描，以便获得碰撞危险的早期警报，并对探测到的物标进行雷达标绘或与其相当的系统观察。因此，应充分利用雷达来判断碰撞危险。

雷达标绘法具有明显的优点，即有效、可靠，能测得他船运动要素和 *DCPA*、*TCPA*，还能求取避让措施等。但也有较大的缺点，即易受雷达本身因素影响，观测与标绘所需时间较长。

应注意的是，采用此方法时应正确使用雷达，熟练掌握雷达标绘的方法。

海上实践中，驾驶员在雷达屏幕上使用此方法判断碰撞危险显得不现实，但可以根据雷达观测与标绘的基本原理，使用类似的方法判断碰撞危险，如：ARPA、雷达机械方位盘、利用回波的“轨迹”（可以将轨迹显示时间设置为 60s、90s）等方法判断碰撞危险。

雷达观测与标绘的内容详见第六章第四节“雷达避碰”。

4. 其他判断方法

其他的判断方法如“桅灯水平张角法”，通过前后桅灯的水平张角大小变化来判断是否存在碰撞危险，如水平张角没有明显的变化，则应认为存在碰撞危险。另外，还可以通过前后桅灯连线的方位变化判断来船采取了左转或右转的行动。但该方法易受偏荡、操舵不稳等因素影响，精度难以保证，如图 4-6、图 4-7 所示。

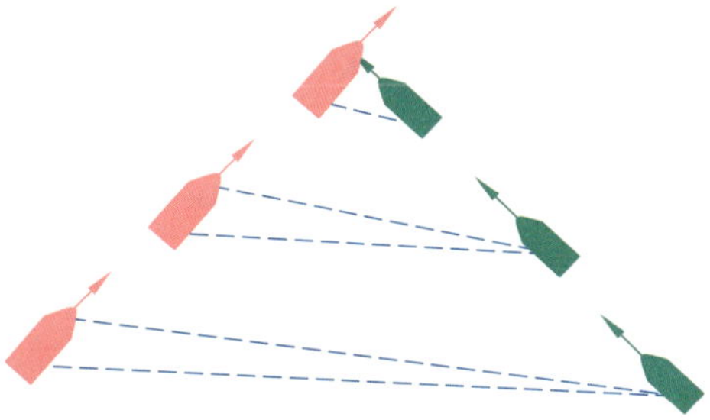

图 4-6　存在碰撞危险

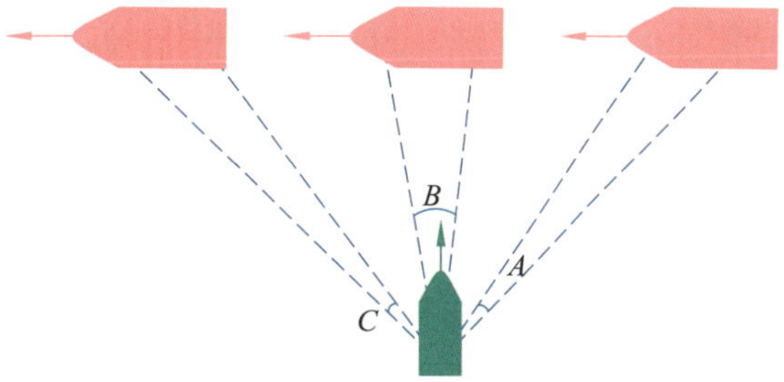

图 4-7　不存在碰撞危险（远距离）

四、判断碰撞危险的注意事项

（1）《规则》要求每一船舶都应使用适合当时环境和情况的一切可用手段判断碰撞危险。包括在航船、锚泊船、搁浅船等。

（2）本条 1 款规定“如有任何怀疑，则应认为存在这种危险”。意指在判断碰撞危险时，若对当时的局面是否存在碰撞危险持有怀疑，则应假定为确实存在碰撞危险，例如，来船的方位有变化，但不是很明显，*DCPA* 可能不足以安全驶过；又如，发现前方有一盏白灯，但对该灯是桅灯还是尾灯，或是锚灯无法确定，则应假定为最危险的一种情况，即假定是对遇船的桅灯，从而采取相应行动。

（3）本条 3 款规定“不应当根据不充分的信息，特别是不充分的雷达观测信息作出推断”。“不充分的信息”即为不可靠、不完整的信息，尤其是雷达信息，因雷达的特性、效率和局限性，以及当时观测条件的限制，这些信息不能直接地、简单地用于碰撞危险的判断，应采取其他多种手段进一步获取信息，从而完整地分析是否存在碰撞危险。不充分的信息通常有：

①瞭望手段或判断方法不当所获得的信息；

②未能进行系统的、连续的观察所得到的信息；

③仅凭 VHF 得到的信息，能见度不良时仅凭雾号得到的信息；

④对 *DCPA* 粗略估计；

⑤对雷达信息不进行鉴别而得到的信息。

案例：1990 年 1 月，L 轮雾中航行于直布罗陀海峡，船长在 ARPA 上发现正前方有一回波，就认为是一艘航向相反的来船，立即命令左舵避让，最后导致与左后方船舶发生碰撞。原因在于，初次发现的正前方的回波是假回波，而实船位于左后方。该案例说明了连续、系统观测的重要性，同时告诫驾驶员，不能使用不充分的信息作推断，雷达信息的使用应是细致的、谨慎的。

案例分析

2004年3月12日0237时，"大庆93"轮在泉州湾口以东海域(概位24°48′.8N、119°01′.9E)与"闽狮渔2380"船发生碰撞，造成"闽狮渔2380"船沉没、1人死亡、6人失踪的重大水上交通事故，两船碰撞过程如图4-8所示。

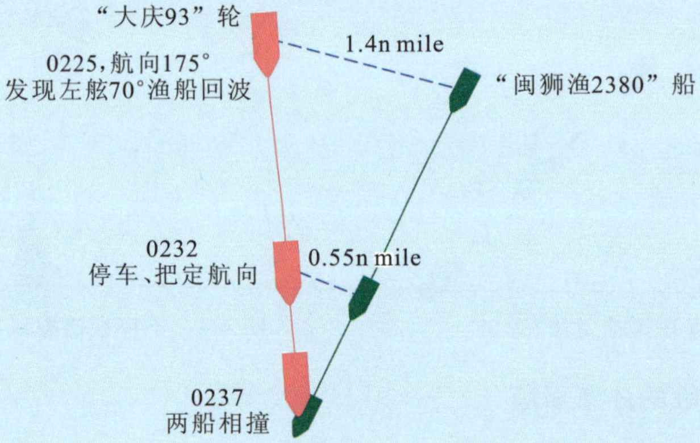

图4-8　"大庆93"轮与"闽狮渔2380"船碰撞过程示意图

1. 船舶概况

"大庆93"轮：

船名：大庆93；种类：油船；总长：227.34m；型宽：32.20m；型深：19.60m；总吨：39154；主机功率：9373kW。

"闽狮渔2380"船：

船名：闽狮渔2380；种类：拖网渔船；总长22.50m；型宽：5.60m；型深：2.40m；总吨：75；主机功率：165kW。

2. 事故经过

"大庆93"轮：

3月12日0220时，"大庆93"轮航行至泉州湾口崇武半岛东南海域，能见距离2～3n mile，偏北风6～7级，浪高3m，航向175°，全速前进。0225时，发现本船左舷70°有一渔船回波，距离1.4n mile，此后一分多钟，方位没有明显变化。船长通过望远镜观察，判断是与本船交叉相遇的小渔船，且来船方位在逐渐变小，认为能安全驶过船首；0232时，渔船在本船左舷65°，距离0.55n mile，船长判断有碰撞危险，当即停车、把定航向，并鸣放5短声，用强光灯闪照；0235时，船长令后退三；0237时，"大庆93"轮与渔船右舷驾驶台后部发生碰撞。

"闽狮渔2380"船：

1800时，"闽狮渔2380"船位24°58′N、119°46′E，往南航行，再完成一次放网作业就返航。2200时至2230时之间，"闽狮渔2380"船返航，在返航途中与"大庆93"轮相撞沉没。

3. 事故分析

"大庆93"轮：

(1)船长在首次发现"闽狮渔2380"船时，其位于左舷70°，距离仅约1.4n mile，船长未通过系统观测、雷达标绘等手段，仅采用望远镜简单目测，即判断来船能安全驶过船首，违反了《规则》第七条1款、3款的规定。

(2)在事发海域能见距离仅2～3n mile时，船长没有增派瞭望人员，没有对附近船舶连续、系统地观测，以致在与来船相距仅1.4n mile时，才发现来船，违反了《规则》第五条的规定。

(3)"大庆93"轮在发现来船后7min内，没有采取任何避碰行动，虽在碰撞前5min时采取了停车、全速倒车的行动，但已错过了采取合适的避碰措施的最佳时机，违反了《规则》第八条1款、5款的规定。

"闽狮渔2380"船：

(1)未配备适任的船员

该船除轮机长持四等轮机长证书外，其余6人均未持有任何有效的船员适任证书。

(2)未及早采取避碰措施、疏于瞭望

"闽狮渔2380"船船长仅22.50m，且配有雷达，从碰撞态势来看，该船没有保持正规的瞭望，且未采取适当的避碰行动，违反了《规则》第五条和第八条的规定。

4. 事故教训

(1)每一艘船舶应用适合当时环境和情况的一切可用手段判定是否存在碰撞危险，及早地对局面作出充分、准确的估计并利用良好船艺采取避碰行动。

(2)大型运输船舶与小型渔船之间避碰行动不协调是发生类似碰撞事故的主要原因，尤其是渔船在海上航行时，总是习惯地以为大船能及时采取措施避让小船，从而盲目抢过大船船首，不及早采取避碰措施，极大地增大了事故发生的概率。

思考题

1. 试述碰撞危险的含义。
2. 试述"碰撞危险"条款的适用范围。
3. 判断碰撞危险的方法有哪些？各有何特点？
4. 罗经方位判断法与舷角判断法两者有什么区别？
5. 在避碰中如何正确使用雷达？在使用雷达时应当注意哪些问题？
6. 试述雷达标绘的意义。与雷达标绘相当的系统观察有哪些？
7. 不充分的信息有哪些？为什么不能根据不充分的信息推断是否存在碰撞危险？
8. 即使来船的罗经方位有明显的变化也可能存在碰撞危险的情况有哪些？

第五节　避免碰撞的行动
Action to Avoid Collision

第八条　避免碰撞的行动

1. 为避免碰撞所采取的任何行动必须遵循本章各条规定，如当时环境许可，应是积极的，并应及早地进行和充分注意运用良好的船艺。

2. 为避免碰撞而作的航向和(或)航速的任何改变，如当时环境许可，应大得足以使他船用视觉或雷达观测时容易察觉到；应避免对航向和(或)航速作一连串的小改变。

3. 如有足够的水域，则单用转向可能是避免紧迫局面的最有效行动，只要这种行动是及时的、大幅度的并且不致造成另一紧迫局面。

4. 为避免与他船碰撞而采取的行动，应能导致在安全距离驶过。应细心查核避让行动的有效性，直到最后驶过让清他船为止。

5. 如需为避免碰撞或须留有更多时间来估计局面，船舶应当减速或者停止或倒转推进器把船停住。

6. (1)根据本规则任何规定，要求不得妨碍另一船舶通行或安全通行的船舶应根据当时环境的需要及早地采取行动以留出足够的水域供他船安全通行。

(2)如果在接近他船致有碰撞危险时，被要求不得妨碍另一船舶通行或安全通行的船舶并不解除这一责任，且当采取行动时，应充分考虑到本章各条可能要求的行动。

(3)当两船相互接近致有碰撞危险时，其通行不得被妨碍的船舶仍有完全遵守本章各条规定的责任。

一、碰撞过程

船舶碰撞经历了一个由“碰撞危机”构成到“碰撞危险”产生，最后发生碰撞的过程。如图 4-9 所示。

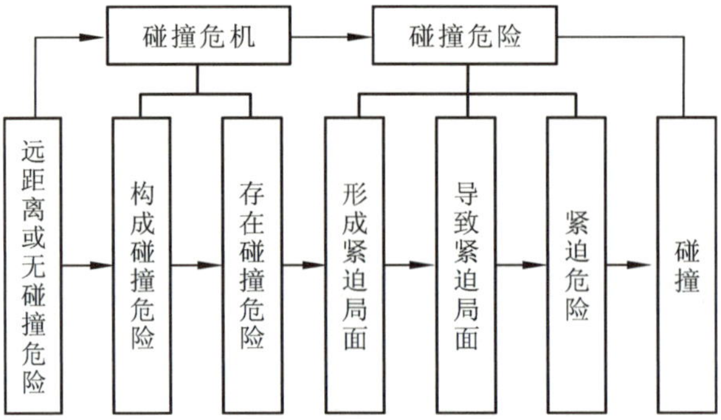

图 4-9　船舶碰撞的过程

1. 紧迫局面的含义

“紧迫局面”(Close-quarters Situation)在《规则》中多处有提及，各国学者对此名词的解释各不相同，我国航海界普遍认为，“紧迫局面”是指致有构成碰撞危险的两船，相互接近到单凭一船的行动已不能导致在安全距离上驶过的局面。

构成紧迫局面的两船间距因自然条件、交通环境条件、会遇局面和会遇各参数不同而不同，但通常情况下，表 4-2 的距离可以用来参考。

表 4-2　构成紧迫局面的参考距离

	大型船舶	小型船舶
能见度不良	3～4 n mile	2～3 n mile
互见中	2～3 n mile	1～2 n mile

形成紧迫局面的原因很多，主要有：

(1)没有正规瞭望，发现来船过晚；

(2)判断碰撞危险的方法不当，或使用了不充分的信息；

(3)未能使用安全航速，能见度不良时航行不备车；

(4)未能及早地大幅度地行动；

(5)违反规则采取行动而造成双方不协调；

(6)缺乏海员通常做法或对当时特殊情况可能要求的任何戒备。

2. 紧迫危险的含义

关于“紧迫危险”(Immediate Danger)，《规则》也未给出定义，我国航海界普遍认为，“紧迫危险”是指致有构成碰撞危险的两船，相互接近到单凭一船的行动已不能避免碰撞的局面。在已经构成紧迫危险时，只有两船协调行动才有可能避免碰撞。构成紧迫危险的两船间距因自然条件、交通环境条件、会遇局面和会遇各参数不同而不同。

二、及早行动

本条 1 款规定，为避免碰撞所采取的任何行动必须遵循本章各条规定，如当时环境许可，应积极的，及早地进行和充分注意运用良好的船艺。

1.“避免碰撞”及其行动

“避免碰撞”应理解为避免碰撞危险的形成或避免紧迫局面的形成。

“任何行动”指转向、变速或两者相结合，也包括：备车、备锚、备舵、备帆等。

2.“当时环境许可”的解释

(1)“当时环境”通常指当时的海况、天气、能见度、交通密度、可航水域宽度、航行危险物分布，以及船舶本身的操纵性能和其他条件的限制；

(2)“许可”：意指当时环境是否能支持“积极的”“及早地”行动；

(3)“当时环境许可”意味着一船若欲及早地采取行动，就应对当时的局面予以充分的估计，并对是否存在碰撞危险作出正确的判断，它包括一船应切实掌握另一船的有关信息及 *DCPA*、*TCPA* 等信息；

(4)“当时环境许可”还意味着一船欲采取行动，首先应做到及早地发现来船。

3."积极的，并及早地"行动

(1)"积极的":在对当时环境条件有充分的认识，在碰撞危险已得到确切的判断的情况下，果断地行动。航海实践证明，绝大多数船舶碰撞事故与驾驶员犹豫不决的态度有关。

(2)"及早地":指在避让行动时，在时间及距离上有充分的余地，即使双方行动不协调或由于第三者对局面的干扰，仍有足够的余地采取进一步的避让行动，如：

①一船在某一时刻采取了某一行动，恰好避免紧迫局面的形成，该行动应认为是及时的，若超前这一时刻，则是"及早地行动"，否则是"过迟地行动"。

②在互见情况下，当两船接近到已最终明确双方避让关系与责任时，即《规则》第十八条等条款开始生效时而立即行动即为"及时地行动"。如：$L \geqslant 50$m 船舶，在相距 3n mile 这一小于特征号灯的最小照射距离时立即行动，则为"及时地"行动，若超前这一时刻行动则为"及早"。

③在考虑"及时""及早"时，应考虑的因素包括会遇态势、交通密度、相对速度、水域条件、两船距离、操纵性能等。

总结起来说，"及早的"行动的时机以以下三个标准来衡量：

①以避免构成妨碍为标准；

②以确定存在碰撞危险或确定避让关系为依据；

③以避免形成紧迫局面为标准。

4.良好船艺

"良好船艺"(Good Seamanship)即优良的操作技艺，能掌握并熟练使用船上的车、舵、锚等设备，熟悉并正确使用各种规章制度，任何时候都具有正确操纵船舶、避免一切航行和碰撞事故发生的能力。良好船艺是海员通常做法的一部分。

通常，良好船艺是指《规则》未明文提及的，在适合当时环境和情况下避免碰撞的有效行动或做法。《规则》中已明文规定的各行动要求不属于良好船艺，而是遵守《规则》的表现。

良好船艺通常包括但不限于：

(1)交通密度大的水域或狭水道、航道、浅水区域备车、备双锚。

(2)经常核查本船的号灯工作状况。

(3)有碰撞危险时手动操舵。

(4)避让前，若时间允许，用 VHF 联系，以达成共识。转向避让时叫舵角而不叫航向。

(5)熟悉本船的车、舵性能，正确使用车、舵。

(6)受限水域倒车时先左舵后倒车，以避免首偏。

(7)用正确的方法使用双锚紧急制动。

(8)狭水道、航道在前船的左舷追越。

(9)追越时后船并未鸣放追越声号，被追越船协助配合，缩短追越时间。

(10)追越时注意船吸。

(11)注意地方规则及地方惯例：逆行避让顺行，单船让船队，轻载让重载。

(12)大风浪中锚泊时主机备车。

5."积极的,并及早地"行动的适用对象

"积极的,并及早地"行动的适用对象为让路船、同等避让责任船,而不适用于直航船。

三、大幅度行动

《规则》第八条 2 款规定,为避免碰撞而作的航向和(或)航速的任何改变,如当时环境许可,应大得足以使他船用视觉或雷达观察时容易察觉到;应避免对航向和(或)航速作一连串的小改变。

1."避免碰撞"及其行动

"为避免碰撞而作的航向和(或)航速的任何改变"指:为避免碰撞而作的航速或航向改变以及航速与航向同时改变。

2."当时环境许可"的解释

"当时环境许可"与本条 1 款的解释相同,但在本款中尤其强调的是"水域的宽度"。

3. 大幅度行动

"大幅度行动"是指他船用视觉或雷达观测时,对本船动态的变化能够"明显地"察觉(判断)到。

"容易察觉到"通常可以理解为:

(1)他船用视觉观测

在白天,来船看到本船的方位或船首向发生明显变化,两船夹角由收敛变成发散。

在夜间,号灯的方位明显发生变化,桅灯水平张角明显变化,舷灯由红灯变成绿灯,或由绿灯变成红灯,如图 4-10～图 4-12 所示。

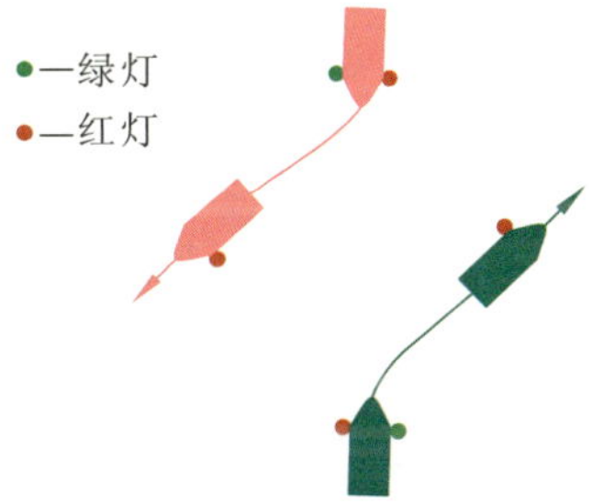

图 4-10　右转使对方看不到本船的绿舷灯

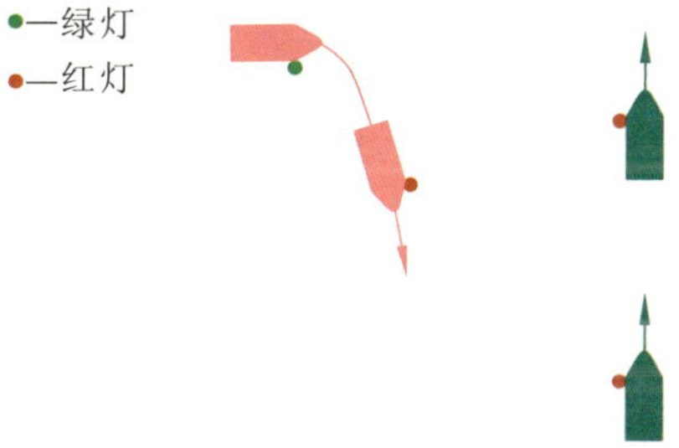

图 4-11　右转使对方看到本船的舷灯由绿变红

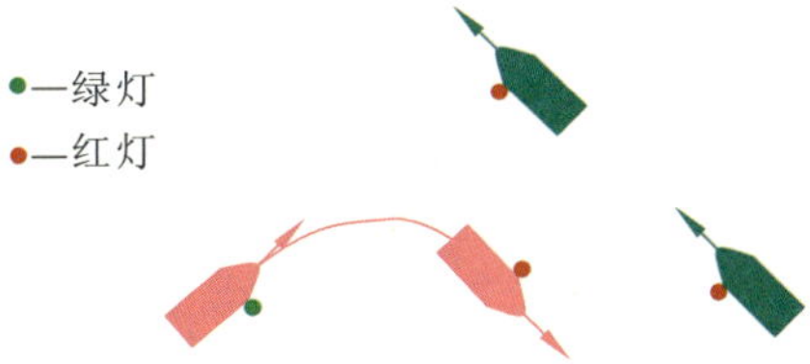

图 4-12　右转使对方看到本船的舷灯由绿变红

(2)他船用雷达观测

他船用雷达观测本船的动态有明显的变化,即相对运动线方向发生明显的变化,如图 4-13、图 4-14 所示。

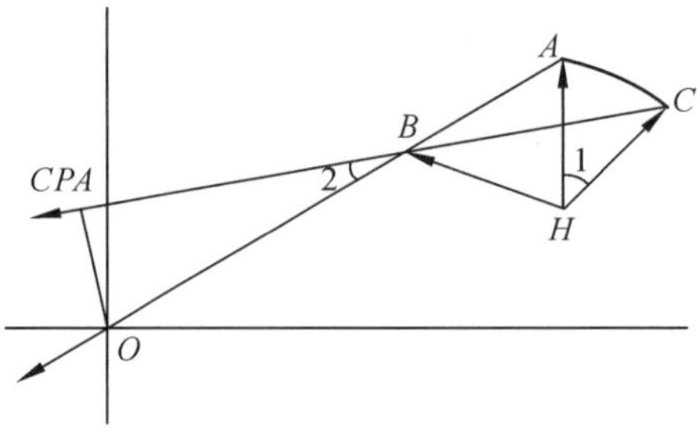

图 4-13　本船大幅度转向时对方用雷达观测的效果

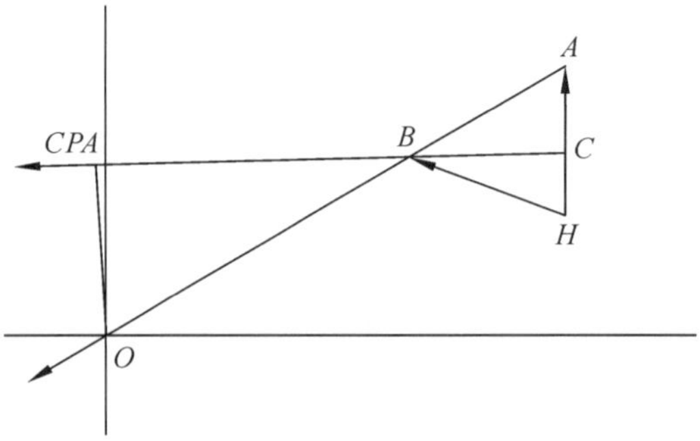

图 4-14　本船大幅度减速时对方用雷达观测的效果

(3)"大幅度"的量化概念

一般的,"大幅度"在数值上的要求为:船舶转向 30°及以上和(或)减速至原航速的一半及以上,能见度不良时甚至达到转向 60°～90°。衡量"大幅度"的另一标准为一次行动即能在安全距离上驶过。

4.避免一连串小改变

《规则》要求,在行动时应避免对航向和(或)航速作一连串的小改变。因为一连串的小改变既不满足"大幅度"的要求,也不利于他船对本船行动的判断,其危害具体体现在:

(1)不易被他船用视觉或雷达观测到;

(2)不利于他船了解本船的意图;

(3)易导致两船行动不协调;

(4)延误时机,无助于迅速增大 $DCPA$。

5."大幅度"行动的适用对象

"大幅度"行动要求适用于让路船、直航船和同等避让责任船。

四、宽裕的避让

本条 3 款规定,如有足够的水域,则单用转向可能是避免紧迫局面最有效的行动,只要这种行动是及时的、大幅度的并且不致造成另一紧迫局面。

1.单用转向行动的条件

(1)先决条件:有足够的水域。

(2)其他条件:行动是及时的、大幅度的、不致造成另一紧迫局面。

没有足够的水域，则单用转向的方法来避让他船是受到水域条件限制的，也无法实施转向行动，因此，具有足够的水域是单用转向行动的先决条件。

在具有足够的旋回水域的条件下，转向行动也必须满足及时的 、大幅度的要求，否则转向避让效果将会受到明显的影响。另外，一船的转向行动还须考虑对周围其他船舶带来的影响，不应造成另一紧迫局面。如，一船为避让位于其右前方的交叉相遇的来船而采取大幅度向右转向的避让措施，虽然该行动是在“足够的水域”进行，而且是及时的、大幅度的，就其避让效果来说能实现与右前方来船安全避让，但该船的向右转向行动可能会对位于其右后方的同向同速航行的第三者产生碰撞危险，从而导致另一紧迫局面。

2. 单用转向的效果

通常，在环境条件许可时，转向是船舶避让的最常用的方法，也是驾驶员首选的方法，转向避让的效果比较明显。转向与变速的效果比较如表 4-3 所示。

表 4-3　转向与变速行动的比较

	转 向	变 速
执行任务	简单	复杂（如不备车则无法或难以执行）
所需时间	短	慢车、停车所需时间长
效 果	迅速增大 *DCPA*	*DCPA* 变化不明显，但 *TCPA* 通常变大
适用水域	开阔水域	受限水域

3. 单用转向行动可能是避免紧迫局面最有效的行动

单用转向的行动通常是避免紧迫局面最有效的行动，但在受限水域，则单用转向并非是最有效的行动，相反，减速行动通常是避免紧迫局面最有效的行动。

另外，就转向行动而言，即便是在开阔水域，其转向角度与会遇局面有一定的关系，即在某种特定的会遇局面下，不同的转向角度会产生不同的避让效果，当转向角度达到一定值后，其转向避让的效果反而变差，即 *DCPA* 反而逐渐变小了，甚至新的 *DCPA* 与初始 *DCPA* 相比较完全不变。关于这个问题，在雷达避碰的“转向不变线”中有详细的阐述。因此，单用转向的行动只能说是“可能是”避免紧迫局面最有效的行动，而不是“一定是”。

五、驶过让清

本条 4 款规定，为避免碰撞而采取的行动，应能导致在安全距离上驶过。应细心查核避让行动的有效性，直到最后驶过让清他船为止。

1. 安全距离

《规则》并未给“安全距离”（Safe Distance）作出明确的定义，安全距离的大小应根据船舶所处环境条件和其他具体情况来确定。一般认为，在大海上，能见度良好的白天，万吨级船舶的 *DCPA* 不应小于 1n mile，在夜间或风浪天气时 *DCPA* 为 2n mile；在能见度不良的水域使用雷达进行避碰时，万吨级船舶的 *DCPA* 应达到 2n mile，在受限水域，安全距离的数值可以适当减小。上述数据仅作为基本参考，在海上实践中，安全距离的确定至少应考虑下列因素：

（1）能见度情况；

(2)可航水域的宽度与交通密度；

(3)本船与他船的尺度、速度和操纵性能；

(4)来船的相对航向、航速、方位；

(5)他船可能采取的行动；

(6)海况、天气条件；

(7)雷达等助航设施的性能、特性和效率；

(8)航行危险物的情况。

2.负有“应导致在安全的距离上驶过”责任和义务的船舶

“应导致在安全的距离上驶过”的要求适用于让路船和同等责任船，但不适用于直航船。

应注意的是，同等责任船在行动时应达到单方面行动就能导致在安全距离上驶过，而不应理解为双方各自承担一半行动责任。

3.查核行动的有效性

一船采取避让行动后，应查核避让行动的有效性，不应将“试操船”“预求效果”等的结果视为实际避让效果，原因之一是实际 *DCPA* 往往比“预求”的 *DCPA* 小，其次，他船可能在同一时间或稍后时间内采取行动，若行动不协调，则两船实际避让效果将会部分抵消甚至完全抵消，因此，应重视“查核”工作。

(1)查核的内容至少包括：

①是否按《规则》的要求行动；

②是否满足大幅度要求；

③相对运动线的旋转方向是否为“预定”方向；

④能否导致在安全距离上驶过。

(2)查核避让行动有效性的方法与要求：

①根据当时会遇局面、能见度情况和所适用的规则，确定本船的行动是否符合《规则》规定；

②用适合当时环境和情况的一切可用手段来测定 *DCPA*；

③及时查核命令的执行情况及相关仪表的指示情况；

④仔细观察来船动态，若对方采取了不协调的行动，本船应及时采取进一步的措施；

⑤尽可能使用 VHF 沟通，必要时向 VTS 申请协助；

⑥在整个避让过程中不间断地查核其有效性，直到最后驶过让清他船为止。

(3)驶过让清

“驶过让清”通常指一船或两船在采取避让行动后的一定时间内恢复原航向、原航速，两船仍能保持在安全距离上驶过，且不存在任何的碰撞危险。此时，让路船能无阻碍地在安全距离上驶过，不论由于何种原因，即使直航船采取其他行动时也不会再次形成紧迫局面。

(4)“查核避让行动有效性”的适用对象

“查核避让行动有效性”适用于让路船、直航船和同等责任船，即致有构成碰撞危险的两船。

六、减速、停车或倒车把船停住

本条 5 款规定，如需避免碰撞或须留有更多时间来估计局面，船舶应当减速或者停止或倒转推进器把船停住。

1. 减速、停车、倒车的目的

船舶减速、停车、倒车的目的是为了：

(1)留有更多的时间来估计局面；

(2)避免碰撞的发生。

2. 调整航速的时机

在下列情况下，通常应减速或把船停住：

(1)能见度不良，除已判定不存在碰撞危险外，当听到他船的雾号显似在本船正横之前，或与正横前的来船不能避免紧迫局面时；

(2)近距离看到他船，由于能见度不良，以至于无法判定他船的航向；

(3)交通密度大的水域，前方航路情况不明；

(4)富余水深不足时；

(5)狭水道或航道，被追越船同意他船追越时；

(6)狭水道或航道，特别是驶近被居间障碍物遮蔽他船的狭水道或航道；

(7)让路船单凭转向行动不能避免碰撞时；

(8)对他船的信号、行动有怀疑时；

(9)他船声号的含义不明或不同意他船声号，或听到相反的行动声号时；

(10)为避免紧迫危险时；

(11)航经显示缓速信号的船舶、船坞、码头等；

(12)多船相遇致有构成碰撞危险时；

(13)驶进浅水区域时；

(14)背景光亮严重影响瞭望时；

(15)虽然用 VHF 沟通了避让意图，但对方未采取明显的行动时；

(16)其他需要考虑的情况。

3. 关于增速

虽然"变速"一词包括了增速，且从安全航速角度看，在某些情况下增速也并不违反安全航速的规定，但《规则》始终未直接提及增速，因为在多数情况下，增速带来的危险性较大，一是 *TCPA* 减小，会遇提前或变紧迫；二是在没有备车的情况下，不可能迅速实施增速，且船舶在正常航行时增速空间往往有限。

七、"不应妨碍"条款

1. "不应妨碍"的含义

不应妨碍可以理解为：

(1)由于他船的存在，以至于一船无法安全通行或根本无法通行，即可认为他船已经妨碍了该船；

(2)一船驶离所驶航向能力严重受限，与另一船(不受限)相遇，双方保向保速，将可能导致碰撞危险，则认为后者妨碍了前者。

2.“不应妨碍他船的船舶”的行动要求

本款 1 项规定，根据本规则任何规定，要求不应妨碍另一船通行或安全通行的船舶应根据当时环境的需要及早地采取行动以留出足够的水域供其他船舶安全通行。此条款的要求表明，一艘“不应妨碍他船的船舶”应：

(1)以不与他船发生碰撞危险的方法航行；

(2)及早地采取行动以留出足够的水域供其他船舶安全通行。

应注意的是，一艘“不应妨碍他船的船舶”应以不与他船发生碰撞危险的方法航行，而不是以与他船不致构成紧迫局面的方法航行，否则，事实上已经妨碍了他船。

3.“不应妨碍”条款的适用对象

在《规则》中涉及“不应妨碍”规定的条款有：第九条的 2、3 款、第十条的 9、10 款、第十八条的 4 款。

应注意的是，对于第十八条的 5、6 款，虽然出现了“避免妨碍”一词，但一般认为，该词并非《规则》第八条 6 款中所指的“不应妨碍”，因为第十八条中的水上飞机、地效船“避免妨碍”的是他船的“航行”(navigation)而不是“通行”(passage)或“安全通行”(safe passage)；关于第九条 4 款“穿越狭水道条款”中出现的“妨碍”一词，有学者认为此处的规定不适于“不应妨碍”条款，因为该条款所规定的是，如果穿越船的穿越行为会妨碍只能在狭水道或航道以内安全航行的船舶的通行，其义务不是留出足够水域供他船通行或者安全通行，而是不得穿越狭水道或航道。

4.“不应妨碍”条款的适用能见度

“不应妨碍”条款被写进“任何能见度情况下的行动规则”，总体上适用于“任何能见度”，但第十八条 4 款关于“除失去控制的船舶或操纵能力受到限制的船舶外，任何船舶，如当时环境许可，应避免妨碍显示第二十八条信号的限于吃水的船舶的安全通行”这一规定显然以“看到”限于吃水的船舶的号灯为前提，因此，该条款中的“不应妨碍”仅适用于互见。

5.“不应妨碍船”与“不应被妨碍船”的责任

本款 2 项和 3 项规定，如果在接近其他船舶致有构成碰撞危险时，被要求不应妨碍另一船舶通行或安全通行的船舶并不解除这一责任，且当采取行动时，应充分考虑到本章各条可能要求的行动。当两船相互接近致有构成碰撞危险时，其通行不得被妨碍的船舶仍有完全遵守本章各条规定的责任。

上述规定表明，由于种种原因，事实上产生了碰撞危险，则在碰撞危险产生后“不应妨碍船”与“不应被妨碍船”应完全遵照《规则》第二章“驾驶和航行规则”的规定来确定避让关系。即：

(1)碰撞危险产生后，“不应妨碍船”仍然不应妨碍他船，但“不应妨碍船”可能是让路船，也可能是直航船，或双方都为同等责任船；

(2)碰撞危险产生后，“不应被妨碍船”仍然不应被妨碍，但“不应被妨碍船”可能是让路船，也可能是直航船，或双方都是同等责任船。

《规则》尤其强调或提醒的是，一艘“不应被妨碍船”当被指定为让路船或同等责任船时，其处境往往比较困难，因此，应特别谨慎地驾驶。同时，该条款也强调了“不应妨碍船”与“让路船”不应视为等同关系。

案例分析

1994 年 8 月 17 日 2054 时，“虹桥”轮与“红旗 205”轮在成山头北部水域(概位 37°41′.2N、122°34′.2E)处发生碰撞，造成“虹桥”轮尾部被切掉，其船长、轮机长及 1 名机工失踪、大副重伤，“红旗 205”轮首部严重损坏的事故，两船碰撞过程如图 4-15 所示。

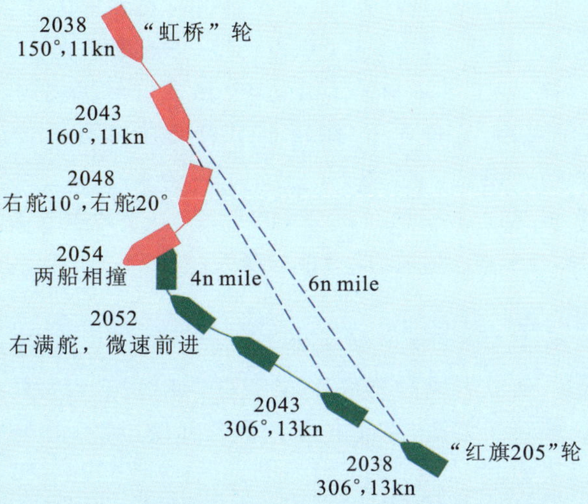

图 4-15　“虹桥”轮与“红旗 205”轮碰撞过程示意图

1. 船舶概况

“虹桥”轮：

船名：虹桥；种类：散货船；总长：101.2m；型宽：15.7m；型深：8.0m；总吨：2990；装载情况：4173t 玉米和麦麸；首吃水：6.0m；尾吃水：6.2m。

“红旗 205”轮

船名：红旗 205；种类：散货船；总长：163m；型宽：22m；型深：13m；总吨：12382；装载情况：空载；首吃水：4.72m；尾吃水：4.72m。

2. 事故经过

“虹桥”轮：

2038 时，“虹桥”轮航向 150°，航速 11kn，三副用雷达观测到左前方 5°，距离约 6n mile 的“红旗 205”轮，并判断为同向船，此时船舶前方 2n mile 处出现轻雾，船舶改用手操舵；2043 时，两船相距 4n mile，“红旗 205”轮位于本船左舷 10°左右，船舶向右转向至 160°；2048 时，两船相距 2n mile，船舶进入雾区，能见距离小于 1n mile，三副令右舵 10°和右舵 20°，并鸣笛一长声，航向 206°时，正舵；2052 时，两船相距 0.8n mile，三副连续下令右舵 10°、右舵 20°和右满舵；2054 时，两船相撞。

“红旗 205”轮：

2030 时，“红旗 205” 轮航向 306°，航速 13kn，此时发现前方两个回波，因距离较远，没有继续观察；2048 时，船舶进入雾区，三副叫船长上驾驶台；2049 时，减速至前进三；2052 时，两船相距 0.8n mile，船长发现“虹桥”轮桅灯，即令右满舵、微速前进；2054 时，“红旗 205”轮船首与“虹桥”轮左舷尾部成约 35°夹角相撞。

3. 事故分析

“虹桥”轮：

(1)该船在没有确定是否与来船存在碰撞危险的情况下，没有采取减速、停车或倒车把船停住以判断是否存在碰撞危险，并在错误的判断下进行了一连串的小变向，且没有核查避让行动的有效性，违反了《规则》第八条和第十九条的规定。

(2)雾航时，“虹桥”轮没有正确使用雷达，包括没有对探测到的目标进行雷达标绘或与其相当的系统观测，盲目作出“红旗 205”轮为同向船的错误判断，违反了《规则》第五条和第七条的规定。

(3)“虹桥”轮在能见度不良的情况下，仍采用 11kn 的航速航行，没有采取任何减速措施，直到碰撞，违反了《规则》第六条的规定。

“红旗 205”轮：

(1)“红旗 205”轮很晚才真正发现来船，在相距 0.8n mile 时才采取大幅度减速和右满舵的避让措施，避让行动过于迟缓，违反了《规则》第八条的规定。

(2)该船没有正确使用雷达，也没有进行雷达标绘，对局面和碰撞危险没有作出充分的估计，一直没有掌握“虹桥”轮的航行动态，违反了《规则》第七条的规定。

(3)该船一直未按《规则》鸣放雾号，违反《规则》第三十五条的规定。

4. 事故教训

(1)当发现他船目标后，应对其进行认真系统的观测并对其动态作出准确的判断，尽早测得 *DCPA* 和 *TCPA*。如需转向避让，应是及早的和大幅度的，以便对方观测到本船的运动变化，从而采取相应的、协调的避让措施。

(2)雾航时，应加强瞭望，除用视觉、听觉外，还要凭借助航设备，使用 VHF、雷达等及时对局面和碰撞危险作出充分的估计；同时，对本船助航设备的性能和局限性应有足够的了解，以免得出错误的判断。

思考题

1. 试述积极的，并及早地采取避碰行动的含义。
2. “积极的，并及早地采取避碰行动”适用于哪些船舶？
3. 大幅度行动的含义及标准是什么？
4. 试述紧迫局面和紧迫危险的含义。
5. 试述核查避碰行动有效性的意义和核查方法。
6. 船舶在哪些情况下应当减速或者停止推进器或者倒车把船停住？
7. 试述“不应妨碍”的含义。
8. 查核避让行动的有效性的要求适用于哪些船舶？
9. 试述“不应妨碍”与“不应被妨碍”的船舶在构成碰撞危险的前、后各应如何行动。

第六节　狭水道
Narrow Channels

第九条　狭水道

1. 沿狭水道或航道行驶的船舶，只要安全可行，应尽量靠近本船右舷的该水道或航道的外缘行驶。

2. 帆船或者长度小于 20m 的船舶，不应妨碍只能在狭水道或航道以内安全航行的船舶通行。

3. 从事捕鱼的船舶，不应妨碍任何其他在狭水道或航道以内航行的船舶通行。

4. 船舶不应穿越狭水道或航道，如果这种穿越会妨碍只能在这种水道或航道以内安全航行的船舶通行。后者若对穿越船的意图有怀疑，可以使用第三十四条 4 款规定的声号。

5.（1）在狭水道或航道内，如只有在被追越船必须采取行动以允许安全通过才能追越时，则企图追越的船，应鸣放第三十四条 3 款（1）项所规定的相应声号，以表示其意图。被追越船如果同意，应鸣放第三十四条 3 款（2）项所规定的相应声号，并采取使之能安全通过的措施。如有怀疑，则可以鸣放第三十四条 4 款所规定的声号。

（2）本条并不解除追越船根据第十三条所负的义务。

6. 船舶在驶近可能有其他船舶被居间障碍物遮蔽的狭水道或航道的弯头或地段时，应特别机警和谨慎地驾驶，并鸣放第三十四条 5 款规定的相应声号。

7. 任何船舶，如当时环境许可，都应避免在狭水道内锚泊。

一、适用范围

《规则》对狭水道或航道没有明确的定义，狭水道一般指可航水域宽度有限，致使船舶不能自由操纵的天然水道，其宽度不确定；航道一般指开敞水域中供船舶航行或经疏浚后供船舶航行的水道。

除条文另有规定之外，《规则》第九条总体上适用于任何能见度。另有规定的条文有：5 款的追越声号仅适用于互见；6 款适用于能见度良好但不互见，而不适用于能见度不良的情况。

在狭水道或航道，往往制定有特殊规则，也有可能制定有分道通航制，船舶在狭水道或航道内航行时，不但应遵守“狭水道”条款，还应遵守特殊规则，当狭水道或航道内制定有分道通航制时，不管该分道通航制是否被 IMO 采纳，分道通航制规定应首先适用。

本条适用于任何船舶。

二、航行方法

1.“靠右航行”

本条 1 款规定，船舶沿狭水道或航道行驶时，只要安全可行，应尽量靠近本船右舷的该水道或航道的外缘行驶，船员习惯称之为“靠右航行”。

“只要安全可行”是“靠右航行”的前提条件，通常是指在狭水道或航道航行的船舶，在遵守本款规定时，船舶自身不应发生任何航行危险，如搁浅、触岸、浅水效应、岸推岸吸或造成船舶频繁转向等。

尽量“靠右航行”表示船舶应根据吃水大小确定“适于自己的航路”，因此，吃水较小的船舶不应占据深水水域。如图 4-16 所示。

本条规定的“靠右航行”不仅指在有相反方向的来船时才“靠右”，即使无相反方向的来船，船舶也应自觉遵守《规则》尽量“靠右航行”。

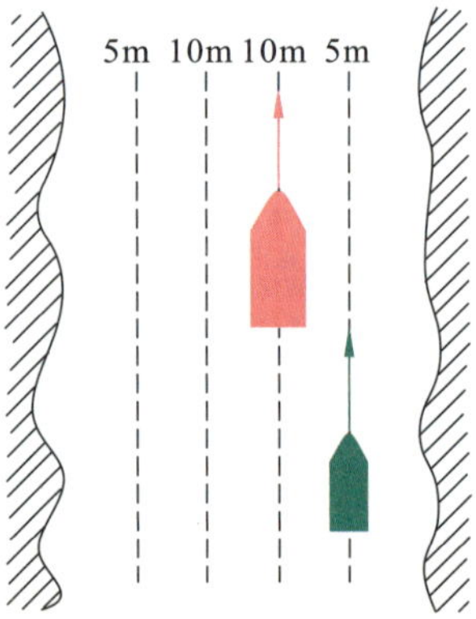

图 4-16　“靠右”行驶示意图

2.“靠右航行”应考虑的因素

船舶应综合考虑各种条件，以确定“靠右”的“程度”，考虑的因素至少有：

(1)狭水道或航道的地形、地貌、水深、水宽、水流、风向、障碍物及能见度情况等；

(2)水域交通条件：交通密度、交通管制、地方船舶活动规律等；

(3)船舶自身条件：船舶操纵性能、船长、船宽、吃水、装载情况等；

(4)船舶设备情况：雷达、号笛、信号、车、舵、锚等的性能及使用情况。

船舶在过弯曲航道航行时应注意不要过分靠近凹岸，以防止水流的推压而触岸，同时，适当保持在航道的中央航行，一般不认为是没有遵守“靠右航行”的原则，而是一种良好船艺表现。

三、不应妨碍

本条 2 款和 3 款规定，帆船或者长度小于 20m 的船舶，不应妨碍只能在狭水道或航道以内安全航行的船舶通行；从事捕鱼的船舶，不应妨碍任何其他在狭水道或航道以内航行的船舶通行。

上述规定明确了船舶在狭水道或航道航行时“不应妨碍”的主体和“不应被妨碍”的对象，被《规则》指定为“不应妨碍”和“不应被妨碍”的船舶，应完全遵守《规则》第八条 6 款的规定和要求。

“只能在狭水道或航道内安全航行的船舶”通常是指由于吃水与可航水域的水深和宽度

的关系而致使其驶离所驶航向的能力严重受到限制的船舶。此类船舶不但包括机动船，也包括帆船，“限于吃水的船舶”是其中之一。

一艘船长超过 20m 的船舶，如按《规则》规定，则并不存在“不应妨碍”的要求，但按良好船艺的要求，如该船本身并不属于“只能在狭水道或航道内安全航行的船舶”，则该船应做到避免妨碍只能在狭水道或航道内安全航行的船舶的通行。

《规则》虽然并未禁止从事捕鱼的船舶在狭水道或航道内捕鱼，但应做到不应妨碍任何其他在狭水道或航道内航行的船舶的通行，为此，从事捕鱼的船应注意捕鱼方式、所使用的渔具和航行方法等，承担“不应妨碍”的责任和义务，如图 4-17 所示。同属于从事捕鱼的船舶在狭水道或航道内捕鱼，则双方不存在“不应妨碍”的关系。

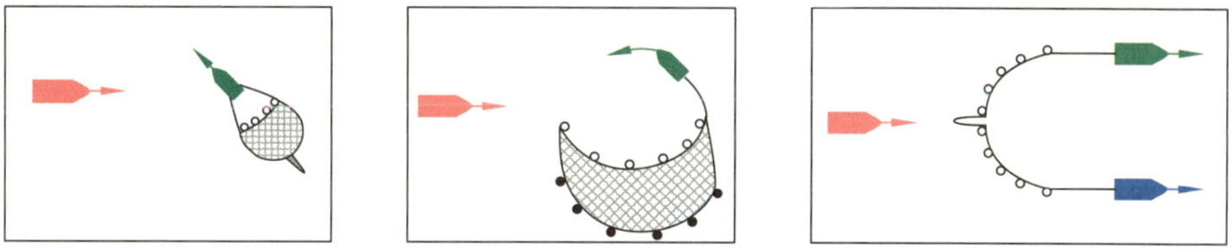

图 4-17　会妨碍其他船舶通行的捕鱼方式

四、穿越狭水道或航道

本条 4 款规定，船舶不应穿越狭水道或航道，如果这种穿越会妨碍只能在这种水道或航道以内安全航行的船舶通行。若对穿越船的意图有怀疑，则可以使用“怀疑”声号。

在任何能见度情况下，船舶可以穿越狭水道或航道，但有条件限制，即如果其穿越行动会妨碍只能在狭水道或航道以内安全航行的船舶通行，则不应穿越；若穿越行为不会对只能在狭水道或航道以内安全航行的船舶通行构成妨碍，则可以穿越。穿越的各种情形如图 4-18所示。

一般情况下，若穿越船对局面判断正确的话，则其穿越行为应该不致产生妨碍，也不致产生碰撞危险，然而，由于种种原因，如穿越船驾驶员事实上对当时的局面判断有误，或在穿越过程中受第三者的影响，可能发生实际的碰撞危险。当 “穿越船”与“只能在狭水道或航道以内安全航行的船舶” 有碰撞危险时，应按第二章驾驶和航行规则有关各条款确定避让关系，即穿越船可能是让路船，也可能是直航船。

应注意的是，帆船、从事捕鱼船穿越航道且存在碰撞危险时，在航道内的只能在狭水道或航道以内安全航行的机动船为让路船（按《规则》第十八条规定）。若一机动船从只能在狭水道或航道以内安全航行的机动船的右侧向左侧穿越，则航道内的机动船为让路船（按《规则》第十五条规定）。事实上，只能在狭水道或航道以内安全航行的船舶转向避让较为困难，因此，此类船舶应特别注意其船舶条件限制。

会妨碍“只能在狭水道或航道以内安全航行的船舶”的穿越是很危险的。在互见中，当对穿越船意图有怀疑时，可以使用至少短而急的五短声以示警告或提醒穿越船。

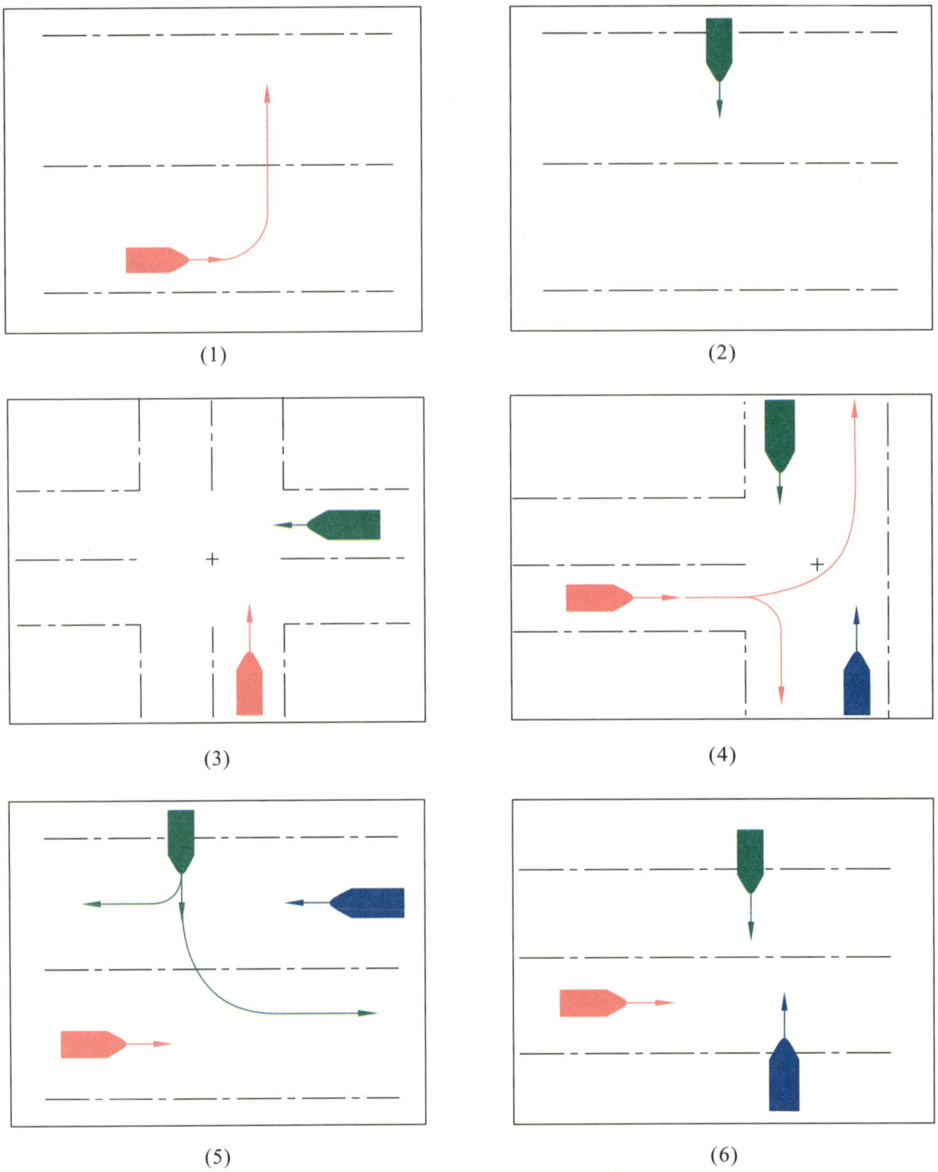

图 4-18　穿越狭水道的各种情形

五、在狭水道或航道内追越

关于在狭水道或航道内追越时使用的声号，在前述《规则》第三十四条已有解释。但应该注意的是，追越声号仅适用于互见中。结合狭水道的航行环境特征，追越时应注意：

1. *在狭水道或航道内追越时的声号使用*

(1)当只有在前船配合行动才能安全追越时，则鸣放声号；如不需要前船配合即可独自安全追越，则不鸣放声号。

(2)前船若同意后船追越，则应积极配合，并运用良好船艺。

(3)前船若不同意追越，则鸣放至少短而急的五短声怀疑声号。

(4)有必要时应注意使用 VHF 联系。

应注意的是，当后船发出追越信号后，前船必须回答同意或不同意的声号。前船若不予回答任何声号，则当发生碰撞事故后，将会被指责为违反规则关于声号鸣放的规定及瞭望不当(没有注意守听他船的声号)而负有一定的责任，而且这种做法也是违反船员职业道德的。

2.在狭水道或航道内追越的注意事项

在狭水道或者航道中，由于水域狭窄、水深受限，同时追越过程中两船的相对速度小、持续的时间较长，易发生岸壁效应、浅水效应、船间效应等情况。因此，无论是否需要被追越船采取行动，在狭水道或者航道内追越应当注意以下几点：

(1)船舶不宜在能见度不良时、交通密度较大的地段、航道弯曲地段等不适于追越的环境和情况下追越。

(2)船舶在追越时，注意保持两船航向平行，尽可能保持足够的横距，以防止船吸现象发生。

(3)追越过程中，密切注意被追越船的动态，对被追越船可能采取的行动保持高度戒备。

(4)大船追越小船，当大船接近小船船尾时，容易使小船出现内转而横在大船前方；当两船船长较为接近，两船接近平行时，两船容易出现船吸现象。

(5)一旦可能出现明显的船间效应而存在碰撞危险时，追越船应当减速、停车或者倒车，并用相应的舵角抑制偏转，必要时抛锚制速。

(6)狭水道或航道内追越，按良好船艺或海员通常做法，应在前船的左舷追越。

(7)前后两船均应按《规则》第十三条要求行动，在追越过程中，追越船为让路船，应承担避让责任。

(8)注意与我国内河避碰规则的区别，在内河水域，只要追越他船，追越船都必须鸣放追越声号。

六、驶近弯道或地段

本条 6 款规定，船舶在驶近可能有其他船舶被居间障碍物遮蔽的狭水道或航道的弯头或地段时，应特别机警和谨慎地驾驶，并应鸣放第三十四条 5 款所规定的相应声号。

本款虽然被编入“任何能见度情况下的行动规则”，但其适用条件为能见度良好不互见。

“特别机警和谨慎地驾驶”表示该船应加强瞭望、注意使用安全航速，注意当时的环境条件限制。具体地说：

(1)严格遵守瞭望、安全航速规定等。

(2)注意运用良好的船艺。

(3)保持高度的戒备，以防特殊或意外情况发生。

(4)主机做好随时操纵的准备，备妥双锚。

(5)按规定鸣放声号：一长声；回答：一长声。

应注意的是，在弯曲的狭水道或航道内各自“靠右”航行的船舶，两船的会遇局面在表象上与“交叉相遇”类似，但此种会遇局面并非《规则》第十五条所指的“交叉相遇局面”，而仅适用“狭水道条款”。

七、关于狭水道内锚泊的规定

本条 7 款规定，任何船舶，如当时环境许可，都应避免在狭水道内锚泊。

本款适用于任何船舶，在当时环境（本船条件、外界条件）允许的前提下，应避免在狭水道内锚泊。在特殊或紧急情况下为避免紧迫危险可以锚泊，如浓雾中雷达不能正常使用时可以在狭水道内锚泊，但为避免紧迫局面则不应在狭水道内锚泊。当一船在狭水道内锚泊时，应注意及时通报本船的动态，加强与周围有关船舶之间的联系，报告 VTS 并采取进一步的措施。

案例分析

1999 年 3 月 24 日 0226 时，“东海 209”轮与“闽燃供 2”轮在广州港伶仃水道 7＃、8＃浮标附近水域发生碰撞，碰撞过程如图 4-19 所示。

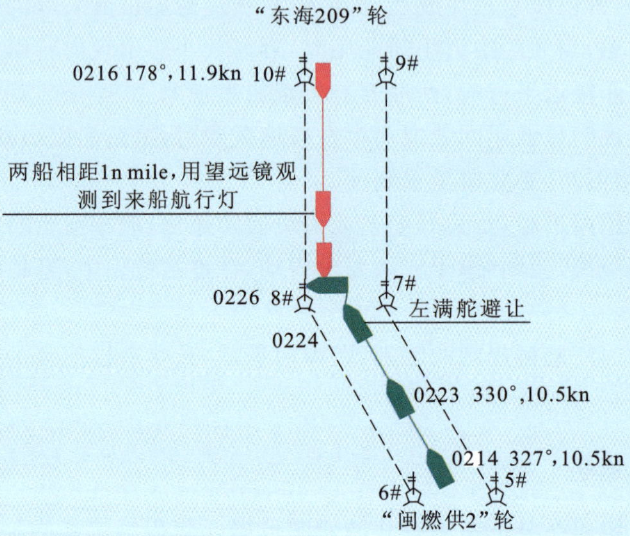

图 4-19　“东海 209”轮与“闽燃供 2”轮碰撞过程示意图

1. 船舶概况

“闽燃供 2”轮：

船名：闽燃供 2；种类：油船；总长：59. 10m；型宽：9. 60m；型深：4. 60m；总吨：497；装载情况：180＃燃料油 1032t；首吃水：4. 00m；尾吃水：4. 40m。

“东海 209”轮：

船名：东海 209；种类：油船；总长：99. 77m；型宽：5. 00m；型深：7. 80m；总吨：2965；装载情况：空载；首吃水：2. 80m；尾吃水：4. 40m。

2. 事故经过

“闽燃供 2”轮：

3 月 24 日 0205 时，右舷过 3＃浮标，航向 330°，航速 11kn，驾驶台两台雷达分别置于1.5n mile和 3n mile 挡，能见度 2～3n mile；0214 时，过 5＃、6＃浮标，航向327°，航速10.5kn；0223 时，航向 330°，航速 10.5kn，拟在 7＃、8＃浮标处向右转向至353°，雷达右前方发现“东海 209”轮回波；0224 时，观察到来船左舷舷灯和前桅灯，即令停车、倒车，左满舵；0226 时，两船相撞。

“东海 209”轮：

0216 时，船舶过 10＃浮标，此时能见距离小于 1n mile，航向 178°，航速 11.9kn，之后在雷达上发现 5＃～7＃浮标之间的进港船“闽燃供 2”轮，距离约 3n mile；0223 时，通过 VHF 9 频道呼叫来船，但没有应答，本轮继续保速保向航行；两船距离 1n mile 时，船长发现来船显示绿舷灯、前后桅灯，推断该轮到 7＃、8＃浮标后向右转向顺航道航行；之后两船继续逼近，船长发现来船过 7＃、8＃浮标后向左转向，本轮即采取向左转向、倒车、正舵；0226 时，“东海 209”轮以接近 90°角插入“闽燃供 2”轮右舷中部 2、3 号舱。

3. 事故分析

“闽燃供 2”轮：

(1)该船在狭水道航行时，未能尽量靠近本船右舷的该水道的外缘行驶，在两轮逼近时采取向左转向措施，违反了《规则》第九条的规定。

(2)雾中狭水道航行时，没有使用安全航速，直到碰撞前两分钟，一直全速航行，以致不能及时采取适当、有效的避碰行动，违反了《规则》第六条的规定。

(3)在航道转弯处会船，致使未能采取有效协调的避让行动，违反了《黄埔港船舶安全航行规定》第十一条的规定。

“东海 209”轮：

(1)在近距离发现来船后，“东海 209”轮仍保向保速，并错误推断来船向右转向行驶，未能正确判断局面并及早采取避让行动，违反了《规则》第七条的规定。

(2)雾中在狭水道航行时，没有使用安全航速，以致未能采取适当和有效的避让行动，违反了《规则》第六条的规定。

(3)在航道转弯处附近会船，未能采取措施等待顺水船“闽燃供 2”轮先行通过，违反了《黄埔港船舶安全航行规定》第十一条的规定。

4. 事故教训

(1)船舶航行时，尤其在雾中狭水道行驶时，应加强瞭望，使用安全航速，必要时抛锚停航；船长应恪尽职责指挥航行，确保船舶航行安全。

(2)船舶在任何时候都应遵守《规则》的相关规定，运用良好船艺谨慎驾驶船舶；同时，还应注意遵守所在港口的其他相关规定。

思考题

1. 狭水道或航道的含义是什么？
2. 如何理解"应尽量靠近本船右舷的该水道或航道的外缘行驶"的含义？
3. 在狭水道或航道中，"不应妨碍"的要求适用于哪些船舶？
4. 在狭水道中航行，鸣放追越声号的条件是什么？
5. 船舶在狭水道或航道中追越时，应当注意哪些问题？
6. 船舶在狭水道或航道的弯头附近航行时，应当注意哪些问题？
7. 船舶在狭水道内锚泊有何规定？

第七节　船舶定线制和分道通航制
Ships' Routeing and Traffic Separation Schemes

一、船舶定线制

为增进船舶交通安全，规范船舶交通秩序，首先是减少船舶会遇并减少形成碰撞危险的局面，以分道通航制为主要形式的船舶定线制的采用和发展对船舶航行安全起到了重要作用。IMO 于 1997 年提出、1985 年通过并在随后作了多次修正的《船舶定线制的一般规定(General Provisions on Ships Routeing)》，对船舶定线制的建立和使用作出了具体的规定。IMO 通过的世界各地水域的船舶定线制（主要为分道通航制以及分道通航制与其他定线措施的组合）刊登在 IMO 出版物《船舶定线制(Ships Routeing)》上。该出版物的最新版本是 1999 年第 7 版加上 2002 年的修正案。

1. 船舶定线制及其目的

船舶定线制是一条或数条航路的任何制度或定线措施，旨在减少海难事故的危险。它包括分道通航制、双向航路、推荐航线、避航区、禁锚区、沿岸通航带、环形道、警戒区及深水航路等。

制定船舶定线制的目的在于增进船舶汇聚区域和交通密集区域以及由于水域受限、存在碍航物、水深受限或气象条件较差而使得船舶的行动自由受到限制的水域中的航行安全，并防止或减少由于船舶在环境敏感区域或其附近发生碰撞、搁浅或锚泊而对海洋环境造成污染或其他损害的可能性。其具体目的包括下列各项或其中的几项：

(1)分隔相反的交通流，以减少会遇局面/态势的发生；

(2)减少穿越船与航行在已建立的通航分道内的船舶之间的碰撞危险；

(3)简化船舶汇聚区域内交通流的形式；

(4)在沿海开发或勘探集中的区域内组织安全的交通流；

(5)在对所有船舶或对某些等级的船舶航行有危险或不理想的水域中或其周围组织安全的交通流；

(6)在水深不明或水深接近吃水的区域对船舶提供特殊指导，以减少搁浅的危险；

(7)指导船舶避开渔场或组织船舶通过渔场。

此外,1995 年 IMO 大会第 A.827(19)号决议附则 3 通过的对《关于船舶定线制的一般规定》的修正案,引进了“强制定线制”的概念,其是指 IMO 根据《1974 年国际海上人命安全公约》第 V/8 条的要求,通过强制要求所有船舶、特定类型船舶或载运特定货物的船舶使用的定线制。

2. 船舶定线制种类

船舶定线制包括分道通航制、环形道、沿岸通航带、双向航路、推荐航路、推荐航线、深水航路、警戒区、避航区、禁锚区等定线措施,可根据实际需要单独或组合使用。

(1)分道通航制(Traffic Separation Schemes):通过适当方法建立通航分道,以分隔相反的交通流的一种定线措施。

(2)环形道(Roundabout):由一个分隔点或圆形分隔带和一个规定界限的环形通航分道所组成的一种定线措施。在环形通道内,通航船舶环绕分隔点或分隔带按逆时针方向航行而实现分隔。

(3)沿岸通航带(Inshore Traffic Zone):由一个指定区域构成的一种定线措施,该区域位于分道通航制向岸一侧边界与邻近海岸之间,并按照《规则》第十条 4 款规定使用。

(4)双向航路(Two-Way Route):是指在规定的界限内建立双向通航,旨在为通过航行困难或危险水域的船舶提供安全通道的一种措施。

(5)推荐航路(Recommended Route):为方便船舶通过而设置的未规定宽度的一种航路,往往以中心线浮标作为标志。

(6)推荐航线(Recommended Track):是指经过特别选择以尽可能保证无危险存在并建议船舶沿其航行的一种航路。

(7)深水航路(Deep Water Route):在规定的界限内,海底及海图上所标志的水下障碍物已经精确测量,适于深吃水船舶航行的航路。深水航路主要是预期给那些由于其吃水与有关区域的可用水深的关系而需要使用这一航路的船舶使用,在海图上标明最大吃水;浅吃水的船舶应尽量避免使用深水航路。

(8)警戒区(Precautionary Area):由一个规定界限的区域构成的一种定线措施,该区域可能有推荐的交通流方向,船舶航行时必须特别谨慎地驾驶。

(9)避航区(Area to be Avoided):由一个规定界限的区域构成的一种定线措施,在该区域内航行特别危险,或对于避免海难事故特别重要,所有船舶或某些等级的船舶应避开该区域。

(10)禁锚区(No Anchoring Area):由一个规定界限的区域构成的一种定线措施,该区域内船舶锚泊是危险的或可能对海洋环境造成无法接受的损害。除非是在船舶或人员面临紧迫危险的情况下,所有船舶包括特定类型的船舶应避免在禁锚区内锚泊。

3. 船舶定线制构成成分

一个实际采用的船舶定线制通常由下列成分构成:

(1)分隔带或分隔线(Separation Zone or Line):分隔交通流方向相反或接近相反的通航分道,或通航分道与邻近的海区,或分隔同一航向的特殊级别船舶而设定的通航分道的带或线。

(2)通航分道(Traffic Lane):在规定界限内建立单向通航的一种区域,该区域即是船舶通航的航路,其边界可以由分隔带或可能由自然碍航物构成。

(3)交通流方向(Established Direction of Traffic Flow):指示分道通航制内规定的交通运行方向的一种交通流图示,一般用实线空心箭头表示。

(4)推荐的交通流方向(Recommended Direction of Traffic Flow):在规定交通流方向不可行或不必要的地方,指示推荐交通运行方向的一种交通流图示,一般用虚线空心箭头表示。

4.航道分隔方法

为了实现船舶定线制的目的,通常采用下列方法之一或其中几种方法的组合来分隔航道。

(1)使用分隔带分隔相反的交通流或使用分隔线分隔相反的交通流,如图 4-20 所示。

(2)使用天然障碍物及地理上显著物标分隔通航航道,如图 4-21 所示。

(3)采用沿岸通航带分隔过境通航和区间通航,如图 4-22 所示。

(4)在相邻分道通航制汇聚点附近采用扇形分隔,如图 4-23 所示。

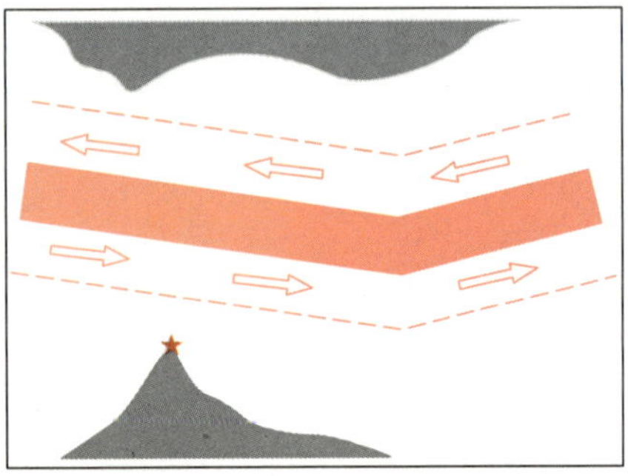

图 4-20　使用分隔带(线)分隔相反的交通流

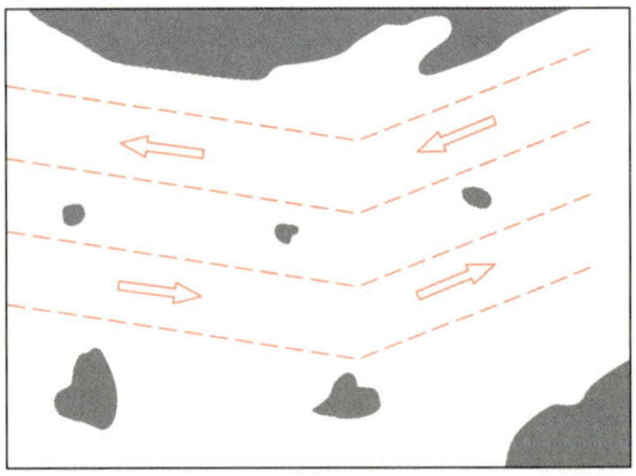

图 4-21　使用天然障碍物分隔通航航道

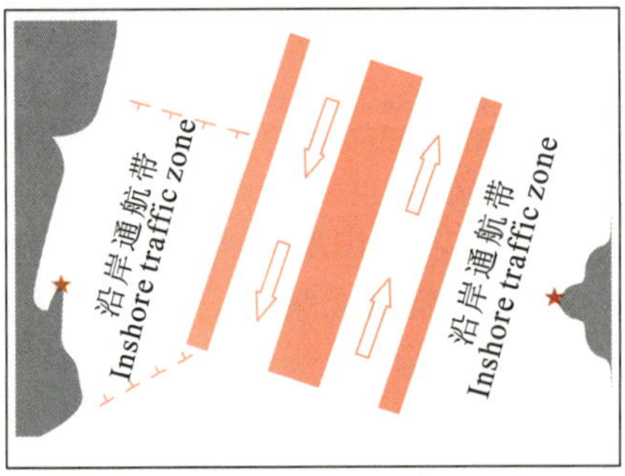

图 4-22　用沿岸通航带分隔过境通航和区间通航

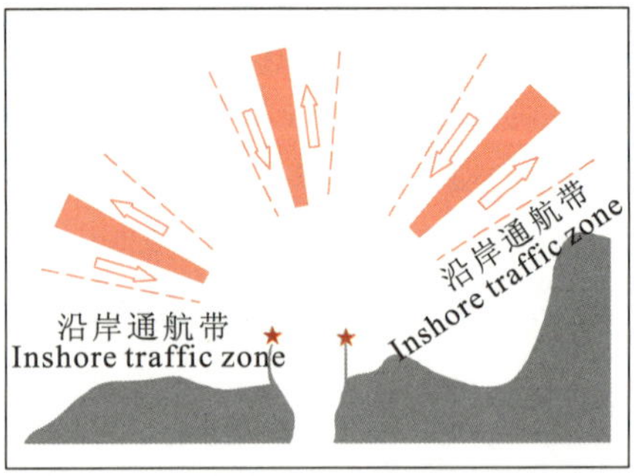

图 4-23　在汇聚点附近采用扇形分隔

(5)在分道通航制交会的汇聚点或航路连接处的航道分隔方法:

在分道通航制交会的汇聚点、航路连接处或交叉路口,可以从下列方法中选择最合适的一种分隔方法。

①环形道。如能证明需要,可用环形道引导船舶围绕一环形分隔区或一指定点逆时针方向行驶,如图 4-24 所示。

②航道连接。航道连接用于两条航路结合或交叉处。交通流的方向在相邻的分道通航

制的通航分道中确定，为强调从一个定线制行驶到另一定线制时应采用正确横越方法，分隔带可以中断，如图 4-25、图 4-26 所示，或用分隔线代替，如图 4-27 所示。

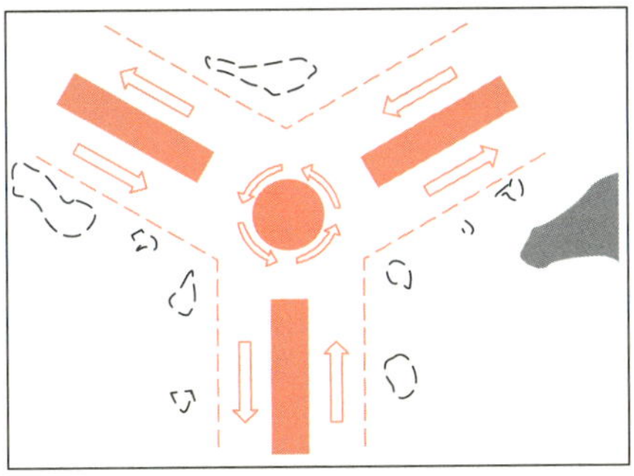
图 4-24　环形道

图 4-25　“十”字形航道连接

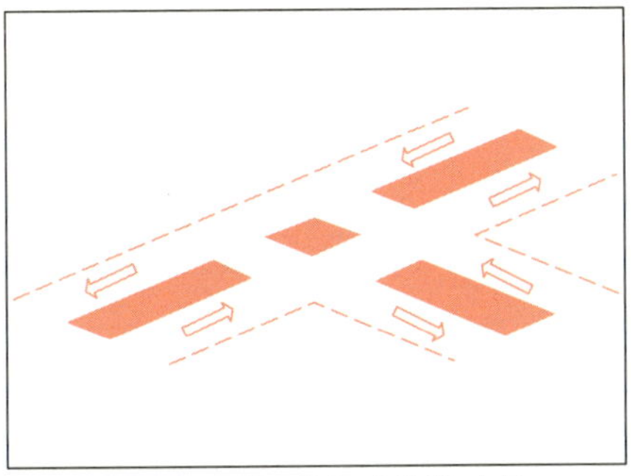
图 4-26　“丁”字形航道连接

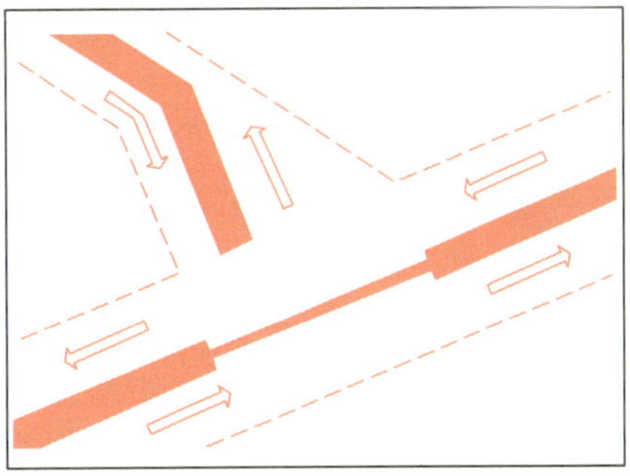
图 4-27　航道连接处用分隔线代替分隔带

③警戒区。警戒区往往设置在航路汇聚点或交通流交叉点以表明谨慎航行的必要性，也可以用于任何单一航路的终端。如图 4-28 所示为警戒区在交通汇聚点的运用，图 4-29 所示为带有环绕避航区的推荐交通流方向的警戒区。图 4-30 所示为警戒区在交通流交叉连接点的应用，在此警戒区内有推荐的交通流向。

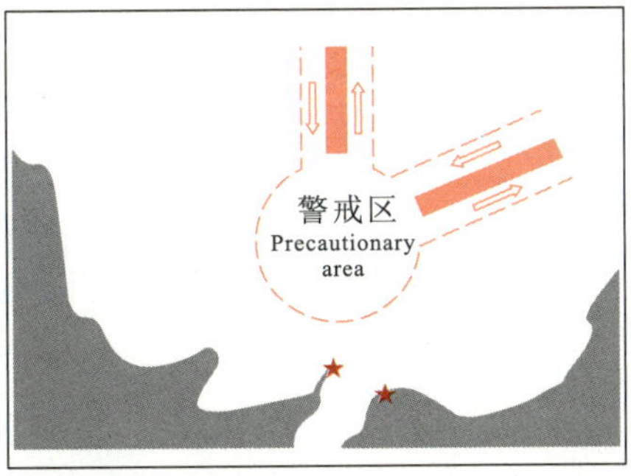

图 4-28　警戒区在交通汇聚点的应用

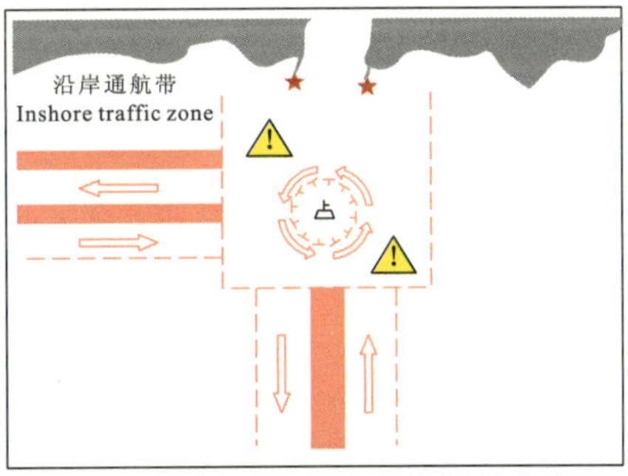

图 4-29　带有环绕避航区的推荐交通流方向的警戒区

(6)其他定线方法：

①深水航路，如图 4-31、图 4-32 所示。

②避航区，如图 4-33 所示。

图 4-30　警戒区在交通流交叉连接点的应用

图 4-31　深水航路

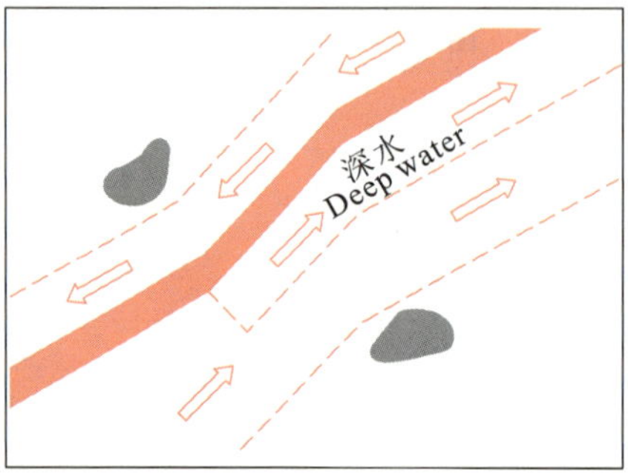

图 4-32　深水航路(二)

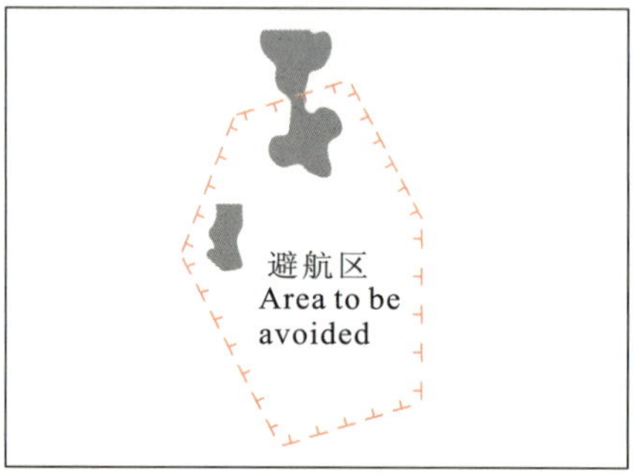

图 4-33　避航区

③推荐的交通流方向(图 4-34)、双向航路(图 4-35)、存在航行困难或危险区域的推荐航路(图 4-36)和推荐航线(图 4-37)。

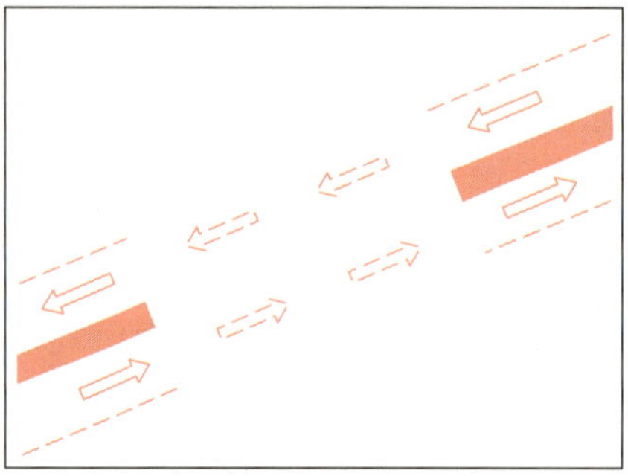

图 4-34　推荐的交通流方向

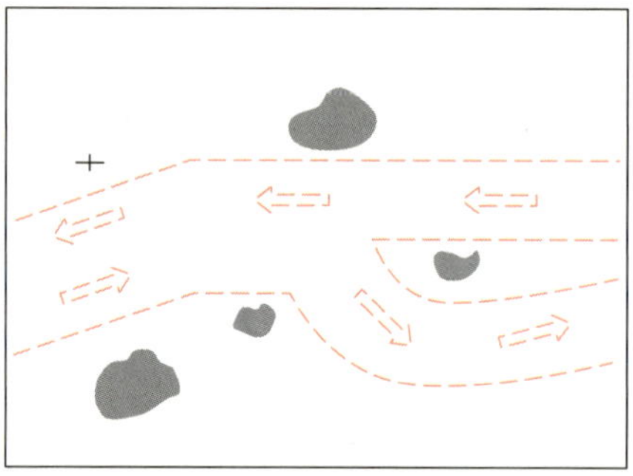

图 4-35　双向航路

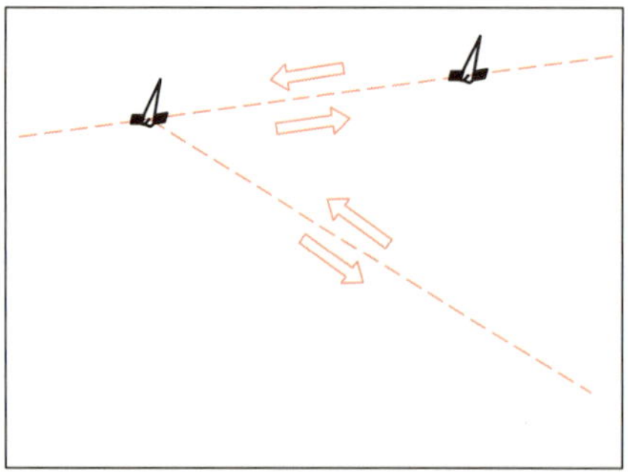

图 4-36　存在航行困难或危险区域的推荐航路

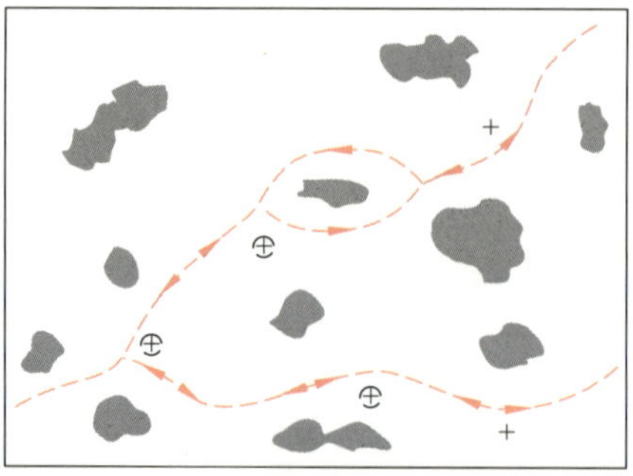

图 4-37　推荐航线

5. 船舶定线制的使用方法

IMO 制定的《船舶定线制的一般规定》第八条规定了船舶定线制的使用方法。除非另有说明，船舶定线制推荐给所有的船舶使用；而且可以强制要求所有船舶，包括某些类型的船舶或者载运特定货物或特定类型和数量燃油的船舶使用。在非冰冻区域或者在冰情轻微不需要特别操纵或破冰协助的水域，船舶应当在任何天气条件下遵守船舶定线制的规定。在使用船舶定线制时，应注意如下事项：

(1)除特殊情况外，均应当按指定的航路、规定的航行方法驾驶船舶；

(2)在 IMO 采纳的分道通航制水域或其附近航行时，应当严格遵守《规则》第十条的规定；

(3)船舶在地方主管当局制定的定线制或其附近航行时，应当严格遵守地方规则的规定；

(4)无论船舶在何种定线制或其附近航行，在避碰中并不享有任何特权，船舶仍有责任和义务遵守《规则》的各项规定，特别是《规则》第二章第二、三节的规定；

(5)航道完全分隔是不可能的，在船舶汇聚处应特别谨慎地驾驶；

(6)船舶在双向航路上应尽可能靠右行驶；

(7)当船舶不利用警戒区或进出附近港口时，应当尽可能远离该区域；

(8)海图上标明的与船舶定线制相关的箭头仅仅指示规定的或推荐的交通总流向，船舶在航道中行驶时，其航迹向应与规定的或推荐的交通流方向尽可能一致，而不是严格地按照箭头设定其航向。

二、分道通航制

第十条　分道通航制

1. 本条适用于本组织所采纳的分道通航制，但并不解除任何船舶遵守任何其他各条规定的责任。

2. 使用分道通航制的船舶应：

(1)在相应的通航分道内顺着该分道的交通总流向行驶；

(2)尽可能让开通航分隔线或分隔带；

(3)通常在通航分道的端部驶进或驶出，但从分道的任何一侧驶进或驶出时，应与分道的交通总流向形成尽可能小的角度。

3. 船舶应尽可能避免穿越通航分道，但如不得不穿越时，应尽可能以与分道的交通总流向成直角的船首向穿越。

4. (1)当船舶可安全使用邻近分道通航制区域中相应的通航分道时，不应使用沿岸通航带。但长度小于 20m 的船舶、帆船和从事捕鱼的船舶可使用沿岸通航带。

(2)尽管有本条 4(1)规定，当船舶抵离位于沿岸通航带中的港口、近岸设施或建筑物、引航站或任何其他地方或为避免紧迫危险时，可使用沿岸通航带。

5. 除穿越船或者驶进或驶出通航分道的船舶外，船舶通常不应进入分隔带或穿越分隔线，除非：

(1)在紧急情况下避免紧迫危险；

(2)在分隔带内从事捕鱼。

6.船舶在分道通航制端部附近区域行驶时，应特别谨慎。

7.船舶应尽可能避免在分道通航制内或其端部附近区域锚泊。

8.不使用分道通航制的船舶，应尽可能远离该区域。

9.从事捕鱼的船舶，不应妨碍按通航分道行驶的任何船舶的通行。

10.帆船或长度小于20m的船舶，不应妨碍按通航分道行驶的机动船的安全通行。

11.操纵能力受到限制的船舶，当在分道通航制区域内从事维护航行安全的作业时，在执行该作业所必需的限度内，可免受本条规定的约束。

12.操纵能力受到限制的船舶，当在分道通航制区域内从事敷设、维修或起捞海底电缆时，在执行该作业所必需的限度内，可免受本条规定的约束。

1.适用范围

(1)《规则》第十条仅适用于被IMO采纳的分道通航制水域；

(2)适用于在该区航行的任何船舶；

(3)适用于任何能见度。

2.使用注意事项

本条1款规定，在使用分道通航制时，并不解除任何船舶遵守任何其他各条规定的责任。因此，在遵守本条规定时，仍然应遵守《规则》其他各条的有关避碰责任或行动要求，特别是《规则》第二章第二节和第三节的规定。

两艘船舶在分道通航制水域产生碰撞危险时，应按照《规则》有关规定(如第十三条“追越”条款、第十四条“对遇”条款、第十五条“交叉相遇”条款和第十八条“船舶之间责任”条款)确定避让责任，一艘违反分道通航制规定航行的船舶并不因其违反规定而使其变为让路船，即违反分道通航制的船舶也有可能是一艘直航船，这点应予以注意。

3.分道通航制区域结构图

分道通航制区域结构如图4-38所示。

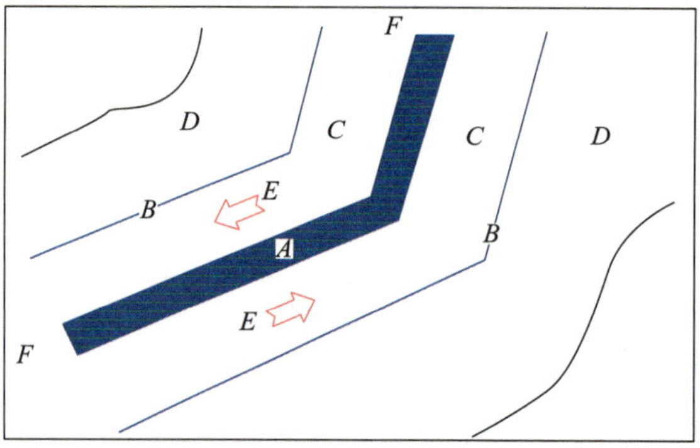

图4-38　分道通航制区域结构图

A—分隔带；*B*—分隔线；*C*—通航分道；*D*—沿岸通航带；*E*—交通流；*F*—端部

4. 船舶在分道通航制水域的航行准则

(1)分道内航行

《规则》规定,使用分道通航制区域的船舶应:①在相应的通航分道内顺着该分道的交通总流向行驶;②尽可能让开分隔线或分隔带;③通常在通航分道的端部驶进或驶出,但从分道的任何一侧驶进或驶出时,应与分道的交通总流向形成尽可能小的角度。

"使用通航分道制"的船舶是指:

①沿通航分道内顺着总流向行驶的任何船舶;

②分道内的从事捕鱼船。

注意:穿越船、分隔带内的捕鱼船、沿岸通航带航行的船不属于"使用分道通航制区域的船舶"。

船舶应顺着交通总流向航行,但海图上的"⇒"并非推荐航向,不要求船舶的航向与其完全一致,而只是要求船舶的航迹向与总流向尽量一致;从分道的一侧转移到另一侧应以尽可能小的角度航行;尽可能让开分隔线或分隔带,意味着船舶应尽量保持在分道的中央行驶,避免与相邻分道或沿岸通航带的船舶形成对遇,并保持与 VTS 联系,注意 GPS 及雷达定位,如图 4-39 所示。

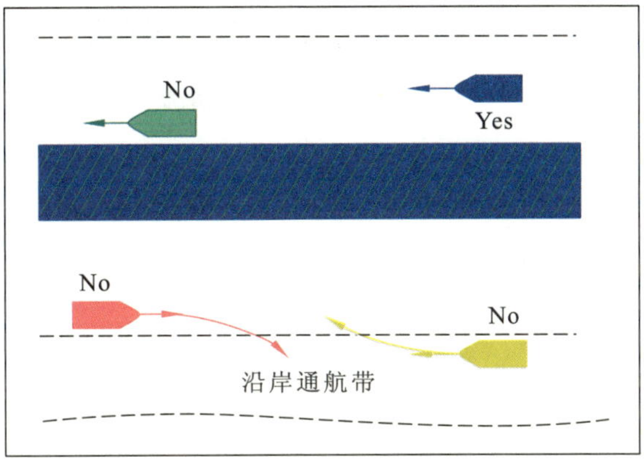

图 4-39　分道内航法

当船舶收到 VTS 发出的 YG 信号后,应注意本船的行动。YG 的含义为:"你好像有不遵守分道通航制的表现",此时,该船应立即检查其航向和船位,尽快纠正船位和(或)航向。

(2)驶进驶出分道

船舶通常在端部附近驶进或驶出,但也可以与分道的总流向成尽量小的角度驶进或驶出,目的在于防止突然拦阻他船的船头而形成紧迫局面,如图 4-40 所示。

(3)关于穿越分道

船舶应尽可能避免穿越,但不得不穿越时,应以与总流向成直角的船首向穿越,而不是以成直角的航迹向穿越。保持"直角穿越"的目的是为了最大限度地减少穿越分道通航制区域的时间。

实际穿越时,并非一定要完全保持直角,适当的角度偏差认为是可以接受的(风流影响,帆船无风等)。但某些水域管理特别严格,不允许有任何偏差,即使无他船在分道内航行也是如此要求。

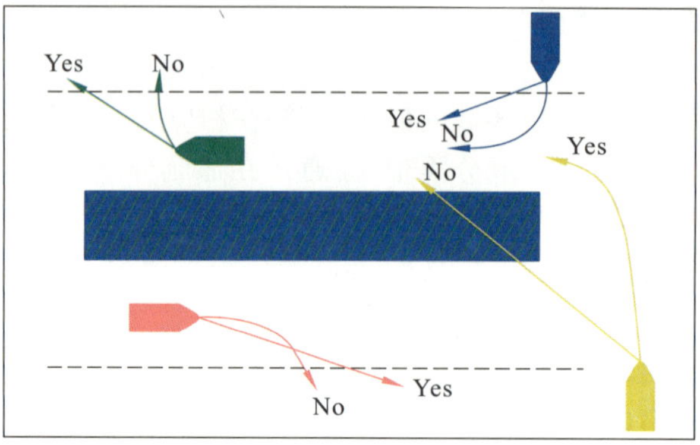

图 4-40　进出通航分道的航法

穿越行动的要求如图 4-41 所示。

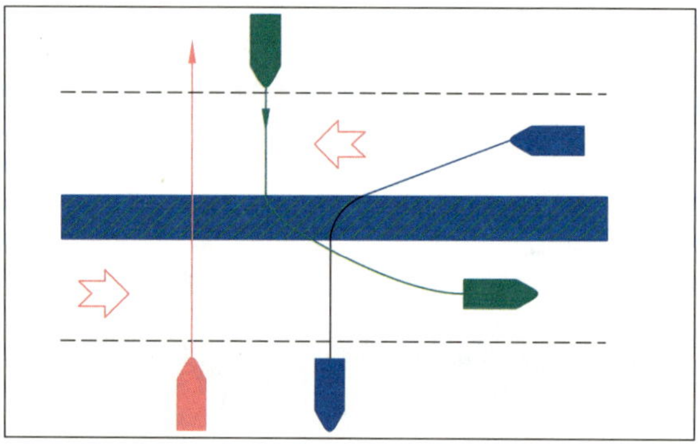

图 4-41　穿越通航分道的航法

(4)关于沿岸通航带的使用

为保障安全,沿岸航行的船舶与分道内船舶应得到分隔,沿岸通航带内没有对交通流向作出规定。《规则》要求,当船舶可安全使用邻近分道通航制区域中相应通航分道时,不应使用沿岸通航带。

但下列情况可以使用沿岸通航带:

①长度小于 20m 的船舶、帆船和从事捕鱼的船舶;

②当船舶抵离沿岸通航带中的港口、近岸设施、建筑物、引航站或任何地方时;

③避免紧迫危险。

(5)关于进入分隔带或穿越分隔线

分隔带和分隔线的作用是用来分隔相反的交通流,因此,船舶通常不应进入分隔带或穿越分隔线。但对于穿越船、驶进或驶出通航分道的船舶而言,从空间上说这些船舶不可避免地会进入分隔带或穿越分隔线,所以,此类船舶可以进入分隔带或穿越分隔线。另外,下述两种船舶也可以进入分隔带或穿越分隔线:

①在紧急情况下避免紧迫危险;

②在分隔带内从事捕鱼。

在进入分隔带或穿越分隔线时应注意：

①穿越船及驶进驶出船必须按本条规定的要求穿越或驶进，或驶出；

②紧急情况下避免紧迫危险是指主机故障、舵机故障，浓雾中雷达故障等紧急情况，当致有构成碰撞危险的两船形成紧迫危险时也可进入分隔带或穿越分隔线，但紧迫危险一旦危险消除，则应立即回到相应的分道；

③分隔带内可任意航向捕鱼，但捕鱼船应尽量避免在临近分道的水域捕鱼，以免影响分道内船舶的正常航行。

(6)端部附近行驶

船舶在端部附近水域航行时应特别谨慎。由于端部是各路船舶通航的集散处，也是分道的进出口，交通密度大，会遇格局复杂，易出现小角度交叉的会遇局面，因此，端部附近航行时应特别谨慎，如加强瞭望，注意安全航速等。

(7)关于锚泊

由于船舶在分道通航制区域内或其端部附近锚泊将会对其他船舶产生明显的影响，甚至出现严重的交通堵塞，易发生碰撞危险，因此船舶应尽可能避免在分道通航制区域内或其端部附近锚泊。另外，在分隔带内也应避免锚泊，因为分隔带的作用是用来分隔相反的交通流，只有当船舶主机失灵、浓雾中雷达故障等紧急情况下为避免紧迫危险，才可以进入分隔带锚泊。

(8)不使用分道通航制的船舶的行动要求

不使用分道通航制区域的船舶应远离分道通航制区域，以避免对正常使用分道通航制的船舶带来影响，通常应保持在 1n mile 以上。

(9)“不应妨碍”的规定

①从事捕鱼船不应妨碍按通航分道行驶的任何船舶的通行；

②帆船及 $L<20$m 的船舶不应妨碍按通航分道行驶的机动船的安全通行。

当“不应妨碍的船舶”与“不应被妨碍的船舶”致有构成碰撞危险时，应按《规则》第二章“驾驶和航行规则”的有关规定确定避让关系。

(10)关于某些操限船的规定

从事维护航行安全作业和从事敷设、维修、起捞海底电缆作业的船舶，由于作业的需要，可能无法遵守分道通航制条款的各项规定，因此，《规则》规定，在其作业所必需的限度内，可以免受“分道通航制”条款的约束。

维护航行安全的作业包括：

①敷设、维修、起捞助航标志；

②疏浚、测量或水下作业；

③清除水雷作业。

维护航行安全的作业的船舶不包括维护水上安全秩序的船舶，如海事机关的海巡艇。

(11)关于深水航路

深水航路的使用对象是因吃水与可用水深相对关系而造成航路选择上受到限制的船舶。深水航路与通航分道的关系是：深水航路可以建立在分道内。此时，《规则》第十条也同样适用于深水航路。不设在分道内的深水航路则不适用于《规则》第十条，船舶应靠右航行。

案例分析

1977 年，在 Cape St. Vincent 附近，“埃斯雀拉(Estrella)”轮(以下简称“E 轮”)与“塞图巴尔(Setubal)”轮(以下简称“S 轮”)发生碰撞，两船碰撞过程如图 4-42 所示。

1. 事故经过

2300 时，S 轮以航向 135°，航速 12.5kn，错误地航行在北向的通航分道上。此时，E 轮在 S 轮的右船首，S 轮在 E 轮的左船首，航行灯都正常显示，构成了交叉相遇局面。

碰撞前约 7min(C-7)，E 轮在 S 轮右船首，相距约 3n mile，显示绿灯；S 轮向左转向 10°，航向由 135°改到 125°。碰撞前 2.5min($C\text{-}2_{1/2}$)，S 轮左转 40°，航向为 085°，此时两船相距约1n mile。E 轮在碰撞前 8min(C-8)看到 S 轮航行灯，E 轮用 15°舵角逐渐右转，直到碰撞前 2min(C-2)，航向从 302°转到 326°。此时，E 轮看到 S 轮左转，碰撞前 0.5～1min，E 轮见碰撞不可避免，左满舵。以全速、直角与 S 轮相撞，S 轮沉没。

2. 事故分析

(1)S 轮在分道通航制水域逆船舶交通总流向航行，违反了《规则》第十条的规定。

(2)S 轮与 E 轮形成交叉相遇局面后，S 轮作为让路船，应采取大幅度右转的措施避让 E 轮，但 S 轮两次分别左转 10°和 40°，完全抵消了 E 轮右转避让的行动效果，违反了《规则》第十七条的规定。

3. 事故教训

(1)在分道通航制水域，船舶应在相应的通航分道内顺着该分道的交通总流向行驶，以防止与其他船舶形成紧迫危险局面。

(2)即使在分道通航制水域内，一旦形成其他条款规定的存在让路船和直航船责任的会遇局面，船舶仍应按相应条款履行避让责任。

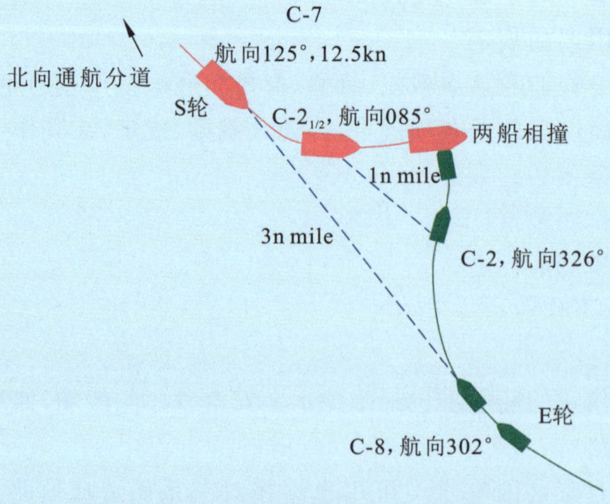

图 4-42　“S”轮与“E”轮碰撞过程示意图

思考题

1.试述船舶定线制的种类和制定船舶定线制的目的。
2.试述各种定线制的定义。
3.在使用船舶定线制时应当注意哪些事项?
4.分道通航制条款与《规则》其他条款的关系如何?
5.何谓使用分道通航制的船舶?这些船舶在航行中应当遵循哪些准则?
6.船舶在穿越分道通航制时,为何要以与交通流总流向成直角的船首向穿越?
7.船舶如何驶进或者驶出通航分道?
8.使用沿岸通航带有哪些要求?
9.如何理解分道通航制条款中的不应妨碍?

第五章　船舶在互见中的行动规则

Conduct of Vessels in Sight of One Another

本章重点

1. 适用范围。

2. 互见中船舶之间的避让关系、避让方法和行动要求。

学习任务

1. 条款的适用能见度。

2. 互见中各种会遇局面下船舶之间的避让关系、避让方法与要求；互见中不同种类船舶之间的避让关系、避让方法与要求。

课程目标

1. 知识目标

(1)掌握适用能见度。

(2)掌握帆船条款、追越条款、对遇局面条款、交叉相遇局面条款的适用条件，船舶之间的避让关系、避让方法和行动要求。

(3)掌握让路船的行动要求。

(4)掌握直航船的行动要求，包括采取独自行动和最有助于避碰的行动。

(5)掌握不同种类船舶之间的避让关系、避让方法和行动要求。

2. 能力目标

(1)能正确评判各种会遇局面的适用条件。

(2)能正确确定船舶之间的避让关系。

(3)让路船或同等责任船能根据规则的要求采取“早、大、宽、清”的避让行动；直航船能根据规则的要求采取相应行动。

(4)能正确分析不同种类船舶之间的操纵避让能力，明确避让关系。

3. 素质目标

(1)从航行安全角度出发，让路船或同等责任船具备主动积极的让路态度和责任担当精神,“早、大、宽、清”地让清他船;直航船按规则要求采取相应行动以避免紧迫局面或紧迫危险。

(2)从海事安全管理角度出发,具备分析避让行动规范性的业务素质;在船舶发生碰撞后能依据规则分析双方过失并确定双方责任。

(3)思政素质目标:讲科学精神,讲职业道德,推进文化自信自强,实现综合素质提升。包括:

①勇于担当(让路船或同等责任船主动积极地行动);

②坚毅果敢的工作作风(让路船或同等责任船采取“早、大、宽、清”的避让行动);

③敢于怀疑并积极应对(对是否存在碰撞危险持有怀疑时,做出对本船不利的假设,主动避让);

④实事求是科学应对局面(直航船采取相应行动以避免紧迫局面或紧迫危险);

⑤良好的船员职业道德和大局意识(在船舶避让行动中以大局安全为重,采取协调一致的行动)。

案例导入

“船舶在互见中的行动规则”是船舶在互见中航行和避让的原则。针对不同的会遇局面,《规则》规定了会遇双方的避让关系,明确了避让责任,提出了在避让过程中的有关避让要求。船舶在互见中发生碰撞,除其他疏忽外,往往存在对当时会遇局面与避让责任判断不清、避让过程中没有使用良好船艺、双方避让行动不协调等疏忽。

案例:2018 年 1 月 6 日,多用途船 J 轮与渔船 M 轮(未捕鱼,在正常航行途中)在北麂岛以北水域发生碰撞,造成 J 轮沉没,M 轮船首受损。

经有关海事主管机关认定,M 轮除存在其他疏忽外,作为交叉相遇局面中的让路船,还存在未能有效行履让路船的责任并积极采取避让行动的疏忽,违反了《规则》第十五条和第十六条的规定;J 轮未能运用良好船艺采取最有助于避碰的行动,直到两船相距约 100m 左右、即将发生碰撞时才采取行动,违反了《规则》第十七条的规定。

通过本案例,结合本章内容,提出如下思考:

(1)“船舶在互见中的行动规则”对船舶安全航行与避让具有怎样的重要意义?

(2)如何深刻领会“船舶在互见中的行动规则”中的各条款(第十二条至第十八条)?

(3)在航海实践中,为严格执行“船舶在互见中的行动规则”各条款,具体应怎么做?

第一节 适用范围
Application

第十一条 适用范围

本节条款适用于互见中的船舶。

本节适用于互见中的船舶，包括能见度良好时的互见和能见度不良时的互见。第十二条“帆船”、第十三条“追越”、第十四条“对遇局面”、第十五条“交叉相遇局面”主要是根据两船所构成的几何格局来确定两船之间的避让关系；而第十八条“船舶之间的责任”则是根据船舶操纵避让能力的优劣确定两艘不同类型的船舶相遇时(除追越以外)的避让关系。

应注意的是，在能见度不良的水域中若两船不互见，应执行第十九条船舶在“船舶在能见度不良时的行动规则”，但随着距离的接近而使两船处于互见时，则两船应执行“船舶在互见中的行动规则”。

因此，在能见度不良的水域中及其附近航行的船舶应注意由不互见到互见时避让关系可能产生变化的情况，应特别谨慎地航行。

思 考 题

1. 简述“互见中行动规则”一节的主要内容。
2. 在能见度不良水域中两船互见时是否适用于本节规定？

第二节 帆船
Sailing Vessels

第十二条 帆船

1. 两艘帆船相互驶近致有构成碰撞危险时，其中一船应按下列规定给他船让路：

(1)两船在不同舷受风时，左舷受风的船应给他船让路；

(2)两船在同舷受风时，上风船应给下风船让路；

(3)如左舷受风的船看到在上风的船而不能断定究竟该船是左舷受风还是右舷受风，则应给该船让路。

2. 就本条规定而言，船舶的受风舷侧应认为是主帆被吹向的一舷的对面舷侧；对于方帆船，则应认为是最大纵帆被吹向的一舷的对面舷侧。

一、适用条件

(1)两船互见;

(2)一艘帆船与另一艘帆船相遇;

(3)致有构成碰撞危险。

互见,是为了保证能看到另一帆船为何舷受风;当三艘及以上帆船同时相遇时不适用于本条款,这是一种特殊情况,各船均应使用良好船艺进行避让;构成碰撞危险是必备条件,若两船之间没有构成碰撞危险,则双方之间不存在避让关系,因而本条款也不适用。

另外应注意的是,两艘帆船若在互见中构成追越,则本条也不适用,而适用于第十三条“追越”条款。一艘驶帆的从事捕鱼船,不管其是否使用机器,均应作为从事捕鱼的船舶论处而不适用于本条款。

二、避让关系

两艘帆船之间的避让关系是按受风舷来确定的。

1. 受风舷的确定

本条规定,船舶的受风舷侧应认为是主帆被吹向的一舷的对面舷侧;对于方帆船,则应认为是最大纵帆被吹向的一舷的对面舷侧。如主帆被吹向右舷,则为左舷受风。应注意的是,不能仅凭风从哪一舷来从而确定该舷就是受风舷,包括船尾正后方来风时,应根据主帆实际被吹向的方向来确定受风舷。

2. 避让关系

本条规定,两船在不同舷受风时,左舷受风的船应给他船让路;两船在同舷受风时,上风船应给下风船让路。

在确定两艘帆船之间的避让关系时,首先应看两船是否为不同舷受风,如是,则左舷受风船应避让右舷受风船;若两船为同舷受风,则应看哪艘船位于上风,哪艘船位于下风,由上风船避让下风船。

根据《规则》的规定,一艘左舷受风且位于上风的帆船肯定是让路船;一艘右舷受风且位于下风的帆船肯定是直航船。

帆船之间的避让关系如图 5-1 所示。

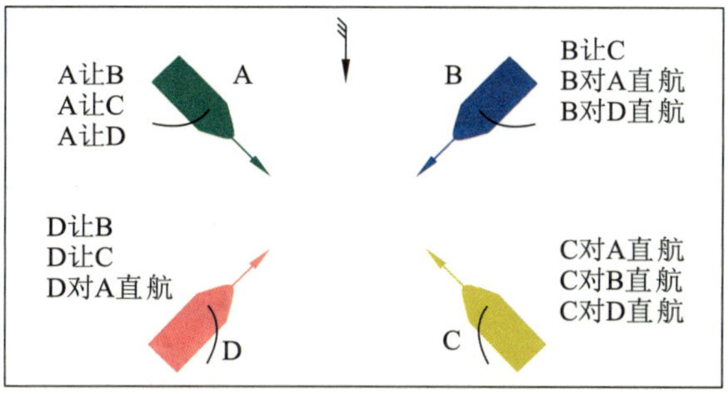

注:本图并非4艘帆船同时相遇,仅指两船之间的避让关系

图 5-1　帆船之间的避让关系

三、怀疑

在确定两艘帆船之间的避让关系时，可能出现有怀疑的情况。主要是对他船究竟属于何舷受风无法判定。在有怀疑时，应对本船作出不利的假设，即应假设本船为让路船，并采取相应的避让行动。如左舷受风船不能判定上风船是何舷受风时，应假设上风船是右舷受风，即将两船视为不同舷受风，而本船是左舷受风船，本船为让路船，如图 5-2 所示。

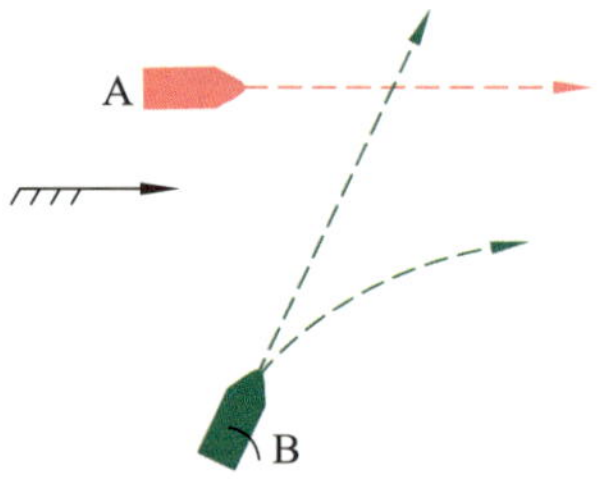

图 5-2　有怀疑时 B 船应给 A 船让路

四、例外的规定

我国在加入《1972 年国际海上避碰规则公约》时对非机动船作了保留，因此，我国的帆船不受《规则》的约束，也不适用于本条，而适用于《中华人民共和国非机动船海上安全航行暂行规则》，详见附录三。

五、机动船避让帆船的方法

根据《规则》第十八条的规定，在航的机动船应给帆船让路。机动船在避让帆船时，应根据帆船航行和操纵的特点、当时的风向而采取适当的避让行动。机动船避让帆船时，通常应遵循以下原则：

(1)帆船顺风行驶时，应从帆船船尾通过，如图 5-3(1)所示。

(2)帆船横风行驶时，应从帆船上风侧通过，如图 5-3(2)所示。

(3)帆船逆风行驶时，应从帆船船尾通过，如图 5-3(3)所示。

(4)对准备掉抢的帆船，一般不宜从其掉抢后的下风舷通过，以防帆船掉抢后失去动力而压向大船；航道较宽时，一般可从帆船船尾上风侧驶过；航道较窄时，宜减速避让；当几艘帆船同时抢越船头时，应警惕有的帆船可能认为抢不过去而突然掉抢；应鸣放操纵和警告声号。

无论是一艘帆船避让另一艘帆船，还是机动船避让帆船，让路船不仅应当严格遵守《规则》第八条、第十八条有关避让行动的规定，做到“早、大、宽、清”，且应当注意被避让的帆船(直航船)可能由于风向、风速的变化而无法保向保速，进而可能出现掉抢的情况。

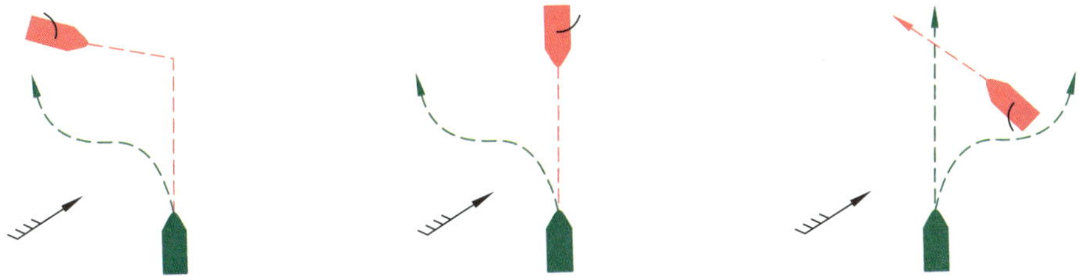

(1)顺风　(2)横风　(3)逆风

图 5-3　机动船避让帆船的方法

思 考 题

1. 如何确定帆船之间的避让关系？
2. 机动船在避让帆船时应遵循哪些原则？
3. 对另一帆船究竟是何舷受风有怀疑时应如何处理？

第三节　追越
Overtaking

第十三条　追越

1. 不论第二章第一节和第二节的各条规定如何，任何船舶在追越任何他船时，均应给被追越船让路。

2. 一船正从他船正横后大于22.5°的某一方向赶上他船时，即该船对其所追越的船所处位置，在夜间只能看见被追越船的尾灯而不能看见它的任一舷灯时，应认为是在追越中。

3. 当一船对其是否在追越他船有任何怀疑时，该船应假定是在追越，并应采取相应行动。

4. 随后两船间方位的任何改变，都不应把追越船作为本规则各条款含义中所指的交叉相遇船，或者免除其让开被追越船的责任，直到最后驶过让清为止。

一、适用条件

“追越”条款适用于互见中的任何船舶、任何水域。

二、追越的构成及判断

两船之间构成“追越”局面的条件有：

1. 方位关系

后船位于前船正横后大于22.5°的任一方向上，即后船在前船的尾灯光弧范围内，在夜间只能看到前船的尾灯而看不到前船的任一舷灯。在白天，若用视觉判断，则用类似于夜间的“相应情形”来判断方位关系。

2. 距离关系

《规则》没有明确提出距离条件，但根据其条款，应推定两船之间的距离是构成条件之一，在夜间应以是否看到前船的尾灯作为追越的判断条件，若因能见度的影响，后船虽已到达或应到达前船尾灯的照射距离以内，但实际尚未看到尾灯，则为不互见，因而本条也不适用。

在白天，用视觉来判断距离较为困难，在互见时，通常将前船假定为长度大于或等于50m的船舶，其尾灯照射距离为3n mile，当两船距离小于3n mile时，应认为满足了追越局面的距离构成要件。

3. 速度关系

后船的速度大于前船，从动态上后船正在赶上前船。追越局面的构成如图5-4所示。

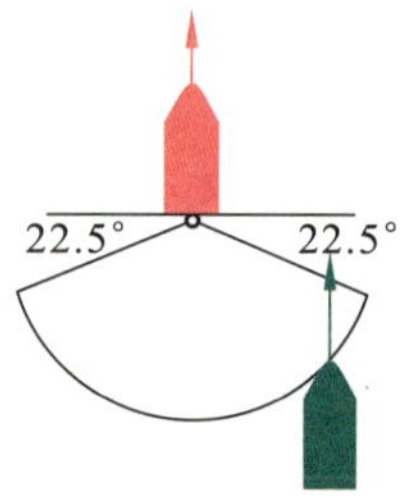

图 5-4　追越局面的构成

应注意的是，通常认为追越局面并不以“致有构成碰撞危险”为构成要件。

三、避让关系

本条规定，不论《规则》第二章第一节和第二节的各条规定如何，任何船舶在追越任何他船时，均应给被追越船让路。

随后两船间方位的任何改变，都不应把追越船作为本规则各条含义中所指的交叉相遇船，或者免除其让开被追越船的责任，直到最后驶过让清为止。

1. 追越条款与其他条款的关系

(1)追越条款优先于“不应妨碍”条款、狭水道条款和分道通航制条款，但并不解除“不应妨碍”的船舶履行不应妨碍的义务，也不解除船舶遵守狭水道或分道通航制航行规则的义务。

(2)追越条款优先于帆船条款和船舶之间责任条款。

2. 追越局面中两船的避让关系

由于追越船在整个追越过程中始终处于主动地位，而且对当时的局面更易做出确切的判断，因此，《规则》规定追越船必须避让被追越船。

应注意的是，任何船舶在追越任何他船时，追越船均为让路船，即使追越船是一艘操纵能力受限制的船舶、从事捕鱼的船舶、限于吃水的船舶、帆船，甚至是失控船，均应给被追越船让路。至于失控船是否具备让路能力则另当别论，《规则》如此规定的目的是为了明确追越船的让路责任，在实际避让时，失控船与被追越船均应运用良好船艺。

3. 随后方位变化时的避让关系

在追越开始后的整个过程中，两船之间的任何方位的变化均不致使追越船变成交叉相遇局面的直航船，即追越船始终是让路船，直到驶过让清为止，两船的避让关系才得以解除，如图 5-5 所示。

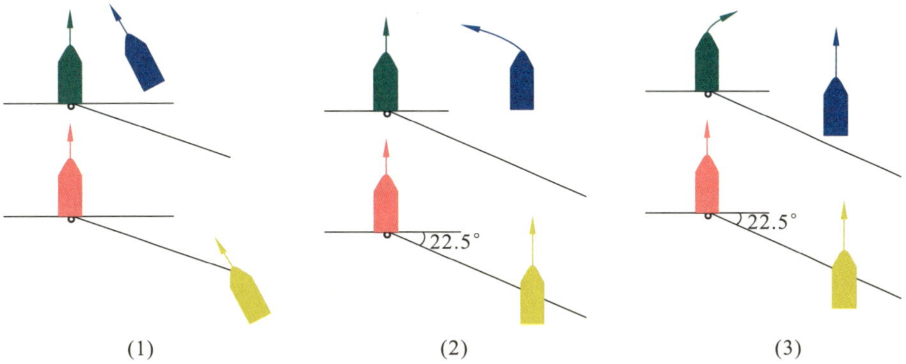

图 5-5　随后方位变化时避让关系不变

四、怀疑

当后船对是否在追越前船持有怀疑时，应假定为追越，即后船假设本船为让路船。

通常，可能产生怀疑的情况有：

(1)后船能同时看到前船的舷灯和尾灯，或正好位于正横后 22.5°方位线上；

(2)时而发现前船舷灯，时而发现前船尾灯；

(3)白天用视觉瞭望时，对方位和距离难以断定。

五、追越关系的生效与解除

当后船鸣放追越声号，前船回答同意追越的声号时，追越关系即生效；当后船不鸣放追越声号而直接追越时，则两船之间的方位、距离、速度条件符合时，追越关系即生效。当两船驶过让清时，追越关系解除。

六、驶过让清

一般情况下均为先驶过后让清，某些特殊情况可能出现未驶过即已让清。如图 5-6～图 5-8 所示。

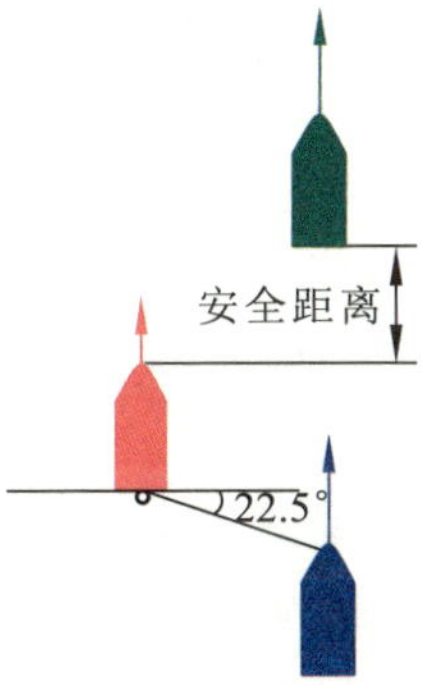

图 5-6　驶过让清

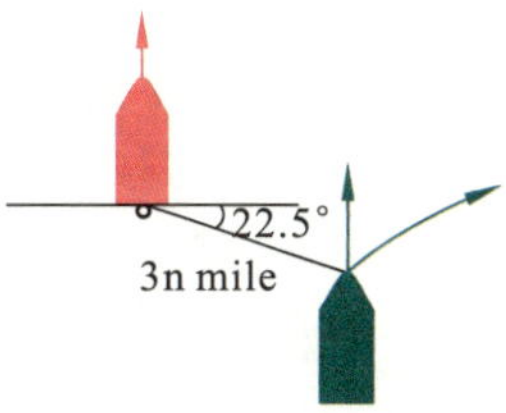

图 5-7　未驶过即让清

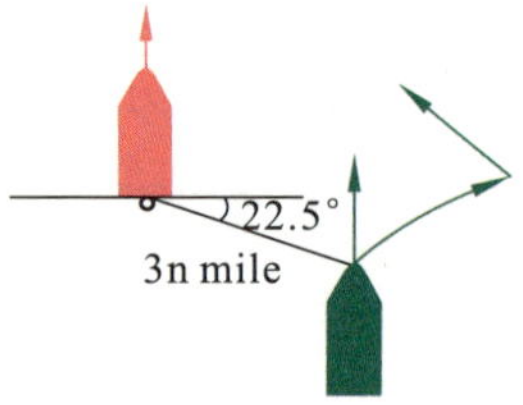

图 5-8　未驶过就让清，随后构成交叉相遇局面

七、追越局面的特点

追越局面的会遇特点是两船的相对速度小，会遇时间长（*TCPA* 大）。当在夜间航行时发现前方有一盏白灯，应首先假设他船是一艘对遇船，并采取相应的行动，不可简单地认为前方船舶就是一艘被追越船。

八、追越过程中应注意的事项

追越过程中，追越船与被追越船应注意以下事项：

（1）尽量保持两船平行的航向追越，保持适当横距以防止船吸。

（2）密切注视前船以及周围其他船舶的动态，保持正规瞭望，尽量用 VHF 联系，防止与第三者造成另一紧迫局面。

（3）检查本船的号灯工作情况，正确使用声响信号。

（4）尽量避免在狭水道、航道特别是弯曲航道追越，在狭水道、航道追越时从前船的左舷追越；航道进出口、交通密度大的水域、习惯转向点或港章禁追区不应追越。

（5）前船注意配合行动，按规则要求或良好船艺要求行动。

（6）在港内追越时应注意 VTS 的指令。

（7）防止岸推岸吸。

（8）赶上前船后不应立即横越他船船头方向，注意驶过让清。

九、追越过程中发生事故的主要原因

追越过程中发生事故的主要原因通常有：未保持正规瞭望，追越过程中有第三者逼近而造成另一紧迫局面，两船之间横距太小、通常小于 0.5n mile，在没有驶过让清时横越被追越船的船头，前船不同意追越时强行追越，不考虑当时环境条件盲目追越，追越过程中出现异常情况，如失控等。

如在一开阔水域中油轮 F 追越油轮 F. C，F 轮航速 17kn，与 F. C 轮的横距小于 0.5n mile，当追越至 F. C 正横时即作一连串的航向小变动，逼向 F. C 轮船头方向，此时 F 轮恰好主机故障，致使其横在 F. C 轮的前方，两船发生碰撞，如图 5-9 所示。

事故原因：F 轮没有驶过让清即横越 F. C 轮的前方，且横距过小；对主机突然发生故障没有任何的戒备，以至于无法采取最有助于避碰的行动。

事故教训：追越船应与被追越船保持适当的横距，加强瞭望，注意驶过让清，应保持特殊情况所要求的任何戒备，并应具备采取最有助于避碰的能力。

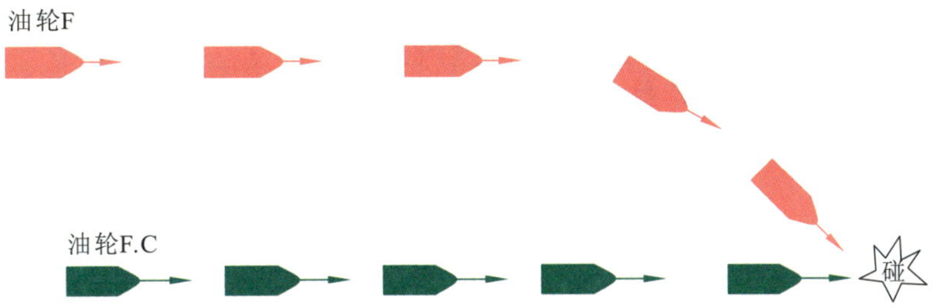

图 5-9　没有驶过让清且遇主机故障致碰示意图

案例分析

2006 年 10 月 25 日 0529 时,“新连云港”轮与“EVER GAIN”轮在东海海域(概位26°53′N、121°26′E)发生碰撞,造成“EVER GAIN”轮沉没的重大水上交通事故,两船的碰撞过程如图 5-10 所示。

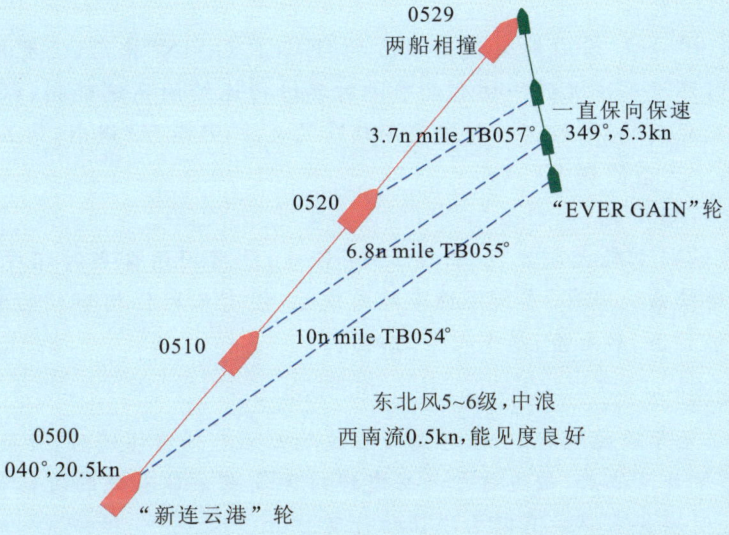

图 5-10　“新连云港”轮与“EVER GAIN”轮碰撞过程示意图

1. 船舶概况

“新连云港”轮:

船名:新连云港;种类:集装箱船;总长:279.9m;型宽:40.3m;型深:24.1m;总吨:66433;装载情况:5458 个标箱;首吃水:12.6m;尾吃水:12.9m。

“EVER GAIN”轮:

船名:EVER GAIN;种类:干货船;总长:105.09m;型宽:18.6m;型深:9.8m;总吨:5360;装载情况:7119.626m^3 原木;首吃水:7.2m;尾吃水:7.5m。

2. 事故经过

“新连云港”轮:

10 月 25 日 0347 时，大副上驾驶台，未通知值班水手一起值班。0400 时，航向 040°，航速 20.5kn，能见度良好；0500 时，大副在雷达上观察到位于右舷 30°，距离约 10n mile 的“EVER GAIN”轮，两船接近速度较慢，并看到一盏尾灯，但之后没有对该船进行连续的观察；0528 时，突然看到“EVER GAIN”轮接近其船首右舷处，大副立即拉车钟至停车位置；0529 时，船首右舷撞入对方船驾驶台左侧，碰撞夹角约 51°。

“EVER GAIN”轮：

10 月 25 日 0400 时，大副接班，航向 349°，航速 5.3kn；0450 时，大副从 AIS 中观察到左后方十几海里处有一船名为“XIN LIANYUNGANG”来船，航速约为 21kn，但大副没有观察其与本船的 *DCPA* 和 *TCPA*；0500 时，观察到来船位于其左舷 140°，距离约 10n mile 处，可看到来船前后桅灯接近一直线，判断为追越船；一段时间后，来船离得很近，大副在用 VHF 呼叫没有应答后，继续保向保速航行；0529 时，两船相撞。

3. 事故分析

“新连云港”轮：

“新连云港”轮在 0500 时发现右前方的“EVER GAIN”轮后，没有用视觉、听觉以及适合当时环境和情况的一切有效手段对其进行连续的系统观测，以致对处于追越态势不能充分判断，未履行作为追越船让路的义务，违背了《规则》第五条、第七条、第十三条、第十六条的规定。

“EVER GAIN”轮：

“EVER GAIN”轮大副发现“新连云港”轮后，没有用适合当时环境和情况的一切有效手段连续系统观察，直到碰撞事故的发生，没有采取任何有效的避让手段，违背了《规则》第五条、第七条、第十七条的规定。

4. 事故教训

当一船正处于追越过程中，或对是否在追越他船有任何怀疑时，应及早地采取相应行动，宽裕地让清他船；被追越船一旦发现对方没有采取有效的避让行动，应处于戒备状态，随时准备采取最有助于避让的行动。

思考题

1. 试述构成追越的条件。
2. 试述追越条款“优先适用”的含义。
3. 在什么情况下容易出现对是否构成追越难以确定的局面？应如何处理？
4. 追越中发生船舶碰撞事故的主要原因有哪些？
5. 在追越中，追越船和被追越船各应注意哪些问题？
6. 构成追越局面的船舶适用条件是什么？
7. 追越局面有何特点？
8. 追越局面的避让关系如何？

第四节 对遇局面

Head-on Situation

第十四条 对遇局面

1. 当两艘机动船在相反或接近相反的航向上相遇致有构成碰撞危险时，各应向右转向，从而各从他船的左舷驶过。

2. 当一船看见他船在正前方或接近正前方，在夜间能看见他船的前后桅灯成一直线或接近一直线和(或)两盏舷灯；在白天能看到他船的上述相应形态时，则应认为存在这样的局面。

3. 当一船对是否存在这样的局面有任何怀疑时，该船应假定确实存在这种局面，并应采取相应的行动。

一、适用条件

“对遇”局面适用于互见中的两艘机动船相遇。

二、对遇局面的构成

1. 适用船舶

对遇局面适用于一艘机动船与另一艘机动船相遇。此处的机动船并不是“用机器推进的任何船舶”，而是指除操纵能力受限制的船舶、失去控制的船舶、从事捕鱼的船舶以外的任何用机器推进的船舶，限于吃水的船舶属于本条所指的机动船。

机动船与操纵能力受限制的船舶、失去控制的船舶、从事捕鱼的船舶相遇形成“对遇”态势时，并不适用本条款规定，而适用于《规则》第十八条。两艘同为操纵能力受限制的船舶或失去控制的船舶，或从事捕鱼的船舶形成“对遇”态势，用良好船艺进行避让。

2. 方位与航向

两艘机动船在相反或接近相反的航向上相遇，即一船看见他船在正前方或接近正前方，并且，在夜间能看见他船的前后桅灯成一直线或接近一直线和(或)两盏舷灯；在白天看到他船的上述相应形态时，即从方位和航向上构成了对遇。

航向，是指船首向，而不是航迹向，船首向必须是相对稳定的。接近相反意指各自在对方船舶的 6°(半个罗经点)范围内。

3. 致有构成碰撞危险

(1)当船长 $L \geqslant 50$m、$D=6$n mile，$DCPA \leqslant 0.5$n mile 时，一般认为存在碰撞危险，对遇条款即生效；

(2)当 $L<50$m，桅灯照射距离变小，则对遇局面生效距离可以适当变小；

(3)互见中，$DCPA \leqslant 0.5$n mile，往往认为会遇距离不够宽裕，即存在碰撞危险。

三、对遇局面的判断

(1)一机动船位于另一机动船的正前方或接近正前方，航向相反或接近相反，两船的间距在不断地缩小，即构成对遇局面。

(2)根据他船号灯或相应形态进行判断，在正前方或接近正前方发现：

夜间：两盏桅灯成一直线或接近一直线和(或)同时看到红、绿舷灯；

白天：看到驾驶台、船首、桅杆形成对遇的相应形态，如图 5-11 所示。

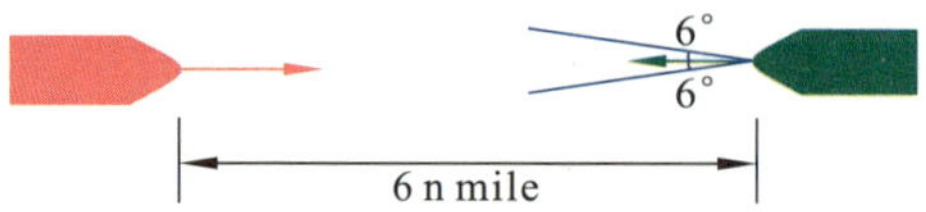

图 5-11　对遇局面

四、避让责任与行动

构成对遇局面的两船的避让责任：双方为同等避让责任和义务的船舶。

行动要求：两船各自右转，互会左舷。行动时应鸣放相应的操纵行动声号，行动必须是及早的、大幅度的、宽裕的，并能导致在安全距离上驶过。当周围环境条件不允许一船右转时，应及早、大幅度、果断地左转并鸣放相应声号。应注意的是，每一船舶各自的行动必须能达到在安全距离上驶过，即在对方船舶万一不采取任何行动时，单凭本船的大幅度行动也可导致在安全距离上驶过。对遇时特殊情况下的行动如图 5-12 所示。

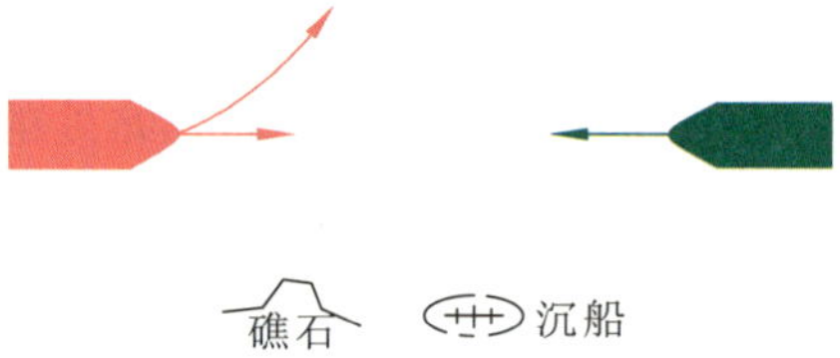

图 5-12　环境条件不允许时的大幅度左转

五、怀疑

在判断是否属于对遇局面时，可能存在以下几方面的怀疑：

(1)夜间，两盏桅灯是否基本成一直线；

(2)夜间，时而看到红舷灯，时而看到绿舷灯；

(3)所构成的会遇局面属于小角度交叉相遇还是对遇；

(4)是对驶还是对遇，*DCPA* 是否足够大。

如有任何怀疑，则应假设是对遇局面，船舶按对遇局面的避让要求采取让路行动。如图 5-13所示。

六、危险对遇

通常，把两船各自位于他船的右前方，且 *DCPA* 不宽裕的局面称之为“危险对遇”。如图 5-14 所示。

图 5-13　存有怀疑时的行动

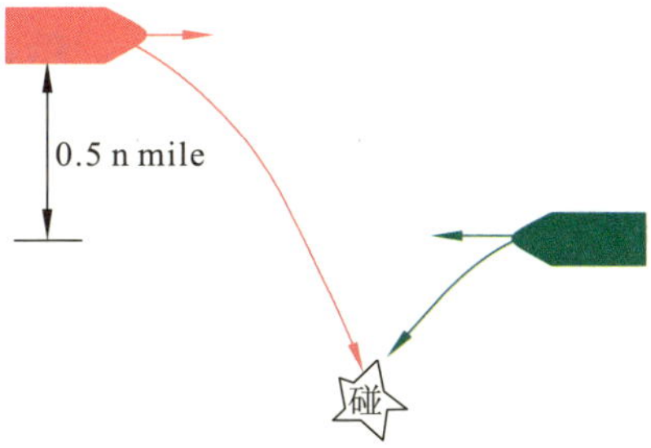

图 5-14　“危险对遇”时可能导致的不协调行动

之所以称之为“危险对遇”，是因为两船易出现不同的判断并采取不协调的行动，如一船认为是对遇局面而采取向右转向的行动，而另一船却认为是“对驶”欲向左转向扩大横距，则两船的不协调行动极易致使船舶发生碰撞。

“危险对遇”的正确处理方法为，密切注视他船动态，采取行动必须做到及早、大幅度、宽裕，行动时按规定鸣放相应声号，行动应是果断的，切勿犹豫观望。如有怀疑，则鸣放怀疑和警告声号。

七、对遇局面的生效距离

按对遇局面的判断方法，当发现正前方或接近正前方的他船桅灯成一直线或接近一直线(并非一定要等到同时看到红、绿舷灯)，在白天形成上述相应形态时，对遇局面即构成。对于没有桅灯的船舶，如引航船，同时发现红、绿舷灯即可判定为对遇。应注意的是，只要发现桅灯形态符合对遇要求，即认为对遇局面已经构成，而并非一定要达到桅灯的法定照射距离。

八、对遇局面的特点

对遇局面的会遇特点是两船的相对速度大，会遇时间短(*TCPA* 小)。因此，在夜间航行时发现前方有一盏白灯，则应首先假设他船是一艘对遇船，并采取相应的行动。

九、对遇局面碰撞事故主要原因

产生对遇局面碰撞事故的主要原因一般是由于船舶未保持正规瞭望，对局面判断不清且在近距离时突然行动而使双方行动不协调，没有采取及早的、大幅度的、宽裕的行动等。

案例分析

1994 年 8 月 27 日 1945 时,"长亭"轮与"贝尼迪特(Lady Benedikte)"轮发生碰撞事故,两船碰撞过程如图 5-15 所示。

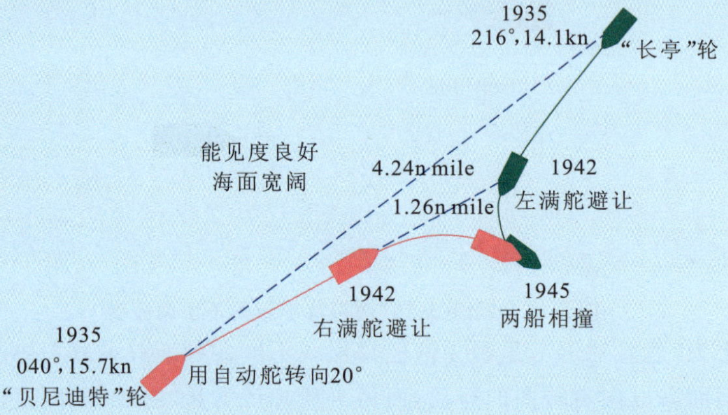

图 5-15 "贝尼迪特"轮与"长亭"轮碰撞过程示意图

1. 事故经过

1935 时,"长亭"轮航向 216°,航速 14.1kn,"贝尼迪特"轮航向 040°,航速 15.7kn,此时相距 4.24n mile,"长亭"轮认为两船可以以 1n mile 的最小会遇距离右舷对右舷通过(事后认定两船如保向保速可以以 0.7n mile 的最小会遇距离右舷对右舷通过),而"贝尼迪特"轮认为两船构成对遇局面,遂用自动舵将航向由 040°改为 060°。"长亭"轮没有及时发现该轮右转的行动,直到碰撞前 3min,两船相距约 1.26n mile 时,才认为有碰撞危险,因其驾驶员原本就认为两船将右舷对右舷通过,因此在慌乱之中下令左满舵,最后因两船的行动不协调而发生碰撞。

2. 事故分析

(1)两轮均没有保持正规瞭望,没有对局面和碰撞危险作出正确的估计,且没有对来船进行系统、连续的观测,违反了《规则》第五条、第七条的规定。

(2)"贝尼迪特"轮在采取避碰行动时,未考虑自动舵转向较慢的性能限制,采用自动舵转向 20°,致使转向至 060°航向时,两船已经相距 1.26n mile,该轮的一连串的小转向不容易被"长亭"轮察觉,违反了《规则》第八条的相关规定。

3. 事故教训

为避免危险对遇中两船的避让行动不协调,在采取避让行动时,应:

(1)尽可能用 VHF 沟通,协调两船的避让行动;

(2)在采取避让措施时,尽可能及早地采取大幅度的行动,以使对方能够清楚地看到本船的行动意图;

(3)在进行大幅度转向过程中,按照《规则》的要求鸣放相应声响信号。

思考题

1. 试述构成对遇局面的条件。
2. 如何判断两船是否构成对遇局面?
3. "如有怀疑应假定存在对遇局面"主要是指哪些情况?
4. 对遇局面有何特点? 两船的避让责任如何?
5. 两船构成对遇局面时,船舶在采取避碰行动时应当遵循哪些原则?
6. 何谓"危险对遇"? 此种对遇在避碰时应当注意哪些问题?

第五节　交叉相遇局面
Crossing Situation

第十五条　交叉相遇局面

当两艘机动船交叉相遇致有构成碰撞危险时,有他船在本船右舷的船舶应给他船让路,如当时环境许可,还应避免横越他船的前方。

一、适用条件

"交叉相遇"局面适用于互见中的两艘机动船相遇。

二、交叉相遇局面的构成

1. 适用船舶

交叉相遇局面适用于一艘机动船与另一艘机动船相遇。此处的机动船并不是"用机器推进的任何船舶",而是指除操纵能力受限制的船舶、失去控制的船舶、从事捕鱼的船舶以外的任何用机器推进的船舶,限于吃水的船舶属于本条所指的机动船。

机动船与操纵能力受限制的船舶、失去控制的船舶、从事捕鱼的船舶相遇形成"交叉"态势时,并不适用本条款规定,而适用于《规则》第十八条。两艘同为操纵能力受限制的船舶或失去控制的船舶,或从事捕鱼的船舶形成"交叉"态势,用良好船艺进行避让。

2. 方位与航向

两艘机动船航向交叉,即从一船船首的左右各 6°至 112.5°的方位上驶来,航向交叉,即从方位和航向上构成了交叉相遇局面。

与对遇局面相似,航向是指船首向,而不是航迹向,船首向必须是相对稳定的。

3. 致有构成碰撞危险

来船的方位不变或基本不变,但距离在不断地缩小,则认为两船构成碰撞危险。

如图 5-16～图 5-18 所示。

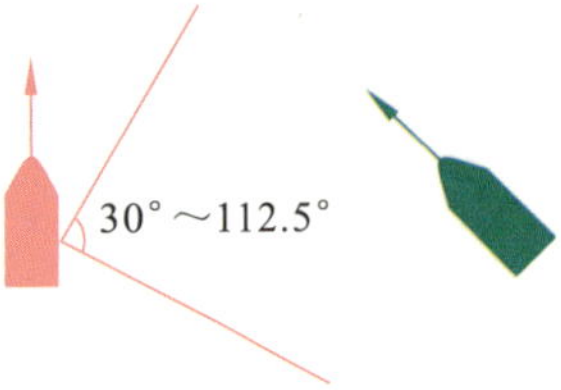

图 5-16　大角度交叉

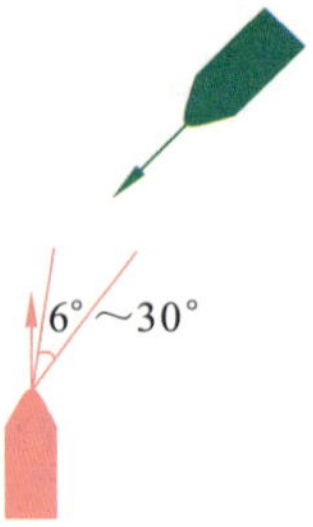

图 5-17　小角度交叉

图 5-18　正交叉

应注意的是，三艘及以上机动船相遇，航向交叉且有碰撞危险时，不适于本条，这是一种特殊情况，各船应使用良好船艺进行避让。

三、交叉相遇局面的判断

根据交叉相遇局面的构成条件，判断下列各种情况是否属于《规则》所指的交叉相遇局面，如图 5-19(1)～(10)所示。

(1)一船或两船是操纵能力受限制的船舶、失去控制的船舶、从事捕鱼的船舶；

(2)一机动船在航不对水移动但并不失控；

(3)一艘从事拖带的船舶但又不是操纵能力受限制的船舶；

(4)穿越狭水道、航道、通航分道的机动船，与另一机动船交叉相遇，存在碰撞危险；

(5)两机动船在岬角、灯船、习惯转向点航向交叉，存在碰撞危险；

(6)两机动船在入海口水域航向交叉，存在碰撞危险；

(7)两机动船航向交叉，存在碰撞危险，其中一船是正在驶进或驶出锚地的船舶；

(8)弯曲航道会船，两机动船航向交叉，存在碰撞危险；

(9)两机动船航向交叉，其中一机动船正倒车；

(10)为抵消风、流的影响，航迹向“对遇”，但船首向交叉。

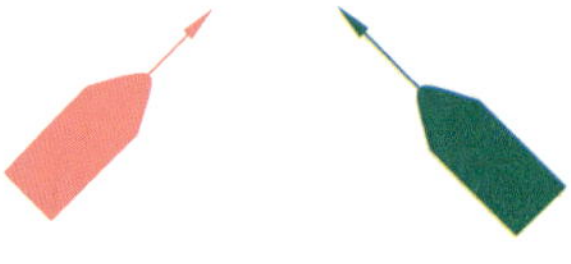

(1)操限、失控、渔船
不是交叉相遇局面

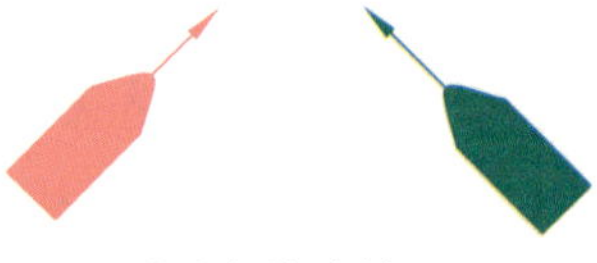

(2)不对水移动是
交叉相遇局面

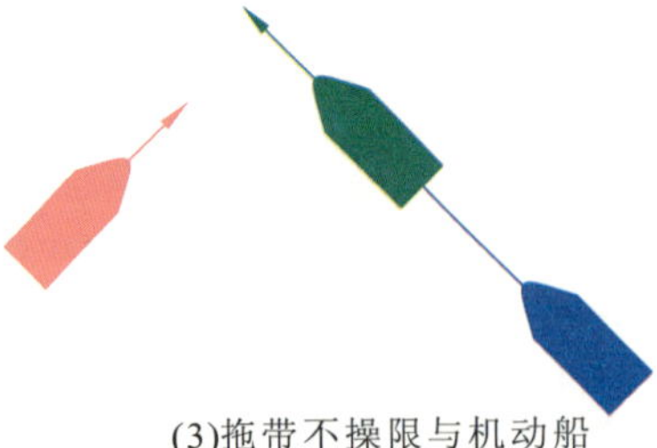

(3)拖带不操限与机动船
是交叉相遇局面

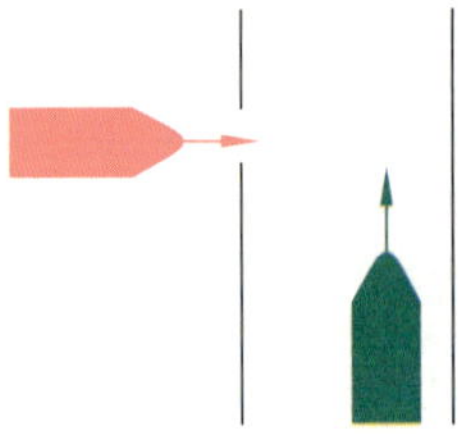

(4)机动船穿越狭水道中的另
一机动船是交叉相遇局面

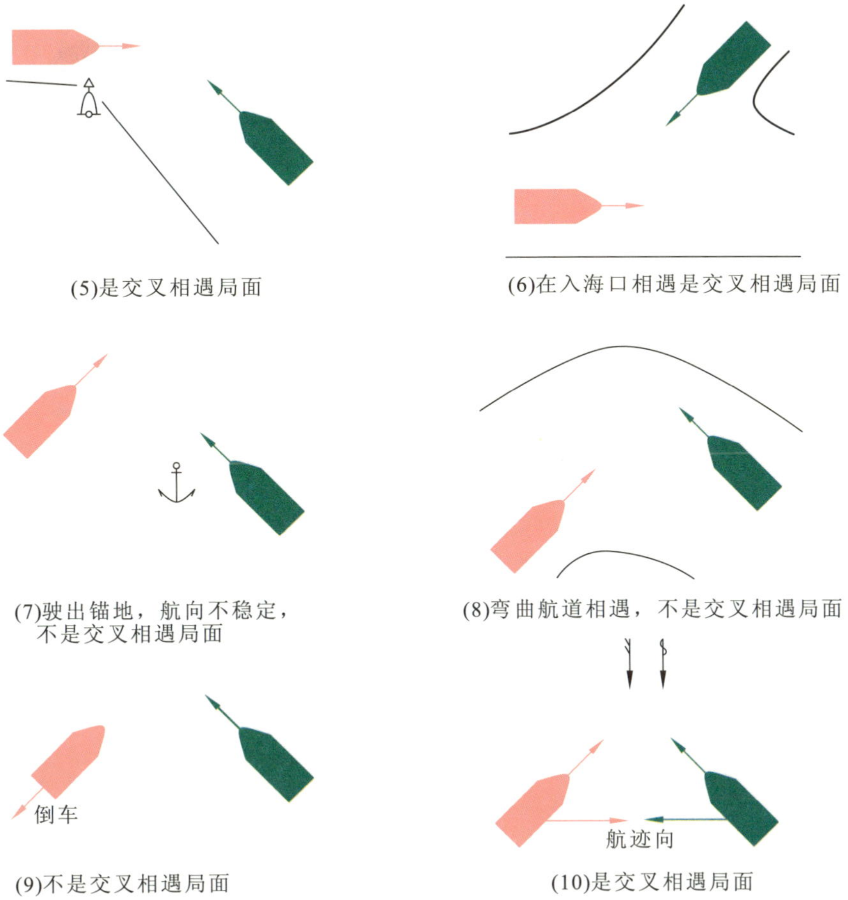

图 5-19　交叉相遇局面的判断

四、避让责任与行动

1. 避让责任

交叉相遇局面船舶间的避让责任：有他船在本船右舷的船舶应给他船让路，船员习惯上称之为“居左”让“居右”。

2. 避让方法及行动准则

(1)通常应大幅度向右转向，即从直航船尾部通过，使直航船能很容易地觉察到让路船的行动；

(2)对右正横交叉的来船也可以向左转绕一圈从直航船的船尾驶过；

(3)避让正横附近来船时用慢车、停车也可以；

(4)应避免横越他船(直航船)的前方，避免与直航船可能的行动产生不协调。

如图 5-20～图 5-22 所示。

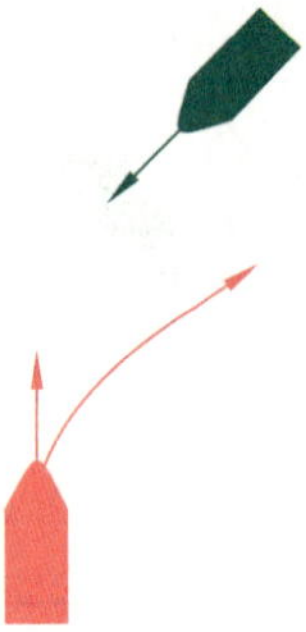

图 5-20　小角度交叉——大幅度右转

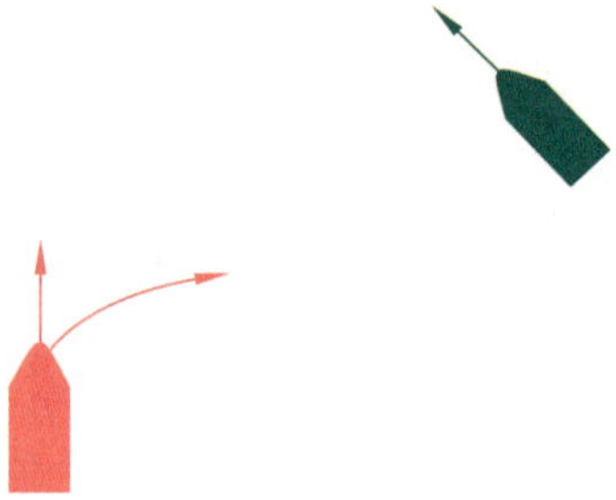

图 5-21　右前 60°来船——大幅度右转

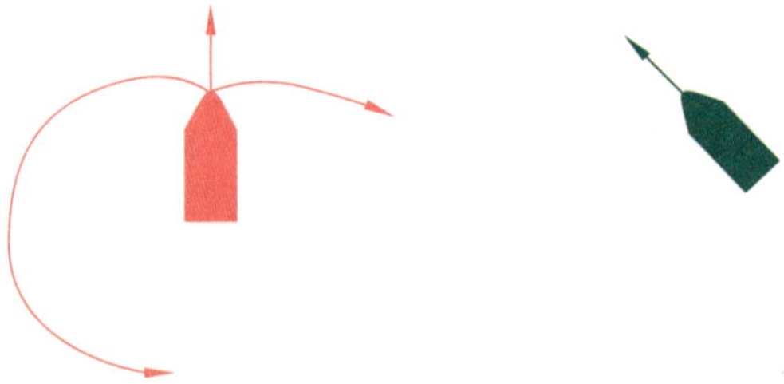

图 5-22　右正横附近来船大角度交叉——左转一周

五、怀疑

在判断是否属于交叉相遇局面时，可能存在以下方面的怀疑：所形成的会遇局面是小角度交叉还是对遇局面，或所形成的会遇局面是大角度交叉还是追越局面。

如对当时局面的判断存有任何怀疑，本船应主动采取避让行动。如图 5-23、图 5-24 所示。

图 5-23　对遇局面与小角度交叉有怀疑时大幅度右转

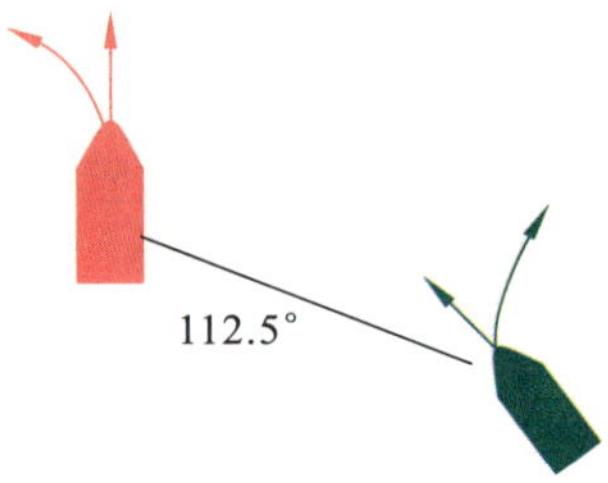

图 5-24　对追越与交叉相遇局面有怀疑时各自假设自己为让路船

六、交叉相遇局面的特点

大角度交叉与追越有类似的特点，小角度交叉与对遇有类似的特点，参照前述对遇局面和追越局面的特点。

七、大角度交叉相遇的避让方法

1. 大角度交叉相遇时让路船的困境

(1)由于相对速度小，两船接近的速度慢，在开始阶段不易引起驾驶员的关注；

(2)让路船在合适距离(2n mile 左右)没有采取让路行动，随着时间的推移，两船之间的距离在逐渐缩小；

(3)当两船距离接近到 1n mile 左右时，让路船考虑到本船的旋回直径，已不可能向右转向从他船的船尾通过；

(4)若让路船向左转一定角度，与直航船保持航向平行，虽不再构成碰撞危险，但在短时间内不能恢复原航向，而只能使两船保持一定横距并驶，在以后的过程中让路船仍很被动；

(5)若采取减速避让，则从理论上说是完全可以的，但在主机没有备车的情况下减速行动的可操作性不强。

2. 大角度交叉相遇的避让方法

(1)在 2n mile 左右时让路船及早采取向右转向行动，在较短的时间内即可从来船的船尾通过，尽管会偏离计划航线较大的距离；

(2)若两船已接近到较小的距离，由于旋回直径的原因使右转已成为不可能时，则让路船可以左转绕一圈，从他船船尾通过。如图 5-25 所示。

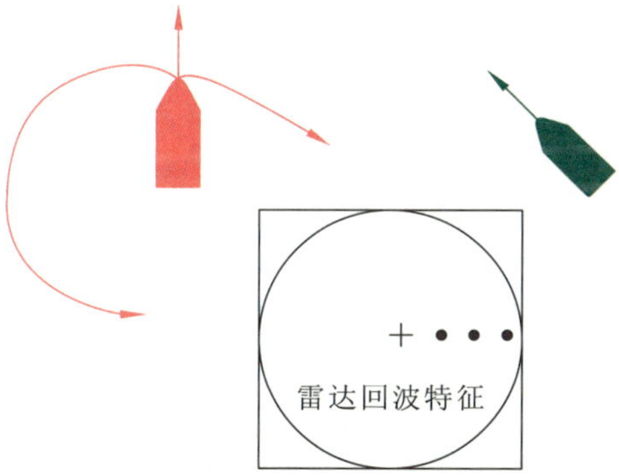

图 5-25　大角度交叉的避让方法

八、应避免横越他船的前方

如图 5-26 所示，来船的相对运动方位线通过本船船首，但 *DCPA* 很小，通常小于 0.5n mile，按《规则》规定，让路船不应横越直航船的前方，但实际上该船很可能采取横越直航船船首方向的行动，应予以注意。

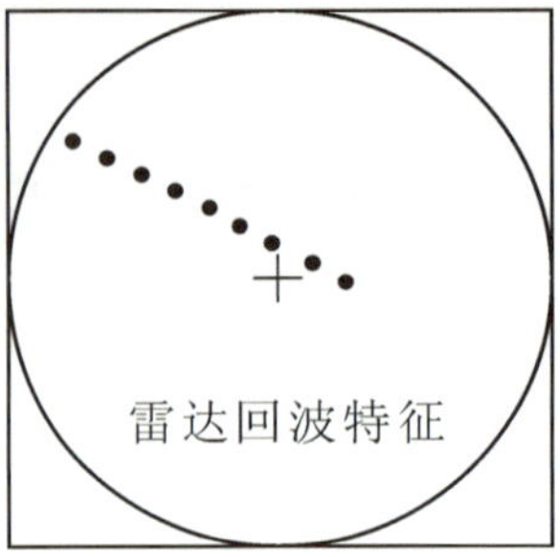

图 5-26　强行超越直航船船首的雷达回波特征

直航船可采取的措施有：应鸣放怀疑和警告声号，可采取右转措施。若让路船的行动已明显地构成横越本船船首的态势，两船之间的距离已不可能使让路船右转通过本船船尾，构成紧迫危险，则直航船可以大幅度左转，置让路船于直航船的右前方，当两船的间距变大后，再逐步恢复原航向。

九、交叉相遇局面碰撞事故主要原因

发生交叉相遇局面碰撞事故的主要原因一般是由于船舶未保持正规瞭望，对局面判断不清且在近距离时突然行动而使双方行动不协调。让路船没有采取及早的、大幅度的、宽裕的让清行动。当对小角度交叉与对遇局面有怀疑及大角度交叉与追越有怀疑时，双方没有采取主动避让的措施等。另外，直航船没有按《规则》第十七条要求行动，没有使用良好船艺进行避让。

案例分析

2003 年 5 月 31 日 1218 时，“富山海”轮与“GDYNIA”轮在波恩荷尔姆岛西北偏北方向约 3n mile 处发生碰撞并导致“富山海”轮沉没的水上交通事故，两船碰撞过程如图 5-27 所示。

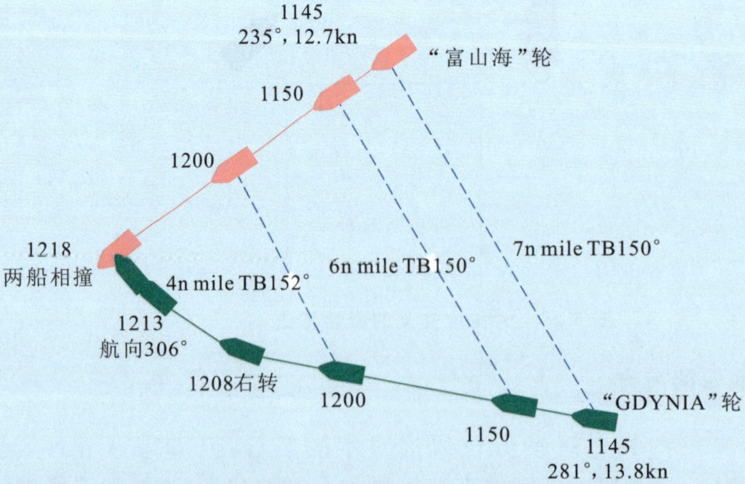

图 5-27　“富山海”轮与“GDYNIA”轮碰撞过程示意图

1. 船舶概况

"富山海"轮：

船名：富山海；种类：散货船；总长：225m；型宽：32.2m；满载吃水：13.6m；总吨：38603；主机功率：8466kW。

"GDYNIA"轮：

船名：GDYNIA；种类：集装箱船；总长：100.6m；型宽：16.6m；满载吃水：6.36m；总吨：3930；主机功率：3840kW。

2. 事故经过

"富山海"轮：

5 月 31 日 1145 时，"富山海"轮航向 235°，航速 12.7kn，此时发现位于其左舷，真方位 150°，距离约 7n mile 的"GDYNIA"轮；1150 时，来船位于真方位 150°，距离 6n mile 处，本船保向保速，并保持对"GDYNIA"轮的观察；1200 时，来船位于真方位 152°，距离 4n mile 处；1210 时，"富山海"轮船长鸣汽笛，发出不少于五次的短声警告；1213 时，船长停车，航速减慢趋势不明显，航向不变；1218 时，两船相撞。

"GDYNIA"轮：

5 月 31 日 1145 时，二副上驾驶台，能见度良好，风向西北偏北，风力 3～4 级，航向 281°，航速 13.8kn；1203 时，二副首次在雷达上标绘了"富山海"轮物标，获取 *DCPA* 为 0.8 n mile，在"GDYNIA"轮船尾通过，此时两船相距 4n mile；1208 时，两轮 *DCPA* 缩小到 0.3 n mile，此时两船相距 2.8n mile，船舶向右转向 25°；1213 时，航向 306°，两轮 *DCPA* 为 0.4 n mile，*TCPA* 为 5.8min；1215 时，二副采取右满舵转向；1218 时，"GDYNIA"轮全速以 90°夹角碰撞"富山海"轮 2、3 舱之间的位置。

3. 事故分析

"富山海"轮：

"富山海"轮作为交叉相遇局面中的直航船，在发现让路船"GDYNIA"轮没有采取有效的避让行动后，依然保向保速航行，违背了《规则》第十七条 2 款的规定。

"GDYNIA"轮：

"GDYNIA"轮在交叉相遇局面中作为让路船，直到两船相距 2.8n mile 时才采取行动，且采取了一连串的小幅度转向避让，违背了《规则》第八条、第十六条的规定。

4. 事故教训

在交叉相遇局面中，让路船应尽可能及早地采取大幅度的行动，宽裕地让清直航船，在采取行动时，还应鸣放相应的声响信号，以使对方明确本船的行动意图。

思考题

1. 试述交叉相遇局面条款的适用条件。
2. 在判断交叉相遇局面时应当注意哪些事项？

3. 在交叉相遇局面中，船舶之间的责任如何确定？
4. 在交叉相遇局面中，让路船和直航船各应如何采取行动？
5. 在交叉相遇局面中，为何规定让路船在采取行动时应当“避免横越他船的前方”？

第六节 让路船的行动
Action by Give-way Vessel

第十六条 让路船的行动

须给他船让路的船舶，应尽可能及早地采取大幅度的行动，宽裕地让清他船。

一、让路船的含义

所谓的让路船是指按《规则》规定，必须给他船让路的船舶。与让路船所对应的为直航船。两船构成碰撞危险，当一船为让路船时另一船即为直航船。

二、让路船与让路行动的联系与区别

“让路船”是《规则》规定的应给他船让路的船舶，《规则》赋予其应该给他船让路的责任，其行动是让路行动。让路行动是船舶所采取的避免碰撞的行动，包括让路船的避让行动、直航船的避让行动和具有同等避让责任和义务的船舶所采取的避让行动。因此，采取让路行动的船舶不一定是让路船，直航船及同等责任船也会有让路行动。

三、《规则》中的让路船

在《规则》中的让路船有：第十二条“帆船”条款中的不同舷受风时的左舷受风船、同舷受风时的上风船；第十三条“追越”条款中的追越船；第十五条“交叉相遇局面”中的有他船在本船右舷的船舶；第十八条“船舶之间的责任”中规定的让路船。

四、让路船的行动要求

本条规定，让路船应及早地、大幅度地、宽裕地让清他船，确保在安全距离上驶过。

案例分析

2009 年 5 月 5 日约 0056 时，“CMB BIWA”轮（以下称“波瓦”轮）与“鲁日渔 1608”渔船在日照港石臼港区 5# 锚地西侧水域发生碰撞，造成“鲁日渔 1608”船 2 人死亡，3 人失踪，碰撞过程如图 5-28 所示。

1. 船舶概况

“波瓦”轮：

船名：CMB BIWA；种类：散货船；总长：189.94m；型宽：32.26m；型深：17.30m；总吨：29963；主机功率：9840kW。

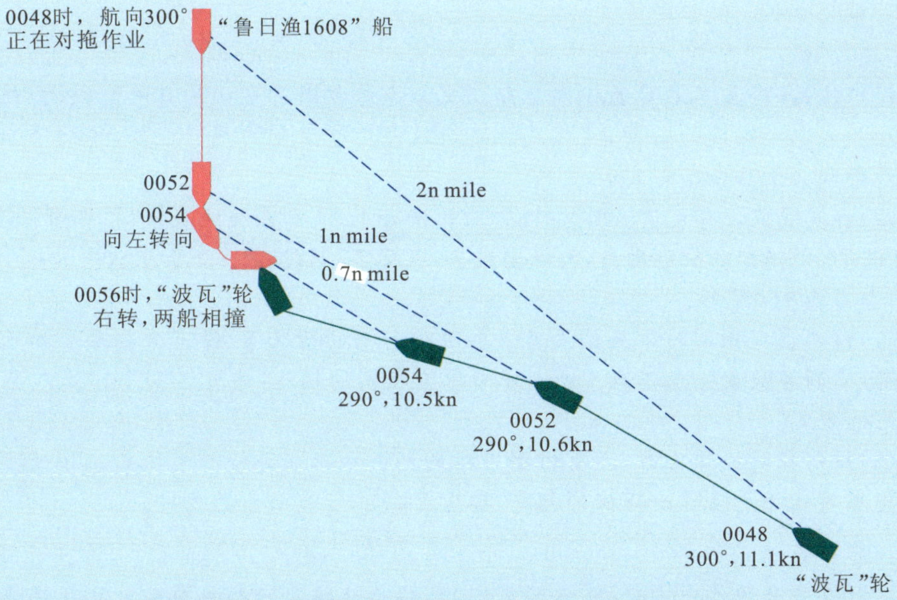

图 5-28　“波瓦”轮与“鲁日渔 1608”船碰撞过程示意图

“鲁日渔 1608”船：

船名：鲁日渔 1608；种类：渔船；总长：25.58m；型宽：5.30m；型深：2.20m；总吨：77；主机功率：25kW。

2. 事故经过

“波瓦”轮：

0048 时，船位 35°14′.6N、119°48′.2E，航向 300°，航速 11.1kn，船长、二副和一名值班水手在驾驶台，两台雷达开启，左侧雷达置于 6n mile 挡，右侧雷达在 3n mile 和 1.5n mile 之间转换，此时发现右舷 5°～10°有三艘渔船驶近，最近一艘距离约 1n mile，另两艘相互靠近，距离本船 2n mile，且显示“很亮的灯光”；0052 时，航向 290°，航速 10.6kn，距离本船最近的渔船从右舷通过，另两艘渔船（“鲁日渔 1608”船和“鲁日渔 1607”船）位于本船船首右舷 10°左右，距离约 1n mile；0054 时，航向 290°，航速 10.5kn，两渔船位于本船船首右舷 10°，相距约 0.7n mile，“波瓦”轮鸣放 5 短声警示；0056 时，航向 290°，航速 10.5kn，距离较近的“鲁日渔 1607”船向左转向，从本船右舷 0.1～0.15n mile 距离通过，“波瓦”轮船长下令右转向避让后，发现“鲁日渔 1608”轮开始向左转向，船长即右满舵避让，其船首与“鲁日渔 1608”船船首右舷发生碰撞。

“鲁日渔 1608”和“鲁日渔 1607”渔船：

0015 时，两渔船下网，作业方式为拉网对拖，航向 180°，航速约 3～4kn，“鲁日渔 1607”船甲板工作灯、航行灯、上绿下白信号灯开启。0040 时，“鲁日渔 1607”船船长看到“波瓦”轮在其东侧向西航行，并当即通过电话告诉“鲁日渔 1608”船驾驶台值班人员“有大船过来”。0056 时，“鲁日渔 1607”船船长观测到“鲁日渔 1608”船在向左转向中与“波瓦”轮发生碰撞，“鲁日渔 1607”船船长立即砍断渔网并搜救落水人员。

3. 事故分析

"波瓦"轮：

(1)"波瓦"轮与其右舷的拖网渔船以交叉态势相遇存在碰撞危险时，作为让路船没有及早采取大幅度的行动，宽裕地让清避让能力受限制的拖网渔船，违反了《规则》第十六条和第十八条的规定。

(2)在发现前方有大量渔船航行、作业的情况下，没有系统地观察"鲁日渔 1607"与"鲁日渔 1608"渔船的航行动态，仍保速航行，违反了《规则》第五条和第六条的规定。

"鲁日渔 1608"船：

(1)该船在观测到对方显然没有采取让路行动的情况下，没有采取最有助于避碰的行动，直到事故发生前不到 1min，才采取左转向的措施，违背了《规则》第八条和第十七条的规定。

(2)该船在对拖作业时，没有根据当时的环境和正在进行的对拖作业导致操纵困难的特点对碰撞危险作出正确的判断，违背了《规则》第七条的规定。

4. 事故教训

在对会遇局势作出充分、正确的判断后，作为让路船的船舶应尽可能及早地采取大幅度的行动，宽裕地让清他船。心存侥幸和犹豫不决会导致形成紧迫危险，耽误最佳避让时机。

思考题

1. 试述"让路船"的含义。
2.《规则》规定的让路船有哪些？
3. 让路船在给他船让路时应遵守哪些要求？

第七节　直航船的行动
Action by Stand-on Vessel

第十七条　直航船的行动

1. (1)两船中的一船应给另一船让路时，另一船应保持航向和航速。

(2)然而，当保持航向和航速的船一经发觉规定的让路船显然没有遵照本规则条款采取适当行动时，该船即可独自采取操纵行动，以避免碰撞。

2. 当规定保持航向和航速的船，发觉本船不论由于何种原因逼近到单凭让路船的行动不能避免碰撞时，也应采取最有助于避碰的行动。

3. 在交叉相遇局面下，机动船按照本条 1 款(2)项采取行动以避免与另一艘机动船碰撞时，如当时环境许可，不应对在本船左舷的船采取向左转向。

4. 本条并不解除让路船的让路义务。

一、直航船的含义

按《规则》规定，两船中的一船应给另一船让路时，则另一船就是直航船。如前述的让路船相对应，在《规则》第十二条、第十三条、第十五条和第十八条都有直航船存在。

二、保持航向和航速

1.保向保速的含义

海员习惯将保持航向和航速称为“保向保速”，意指保持一定的航向和航速，但并非一定要保持完全不变的航向和航速，某些情况下航向和（或）航速的改变仍可称之为保向保速，但航向和（或）航速的改变必须是正当的、合理的，并为让路船所理解的，如：

（1）接送引航员的引航船，大船调整一定的航向使引航船处于下风，以保障引航船的安全；

（2）帆船由于风力变小而减速或迎风掉抢而改向；失控船通常是直航船，但它往往难以保向和（或）保速；

（3）在弯曲航道航行的直航船因航道弯曲的原因自然转向；

（4）被追越船转向和（或）减速协助追越船追越；

（5）直航船前方有碍航物，为避免航行危险而转向；

（6）直航船到达预定转向点而转向；

（7）驶往锚地时准备抛锚而采取的减速和到达港口为了安全而减速；

（8）大风浪中航行时为防止主机超负荷运行而减速；

（9）因风流条件的变化而调整风流压差所做的改向。

上述直航船的转向和（或）减速都属于正当的、合理的且为让路船所理解的。但直航船的下列行动则不属于保向保速：

（1）校正罗经

一艘船舶正在校正罗经，与他船相遇时该船又是直航船，则该船的航向、航速改变不属于保向保速，因为，当有碰撞危险时，该船完全可以暂时中止罗经校正作业而履行直航船保向保速的义务，当两船驶过让清后再进行该项作业。

（2）船舶操纵性能试验

与校正罗经同理，当有碰撞危险时，该船完全可以暂时中止操纵性能试验作业而履行直航船保向保速的义务，当两船驶过让清后再进行该项作业。

上述两种船舶所进行的操作并非是很紧急的操作，仅是正常的校正与测试作业，当有其他船舶驶近并存在碰撞危险时，应首先履行直航船保向保速的义务。

2.保向保速的意义

保向保速的目的在于使让路船能准确地掌握直航船的运动状态，对两船的会遇局面作出正确的判断，从而毫不犹豫地采取避让行动。直航船保向保速，既是《规则》赋予直航船的权利，也是其应当履行的责任和义务。

3.保向保速的适用时机

两船相遇致有构成碰撞危险，有关避让条款即适用，此时，直航船就应该履行保向保速的责任和义务。其中，追越时以构成追越局面作为保向保速规定生效的依据，《规则》第十八条虽然未明文规定是否要以构成碰撞危险为条件，但一般认为仍是以构成碰撞危险作为直航船保向保速规定生效的依据。

4. 终止保向保速的最早时机

本条规定，当保持航向航速的船一经发觉规定的让路船显然没有遵照本规则条款采取适当行动时，该船即可独自采取操纵行动，以避免碰撞。

(1) 直航船终止保向保速的最早时机

当直航船一经发觉让路船显然没有按规则要求行动时，则《规则》允许直航船可以终止保向保速而采取"独自行动"，此时终止保向保速并非强制的，而是自行决定的，即直航船可以终止保向保速而采取独自行动，也可以继续保向保速再等待让路船采取行动。应注意的是，直航船过早的终止保向保速是违反规则的。

(2) 在最早时机终止保向保速的目的

直航船在规定的终止保向保速的最早时机终止了保向保速而采取独自行动，其目的是为了避免紧迫局面。若此时暂时不采取独自行动而继续保向保速，则紧迫局面就有可能形成。

(3) 对"让路船显然没有按规则要求行动"的解释

"让路船显然没有按规则要求行动"通常理解为：让路船违反《规则》要求行动，如交叉相遇时让路船采取左转和(或)增速的行动强行横越直航船的船首，或让路船根本没有按《规则》要求行动，或其行动幅度不够大，无法保证在安全距离上驶过。在海上实践中，通常认为交叉相遇中的让路船在 2n mile 左右尚没有按《规则》要求行动，则直航船可以终止保向保速而采取独自行动，采取独自行动的距离与实际会遇局面、两船相对速度大小、船舶大小、自然条件、交通条件和船舶条件等有关。

5. 终止保向保速的最晚时机

本条规定，当规定保持航向和航速的船，发觉本船不论由于何种原因逼近到单凭让路船的行动已不能避免碰撞时，也应采取最有助于避碰的行动。

(1) 终止保向保速的最晚时机

当直航船发觉本船不论由于何种原因逼近到单凭让路船的行动已不能避免碰撞时，必须终止保向保速，这是《规则》要求的，且是强制性的要求，是直航船终止保向保速的最晚时机。若直航船在此时仍不终止保向保速而继续航行，则是违反《规则》的行为，而且是十分危险的。

(2) 在最晚时机终止保向保速的目的

直航船在规定的终止保向保速的最晚时机终止了保向保速而采取"最有助于避碰的行动"，其目的是为了避免紧迫危险。若此时再不采取行动而终止保向保速，则紧迫危险就即将形成。

(3) 对"不论由于何种原因"的解释

不管形成当前局面的原因是由于让路船显然没有按规则要求采取行动，还是直航船在

“最早时机”没有终止保向保速，或是由于其他种种原因，只要业已达到单凭让路船的行动已经不能避免碰撞的程度，直航船就必须终止保向保速而采取最有助于避碰的行动，否则是一种严重违反《规则》的行为。

在海上实践中，通常认为交叉相遇中的两船接近到 1n mile 左右时，直航船应终止保向保速而采取最有助于避碰的行动。采取最有助于避碰的行动的距离与实际会遇局面、两船相对速度大小、船舶大小、自然条件、交通条件和船舶条件等有关。

三、直航船的行动

本条明确了直航船在不同阶段的行动要求，应按《规则》要求作出相应的行动。

1. 保向保速航行

如前所述，直航船在碰撞危险构成的初始阶段，就应按《规则》要求履行保向保速的责任和义务，以便使让路船掌握直航船的动态而采取果断的行动。

2. 独自行动

《规则》给予了直航船终止保向保速的最早机会，即一经发觉规定的让路船显然没有遵照本规则条款采取适当行动时，该船即可独自采取操纵行动。

采取独自行动的操作要领：

(1)在采取行动之前，鸣放至少 5 声短而急的声号和闪光信号，以表示无法理解他船的意图和行动、怀疑他船是否采取足够避让的行动；还可以通过 VHF 呼叫他船，与他船建立联系与沟通。

(2)密切注视他船进一步的动态，主机做好随时操纵的准备，改用手操舵，必要时请船长上驾驶台。

(3)在独自采取行动时，注意操舵的舵角应保证船舶能够迅速完成转向，船舶转向幅度至少 30°以上；如采用减速，可先停车再微速前进。在采取操纵行动时应鸣放相应的操纵行动声号和显示相应信号。

(4)交叉相遇的直航船不应向左转向，否则将被指控犯有严重过失。

(5)为避免与让路船的行动不协调，通常情况下，直航船宜采取背着他船转向的行动，在转向时要充分注意到他船穿越本船船首的情况。

(6)直航船独自行动还应注意是否会与第三船形成紧迫局面，或构成航行危险，若存在这些问题，则直航船不宜采取转向行动，也应当避免朝着让路船转向，可以采取大幅度减速措施，必要时把船完全停住。

3. 最有助于避碰的行动

根据《规则》的规定和良好船艺的要求，最有助于避碰的行动应是能够避免碰撞，或者在碰撞不可避免的情况下能够尽量减少碰撞损失的行动，包括转向、停车、倒车、停船等措施。在采取最有助于避碰的具体行动时，如当时环境许可，船舶应当遵守《规则》有关条款的要求采取相应的行动。如当时环境不许可，直航船可以背离《规则》采取行动，并运用良好的船艺。

直航船在采取最有助于避碰的行动时，对于交叉相遇局面，首先应考虑右转或减速，若右转或减速已不能有效避免碰撞，则可左转，如图 5-29、图 5-30 所示。

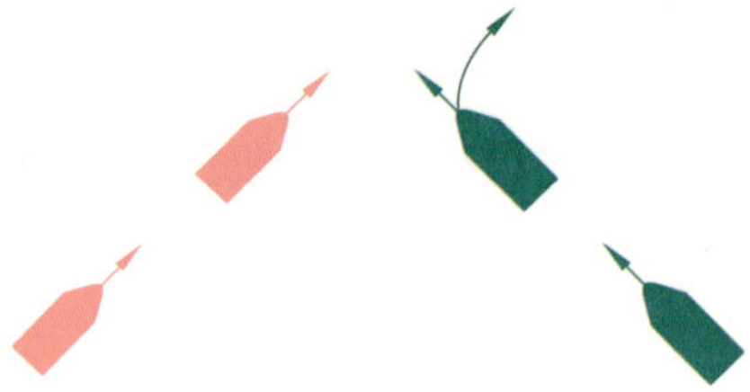

图 5-29　直航船最有助于避碰的行动——大幅度右转

图 5-30　直航船最有助于避碰的行动——大幅度左转

一般情况下，如来船还未进入本船的旋回圈范围之内，即本船尚处在最晚施舵点之前，直航船宜用转向避让；若来船已进入本船旋回圈范围内，则用车让或车、舵结合避让，并注意用 VHF 沟通与协调。即使碰撞已不可避免，也应采取尽量减小碰撞损失的行动。

4. 交叉相遇局面时直航船的行动要求

本条规定，在交叉相遇局面下，直航船在独自采取行动时，应鸣放短而急的五短声，如当时环境许可，不应对让路船采取向左转向，应右转即背着他转向，并鸣声号一短声，如图5-31 所示。

图 5-31　直航船独自行动不应左转

对于直航船采取减速的独自行动，应密切注意让路船可能采取的行动，由于两船驾驶员对当时会遇局面的紧迫程度的判断能力、水准等有所不同，当直航船采取减速行动时，让路船有可能在同一时间或稍后采取向右转向的措施，而直航船的减速与让路船的右转是效果抵消的，因此，直航船一旦发觉让路船采取右转行动，不应继续减速。

四、让路船的相应行动

本条规定，在直航船采取各种避免碰撞的行动时，并不解除让路船的让路义务，不免除让路船的让路责任。让路船仍应按《规则》有关要求采取相应的行动，如第八条、第十六条等。

五、碰撞的四个阶段

以两艘机动船交叉相遇，来船的方位不变但距离不断缩小的局面为例，对碰撞局面的过程进行分析，如图 5-32 所示。

(1)自由行动阶段：在 6n mile 以外或 6～8n mile 时，远距离不存在碰撞危险，《规则》尚未适用，两船均可以自由行动。

(2)让路船及早行动阶段：在相距 3～6n mile 时，直航船按规定应保向保速，而让路船应采取及早的、大幅度的行动，并应能导致在安全距离上驶过。

(3)直航船可以采取独自行动：在相距 2n mile 左右时，直航船发现让路船显然没有按规则要求行动时，直航船应鸣放警告声号及闪光信号，直航船可以终止保向保速而独自采取行动，但在交叉相遇时，直航船不应左转。在直航船独自行动时，让路船的避让责任并不免除。

(4)直航船应采取最有助于避碰的行动：在相距 1n mile 时，直航船发现单凭让路船的行动已不能避免碰撞时，直航船与让路船均应采取最有助于避碰的行动。

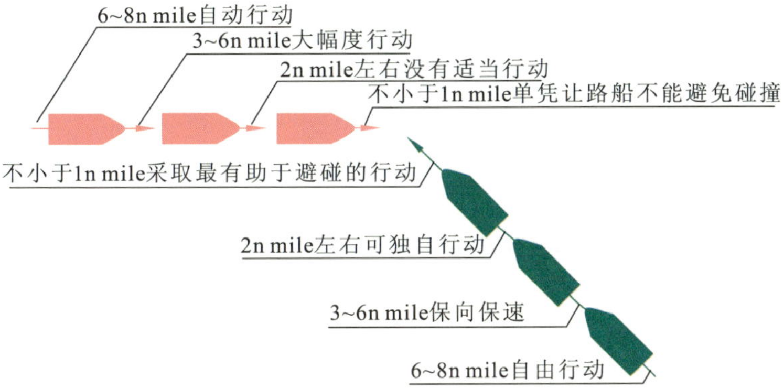

图 5-32　船舶碰撞的四个阶段

六、碰撞事故的主要原因

从直航船行动要求的角度分析，造成船舶碰撞事故的主要原因有：

(1)没有正规瞭望；

(2)让路船没有及早地、大幅度地、宽裕地让清来船；

(3)直航船过早终止保向保速而提前行动，造成双方不协调；

(4)直航船在发现单凭让路船行动已不能避免碰撞时，没有采取最有助于避碰的行动；

(5)让路船没有采取最有助于避碰的行动；

(6)在最后阶段，双方都没有应用良好船艺，双方行动不协调或操作有误。

案例分析

2007 年 3 月 17 日 2251 时，“惠荣”轮与“鹏延”轮在浙江舟山群岛海域发生船舶碰撞事故，概位 30°32′.5N、123°15′.6E，两船碰撞过程如图 5-33 所示。

1. 船舶概况

"惠荣"轮:

船名:惠荣;种类:杂货船;总长:154.48m;型宽:22.36m;型深:14.00m;总吨:14417;装载情况:660t 钢材、13000t 碱。

"鹏延"轮:

船名:鹏延;种类:散货船;总长:223.0m;型宽:32.2m;型深:17.8m;总吨:34886;装载情况:56330t 煤炭。

2. 事故经过

2205 时,"惠荣"轮航向 171°,航速 11.6kn;"鹏延"轮航向 196°,航速 10.9kn,位于"惠荣"轮真方位 100.1°,距离 3.32n mile 处。2242 时,"惠荣"轮航向 178°,航速11.9kn;"鹏延"轮航向 194°,航速 11.2kn,位于"惠荣"轮真方位 88.8°,距离 0.99n mile 处。

2243 时,"惠荣"轮开始向左转向;2247 时,航向 147°,航速 11.8kn;2248 时,航向 100°,航速 10.1kn;2251 时航向 019°,航速 3.9kn。2247 时,"鹏延"轮开始向右大幅度转向;2248 时,航向 248°,航速 9.3kn;2249 时,航向 269°,航速 8.5kn;2251 时,航向 317°,航速 2.8kn。之后两船以 70°～80°角发生碰撞,约 2306～2311 时,"惠荣"轮沉没。

3. 事故分析

"惠荣"轮:

在与"鹏延"轮形成交叉相遇致有碰撞危险时,"惠荣"轮作为直航船,在 2243 时采取了左转向行动,完全抵消了"鹏延"轮右转向避让的行动,没有采取最有助于避碰的行动,违背了《规则》第十七条的规定。

"鹏延"轮:

在与"惠荣"轮形成交叉相遇局面后,"鹏延"轮作为让路船,没有及早采取大幅度的避让行动,在两船距离小于 1n mile 时才采取向右转向的避让措施,没有采取最有助于避碰的行动,违背了《规则》第八条和第十六条的规定。

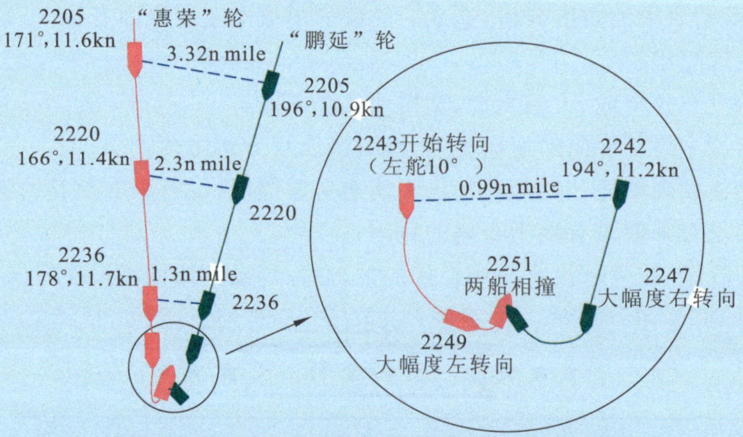

图 5-33　"惠荣"轮与"鹏延"轮碰撞过程示意图

4. 事故教训

在交叉相遇局面中，直航船在保向保速的同时，应采取一切可用手段保持对让路船行动系统、连续的观察，一旦发现单凭让路船的行动不能避免碰撞时，应采取最有效的措施避免碰撞，如当时环境许可，应避免对本船左舷的船舶采取向左转向的避让行动。

思考题

1. 试述"直航船"的含义。

2.《规则》规定的直航船有哪些？

3. 试述直航船"保持航向和航速"的含义。

4. 直航船"可以"和"应该"终止保向保速而采取行动的时机如何确定？

5. 直航船在采取行动时应遵守哪些原则？对交叉相遇局面中的直航船有何特殊规定？

6. 以交叉相遇局面为例，分析让路船和直航船分别在碰撞局面形成过程中四个阶段的义务和应当采取的行动。

第八节　船舶之间的责任
Responsibility between Vessels

第十八条　船舶之间的责任

除第九、十、十三条另有规定外：

1. 机动船在航时应给下述船舶让路：

(1)失去控制的船舶；

(2)操纵能力受到限制的船舶；

(3)从事捕鱼的船舶；

(4)帆船。

2. 帆船在航时应给下述船舶让路：

(1)失去控制的船舶；

(2)操纵能力受到限制的船舶；

(3)从事捕鱼的船舶。

3. 从事捕鱼的船舶在航时，应尽可能给下述船舶让路：

(1)失去控制的船舶；

(2)操纵能力受到限制的船舶。

4. (1)除失去控制的船舶或操纵能力受到限制的船舶外，任何船舶，如当时环境许可，应避免妨碍显示第二十八条规定信号的限于吃水的船舶的安全通行。

(2)限于吃水的船舶应充分注意到其特殊条件,特别谨慎地驾驶。

5. 在水面的水上飞机,通常应宽裕地让清所有船舶并避免妨碍其航行。然而在有碰撞危险的情况下,则应遵守本章条款的规定。

6. (1)地效船在起飞、降落和贴近水面飞行时应宽裕地让清所有其他船舶并避免妨碍他们的航行;

(2)在水面上操作的地效船应作为机动船遵守本章条款的规定。

一、适用范围

本条适用于互见中的船舶。船舶的种类应满足《规则》第三条"一般定义",且按规定显示相应的号灯、号型。本条用于确定不同种类的船舶之间的避让责任。

二、确定避让责任的原则

本条根据船舶的有效避让能力来确定船舶之间的避让关系,即"等级制"原则:"避让能力好"的船应避让"避让能力差"的船。

三、与其他有关避让条款的关系

本条规定,除第九、十、十三条另有规定外,不同种类的船舶按第十八条规定确定避让关系。当两船相遇时,可能同时适用两个条款,如追越条款与第十八条船舶之间责任条款。应确定条款优先使用的次序。第十八条与《规则》中其他有关避让的条款之间的优先次序如图 5-34 所示。

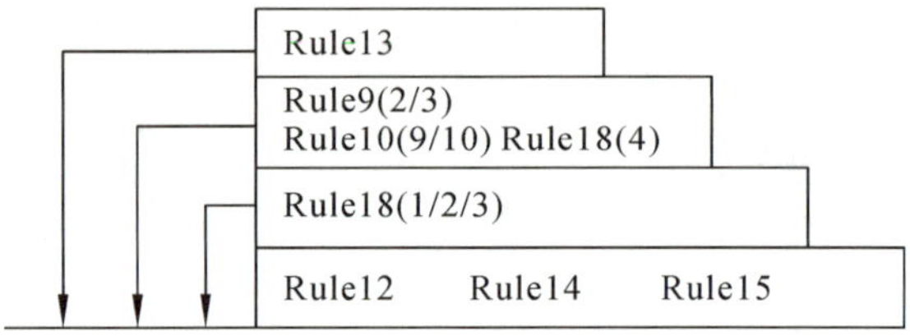

图 5-34 有关避让条款的优先次序图

四、不同种类船舶的避让关系

不同种类的船舶之间的避让关系如图 5-35 所示。

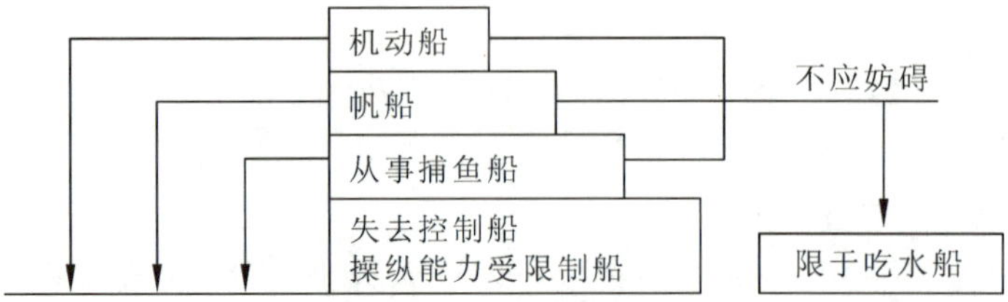

图 5-35 船舶之间的责任关系图

五、限于吃水的船舶的责任

虽然本条规定除失去控制的船舶或操纵能力受到限制的船舶外，任何船舶，如当时环境许可，应避免妨碍限于吃水的船舶的安全通行，但在有碰撞危险的情况下，限于吃水的船舶以机动船论处，应遵守《规则》第二章有关避让的条款。限于吃水船用减速、停车的方法避让比较有效，在狭水道或航道中，大幅度转向避让的措施对限于吃水的船舶不适用，具有水域宽度的限制。因此，《规则》告诫限于吃水的船舶应充分注意到其特殊条件，特别谨慎地驾驶，在狭水道或航道航行时应注意备车、备锚。

六、从事捕鱼的船舶的责任

从事捕鱼的船舶其特点为：行动缓慢、成群结队、灯光特殊、渔具闪光。本条规定从事捕鱼船不应妨碍限于吃水的船舶，在当时环境（指其捕鱼方式）许可情况下，不应妨碍限于吃水的船舶通行。另外应注意的是，对于从事捕鱼船，当它遇到操纵能力受限制的船舶、失去控制的船舶时，从事捕鱼船是让路船。

七、水上飞机的责任

本条规定，在水面的水上飞机，通常应宽裕地让清所有船舶并避免妨碍其航行。然而在有碰撞危险的情况下，则应遵守本章条款的规定。

在水面的水上飞机较一般船舶具有优越的机动性能，根据其实际速度必要时还可飞离水面，有能力做到不与他船形成碰撞危险。

水上飞机在水面的状态可以分为慢速滑行（码头与起降水域之间的滑行道）、在起降水域加速起飞或减速降落。当水上飞机在慢速滑行时，其速度与一般船舶差别不明显，但在起飞或降落时的速度视不同机型可以达到 200km/h 左右，从水面避碰的角度说，水上飞机具有优良的操纵和避碰性能。通常情况下，水上飞机在起降时有其专用水上跑道，且在起降操作时不允许有其他船舶或物体存在于起降水域内，通过交通管制得以实现。而在非起降期间，该水域往往为所有船舶共用。

《规则》规定，在水面上的水上飞机通常应宽裕地让清所有船舶并避免妨碍其航行。“宽裕地让清(keep well clear of)”，是指“远离”，不仅要求避免妨碍其他船舶“通行或安全通行”，而且要求水上飞机在会遇局面构成之前，履行远离他船的义务，以避免与其他船舶形成会遇局面和产生碰撞危险；“避免妨碍其航行”的本质含义是指水上飞机在水面航行时应当远离其他船舶，使其他船舶不因水上飞机的驶近而影响其原来的航行状态。

由于种种原因，当水上飞机与其他船舶相遇在事实上构成碰撞危险时，则应遵守《规则》“驾驶与航行规则”的有关规定。因此，根据具体的会遇局面，水上飞机作为机动船既有可能是让路船，履行应给他船让路的责任和义务，也有可能成为直航船而履行直航船的责任和义务。

应特别注意的是，“宽裕地让清”并非指水上飞机肯定就是让路船，仅仅是特别强调“远离他船”的程度。

八、地效船的责任

本条规定，地效船在起飞、降落和贴近水面飞行时应宽裕地让清所有其他船舶并避免妨碍他船的航行，在水面上操作的地效船应作为机动船遵守本章各条。

《规则》对地效船作出这个规定主要是考虑到地效船在起飞、降落和贴近水面飞行时具有良好的机动操纵性能，能够做到与其他船舶避免形成碰撞危险和避免妨碍他船航行。

要求地效船宽裕地让清所有的船舶并避免妨碍其航行，其“宽裕地让清”和“避免妨碍其航行”的含义与本条的水上飞机条款的含义相同，但是，对于地效船而言，这一要求，不仅适用于地效船与他船构成碰撞危险之前，也适用于地效船与他船构成碰撞危险之后。

在水面上操作的地效船（即除在起飞、降落和贴近水面飞行外）作为一般机动船遵守《规则》各条的规定，在水面操作的地效船不负有“宽裕地让清”所有的船舶并“避免妨碍其航行”的责任和义务。

九、气垫船和水翼船的责任

《规则》本身并未对气垫船、水翼船与其他船舶之间的责任作出特别的规定。因此，气垫船、水翼船即使是处于非排水状态下航行时，也应按机动船确定它们的责任和义务。考虑到这类船舶具有良好的操纵性能，按照良好船艺的要求，在高速行驶时，通常应当及早采取行动，宽裕地让清他船，避免产生碰撞危险，但在事实上产生碰撞危险后，这类船舶仍按机动船的身份根据具体会遇局面来确定避让关系。

十、同类型船之间的避让责任

《规则》未对同类型船舶之间的避让责任作明确规定，因此，同类型船舶之间遵循使用良好船艺的要求进行避让。当存在碰撞危险时，两艘从事捕鱼船之间、两艘操纵能力受限制的船舶之间、两艘失去控制的船舶之间以及操纵能力受限制船舶与失去控制的船舶之间均应使用良好船艺进行避让。另外，即使是不同类型的船舶，在三艘或三艘以上船舶相遇，致有构成碰撞危险时，这是一种特殊情况，《规则》未作出明确规定，也应使用良好船艺进行避让。

案例分析

1998 年 11 月 19 日 2155 时，“振乐 3”轮与因主机故障而停车维修的“鲁荣水 120”轮在 36°30′.864N、122°48′.280E 处发生碰撞事故，导致“振乐 3”轮沉没，“鲁荣水 120”轮船体严重破损，两船碰撞过程如图 5-36 所示。

1. 船舶概况

“振乐 3”轮：

船名：振乐 3；总长：65.60m；型宽：11.5m；型深：6.2m；空载吃水：2.09m；满载吃水：4.95m；总吨：1139；主机功率：735kW；装载情况：1558t 地面砖。

“鲁荣水 120”轮：

船名：鲁荣水 120；总长：31.88m；型宽：5.7m；型深：2.6m；型吃水：2.0m；总吨：

97；主机功率：202kW；装载情况：5t 鲅鱼。

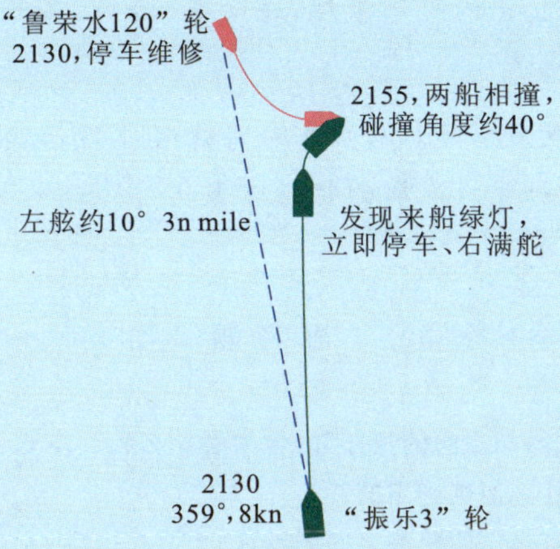

图 5-36　“鲁荣水 120”轮与“振乐 3”轮碰撞过程示意图

2. 事故经过

“鲁荣水 120”轮：

11 月 19 日 1840 时，“鲁荣水 120”轮从石岛港起航，驾驶台由大副和一名水手值班，航向 150°，航速 10kn；约 2130 时，轮机长发现主机油泵不回油，即通知大副停车维修，大副打开两盏环照红灯，同时关闭桅灯；停车后约 10min，受北偏西风影响，船首向转为 080°，此时发现一艘大船由南向北驶来，观测到来船的两盏桅灯和两盏舷灯，距离不足 2n mile；在两船相距很近的时候，大副开始闪信号灯以警告对方，但很快两船发生碰撞。

“振乐 3”轮：

11 月 19 日约 2130 时，“振乐 3 轮” 航向 359°，航速 8kn，航行灯及一台雷达开启，使用 3n mile 挡，此时“鲁荣水 120”轮位于船首左舷 10°～20°，距离 3n mile，船长目视其红灯，即判断为对驶船；距离接近到 0. 1～0. 2n mile 时，突然发现对方船的绿灯，船长立即下令停车、右满舵；2155 时，船首左侧与“鲁荣水 120”发生碰撞，碰撞角度约 40°。

3. 事故分析

“振乐 3”轮：

(1)在“鲁荣水 120”轮悬挂失控船的号灯后，“振乐 3”轮没有履行让路船的义务，继续保向保速航行，其行为违反了《规则》第十六条、第十八条的规定。

(2)2130 时，“振乐 3”轮本应看到来船的两盏红灯，但只看到一盏红灯后，没有对来船系统、连续地观察，即断定为对驶船，违反了《规则》第五条、第七条的规定。

(3)“振乐 3”轮一直以不低于 8kn 的航速航行，直到相距 0. 1～0. 2n mile 时，才采取减速、倒车的行动，违反了《规则》第八条的规定。

“鲁荣水 120”轮：

“鲁荣水 120”轮在主机维修期间，虽已悬挂失控船的号灯，但仍应保持正规瞭望，该船在两船相距很近时才发出闪光信号灯，违反了《规则》第五条、第七条的规定。

4. 事故教训

船舶在航行时，发现来船号灯后应充分考虑可能显示该号灯的船舶类型，并对其进行系统观察以确定下一步应采取的行动方案。

思考题

1.《规则》第十八条所指的“船舶之间的责任”的含义是什么？

2. 船舶之间的责任是根据什么原则确定的？

3. 应如何处理《规则》中没有规定的船舶之间的责任？

第六章　船舶在能见度不良时的避碰
Collision Avoidance in Restricted Visibility

本章重点

1. 适用范围。
2. 能见度不良时的航行戒备与船舶避让。

学习任务

1. 条款的适用能见度。
2. 能见度不良时的航行戒备措施、船舶之间的避让关系、避让方法和行动要求。

课程目标

1. 知识目标

(1)掌握适用能见度。

(2)掌握能见度不良时的戒备措施。

(3)掌握仅凭雷达发现他船并判断存在碰撞危险，采取转向行动时关于转向方向的要求。

(4)掌握听到他船雾号显似在正横前或与正横前的他船不能避免紧迫局面时的行动要求。

(5)熟练掌握雷达标绘方法，了解 AIS 在船舶避碰中的作用。

(6)熟练掌握两船避让行动协调性的分析方法。

2. 能力目标

(1)能正确评判能见度不良时条款的适用条件。

(2)戒备措施的正确使用，包括主机备车、灯光和声响信号使用、雷达瞭望和安全航速。

(3)能正确判断船舶之间的避让关系，以及从不互见到互见时避让关系的变化。

(4)当仅凭雷达发现他船并判断存在碰撞危险，能按照规则的规定正确确定转向的方向。

(5)当听到他船雾号显似在正横前或与正横前的他船不能避免紧迫局面时，能依据规则采取有效地慢车，必要时停车的避让行动。

(6)从碰撞危险判断、避让行动、驶过让清和恢复原航行状态全过程能进行快捷和正确的雷达标绘。

(7)能正确分析一船行动或两船同时行动后 DCPA、TCPA 的变化规律,分析避碰协调性。

3. 素质目标

(1)从航行安全角度出发,具备正确实施戒备的专业素质;同时具备正确分析会遇局面、判断碰撞危险和实施有效避让行动的能力,确保船舶在能见度不良的水域中安全航行。

(2)从海事安全管理角度出发,具备分析戒备措施有效性和避让行动规范性的业务素质;在船舶发生碰撞后能依据规则分析双方过失并确定双方责任。

(3)思政素质目标:尊重客观事实,尊重事物发展的客观规律,防范风险,实现综合素质提升。包括:

①强化安全理念(从量变到质变、从 risk 到 danger,以防为主);

②注重风险意识,防微杜渐(积极采取有效的戒备措施);

③勇于担当(双方均应采取主动积极的避让行动);

④坚毅果敢的工作作风(一旦判明局面,采取“早、大、宽、清”的避让行动);

⑤良好的船员职业道德和大局意识(在船舶避让行动中以大局安全为重,积极有效地采取协调一致的行动)。

案例导入

“船舶在能见度不良是的行动规则”是船舶在能见度不良时航行和避让的原则。《规则》规定了会遇双方的避让关系,明确了避让责任,提出了在避让过程中的有关避让要求。船舶在能见度不良时发生碰撞,除其他疏忽外,往往存在对当时会遇局面与碰撞危险判断不清、避让行动违反《规则》要求,没有使用良好船艺和双方不协调等疏忽。

案例:2018 年月 7 日,H 轮与 ZB 轮在舟山朱家尖西侧水域发生碰撞发生,事故造成 H 轮沉没,3 人死亡。事发时偏东风 5～6 级,阵风 7 级,海面能见距离不足 100m。

经有关海事主管机关认定,碰撞双方除存在其他疏忽外,H 轮在接近锚泊水域时,未确定当时通航环境情况即采取右转向穿越狭水道,违反了《规则》第十九条第 3 款的规定;ZB 轮在能见度不良时未使用安全航速航行,导致未能采取有效的避碰行动,违反了《规则》第六条及第十九条第 2 款的规定。

通过本案例,结合本章内容,提出如下思考:

(1)“船舶在能见度不良时的行动规则”对船舶安全航行与避让具有怎样的重要意义?

(2)如何深刻领会“船舶在能见度不良时的行动规则”条款(第十九条)?

(3)在航海实践中,为严格执行“船舶在能见度不良时的行动规则”,具体应怎么做?

第十九条　船舶在能见度不良时的行动规则

1. 本条适用于在能见度不良的水域中或在其附近航行时不在互见中的船舶。

2. 每一船应以适合当时能见度不良的环境和情况的安全航速行驶，机动船应将机器作好随时操纵的准备。

3. 在遵守本章第一节各条时，每一船应充分考虑到当时能见度不良的环境和情况。

4. 一船仅凭雷达测到他船时，应判定是否正在形成紧迫局面和(或)存在着碰撞危险。若是如此，应及早地采取避让行动，如果这种行动包括转向，则应尽可能避免如下各点：

(1)除对被追越船外，对正横前的船舶采取向左转向；

(2)对正横或正横后的船舶采取朝着它转向。

5. 除已断定不存在碰撞危险外，每一船当听到他船的雾号显似在本船正横以前，或者与正横以前的他船不能避免紧迫局面时，应将航速减到能维持其航向的最小速度。必要时，应把船完全停住，而且，无论如何，应极其谨慎地驾驶，直到碰撞危险过去为止。

第一节　适用范围
Application

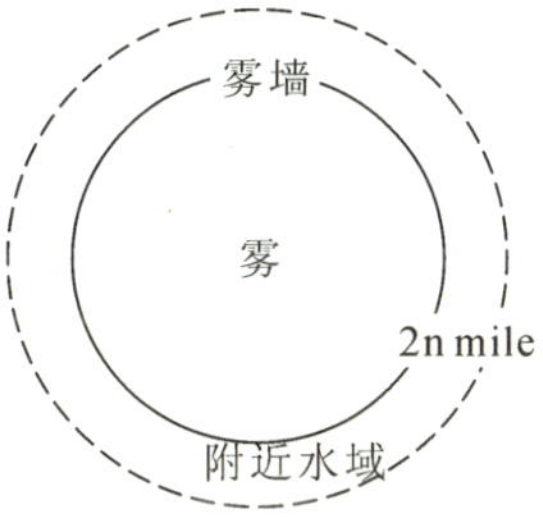

图 6-1　能见度不良的水域及附近

一、适用水域

能见度不良时的行动规则适用于在能见度不良的水域中或在其附近。所谓“在能见度不良的水域中”，即船舶已经驶入能见度不良的水域范围；所谓“附近”即船舶虽然处在能见度良好的水域，但其附近水域却是能见度不良，通常是指雾墙外缘向外扩展至号笛听距的范围。按 $L\geqslant200$m 船舶来考虑，其听距为 2n mile，则“附近”基本确定为雾墙外缘向外扩展2n mile的范围。从安全的角度考虑，船舶在实际航行时，可以将“附近”范围适当扩大，以能见度不良时的要求来戒备与航行，如图 6-1 所示。

二、适用船舶

适用于在能见度不良的水域及其附近航行时不互见的任何船舶。对于本条而言，主要针对在航船舶的避让，包括在航对水移动和在航不对水移动。

三、适用能见度

《规则》对能见度不良的定义本身就没有作定量的规定，通常认为，当视距小于 5n mile 时应认为是能见度不良，并适用本条规定。

四、适用条件

按条文规定，本条适用于不互见的船舶。一旦两船处于互见中，不再适用于本条，两船即应按《规则》第二章第二节"互见中的行动规则"航行和避让。

应注意的是，当一船与另一船虽已处于互见中，从规则的适用条件上讲，该两船之间已不适于本条规定，但与其他船舶可能尚处于不互见之中，因此，所有在能见度不良的水域中及其附近航行的船舶应保持高度戒备，两艘已处于互见中并按互见中行动规则进行避让的船舶，应注意到与周围其他船舶不互见的可能性。

五、声号的使用

由能见度不良不互见到互见并采取行动时，已处于互见中的两船应鸣放的声号包括互见中的行动声号和能见度不良时的声号，其中，行动声号是针对已处于互见中船舶，雾号则是针对周围尚未互见的船舶。两种声号鸣放时，应合理选择鸣放时机，保持必要的时间间隔以避免声号混淆、交叉。

六、船舶之间的避让关系

在能见度不良时不互见的两船，双方负有同等避让责任与义务。此时，不存在让路船与直航船之分，但《规则》中对某些船舶的"不应妨碍"要求仍然有效。

思考题

1. 试述能见度不良条款适用于哪些水域、哪些船舶。
2. 能见度不良水域中由不互见到互见时声号如何使用？
3. 能见度不良水域中由不互见到互见时"行动规则"如何使用？

第二节　船舶在能见度不良时的航行戒备
Precautions of Vessel in Restricted Visibility

本条 2 款和 3 款规定，每一船舶应以适合当时能见度不良的环境和情况的安全航速行驶，机动船应将机器作好随时操纵的准备。在遵守第二章第一节"船舶在任何能见度情况下的行动规则"各条时，每一船舶应适当考虑到当时能见度不良的环境和情况。

一、适于能见度不良的戒备

1. 瞭望

在遵循《规则》第五条"瞭望"条款时，应针对能见度不良的情况作出妥善的安排，如加派瞭望人员，必要时派人瞭头等。应注意雷达瞭望的重要性和必要性，正确使用雷达，用 12n mile量程使用雷达，在 10～12n mile 发现来船，判断碰撞危险。使用一切可用手段保持正规的瞭望，包括 AIS、VTS 和 ECDIS 信息等。应注意到《STCW 公约》对瞭望的要求。

2. 安全航速

本条特别强调了在能见度不良水域及其附近航行的船舶使用安全航速的重要性，虽然在《规则》第六条对安全航速已作了明确的规定，所有船舶都应按《规则》的规定使用安全航速航行。但第六条也明确表示，当一船在考虑安全航速时，能见度情况是考虑的首要因素，因此，船舶在能见度不良的水域及其附近航行时，应特别注意当时能见度不良的实际情况，确定适于当时能见度情况的安全航速，同时，主机做好随时操纵的准备。

3. 碰撞危险的判断与行动

在遵循《规则》第七条"碰撞危险"条款和第八条"避免碰撞的行动"条款时，应针对能见度不良的情况作出更为严格的要求，正确处理雷达信息，使用雷达进行标绘。在做出避让行动时，应注意到能见度不良的实际情况，避免盲目行动。

二、能见度不良时的准备

海上实践中，当视距小于 5n mile 时，船舶进入二级雾航戒备状态，做好雾航的各项准备工作：

(1)报告船长；

(2)通知机舱备车，主机做好随时操作的准备；

(3)开启雷达，开启航行灯，加强瞭望。

当视距下降到 2～3n mile 时，船舶进入一级雾航戒备状态，在之前的准备工作基础上，做好以下工作：

(1)按规定鸣放雾号；

(2)船长上驾驶台亲自操作，通知轮机长；

(3)加派人员瞭头，在 16 频道和其他频道守听，注意 AIS 等设备的使用；

(4)改自动舵为手操舵；

(5)在近岸航行、狭水道或航道航行时应注意测深、勤测船位、备双锚；

(6)打开驾驶台门窗守听雾号；

(7)认真填写航行日志，必要时择地锚泊。

思考题

1. 试述船舶在能见度不良水域或其附近航行时如何保持戒备。

2. 在遵循瞭望、安全航速等条款时，针对能见度不良的情况应注意哪些？

3. 能见度不良时使用雷达信息应注意哪些？

第三节 船舶在能见度不良时的避碰行动 Collision Avoidance Actions in Restricted Visibility

一、碰撞危险和紧迫局面判断

《规则》第十九条 4 款规定，一船仅凭雷达测到他船时，应判定是否正在形成紧迫局面和(或)存在着碰撞危险。若确实正在形成紧迫局面和(或)存在着碰撞危险，则应及早地采取避让行动。

本款规定的避让行动适用于仅凭雷达发现来船，并且正在形成紧迫局面和(或)存在碰撞危险。如果仅凭雾号发现来船，或者虽然使用雷达发现来船但紧迫局面已经形成，则应遵守本条 5 款规定进行避让行动，本款不再适用。

通常认为，两船接近到仅凭一船的避碰行动不能保证两船在安全的距离上驶过时，则认为已构成了紧迫局面。在能见度不良的开阔水域中，船舶间的安全会遇距离一般应保持在 2n mile 左右。因此，在正横前的任何方向上，当两船接近到 4n mile，且不能保证在安全距离(可以通过雷达标绘得到)上驶过时，则可以认为紧迫局面正在形成。对来船进行雷达标绘等系统观测后，若判定正在形成紧迫局面和(或)存在着碰撞危险，则应及早地采取避让行动。行动应符合“及早”要求：在能见度不良的开阔水域中，一般认为，对正横及正横前的来船在相距 4～6n mile 的范围内采取行动，对正横后的来船在相距 3n mile 左右采取行动。

二、转向行动的基本要求

本条 4 款规定，如采取转向行动，则应尽可能避免对正横前的船舶采取向左转向(除被追越船外)和对正横或正横后的船舶采取朝着它转向。

及早地采取避让行动包括转向、减速及转向与减速两者结合，在有足够水域的情况下，单用转向通常是最有效的避碰行动(《规则》第八条 3 款)。如所采取的避让行动中包含转向，即单用转向或转向与减速结合，则对于转向行动有以下要求：

1. 避让正横前来船

当正横前有来船时，来船位于本船的正横之前，同时，本船也可能位于来船正横之前，只是舷侧相反。无论来船在本船的右正横前、左正横前还是正前方，本船均应向右转向避让，如图 6-2～图 6-4 所示。

《规则》对对遇局面中的两船(第十四条)、如当时环境许可时交叉局面中的让路船(第十五条)和直航船独自行动时(第十七条 3 款)均规定向右转向。因此，能见度不良时避让正横前来船采用向右转向的措施与《规则》中上述避让规定相似，“向右转向”可以避免产生会遇中两船的不协调。据资料统计，能见度不良时，就转向避让的方向而言，对遇和小角度交叉态势下所发生的碰撞事故约占总数的 88%，其中 55%以上是船舶向左转向而引起的。

《规则》第十九条所指的“被追越船”与第十三条(追越条款)追越局面中的“被追越船”具有本质上的区别。此处的“被追越船”仅是指在相对位置上逐渐被他船赶上的船舶，即位置关系上的被追越船。因此，此处的“被追越船”不应认为是直航船，而仍然是“同等责任船”。

对于正横前的“被追越船”，根据两船之间的相对位置关系和航向交角，可以选择向左转向从前船的左舷赶上，也可以选择向右转向从前船的右舷赶上，通常认为向右转向更好一些，如图 6-5 所示。

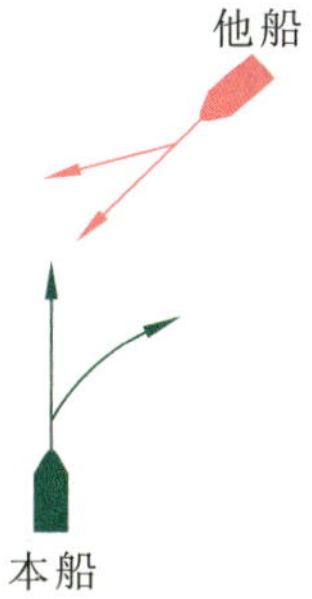

图 6-2　避让右前方来船

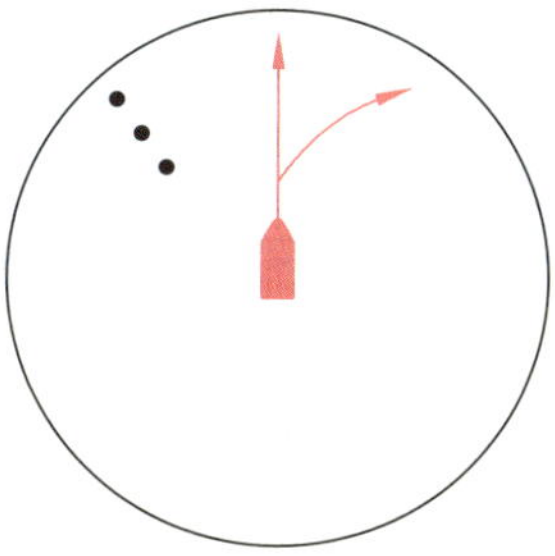

图 6-3　雷达显示避让左前方来船

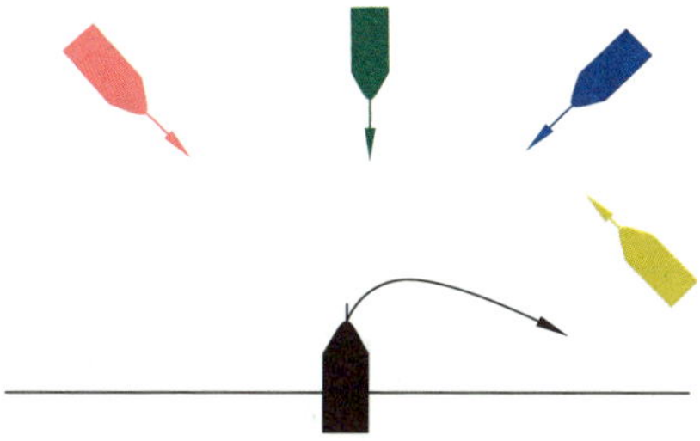

图 6-4　避让正横前的来船

图 6-5　对被追越船的转向方向

2. 避让正横及正横后来船

《规则》规定，对正横或正横后的船舶避免采取朝着它转向，意味着应背着它转向。

对于从正横及正横后驶近的来船，如果朝着它转向，将会使两船航向更加收敛，两船逼近的速度变快，使两船处于不协调的境地。因此，应避免对正横或正横后的来船朝着它转向，即应该背着它转向，本船对右正横或右正横后的来船应向左转向，对左正横或左正横后的来船应向右转向，如图 6-6、图 6-7 所示，相应的雷达观测图如图 6-8、图 6-9 所示。

图 6-6　避让左正横后来船

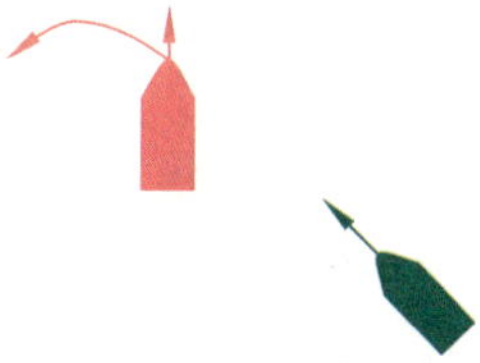

图 6-7　避让右正横后来船

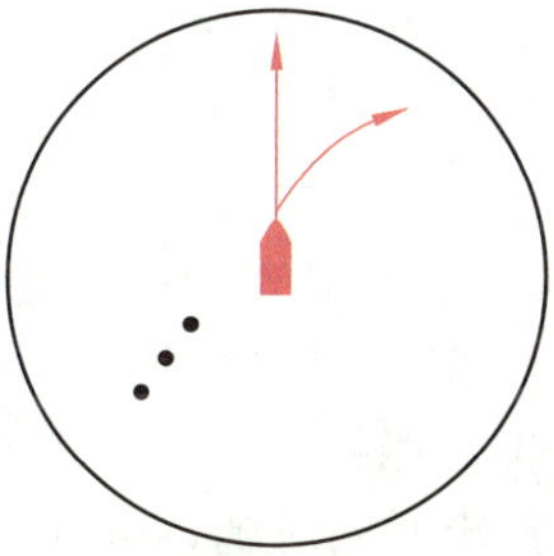

图 6-8　雷达显示避让左正横后来船

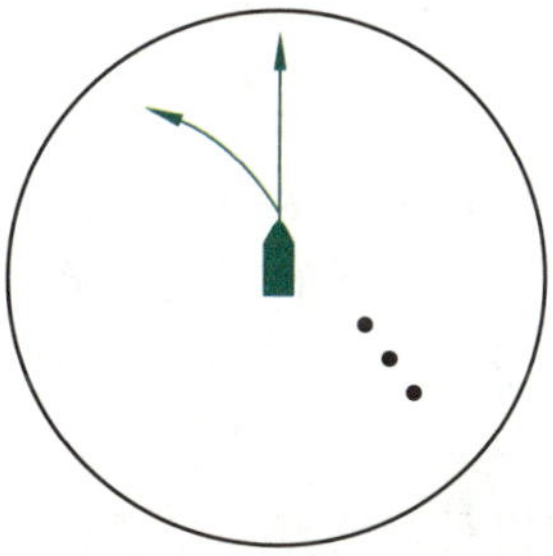

图 6-9　雷达显示避让右正横后来船

对于船尾方向的来船，从几何原理上说，本船向左、向右转向均可以，但按“雷达避碰操纵避碰图”或按良好船艺的要求，通常对船尾左右各 30°范围内来船，本船应向左转向 30°。

3. 转向时应注意的问题

(1)背着来船转向并不一定是避让来船的最终措施。如果恢复航向过早，两船将再次构成碰撞危险。

(2)此处的“正横”不是确定的方位，而是一个范围。一般认为，为避让一艘从右正横前后各约两个罗经点(22.5°)范围以内的来船而采取向左转向，将不会被认为明显违反本款的规定。

(3)在转向和变速同时进行时，转向的方向仍应遵守上述条款中对转向避让的要求。

在没有足够水域或存在第三船致使无法大幅度转向避让的情况下，船舶应考虑采用变速避让的措施，应根据两船的相对位置、航向、船速比、两船所构成的会遇态势、相对运动速度等确定具体的变速措施。

三、本船转向与变速组合行动的协调性分析

为达到最佳的避让效果，迅速消除碰撞危险，摆脱不利局面，船舶通常也可采用转向、变速相结合的组合避让方法。为使一船所采取的转向与变速的行动效果不致相互抵消，这不但要遵守《规则》的有关规定，而且还要熟悉各种避让行动所产生的效果，尤其是要熟练地掌握雷达回波(相对运动线)变化的规律。同时，应考虑到他船可能采取的行动与本船所采取转向、变速组合行动的效果协调性。通常：

1. 避让第Ⅰ象限来船(右正横前)

宜采用“右转结合减速”，“右转”与“减速”两种行动，均导致回波的相对运动方向呈顺时针方向旋转，这与来船可能采取的“右转”(其效果也将使回波的相对运动方向呈顺时针方向旋转)行动相协调，如图 6-10 所示。

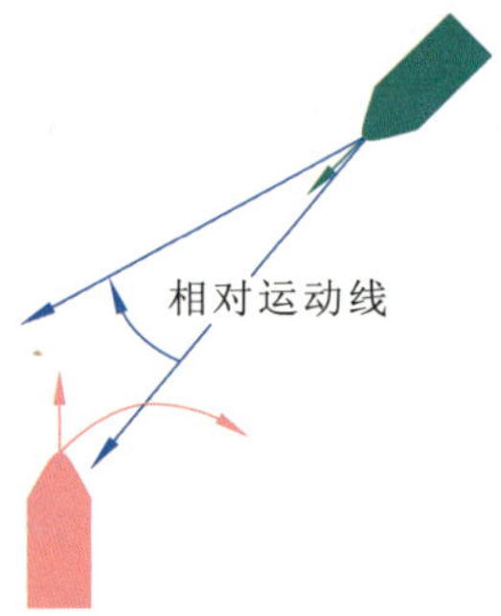

图 6-10　本船右转、减速时相对运动线顺时针旋转

2. 避让第Ⅱ象限来船(左正横前)

应根据两船之间的船速比确定本船的具体避让行动，通常本船宜“右转”为妥。若当时环境许可，在安全航速的范围之内，可同时结合“增速”。本船“右转结合增速”，与来船可能采取的“右转”或“减速”或“右转结合减速”所形成的避让效果将趋于一致。在雷达上，均可发现回波的相对运动方向呈顺时针方向旋转。若本船在右转的同时辅以减速，则本船的两

种行动将相互抵消(右转将导致回波呈顺时针方向旋转,减速将导致回波呈逆时针方向旋转),甚至完全抵消。因此,避让该方位来船,本船一般不宜随意减速,除非对来船的动态已完全掌握或已判定来船正在向左转向或正在增速并企图穿越本船船首,如图 6-11 所示。

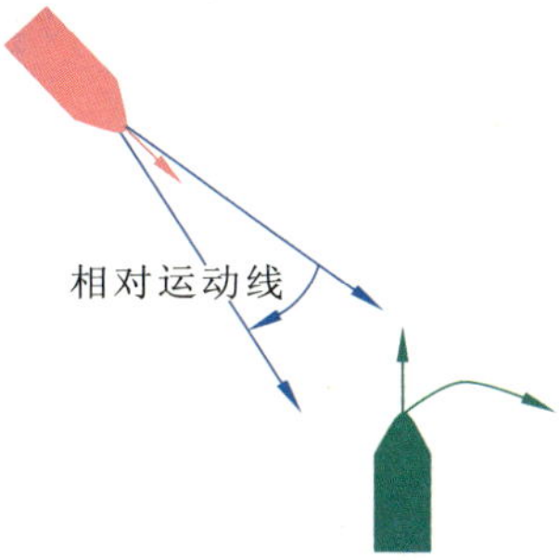

图 6-11　本船右转、增速时相对运动线顺时针旋转

3. 避让第Ⅲ象限来船(左正横后)

本船应以“右转”为主。当本船新航向值小于来船航向值时,本船辅以减速能使 *DCPA* 有一定程度的增大,但 *TCPA* 却会减小,应慎用减速;当本船新航向值大于来船航向值时,本船适度辅以增速可促使相对运动线逆时针旋转。应注意的是,若在本船采取右转之后,发现回波呈顺时针方向旋转,则表明来船正在“右转”或正在“减速”或两者组合行动,这就意味着两船的行动不协调。若发现回波的这一变化,说明来船意欲通过本船船尾,本船应终止右转,如图 6-12 所示。

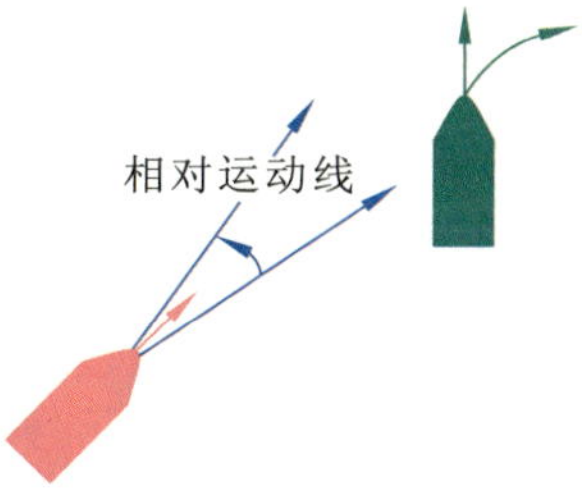

6-12　本船右转、有条件增速或减速时相对运动线逆时针旋转

4. 避让第Ⅳ象限来船(右正横后)

本船应以“左转”为主。关于辅以减速或增速,与前述避让左正横后来船同理,但“大于”与“小于”、“逆”与“顺”刚好相反。如图 6-13 所示。

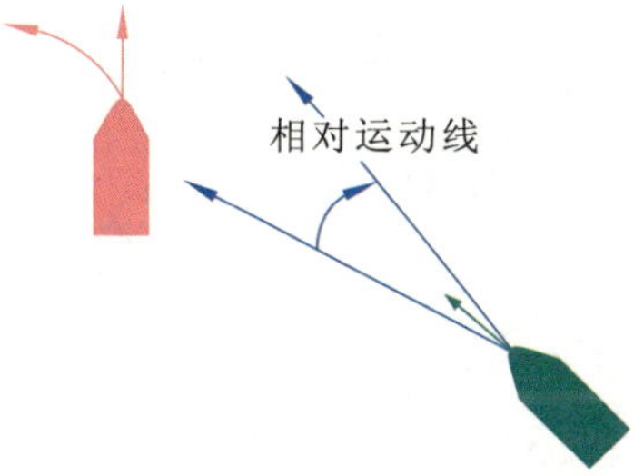

图 6-13　本船左转、有条件增速时相对运动线顺时针旋转

四、两船同时行动时的避让协调性分析

由于能见度不良不互见时的会遇双方都属于“同等责任船”，双方都按《规则》第十九条的规定采取行动。因此，在避让过程中，应特别重视对方船的动态，分析和判断对方船可能会采取的行动，防止双方行动不协调，通常：

（1）对右正横前的来船，本船减速和来船向右转向行动效果一致。

（2）对左正横前的来船，本船减速与来船的右转和（或）减速行动的效果抵消。

（3）对正横附近来船，本船变速行动使来船超前或滞后，避让效果较好。若他船在本船的右正横附近，他船通常应右转避让本船，则本船减速与他船右转效果一致；若他船在本船的左正横附近，则应注意，他船右转与本船减速效果不一致，从理论上讲本船增速才能与他船取得效果一致，但在增速时不应违反安全航速的规定。若他船没有采取行动，则本船的减速避让效果较为明显。

应特别强调的是：两船同时行动的效果是否协调，与两船的速度、来船方位、行动幅度大小等有密切的关系，不能一概而定。

五、操纵避碰图

“操纵避碰图”是海员结合《规则》要求和海上避碰实践，考虑到船舶之间的协调而总结出来的，向航海人员推荐使用的参考图，主要用于仅凭雷达探测到来船时的操纵与避让。目前有多个不同版本的图，但其避让方法基本相同。

图 6-14 由英国航海学会依据《规则》第十九条 4 款的规定而绘制。该图适用于“一船仅凭雷达探测到他船，并已判断存在碰撞危险或正在形成紧迫局面”。鉴于该图仅仅是一种“推荐的避碰操纵示意图”，它并不具有任何的法律约束力，建议在使用该图所述的避让方法实施避让行动时，以《规则》第十九条 4 款确定的原则为准。该图中所提及的“来船方向”均指来船的相对运动方向，而并非来船的真航向。

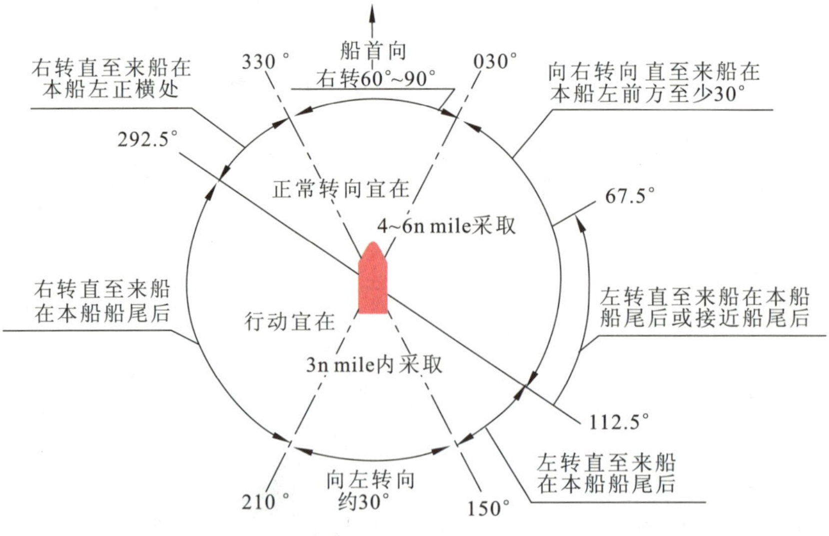

图 6-14　操纵避碰图

使用该图时应结合实际情况，特别是两船之间的距离与两船的速度比(K)。使用时应注意：

(1)对于 330°～030°来船，由 $K=\frac{v_{他}}{v_{本}}$决定转向角度的大小，K 大则转向角度要大。

(2)对于 292.5°附近来船(292.5°～330°)，若 $K>1$，则本船右转的效果不明显，需要两船配合行动。

(3)对于 67.5°～112.5°方向来船，应根据具体会遇态势决定转向方向。

(4)船尾后左右各 30°方向来船，本船向左转向约 30°通常认为是良好船艺的表现。

六、转向、变速行动的目的

一船仅凭雷达测到他船时，应判定是否正在形成紧迫局面和(或)存在着碰撞危险，若是正在形成，则应采取行动。因此，转向、变速行动的目的是为了避免紧迫局面形成和(或)避免碰撞危险产生。若紧迫局面和(或)碰撞危险已形成，则按本条 5 款要求行动：减速。

七、他船雾号显似在本船正横以前或与正横以前的他船不能避免紧迫局面时的行动

《规则》第十九条 5 款规定，除已断定不存在碰撞危险外，每一船当听到他船的雾号显似(hears apparently)在本船正横以前，或者与正横以前的他船不能避免紧迫局面时，应将航速减到能维持其航向的最小速度。必要时，应把船完全停住，而且，无论如何，应极其谨慎地驾驶，直到碰撞危险过去为止。

1. 断定不存在碰撞危险

《规则》第十九条 5 款中“已断定不存在碰撞危险”是指虽然听到来船的雾号显似在本船正横前，但已通过雷达确认该船正在驶离或能够保证足够的最近会遇距离，或按照正确的航法不致造成两船间的冲突(如各自航行在相应的通航分道中)等。若已断定不存在碰撞危险，则不要求采取该条款所要求的减速行动。不存在碰撞危险的情况如：

(1)经雷达标绘及相当系统观察，已判明能在安全距离上驶过；

(2)虽然两船均能听到雾号，但两船各在狭水道或分道的另一侧；

(3)一船鸣放锚泊雾号，使用雷达可以断定能在安全距离上驶过；

(4)一船的雾号逐渐远离而去，VHF 获悉两船航向是发散的；

(5)雷达发现追越船正在本船尾后驶过。

在断定是否存在碰撞危险时，应注意雾号的可听距离通常只有 2n mile 左右，因此，听到来船的雾号显似在正横前时，通常，两船已不能避免紧迫局面。另外，雾号由于受到水汽的折射，仅凭声音方位去判断来船方位是不可靠的。把正横附近传来的雾号当作来自正横前被认为是一种比较谨慎的做法。

应注意的是，若他船雾号显似在正横附近但尚不能最后确定该船是在正横之前还是之后，也应慢车、停车。如确实证明雾号在正横后或与正横后来船不能避免紧迫局面，则本款不适用。

2. 将航速减到能维持其航向的最小速度

除已断定不存在碰撞危险，否则，在以下两种情况下应将航速减到能维持其航向的最小

速度：

(1)听到他船的雾号显似在正横之前，存在或可能存在碰撞危险；

(2)与正横前的船舶不能避免紧迫局面时。

实践证明，在上述两种情况下，若盲目转向，往往会使局面更加恶化。因此，谨慎的做法就是迅速降低航速，以便留有更多时间判断局面并控制局面的恶化。但如果把船速降到不能控制航向的程度，这也是不利安全的。“将航速减到能维持其航向的最小速度”对于万吨级船舶而言，一般为 2～4 kn。

3. 必要时把船完全停住

如果降低航速不足以对当时面临的碰撞危险进行戒备，则应立即停车、倒车把船完全停住。所谓“必要时”通常指以下几种情况：

(1)对不备有雷达的船舶

①在临近处初次听到他船鸣放雾号；

②听到雾号显似在正前方；

③听到雾号显似在首前方的角度正在逐渐减小；

④看到一船从雾中隐隐出现，但对其航向尚未确定；

⑤听到帆船的雾号显似在本船的正横前；

⑥顺潮流方向听到正前方有锚泊船的雾号。

(2)对装有可供使用的雷达的船舶

①当已断定与正横前的来船构成紧迫局面时；

②在雷达上已断定与正前方或左右两舷各 30°的舷角以内驶来的船舶已不能避免紧迫局面时；

③当在雷达上发现一艘高速行驶的船舶向本船逼近，对该船究竟从本船哪一舷驶过仍持有怀疑时；

④当在雷达上发现正横前与右舷正横后均有来船与本船构成碰撞危险时；

⑤临近处听到他船鸣放的雾号，但在雷达的众多回波中无法确定鸣放雾号的船舶，或在雷达上尚未发现已进入雾号能听距离范围之内的任一回波；

⑥当发现位于正横前的回波消失在雨雪或海浪的干扰波之中，无法确定其动态，并且又听到他船鸣放的雾号显似在正横前；

⑦当发现来船正在采取与本船不协调的行动，紧迫局面即将形成时；

⑧浓雾中，发现一船正在雾中隐约出现，短时间内又无法确定其动态时。

4. 谨慎驾驶

当听到他船的雾号显似在本船正横前，或者与正横前的他船不能避免紧迫局面时，减速、停车甚至倒车是消除紧迫危险、避免碰撞的较为可靠的手段。“谨慎”的含义应理解为：加强瞭望、保持安全航速行驶、保持高度的戒备、不盲目转向、使用良好船艺等。

5. 倒车时的注意事项

船舶在倒车时有横向力的作用，易引起首偏，为了保证倒车后船仍在计划航线上淌航，倒车时可采用先操左舵，后令倒车，以防止首偏。

案例分析

2007 年 5 月 12 日 0308 时，“JS”轮与“GR”轮在 38°14′.41N、121°42′.17E 处发生碰撞事故，造成“GR”轮沉没，船上 16 名船员 6 人死亡、10 人失踪，两船碰撞过程如图 6-15 所示。

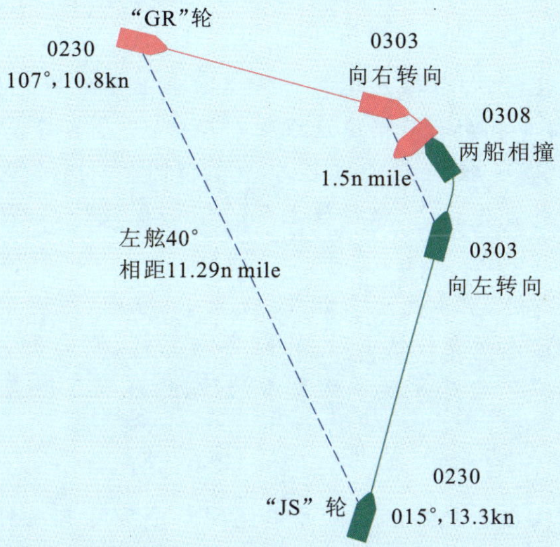

图 6-15　“JS”轮与“GR”轮碰撞过程示意图

1. 船舶概况

“JS”轮：

船名：JS；种类：集装箱船；总长：113.0m；型宽：19.0m；型深：8.5m；载重吨：6700t；装载情况：155 个集装箱(总重 1427.1t)；首吃水：4.2m；尾吃水：5.0m。

“GR”轮：

船名：GR；种类：杂货船；总长：105.6m；型宽：16.31m；型深：8.4m；载重吨：6452t；装载情况：5913.5t 卷钢；首吃水：6.50m；尾吃水：6.94m。

2. 事故经过

“JS”轮：

0230 时，船位 38°06′.23N、121°39′.75E，航向 015°，航速 13.3kn，自动舵航行，驾驶台一台 ARPA 雷达开启，一台 VHF 在 16 频道守听，能见距离约 0.5n mile，此时在雷达上发现“GR”轮位于本船左舷约 40°，距离 11.29n mile 处；0300 时，航向 015°，航速 13.6kn，“GR”轮位于左舷 50°，距离 2.52n mile 处，此时能见距离约 50m；0303 时，航向 013°，航速 13.6kn，两船相距 1.5n mile，且二副开始向左转向；0307 时，航向 336°，航速 10.6kn，两船相距 0.22n mile，船舶继续左转向；0308 时，航向 306°，航速 10kn，两船相撞。

"GR"轮：

0230时，船位38°16′.85N、121°34′.69E，航向107°，航速10.8kn；0300时，航向108°，航速10.7kn；0303时，船位38°15′.0N、121°42′.9E，航速10.6kn，两船相距1.5n mile，此时本船开始向右转向；0307时，航向177°，航速9.4kn；0308时，航向234°，航速7.6kn，两船相撞。

3.事故分析

"JS"轮：

(1)在能见度不良时，"JS"轮发现与正横以前来船不能避免紧迫局面的情况下，未将航速减到能维持其航向的最小速度或把船停住，而是盲目采取向左转向的行动，违反了《规则》第十九条4款、5款的规定。

(2)直到两船形成紧迫局面、相距仅1.5n mile后，该轮二副才采取避让行动，违反了《规则》第八条的规定。

(3)雾航时，"JS"轮没有采用安全航速，违反了《规则》第六条的规定。驾驶员没有注意运用良好船艺，未做到谨慎驾驶船舶、备车航行、使用手操舵避让、VHF呼叫和通知船长上驾驶台等，均是导致事故发生的原因，违反了海员通常做法的要求和规定。

"GR"轮：

(1)当发现"JS"轮在本船正横以前并不能判断是否存在碰撞危险时，"GR"轮没有及时将船速减到仅能维持其航向的最小速度或把船完全停住，至两船相距约1.5n mile时，才采取大幅度右转向的措施，违反了《规则》第八条、第十九条的规定。

(2)在能见距离不到50m的情况下，"GR"轮仍采取10.5kn的速度航行，违反了《规则》第六条的规定。

4.事故教训

(1)在能见度不良时，采取安全航速，加强瞭望是保证船舶航行安全的前提；并应备车航行，谨慎驾驶，将机器做好随时操纵的准备。

(2)当正在形成紧迫局面和(或)存在碰撞危险时，如果采取转向的措施，则应避免对正横前的船舶采取向左转向。当与正横前的他船不能避免紧迫局面时，应将航速降低至能维持其航向的最小速度，必要时把船完全停住。

(3)船舶在能见度不良的水域航行，更应注意按《规则》鸣放相关声响信号。

思考题

1.试述在能见度不良时采取转向避让应当注意哪些问题。

2.在能见度不良的水域或其附近航行，船舶在哪些情况下应当将航速降低至能维持其航向的最小速度？在哪些情况下应当把船完全停住？

3.能见度不良时船舶发生碰撞事故的主要原因有哪些？

第四节　雷达避碰
Collision Avoidance by Radar

一、雷达避碰及其工作流程

1.《STCW 公约》及其要求

国际海事组织(IMO)在肯定雷达(包括自动雷达标绘仪)作用的同时,也通过法律文件对雷达的使用进行了规范。《STCW 公约》要求船长和负责值班的高级船员应当能够正确操作雷达和自动雷达标绘仪,正确解释和分析所获取的信息并考虑设备的局限性以及当时的环境和条件。该部分的“航行值班中应遵循的原则”特别指出了雷达和自动雷达标绘仪存在的缺陷及克服这些缺陷的正确使用方法,并要求确保有充分的时间进行标绘或系统的分析。《规则》纳入了使用雷达的条款,从两个方面对使用雷达进行了规范:(1)强制使用雷达:第五条、第七条 1 款分别要求使用包括雷达观测在内的一切可用手段保持正规瞭望并判断是否存在碰撞危险。第七条 2 款要求正确使用雷达,包括远距离扫描,并对探测到的物标进行雷达标绘或与其相当的系统观察。(2)不过分依赖雷达:第七条 3 款规定不应根据不充分信息特别是不充分的雷达信息作出推断;第六条 2 款特别指出了雷达的主要局限性。

2. 雷达避碰的特点

(1)优点

①雷达不受能见度情况的限制,可以在较远的距离发现来船。当雷达处于正常工作状态和通常的气象条件下,能够发现来船的最远距离:大型船舶一般为 15～17n mile,小型船舶为 7～10n mile,小型渔船为 3～5n mile,反射能力差的小型木质船在 3n mile 内一般也能被发现;

②通过对被探测到的来船方位和距离进行连续的观测和标绘,可以求出来船的运动要素和两船的会遇情况,可以预求避让措施,为采取避碰行动提供了依据;

③通过真运动显示方式可以对船舶会遇情况有清楚、全面的了解。

(2)局限性

①雷达只能发现来船的回波,不能判断其种类,并可能显示假回波;

②雷达对来船的动态反应比较迟缓,在来船行动幅度较大时才能较明显地发现,因此,对于双方的避让行动不如视觉观察时直观并易于察觉,协调较困难;

③雷达存在盲区并对弱小物标的探测能力较差;

④在相对运动显示方式下,雷达所提供的来船信息是相对的,与人的视觉所习惯的真实运动不同,驾驶员需不断变换自己的认知习惯。

3. 雷达避碰工作流程

(1)雷达观测

雷达观测是船舶驾驶员按照雷达的基本原理和雷达操作的基本程序将雷达调整到最佳显示状态,对所发现的目标(通常是指来船)进行连续跟踪,得到目标的相对运动线、运动要素，从而判断船舶与目标之间是否存在碰撞危险的过程。

船舶避碰时通常把雷达量程设置在 12n mile，以便在远距离发现目标。根据《规则》的要求，船舶避碰时应在 6n mile 以外发现来船，当来船接近到距离为 6n mile 时应采取有效的避碰行动。通常，当来船距本船 6～12n mile 时，本船应完成雷达观测、碰撞危险判断的全过程。

(2)判断碰撞危险

按照海员通常做法，在能见度不良时，通常，当船舶之间的最近会遇距离（*DCPA*）小于 2n mile 时被认为存在碰撞危险。在海上船舶避碰时，根据当时通航环境的实际情况，尤其考虑能见度、交通密度、船速比等因素，上述 *DCPA* 的判断标准可以作适当的调整。

(3)避碰决策

经判断，若船舶之间存在碰撞危险，则驾驶员应根据《规则》的相关要求、海员通常做法及良好船艺的要求，结合船舶会遇的态势、目标船的运动要素、运动特点等实际情况作出避碰决策。避碰决策包括：

①确定行动方式：转向避让、变速避让（包括停车）或采取转向与变速组合行动；

②确定行动时机；

③确定行动幅度。

(4)避碰行动

应根据预定避碰决策立刻行动或延时行动。立刻行动通常是由于种种原因，船舶之间距离已较近，应立刻采取大幅度的行动以避免紧迫局面或碰撞危险。延时行动通常是船舶之间的距离较远，通过预求避让方案，保证船舶之间以 2n mile 最近会遇距离通过，在到达预定行动时机时所采取的行动。

(5)查核有效性

当一船采取避碰行动后，应查核其所采取的避碰行动的有效性，即是否达到预定的避让效果。没有达到预定避让效果的原因有：

①由于船舶实际转向、变速行动具有惯性，惯性的存在将会使预定避让效果有所变差；

②来船采取了不协调的对抗行动，部分抵消甚至完全抵消了本船的避让效果。

因此，在船舶实施避碰行动后，应密切注视来船的动态，及时查核避让效果。若来船采取了不协调的行动，则本船应立刻采取相应补救措施。

(6)恢复原航行状态与驶过让清

本船采取避让行动后，在确保两船在预定最近会遇距离上通过的前提下驶过并让清来船，并保证不产生第二次碰撞危险，本船即可恢复原来的航行状态，包括恢复原航向和（或）原航速。

雷达协助避碰的工作流程如图 6-16 所示。

二、雷达标绘

雷达标绘（Plotting）是对探测到的物标进行观测，以一定时间间隔测定物标的方位和距离，在雷达反射标绘器、雷达标绘纸上用作图法、计算法确定 *DCPA*、*TCPA* 等要素，以断定是否存在碰撞危险、预求避让措施的全过程。

雷达标绘要求作图人员熟悉作图的原理和方法，熟练、快捷、正确地完成作图过程。雷

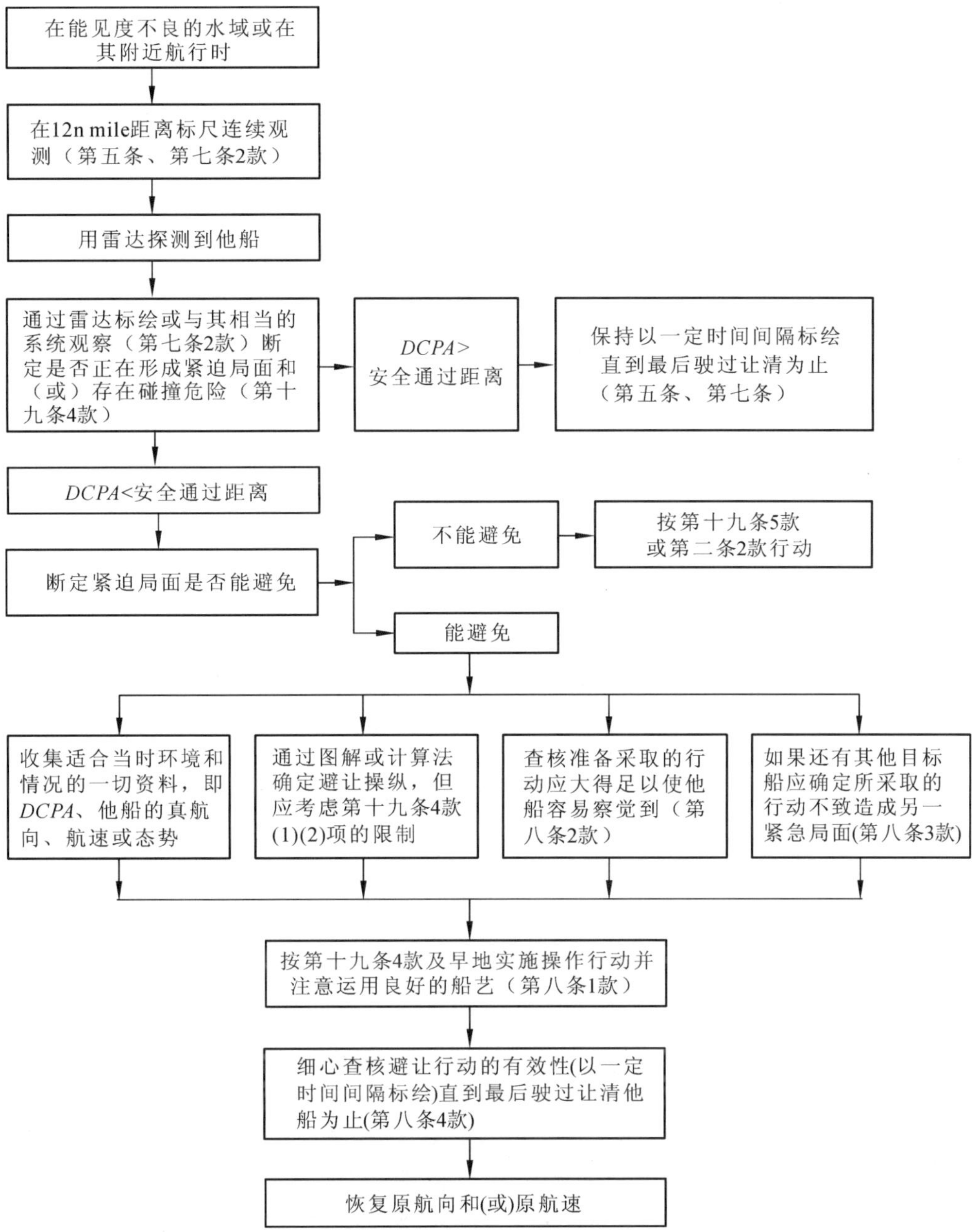

图 6-16　雷达避碰工作流程图

达标绘分为真运动作图和相对运动作图，本书主要介绍相对运动作图。

本书选用相对运动北向上显示方式作图。为说明作图原理和方法，相对运动作图原理和方法统一使用以下初始条件：

讲述作图原理和方法时用字母表示相应参数：

本船航向 TC，航速 v_0，通过雷达观测，在三个不同的时刻(间隔相等，下同)分别测得来船的真方位和距离为：

观测时间	回波真方位	回波距离
T_1	TB_1	D_1
T_2	TB_2	D_2
T_3	TB_3	D_3

1. 作相对运动线,并求取相对运动速度及相对航向(相对运动方向)

【例 1】 本船航向 000°,航速 12kn,通过雷达观测,在三个不同的时刻分别测得来船回波的真方位和距离为:

观测时间	回波真方位	回波距离
1200	52.0°	8.0n mile
1206	51.5°	7.1n mile
1212	51.0°	6.0n mile

求取相对运动速度及相对航向。

如图 6-17 所示,作图方法如下:

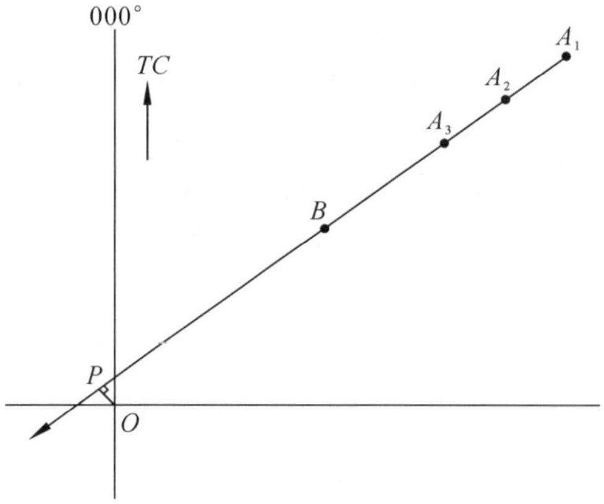

图 6-17 求相对运动速度及相对航向作图

在标绘纸上标示出相应的三个点,即 A_1、A_2、A_3,连接三点并适当延长,则 A_1A_3 即为来船相对于本船的相对运动线(相对航向线)。

根据 A_1A_3 的长度和三次观测的时间间隔即可求取相对运动的速度 $v_r = A_1A_3/T_3 - T_1$;A_1A_3 的方向即为相对航向。

2. 时间、距离、方位与回波位置的对应关系

在理想状况下,来船按其航向和航速作匀速直线运动,其回波也沿着相对运动线作匀速直线移动。因此,在相对运动线上的每个点都有其对应的观测时间、距本船的距离和回波方位,反之,每一观测时间、来船距本船的距离、回波方位($DCPA=0$ 时除外)也将对应于回波的每个位置。时间、距离、方位与回波位置存在一一对应关系。

【例 2】 如图 6-17 所示,求来船回波到达位置 B 点的时间、距本船的距离、回波方位。

①量取线段 A_3B 的长度和 A_1A_3 的长度;

②由于回波是匀速移动，所以，$T_{A3-B}=(T_3-T_1)\times A_3B/A_1A_3$（单位：min，也可以用对数比例尺量取，下同），$T_B=T_3+T_{A3-B}$；

③OB 的长度即为来船距本船的距离 D（单位：n mile）；

④回波方位：连接 OB 即可量取 B 点的真方位。

同理，若已知观测时间，或来船距本船的距离，或来船的真方位（$DCPA=0$ 时除外），可求取该回波在相对运动线上的具体位置。

3. 求 *DCPA* 及 *TCPA*，判断是否存在碰撞危险，分析会遇态势

【例 3】 求取例 1 中的 *DCPA* 及 *TCPA*。

如图 6-17 所示，过本船位置 O 作相对运动线的垂线，得垂足 P，则 OP 的长度即为 *DCPA*。

TCPA 的求取：$T_{A3-P}=(T_3-T_1)\times A_3P/A_1A_3$，$TCPA=T_3+T_{A3-P}$

会遇态势分析通常需包括以下内容：来船驶过本船船首或船尾；以 2n mile 作为安全会遇距离，根据 *DCPA* 分析来船与本船有无碰撞危险；根据 *TCPA* 分析会遇局面的紧迫程度。根据 *DCPA* 和 *TCPA*，结合回波的舷角、回波的距离综合分析碰撞危险的大小。

4. 求他船的运动要素

他船的运动要素即他船的航向、航速，根据相对运动的基本原理：$v_r=v_t+(-v_O)$，由于本船的航向及航速是已知的，相对运动的方向及其速度大小可以通过雷达观测和标绘得到，则来船的航向和航速就可以按公式求取。通常用一句口诀可以方便地说明作图过程："自始、反航、向终连"，如图 6-18 所示。

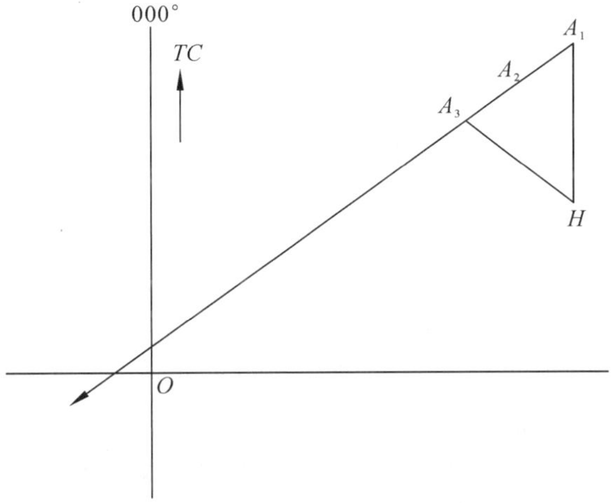

图 6-18　求他船的运动要素作图

【例 4】 按例 1 中条件，求来船的真航向及航速。

①根据初始条件，在三个不同时刻本船观测到来船的回波分别为 A_1、A_2、A_3；

②A_1 为"始"，A_3 为"终"，"反航"指本船的反航向。A_1H 长度的确定：本船速度为 12kn，12min 的矢量长度为 2.4n mile（标准舰操绘算图上为 2.4cm），自"始"A_1 点作本船的"反航"向，取长度 2.4cm，得到 H 点；

③由 H 向"终"A_3 作连线，得 HA_3，则 HA_3 即为来船的速度矢量，其方向即为来船的真航向，根据其12min的长度转换为60min的长度即为其航速。

本例中，来船的真航向为307°，航速为10.2kn。

如图6-19所示，应特别注意来船真航向与相对航向的区别。如将上述两者混淆，则在船舶避让中将会产生严重错误。

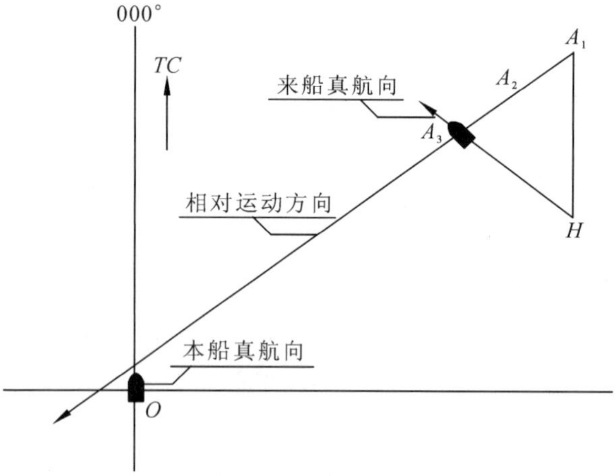

图6-19　相对航向与真航向的区别

5. 单用转向避让

若本船只转向，不变速，则单位时间的速度矢量长度不变，方向发生变化，他船单用转向的作图原理同理。转向行动涉及什么时间转向、转多大的角度、转向后的效果如何三个问题，由此归纳为转向三要素：

①转向时机；

②转向幅度；

③转向后的效果。

据前述分析，转向时机可以用三种方法表示：时间、来船距本船的距离、来船真方位；转向幅度用转向角大小表示，转向的方向按照《规则》要求；转向后的效果用 *DCPA* 辅以 *TCPA* 表示。

在上述三要素中，已知任意两个要素，即可求取另外一个要素。

【例5】　在例1中，设本船的转向时机为1218，转向幅度为右转30°。转向后的效果预设为2n mile最近距离通过。转向时不考虑转向所需的时间过程。来船保向保速。

(1)已知转向时机、转向幅度，求转向后的效果

如图6-20所示：

①根据已知转向时机1218，在相对运动线上画出1218时回波位置 A_4 点(若已知条件是来船距本船的距离或来船的真方位，则按前述方法也可以画出相应的 A_4 点，下同)；

②以 H 为圆心，以 H_{A1} 为半径画弧；

③过 H 作本船新航向线030°，交圆弧于 A_1'(顺时针圆弧表示本船右转)；

④连接 A_1' 与 A_3，过 A_4 作 $A_1'A_3$ 的平行线并向坐标原点方向适当延长，即为新的相对运动线；

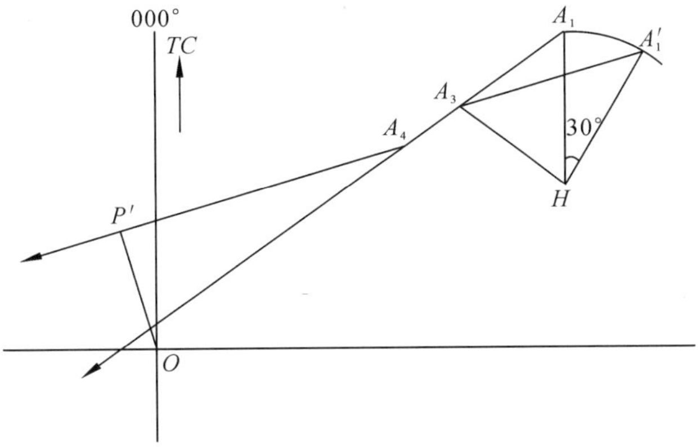

图 6-20　求转向后效果作图

⑤过原点 O 作新相对运动线的垂线，得垂足 P'，则 OP' 的长度即为转向后的 $DCPA$；

⑥$TCPA$ 的求取：$T_{A4-P'}=T_{A1'-A3}\times A_4P'/A_1'A_3$，$TCPA=T_{A4-P'}+T_{A4}$

本例中，$DCPA$=1.95n mile；T_{A4} 为 1218，$T_{A1'-A3}$ 为 12min，A_4P 为 4.61n mile，$A_1'A_3$ 为 2.95n mile，故 $TCPA$=1237。

(2)已知转向时机、预定转向后的效果，求转向幅度(或新航向)

作图过程如图 6-21 所示：

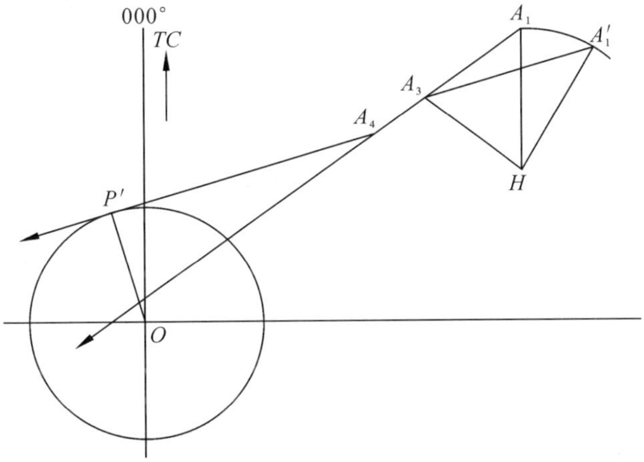

图 6-21　求新航向作图

①根据已知转向时机 1218，在相对运动线上画出 1218 时回波位置 A_4 点；

②根据预设转向后的效果 $DCPA$=2n mile，作以 O 为圆心，半径为 2n mile 的圆(也可以直接使用雷达标绘纸上的 2n mile 圆)；

③过 A_4 作 2n mile 圆的切线，得切点 P'；

④过 A_3 作上述切线的平行线；

⑤以 H 为圆心，以 HA_1 为半径画弧，圆弧与上述平行线交于 A_1'；

⑥连接 A_1' 与 H，则 HA_1' 即为本船的新速度矢量，其方向即为新航向，量取其方向，即得到本船转向的幅度。

本例中，本船在1218向右转向以保证与来船2n mile最近距离通过的转向角为31°（由于原航向为000°，则新航向为031°）。与前述同理可求取 $TCPA=1236$。

(3)已知转向幅度、预定转向后的效果，求转向时机

作图过程如图6-22所示：

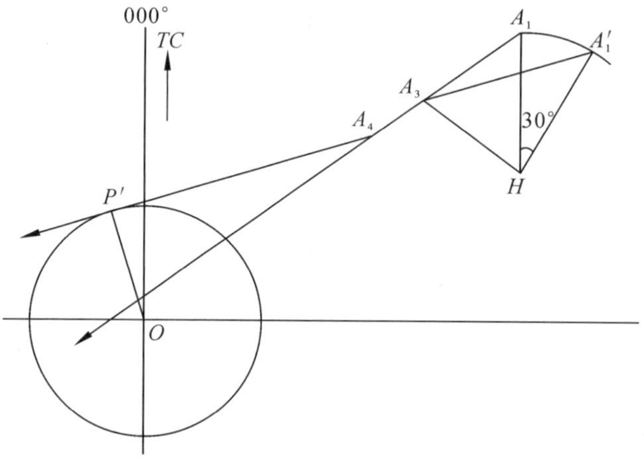

图6-22 求转向时机作图

①根据已知转向幅度30°，以 H 为圆心，以 HA_1 为半径画弧，过 H 作本船新航向线030°，交圆弧于 A_1'，连接 A_1' 与 A_3；

②根据预定的 $DCPA=2$n mile，作2n mile圆；

③作2n mile圆的切线，使该切线平行于 $A_1'A_3$，切线交原相对运动线于 A_4，则 A_4 即为本船向右转向30°且保证与来船2n mile最近距离通过的转向时机。根据所得 A_4 的位置，可按题意要求计算或量取相应的时间、来船距本船的距离和方位。

本例中，转向时机 $T_{A4}=1217$，转向后的 $TCPA=1237$，$DCPA=2$n mile。

6.单用减速避让

若本船只减速，不转向，则单位时间的速度矢量长度变短，方向不变，他船单用减速的作图原理同理。减速行动涉及什么时间减速、减到什么速度、减速后的效果如何三个问题，由此归纳为减速三要素：

①减速时机；

②减速幅度；

③减速后的效果。

据前述分析，减速时机可以用三种方法表示：时间、来船距本船的距离、来船真方位；减速幅度用新航速表示；减速后的效果用 $DCPA$ 辅以 $TCPA$ 表示。

在上述三要素中，已知任意两个要素，即可求取另外一个要素。

【例6】 例1中，设本船的减速时机为1224，新航速为原航速的五分之二，减速后的效果预设为2n mile最近距离通过。减速时不考虑减速的时间过程。来船保向保速。

(1)已知减速时机、减速幅度，求减速后的效果

作图过程如图6-23所示：

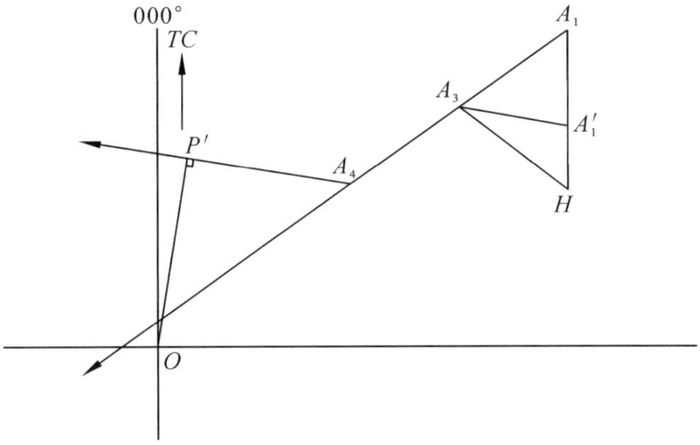

图 6-23　求减速后效果作图

①根据已知的预定减速时机 1224，在相对运动线上画出 1224 时回波位置 A_4 点；

②根据已知的预定新航速，从 H 点始截取 HA_1 长度的五分之二，得到 A_1'，连接 A_1' 与 A_3；

③过 A_4 作 $A_1'A_3$ 的平行线，并过原点 O 作其垂线，得垂足 P'，则 OP' 即为本船减速后的新 $DCPA$；

④$TCPA$ 的求取与前述转向避让时同理。

本例中，$DCPA=3.1$n mile，$TCPA=1243$。减速后会遇态势：来船从本船前方 3.1n mile 最近距离驶过。

(2)已知减速时机、预定减速后的效果，求减速幅度(或新航速)

作图过程如图 6-24 所示：

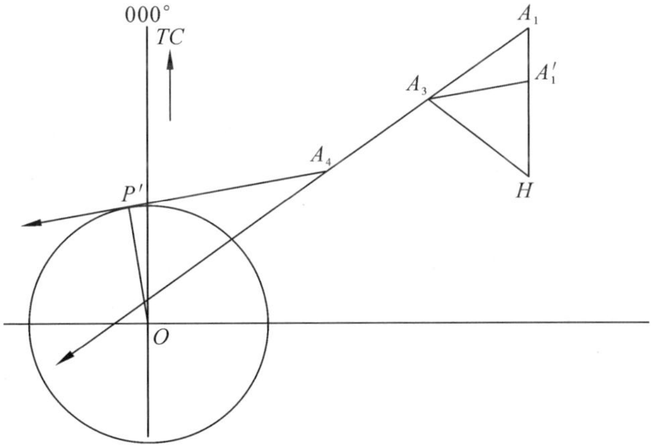

图 6-24　求新航速作图

①根据已知减速时机 1224，在相对运动线上画出 1224 时回波位置 A_4 点；

②根据预定的减速效果，画 2n mile 圆；

③从 A_4 作 2n mile 圆的切线，过 A_3 作该切线的平行线，交 HA_1 于 A_1'；

④量取 HA_1' 的长度，即为 12min 的新速度矢量，转换为 60min 的速度矢量，即可得到

新航速。

本例中，新航速为 7.6kn，减速后的 $DCPA$=2n mile，$TCPA$=1249。

(3)已知减速幅度、预定减速后的效果，求减速时机

作图过程如图 6-25 所示：

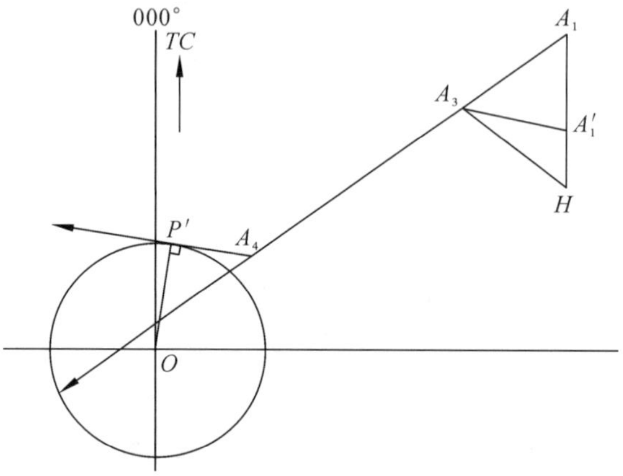

图 6-25　求减速时机作图

①根据已知减速幅度，新航速为原航速的五分之二，即 4.8kn，从 H 点始，截取长度 $4.8\times HA_1/12$，得 A_1'，连接 A_1' 与 A_3；

②根据预定 $DCPA$=2n mile 画圆，作该圆的切线，使切线平行于 $A_1'A_3$，切线与原相对运动线交于 A_4，则 A_4 即为减速时机，当来船回波达到 A_4 时，本船减速到 4.8kn，即可与来船保持 2n mile 最近距离通过。可按题意要求计算或量取其时间、来船距本船的距离和方位。

本例中，减速时机为 1236。

7. 转向与变速相结合

转向与变速相结合的作图原理与“单用转向”及“单用减速”的基本原理相同。在决定转向与变速相结合的避让方案时，应执行《规则》的规定，尤其应注意本船的转向与本船变速两种行动是否协调，以免出现转向与变速效果相抵消的情况。

减速与增速作图的基本原理相同，本书仅介绍转向与减速相结合的作图方法。若本船的转向与减速同时进行，则在作图时可以先作转向后作减速，也可以先作减速后作转向，如不考虑作图误差因素，则两种作图方法的绘算结果应是一致的。如采取的行动是先转向，而后在某一时机减速，则先作“单用转向”，后作“单用减速”，方法如本节前述。

(1)转向与减速同时进行求避让效果

【例 7】　在例 1 中采取避让措施：本船在 1224 右转 30°，同时减速至原航速的一半。求避让效果。

如图 6-26 所示：

①根据已知行动时机 1224，作出 A_4 点；

②根据已知转向角度 30°，作向右转向，得到 A_1'，连接 A_1' 与 H；

③根据已知减速幅度：新航速为原航速的一半，截取 HA_1'' 等于二分之一 HA_1'，得到

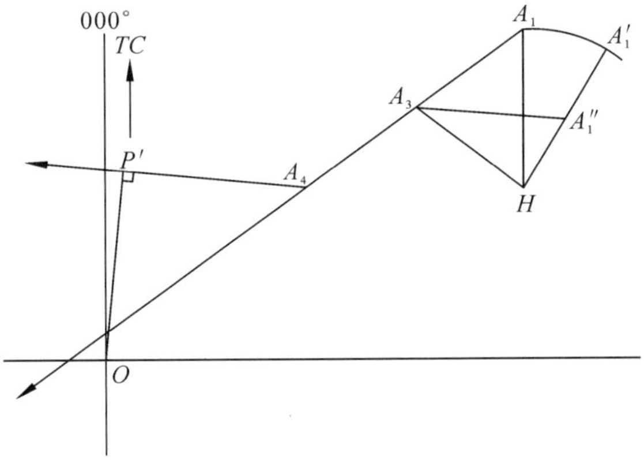

图 6-26　同时转向和减速求行动后效果作图(1)

A_1''点,连接 A_1''与 A_3;

④过 A_4 作 $A_1''A_3$ 的平行线,从原点 O 作其垂线,得 P',OP'即为新 $DCPA$;

⑤$TCPA$ 求取:$T_{A4P'}=12\times A_4P'/\ A_1''A_3$,$TCPA=1224+\ T_{A4P}$。

本例中,$DCPA=2.8\text{n mile}$,$TCPA=1239$。

如先作减速图,后作转向图,作图顺序改变,但所得到的 $DCPA$ 及 $TCPA$ 结果相同。如图 6-27 所示:

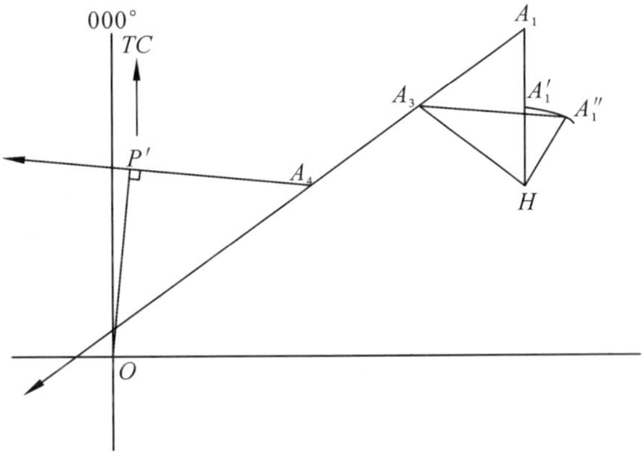

图 6-27　同时转向和减速求行动后效果作图(2)

(2)先转向后减速求避让效果

【例 8】 设在 1224 本船采取右转 30°的行动,在 1230 本船再减速至原航速的一半,求作避让效果。

如图 6-28 所示。

①根据已知转向时机 1224(A_4)和右转角度 30°,按前述单用转向的方法作图,得转向后的新速度三角形△$A_1'HA_3$,过 A_4 作 $A_1'A_3$ 的平行线,得到转向后的新相对运动线;

②根据已知减速时机 1230(A_5)和新航速 6kn,按前述单用减速的方法作图,在上述新航向的基础上减速,得新速度三角形△$A_1''HA_3$,过 A_5 作 $A_1''A_3$ 的平行线,得到经转向和减

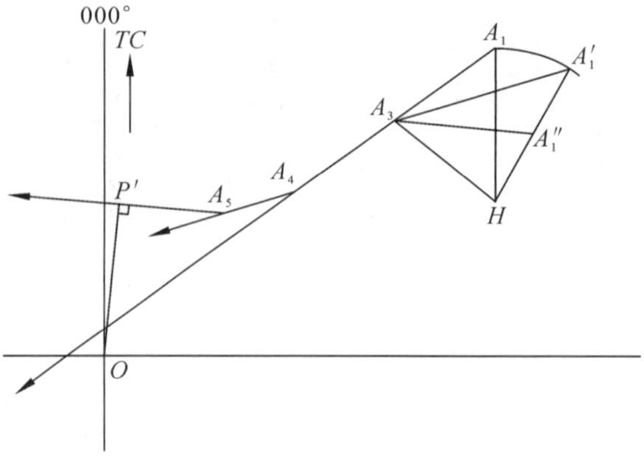

图 6-28　先转向后减速求行动后效果作图

速后的新相对运动线；

③OP'即为两次行动后最终的 $DCPA$；

④$TCPA$ 的求取：$T_{A5-P'}=12\times A_5P'/A_1''A_3$，$TCPA=T_{A5}+T_{A5-P}=1230+T_{A5-P}$。

本例中，$DCPA$=2.4n mile；$TCPA$=1240。

8. 停车避让

停车是减速的一种特殊情况，即速度减至零。停车避让分为两种，一种是理想状况下的停车，即不考虑本船的停车冲程；另一种是考虑本船的停车冲程。

【例 9】　本船真航向 000°，航速 12kn，测得来船回波的真方位、距离分别为：

观测时间	回波真方位	回波距离
1200	045°	8.0n mile
1206	045°	6.5n mile
1212	045°	5.0n mile

试通过作图法求取相应的 $DCPA$ 和 $TCPA$。

(1)不考虑停车冲程

【作图原理】

停车不考虑冲程的作图原理与减速避让相同，只不过停车是将速度减为零。本船停车后来船相当于本船的相对运动即为来船的真运动。

【作图方法】

如图 6-29 所示：

①参照减速避让的作图方法，本船在 1218 停车后速度减为零，H 与 A_1' 两点重合。过 A_4 作 HA_3 的平行线，则该平行线即为来船的相对运动线(来船的真运动线)。

②$DCPA$ 及 $TCPA$ 的求取方法与减速避让时相同，(略)。

③本例中，$DCPA$=2.8n mile；$TCPA$=1230。

(2)考虑停车冲程

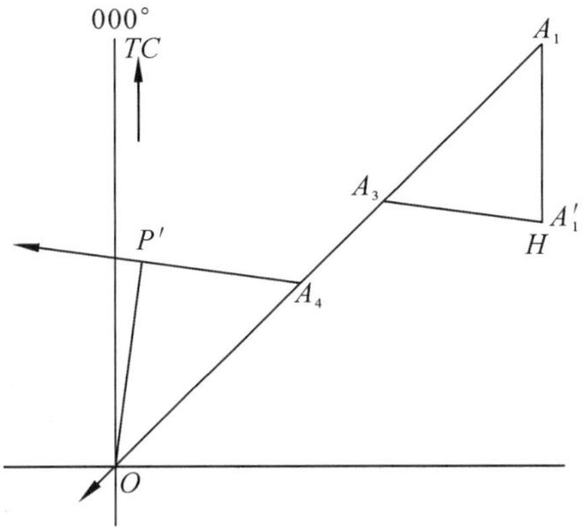

图 6-29　不考虑冲程的停车效果作图

【作图原理】

考虑本船的停车冲程时，停车不是瞬间完成的，而是有一定的停车冲程和历时，在本船停车的过程中，来船仍按其原来航向和航速运动，来船的相对运动线是一条曲线。当本船完全停住后，来船的相对运动线即为其真运动线。

【作图方法】

①已知本船的停车冲程、历时及停车时机，求停车后的 DCPA 及 TCPA

设本船的停车时机为 1230，停车冲程为 1n mile，停车历时 9min。作图方法如图 6-30 所示：

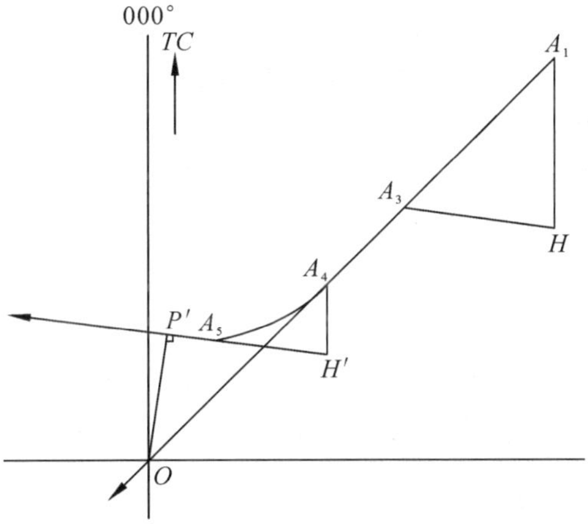

图 6-30　考虑冲程的停车效果作图

a. 根据已知停车时机 1218 作出相应的 A_4 点；

b. 过 A_4 作本船的冲程，方向向下，长度为 1n mile，得 H'；

c. 过 H' 作来船的真航向线；

d. 计算本船停车历时 9min 内来船航行的距离，并在来船的真航向线上截取相应长度，得 A_5，$H'A_5=9\times HA_3/12$；

e. 用光滑的曲线连接 A_4、A_5；

f. 从原点 O 作来船真运动线的垂线，则 OP' 即为 $DCPA$；

g. $TCPA$ 的求取：$T_{A5-P'}=12\times A_5P'/HA_3$，$TCPA=1218+9+T_{A5-P'}$。

本例中，$DCPA=1.8$n mile；$TCPA=1231$。

②预设停车后的效果，根据本船的停车性能（冲程和历时），求停车时机

设本船的停车冲程为 1n mile，停车历时 9min，预设 $DCPA$ 为 2n mile。

作图方法如图 6-31 所示：

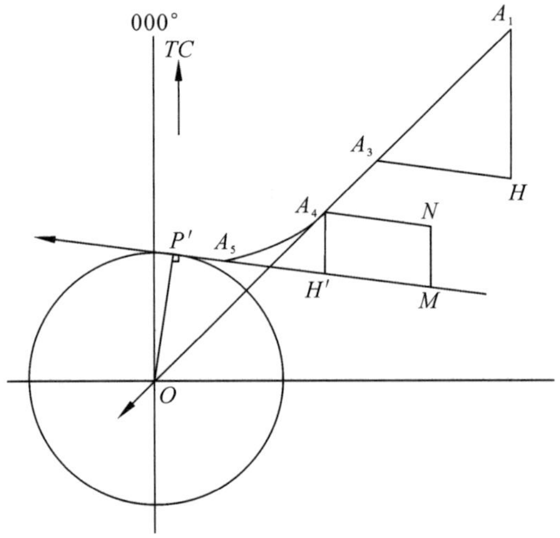

图 6-31　考虑冲程的停车时机作图

a. 过 2n mile 圆作一条切线，使切线平行于 HA_3。在该切线上适当位置任取一点 M。

b. 过 M 作 HA_1 的平行线，从 M 开始向上截取长度 1n mile，得 N 点。过 N 作 HA_3 的平行线，交原相对运动线于 A_4。

c. 过 A_4 作 HA_1 的平行线，交切线于 H'。从 H' 开始截取来船 9min 的航行距离，得 A_5。($H'A_5=9\times HA_3/12$)，用光滑的曲线连接 A_4 与 A_5。

d. 前述 b 所得到的 A_4 即为本船的停车时机，根据需要可以转换为相应的时间、距离、方位（原 $DCPA\neq 0$ 时）。

e. $TCPA$ 的求取：$T_{A5-P'}=12\times A_5P'/HA_3$，$TCPA=T_{A5-P'}+9+T_{A4}$。

本例中，本船的停车时机为 $T_{A4}=1217$；$DCPA=2$n mile；$TCPA=1231$。

9. 两船同时行动时的标绘

两船均采取行动时，每船的避让措施应遵守前述《规则》相关要求以及双方须保持避碰原理上的协调，但从作图原理上说，不管双方各自采取了何种行动、双方行动是否协调，相对运动雷达作图的方法均可以归纳为：以各自最终的真矢量求取相对运动线及 $DCPA$、$TCPA$ 等参数。以下仅介绍本船右转且减速、来船右转的情况。

【例 10】　在例 9 的初始条件中，设本船在 1218 右转 20°且减速至 6kn，通过 VHF 联系，得知在 1218 来船也右转了 30°，求 $DCPA$ 及 $TCPA$。

作图方法如图 6-32 所示：

(1) 如前述单用转向及转向与减速相结合的作图方法，本船右转 20°且减速到 6kn 后的

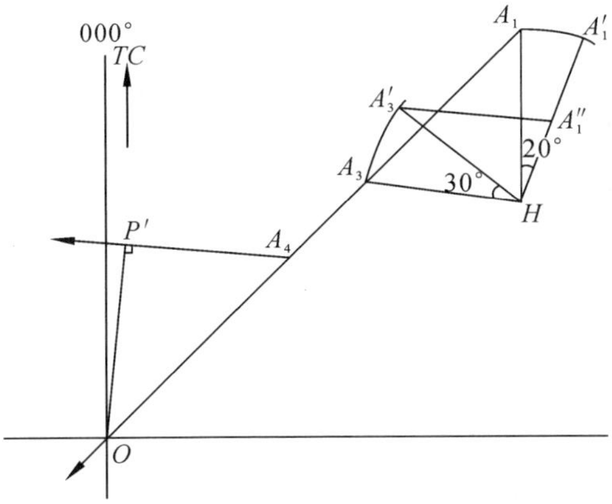

图 6-32　两船同时行动后效果作图

新矢量为 HA_1''，他船向右转向 30°后的新矢量为 HA_3'，连接 A_1''和 A_3'；

(2)根据已知转向行动时机 1218 得 A_4，过 A_4 作 $A_1''A_3'$的平行线并适当延长；

(3)过原点 O 作其垂线可得 DCPA，并可相应求取 TCPA。

本例中，DCPA＝2.7n mile；TCPA＝1231。

10. 查核避让行动的有效性

本船采取避让行动后，应查核避让行动的有效性(《规则》第八条 4 款)。从雷达标绘的角度出发，查核避让行动有效性的主要方法是密切注视来船的回波动态，分析其回波的移动方向与本船预定的新相对运动线是否保持一致或基本一致(考虑到本船行动有一定的时间过程或外界条件的影响)，进而判断行动后的实际 DCPA 是否与预定效果相同。

若发现本船行动后的新相对运动线与预定方向一致，但 DCPA 有所减小，则可能是由于本船的实际行动过程与理想状态存在差异；若发现新相对运动线与预定方向明显不一致，则应立即核查本船的新航向和(或)新航速是否准确，否则，应认为来船采取了不协调的行动。

(1)本船实际行动过程与理想状态的差别

如图 6-33 所示。

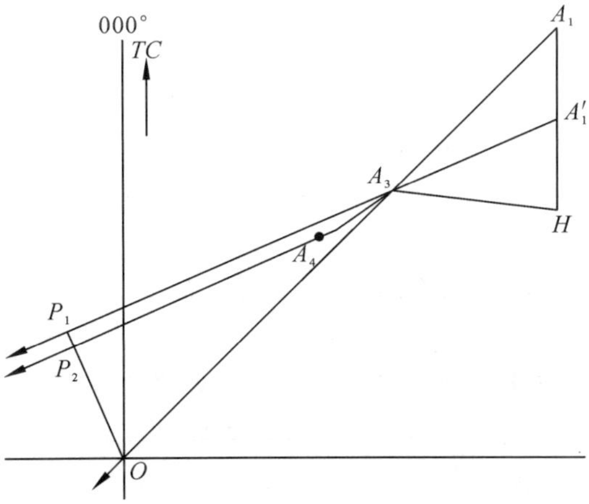

图 6-33　查核避让行动有效性作图

按例 9 的初始条件，本船在 1212 时减速至原航速的一半，如将减速过程理想化，则本船减速后的相对运动线应是 A_3P_1，对应的 $DCPA$=1.8n mile。但当本船减速过程结束，稳定在新航速上时，用雷达观测来船的回波实际位置在 A_4，继续观测，来船的回波朝 A_4P_2 方向移动。新相对运动线与预定方向 A_3P_1 平行，但 $DCPA$ 有所减小，为 1.6n mile，这说明来船是保向保速的，$DCPA$ 的差异是本船的实际行动过程与理想减速状态的差异造成的。

(2)来船采取不协调行动

若新相对运动线与预定方向明显不一致，则表明来船采取了不协调的行动。来船不协调的行动有转向和(或)减速。如图 6-34 所示。

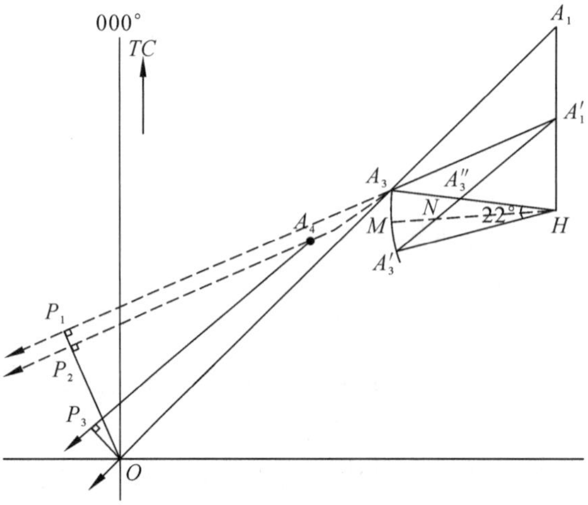

图 6-34　求解他船的避让行动作图

按例 9 的初始条件，本船在 1212 减速至一半，当在某一时刻本船稳定在新航速时(回波在 A_4)，若来船不采取任何行动，则新相对运动线应是 A_4P_2，对应的 $DCPA$ 为 OP_2=1.6n mile。而实际的观测结果却是回波向 A_4P_3 方向移动，对应的 $DCPA$ 为 OP_3=0.6n mile，则说明来船采取了不协调行动。

分析来船采取何种行动的图解如下：

①过 A_1' 作一射线，使射线平行于 A_4P_3。

②以 H 为圆心，以 HA_3 为半径画弧，该弧与射线交于 A_3'。

③连接 H 与 A_3'，则△$HA_1'A_3'$ 即为双方行动后的新速度三角形。HA_3' 即为来船在 1212 后采取左转的新速度矢量，其对应转向角为 22°(只左转不减速)，HA_1' 为本船新速度矢量，$A_1'A_3'$ 为新相对矢量。

④若来船只减速不转向，则构成新速度三角形△$HA_1'A_3''$，HA_3'' 为来船的新速度矢量，由原航速 10.7kn 减至 6.2kn。

⑤如图中的 HN，是来船既左转又减速的新矢量，其行动为左转 10°并减速至 7.6kn。由此类推，来船左转与减速的组合有无数个，只要假设其左转角度即可求取其减速幅度，或假设其减速幅度可求取其左转角度。

综上，来船的不协调行动有：

①只左转不减速的转向角度为 22°；

②只减速不转向的新航速为 6.2kn；

③既左转又减速的组合有无数个，转向角度与减速幅度呈一一对应关系。

11. 恢复原航向和(或)航速

当与来船以安全最近会遇距离或预设 *DCPA*(2n mile)驶过后，本船恢复原航向和(或)航速的时机应合理选择。该时机选择的原则为：既保证安全，继续保持与来船以 2n mile 最近距离驶过，又保证经济、不绕航。

以下仅介绍本船恢复原航向的作图原理和过程，恢复航速及航向与航速同时恢复的作图原理和方法同理。

作图方法如图 6-35 所示：

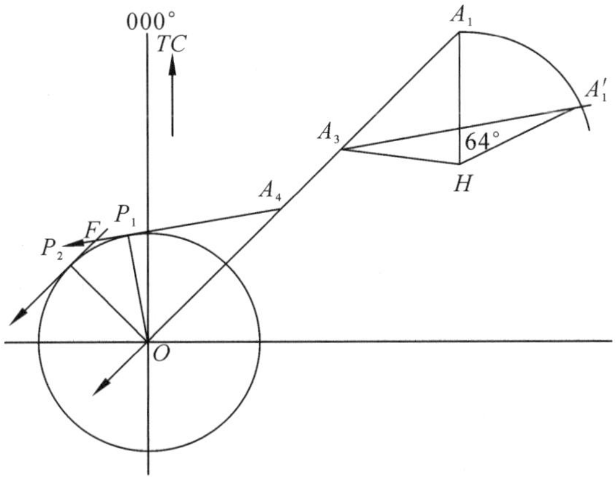

图 6-35 恢复原航向时机作图

如例 9 的初始条件，本船在 1218 为保证与来船以 2n mile 最近距离驶过，向右转向，转向角度为 64°。而后，为与来船保证 2n mile 最近距离驶过，本船恢复原航向的时机如图中的 *F* 点。

作图要点：FP_2 平行于 A_1A_4，即恢复原航向后的相对运动线平行于原相对运动线。

本例中，本船恢复原航向的时机为：$T_F = T_{A4-F} + T_{A4}$，$T_F = 1228$。

12. 最大 *DCPA* 的求取

根据避碰原理，通常情况下，船舶转向幅度大，转向后的避让效果好。但某些情况下，转向角度达到一定程度后其避让效果反而变差，即 *DCPA* 变小。这其中就存在一个最大 *DCPA*，与之相对应的存在一个最大转向角，本书称之为“极限转向角”。

作图原理如图 6-36 所示。

在图 6-36 中，本船是慢速船，原相对运动线为 L_0，最近会遇距离为 $DCPA_0$。弧 $A_1A_1'A_1''$ 是一条以 *H* 为圆心，HA_1 为半径的圆弧。L_1 是对应于转向角∠1 的新相对运动线；L_2 是过 A_3 对圆弧所作的切线，即对应于转向角∠2 的新相对运动线，A_1' 为切点；L_4 是对应于转向角∠4 的新相对运动线。

为避让来船，本船采取向右转向的措施，不同的转向角度产生不同的效果：

(1)当本船右转∠1 时，对应的新相对运动线为 L_1，来船过本船船尾，此时，$DCPA_1 >$

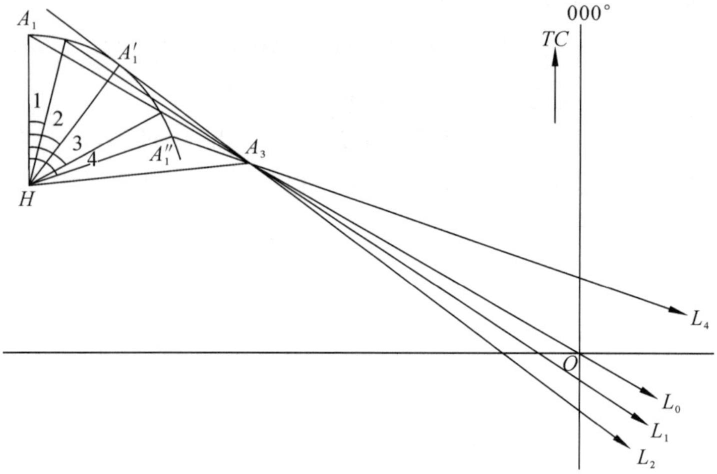

图 6-36　求取最大 DCPA 作图

$DCPA_0$；

(2)随着转向角度的增大，对应的 DCPA 也相应增大，来船过本船船尾；

(3)当本船右转∠2 时，DCPA 达到最大值，来船过本船船尾；

(4)随后，随着转向角的增大，DCPA 逐渐减小。当转至∠3 时，DCPA＝0；

(5)随着转向角的进一步增大，DCPA 逐渐增大，来船过本船船首。

由上述分析可知，随着转向角的不断增大，DCPA 的变化过程是：先由小变大、进而达到最大，然后由大变小直至为 0，最后又由小变大，使来船驶过本船船首。

【例 11】 本船真航向 000°，航速 12kn。测得来船回波的真方位、距离分别为：

观测时间	回波真方位	回波距离
1200	300°	10.0n mile
1206	300°	8.0n mile
1212	300°	6.0n mile

为避让来船，本船决定在 1212 向右转向，求最大 DCPA 及极限转向角。

本例中，用如前述方法作图，DCPA 最大值为 0.75n mile，其对应的极限转向角为 37°。

从本例中可以看出，本船避让左舷 67.5°附近的快速船，本船右转使来船从本船船尾通过的避让效果是比较差的，若本船采取减速避让，使来船通过本船船首，则避让效果较好。

13. 特殊物标的标绘

雷达观测与标绘中的特殊物标通常是指同向同速船、被追越船、反向船、固定物标。由于这些物标的运动方式相对本船来说比较特殊，故称之为特殊物标。特殊物标的标绘原理与方法与“普通物标”一致，要点在于熟练使用“自始返航向终连”这句口诀。参照前述内容。

(1)同向同速船

在本船保向保速时，同向同速船的回波在本船雷达显示屏上的位置保持方位和距离不变。

【例 12】　本船真航向 000°，航速 12kn，雷达测得来船的回波真方位、距离如下：

A 船：

观测时间	回波真方位	回波距离
1200	060°	4.0n mile
1206	060°	4.0n mile
1212	060°	4.0n mile

B 船：

观测时间	回波真方位	回波距离
1200	120°	2.0n mile
1206	120°	2.0n mile
1212	120°	2.0n mile

若本船为了避让右前方其他来船而在 1212 右转 40°，求 A、B 两船的 *DCPA*、*TCPA*，分析本船与 A、B 两船的会遇态势并判断碰撞危险。

如图 6-37 所示：

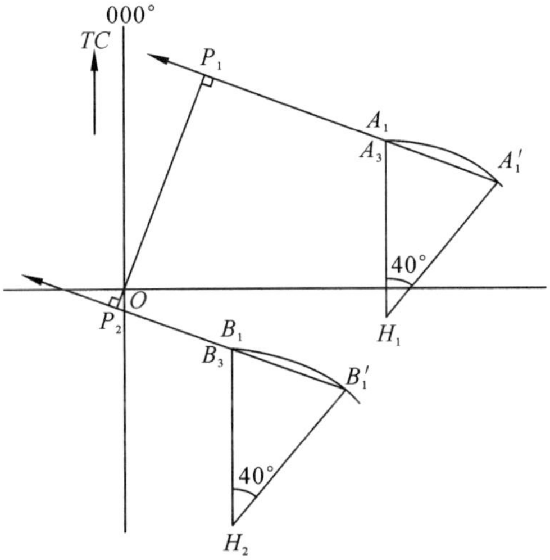

图 6-37　对同向同速船转向作图

作图要点：A_1、A_3 重合，B_1、B_3 重合，H_1A_1、H_2B_1 既是本船的速度矢量，也是 A、B 两船的速度矢量，按照避让"普通船舶"的转向作图方法，即可得到在 1212 本船转向后 A、B 两船的相对运动线及各自的 *DCPA*。

本例中：

本船与 A 船的 *DCPA*＝3.1n mile，*TCPA*＝1231。A 船从本船船首驶过，没有碰撞危险；

本船与 B 船的 *DCPA*＝0.3n mile，*TCPA*＝1224。B 船从本船船尾驶过，有较大的碰撞危险。

(2)被追越船

被追越船的回波在本船的前方,虽然在能见度不良不互见时两船的会遇局面不适用于《规则》第十三条(追越条款),但在雷达观测与标绘时,"被追越船"的确定可以参照"追越条款",且在距离上应比"追越条款"有更高的要求。为方便问题的分析,以下仅将在本船正前方和接近正前方且航向与本船相同的被追越船进行标绘与分析。

被追越船的回波运动特点是回波运动方向与本船航向相反,距离不断缩小,其显著特点是回波运动速度小,船舶会遇时间长。若本船为被追越船,则同理。

【例 13】 本船真航向 000°,航速 12kn,雷达测得来船回波的真方位、距离如下:

观测时间	回波真方位	回波距离
1200	020°	4.0n mile
1206	021°	3.4n mile
1212	024°	2.8n mile

求来船的运动要素并分析会遇态势。

如图 6-38 所示:

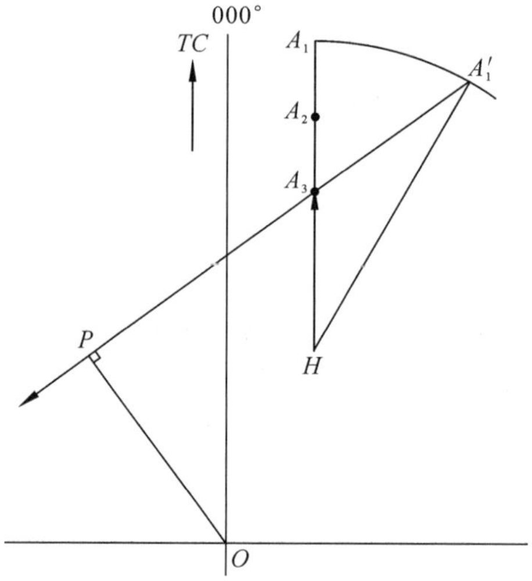

图 6-38　对被追越船转向作图

经绘算,来船的航向为 000°,航速为 6kn。该船是一艘被追越船,会遇横距为0.7n mile,有碰撞危险。若本船为避让右前方其他船舶而在 1212 右转 30°,则转向后的新相对运动线为 $A_1'A_3$,$DCPA$=1.8n mile,$TCPA$=1229。

(3)反向船

反向船的回波运动最显著的特点是:回波运动速度快,运动方向与本船航向相反,船舶会遇时间短。

【例 14】 本船真航向 000°,航速 12kn,雷达测得来船的回波真方位、距离如下:

观测时间	回波真方位	回波距离
1200	340°	8.0n mile
1206	333°	6.0n mile
1212	319°	4.1n mile

求来船的运动要素并分析会遇态势。

如图 6-39 所示：

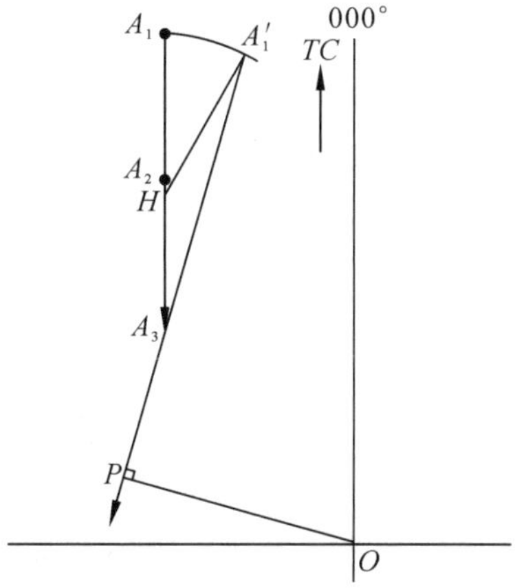

图 6-39　对反向船转向作图

HA_3 为他船 12min 的速度矢量，其速度为 10kn，航向 180°。若本船为了避让右前方其他船舶而在 1212 右转 30°，则本船转向后的相对运动线为 $A_1'A_3$，求得 $DCPA$＝3.5n mile，$TCPA$＝1218。

会遇态势：来船将在本船左舷 2.7n mile 反向驶过，没有碰撞危险。若本船右转，则与该船的最近会遇距离将增大。

(4)固定物标

固定物标的回波运动特点是：其运动方向始终与本船反向，回波运动速度与本船的航速相同。当本船转向或减速后，回波运动特点不变。

【例 15】 本船真航向 000°，航速 12kn，雷达测得来船回波的真方位、距离如下：

观测时间	回波真方位	回波距离
1200	350°	4.0n mile
1206	345°	2.8n mile
1212	335°	1.7n mile

求来船的运动要素并分析会遇态势。

如图 6-40 所示：

经绘算，A_1A_3 的长度刚好等于本船 12min 的航程，且方向相反，A_3 与 H 重合，表明物标的速度矢量长度为 0，故该目标是一个固定物标。若本船保向保速，则将与该物标以 0.7n mile正横距离驶过。若本船在 1212 为避让右前方来船而右转 30°，则转向后 $DCAP$＝1.4n mile，$TCPA$＝1216。

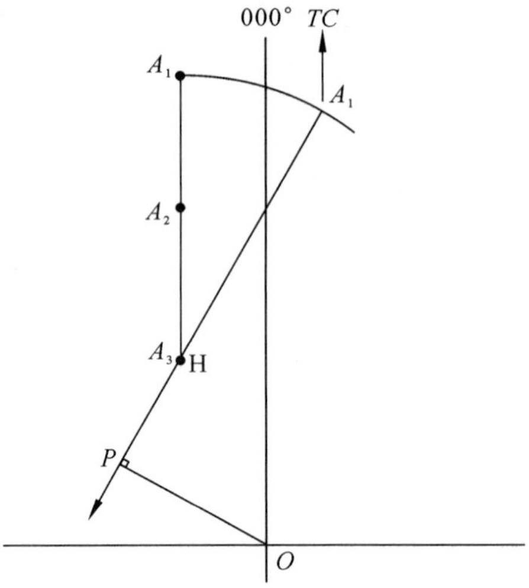

图 6-40　对固定物标转向作图

14.会遇局面中其他两船之间的标绘及碰撞危险的判断

在航行中，本船同时遇到两艘船舶，对于本船来说最重要的工作是分别对两船进行雷达观测与标绘，进而分别判断本船与其他两船是否存在碰撞危险，也就是说，本船对其他两船之间的会遇局面和其他两船之间是否存在碰撞危险考虑相对较少。但事实上，本船与其他两船分别都不存在碰撞危险并不表明本船就可以保向保速安全驶过。若其他两船之间存在碰撞危险，则该两船将采取相应的避让行动，从而改变了三船之间原来的会遇格局，有可能使先前本船与其他两船均没有碰撞危险的局面变成有碰撞危险。因此，本船了解其他两船之间有无碰撞危险是必要的。

【例 16】　如图 6-41 所示，本船同时观测到左前方的 A 船和右前方的 B 船，经雷达标绘（观测时间均为 12min），得 A 船的航向为 067°，航速为 11.7kn；B 船的航向为 285°，航速为 12.1kn，A、B 两船均在本船船首驶过，且两船与本船均没有碰撞危险。分析 A、B 两船有无碰撞危险。

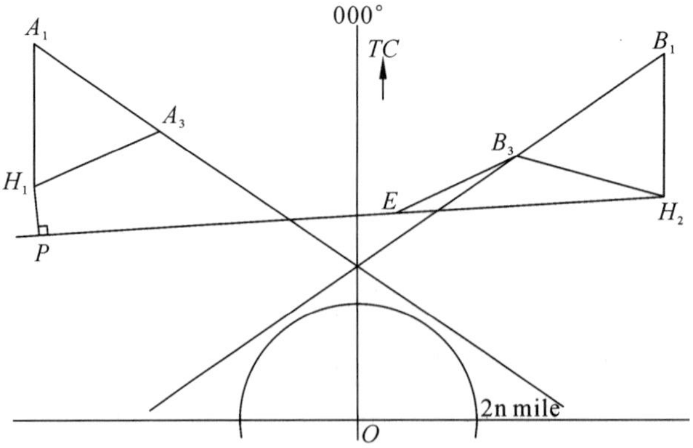

图 6-41　其他两船之间的碰撞危险作图分析

①将 A 船的速度矢量 H_1A_3 平行移动到 B_3（过 B_3 作 B_3E，使 B_3E 平行且等于 H_1A_3），得到 B_3E；

②连接 H_2E 并适当延长，H_2E 即为 B 船相对于 A 船的相对运动线，H_1P 为 A、B 两船的最近会遇距离。

A、B 两船的 $DCPA$＝0.8n mile，有碰撞危险。

本例中，由于 B 船在 A 船的正横之前，为让 B 船，A 船可能向右转向。若 A 船右转，则本船与 A 船的 $DCPA$ 将减小。当 A 船右转 30°时，A 船与本船的 $DCPA$ 仅为 0.1n mile。一般情况下，当与 B 船驶过让清后，A 船即会恢复原航向，则与本船的会遇格局也将恢复到初始状态，即不存在碰撞危险。但若 A、B 两船的会遇时间较长，在 A 船对 B 船尚未驶过让清之前，A 船与本船的距离已较近，则 A 船对本船将构成较大的威胁，本船应作好右转准备。这种情况在实际航行时应予以注意。

15. 一船让多船

当一船同时遇到多艘船舶时，最理想的情况是该船用一次行动把所有船舶都让清。但实际航行时往往情况比较复杂，对所有船舶用一次行动就让清的难度较大，这就需要本船采用多种措施，把周围船舶逐一让清。本书中仅介绍一船同时避让两船的情况。

【例 17】 本船航向 000°，航速 12kn。雷达测得 A、B 两船的真方位和距离分别为：

A 船：

观测时间	回波真方位	回波距离
1200	045°	8.0n mile
1206	045°	7.0n mile
1212	045°	6.0n mile

B 船：

观测时间	回波真方位	回波距离
1200	098°	8.1n mile
1206	099°	7.4n mile
1212	100°	6.6n mile

通过标绘求解下列问题：

(1)为与 A 船保持 2n mile 最近距离通过，本船决定在 1218 向右转向，应转多少度？

(2)当本船在 1218 向右转向后，发现与 B 船有碰撞危险，为让 B 船，保持与 B 船 2n mile 最近距离通过，本船决定停车，本船停车冲程 1n mile，历时 9min，本船应在何时停车？

(3)本船停车后，与 A 船的会遇情况怎样(对 A 船停车不考虑冲程)？

(4)为保持与 B 船 2n mile 最近距离通过，本船应在何时恢复原航向和航速？

(5)当本船恢复原航向和航速时与 A 船的会遇情况如何？

【作图方法】

如图 6-42 所示：

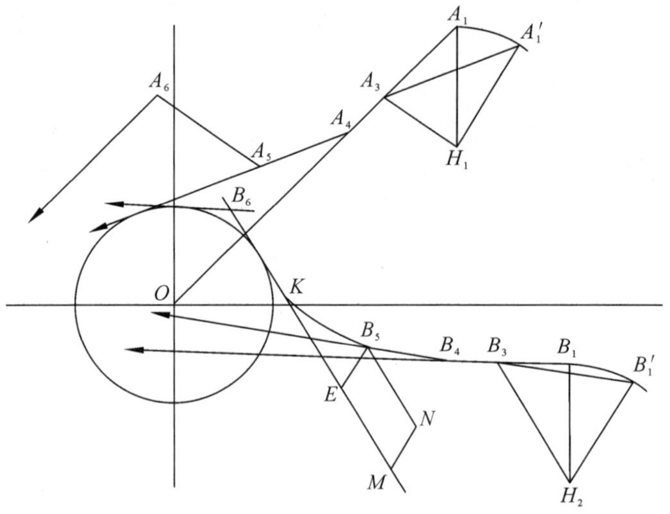

图 6-42　一船避让两船作图

(1)根据已知条件转向时机 1218、转向后预定达到的效果 $DCPA$＝2n mile 作图，可得本船应向右转向 32°，即本船的新航向为 032°(新速度矢量如图中 H_1A_1')。

(2)对 B 船作图，转向时机为 1218，转向幅度为本船右转 32°，可求取本船转向后的效果。本船与 B 船的最近会遇距离为 0.2n mile，有碰撞危险。按停车冲程的作图方法对 B 船作图，条件为本船停车冲程 1n mile、历时 9min，预定达到的效果为本船与 B 船 2n mile 最近距离会过。通过作图可得本船的停车时机为 1226(即图中 B_5 点)。

(3)对 A 船作停车图(不考虑冲程)，停车时机为 1226。1226 即为图中 A_5 点，本船停车后与 A 船的最近会遇距离为 3.3n mile。本例中，当本船停车时 A 船当即离本船而去，因而停车时与 A 船的距离即为最近会遇距离。A 船与本船的最近会遇距离变大，离本船而去，没有碰撞危险。对 A 船，本船停车与先前的右转是协调的。

(4)对 B 船作恢复原航向、航速标绘图，条件是本船与 B 船继续保持 2n mile 最近距离驶过。作图得本船恢复原航向、航速的时机为 1244(即图中 B_6 点)。

(5)本船在 1244 恢复原航向、航速，此时 A 船的回波在 A_6 点，过 A_6 作 A_1A_3 的平行线，得本船与 A 船的最近会遇距离为 3.3n mile，本船与 A 船可以安全驶过。

【作图要点及避让方法】

(1)一船同时避让两船的雷达标绘最关键的问题是行动的“同时”，即当本船主观上为了避让 A 船而在某一时刻右转，客观上对 B 船也在同一时间右转了，也可以说对周围所有的船都在这个时刻转了向。本例中，转向时间为 1218，对应的回波位置分别为 A_4、B_4。

(2)同理，在后续的作图过程中，每当本船采取一种行动，既要对 A 船作图，同时也要对 B 船作图。本例中，A_5 与 B_5、A_6 与 B_6 均为同一时刻 A、B 两船各自的回波位置。

(3)一船同时避让多船时应注意周围船舶的真方位、距离、$DCPA$、$TCPA$，综合分析各船对本船的碰撞危险程度，选择一艘船舶作为“重点船”考虑，本船首先应着重避让“重点船”，同时兼顾其他船舶。

(4)当仅用一次行动不能有效的让清所有船舶时，应采用多种避让措施，必要时停车。如有足够的水域，且转向行动是及时的、大幅度的、不致造成另一紧迫局面的，则单用转向可能是避免紧迫局面最有效的行动。

(5)多船避让时，应注意“转向不变线”原理的应用(详见“转向不变线”的章节)，尤其应注意本船右后方的来船。

(6)与船舶避让安全相比，船舶在环境条件允许的情况下，偏离计划航线和因减速、停车所造成的时间损失是相对次要的，而避让安全是首要的。

三、转向不变线及其在多船避让时的应用

1. 基本原理

一般情况下，当一船采取转向行动后 $DCPA$ 都会有相应的变化，但在某些特殊情况下，转向并没有使 $DCPA$ 发生变化，而只使 $TCPA$ 发生了变化，这种特殊情况，在船舶避让特别是在多船避让中应特别注意。

每当确定一个转向角 θ 时，便可相应地确定出一条与 $\frac{\theta}{2}$ 相垂直的相对方位线。若他船在该线或其平行线上作相对运动，则本船转向 θ 后，他船将仍在该线或其平行线上作新的相对运动，且相对于该线或其平行线的 $DCPA$ 不变。转向不变线上的相对运动变化如图 6-43所示。

当 $K<1$，即本船为快速船时，V_r 变化角 $\alpha=180°$；

当 $K>1$，即本船为慢速船时，V_r 变化角 $\alpha=0°$；

当 $K=1$，即两船同速时，V_r 变化角 α 不定，具体地说：

(1)$K=1$，$V_r\neq0$ 时，即本船与他船同速不同向时，本船转向 θ 后的 $V_r=0$，变成相对静止的同向同速船；

(2)$K=1$，$V_r=0$ 时，即本船与他船同向同速时，本船转向 θ 后的 $V_r\neq0$，变成同速不同向的船，相对航向线的指向与本船转向方向相反(指向圆心 O)。

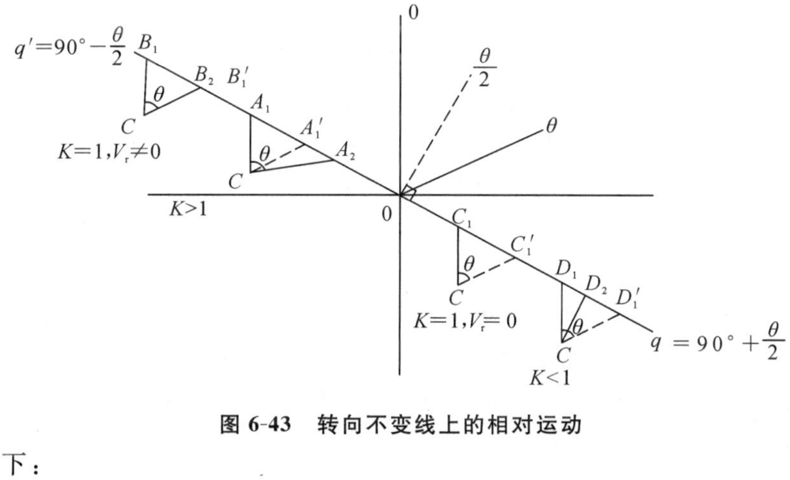

图 6-43　转向不变线上的相对运动

分析如下：

(1)A 船：$K>1$，本船为慢速船，则本船转向后其相对航向不变，但相对速度减小，$TCPA$ 变小，$DCPA$ 不变。因此，本船转向前与 A 船有碰撞危险，而在右转 θ 角后仍有碰撞

危险,而且 $TCPA$ 变小,$TCPA$ 的变化是跳跃性的。

(2)D 船:$K<1$,本船为快速船,则本船右转 θ 后其相对运动线转向 180°,即 $\alpha=180°$,本来与 D 船原来无碰撞危险,$TCPA=\infty$,但转向后却变成有碰撞危险。$V_r=D_1'D_2$,V_r 指向本船,如果 D 船位于本船左侧,则原来有碰撞危险的 D 船当本船右转 θ 后则变成没有碰撞危险(V_r)的方向离本船而去。

(3)C 船:$K=1$,$V_r=0$。本船与 C 船为同向同速船。$TCPA=\infty$,而且无碰撞危险。由于该船位于本船转向一侧,则本船右转 θ 后的相对运动线指向本船,形成了碰撞危险。$DCPA=0$,$TCPA$ 跳跃性变化。如果 C 船位于本船的左侧,则本船右转 θ 后的相对运动线 V_r 离本船而去,仍没有碰撞危险。

(4)B 船:$K=1$,$V_r\neq0$,本船与 B 船是同速不同向的两船,两船有碰撞危险,当本船在转 θ 后与 B 船变成同向同速船,变成没有碰撞危险,$TCPA=\infty$,而当本船恢复原航向后,两船的会遇态势又如以前,又形成有碰撞危险。

2. 转向不变线在多船避让中的应用

在多船避让中,若用转向避让,应特别注意转向角的选择,应避免采用转向后致使相对运动线位置不变(或平行)的特殊转向角 θ。本书称之为“转向忌讳角”,如图 6-44 所示。

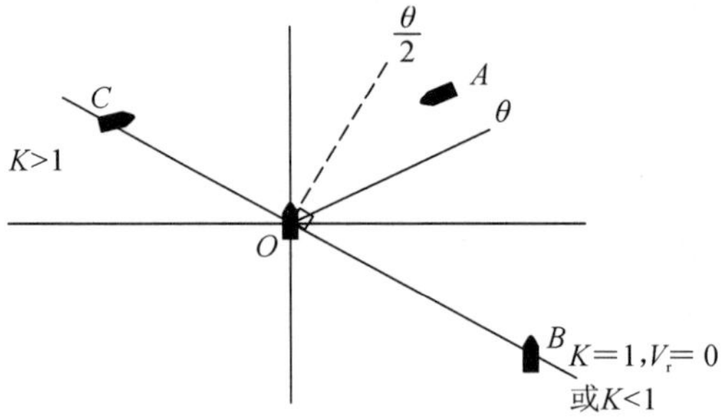

图 6-44 转向不变线在多船避让中的应用

在图 6-44 中,本船为了避让 A 船采取右转的措施,而本船的右后方有一艘 B 船存在,若 B 船与本船的关系为 $K=1$,$V_r=0$ 或 $K<1$,则可以连接 BO,作 BO 的垂线得 $\frac{\theta}{2}$,从而得到 θ 角。因此,为了同时避让 A、B 两船,本船右转时不应采用向右转向 θ 角,尤其当 B 船与本船近距离时,否则 B 船与本船的关系将是:$DCPA=0$,$TCPA$ 为某一值(与 OB 及两船的速度矢量有关),从而产生另一碰撞危险和紧迫局面。

当本船同时避让 A、C 两船时,同理,应避免右转 θ,否则本船与 C 船仍有碰撞危险,$DCPA$ 仍为零,只不过 $TCPA$ 变大了。

因此,在多船避让中,每当本船要决定右转避让他船时,应注意绘算“转向忌讳角”θ 的值。一次右转行动即让清所有来船时,应注意避免使用“转向忌讳角”θ。

原相对运动线与转向不变线平行的会遇局面分析,与上述同理。

思考题

1.怎样用新相对运动线查核本船避让行动的有效性？

2.多数雷达作图是在理想状况下进行的，针对作图所得的结果，在实际海上避让时应注意什么？

3.多船避让时如何选择“重点船”？

4.对于四个象限的各来船，本船采取转向或减速后的新相对运动线的旋转规律是怎样的？

5.在行动时，本船既转向又减速，应注意什么情况下转向与减速是不协调的？举例说明。

6.两船都采取行动时，两船什么样的行动是不协调的？举例说明。

7.在已知条件是相对方位或舷角时，如何作图？

8.为什么在一定条件下“单用转向可能是避免紧迫局面最有效的行动”？用雷达作图进行分析。

9.什么叫转向不变线？

10.本船采取转向行动后，转向不变线上及原相对运动线与转向不变线平行的船舶的相对运动特点是怎样的？

11.转向不变线原理在多船避让中有何应用？

第五节　船舶在能见度不良时的避让技术分析
Collision Avoidance Techniques of Vessel in Restricted Visibility

一、本船转向后的避让效果及 DCPA、TCPA 变化规律分析

《规则》第八条第 3 款指出：如有足够的水域，则单用转向可能是避免紧迫局面最有效的行动，只要这种行动是及时的、大幅度的并且不致造成另一紧迫局面。因此，在开阔水域，单用转向通常是驾驶员首选的避让措施。驾驶员在采取转向避让行动前，有必要对避让效果进行预测，此种效果预测，主要体现在：

(1)来船从本船的左舷通过还是右舷通过，或从本船船首方向通过还是从本船船位方向通过；

(2)*DCPA* 和 *TCPA* 的变化趋向。

对于具体的避让效果而言，需视来船与本船的初始会遇态势和本船的具体行动而定。

以下就各种会遇态势和具体行动作相应的避让效果预测。

假设条件为：初始 *DCPA*＝0，来船保向保速航行，本船只转向不减速。

1. 船首方向来船

对于本船船首左舷或右舷方向驶近的来船，本船右转 θ 时，将导致相对运动线顺时针旋转，来船从本船的左舷通过，*DCPA* 变大，*TCPA* 变小，如图 6-45 所示。

2. 右正横前来船

对本船右舷 β 方位驶近的来船，本船向右转向 θ，将导致相对运动线顺时针旋转。当 $\theta=\beta$ 时，来船从本船左舷通过(在理想状态下，本船右转完成的瞬间来船已越过了本船船首；在海上实践中，当本船在新航向上稳定时，来船已在本船左舷并进一步从左舷驶过)。*DCPA* 变大，*TCPA* 变小，如图 6-46 所示。

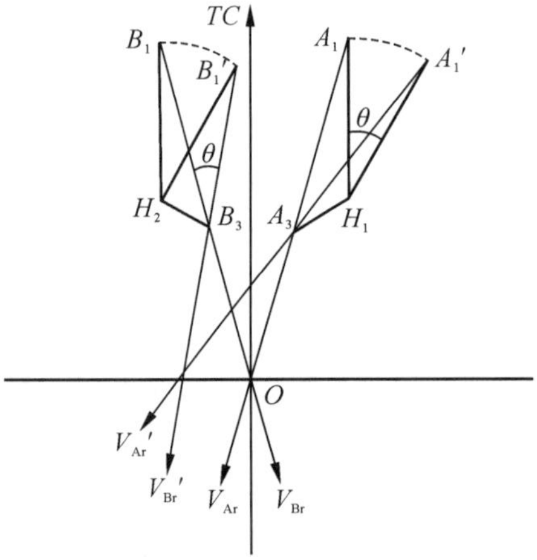

图 6-45　对船首方向来船，本船向右转向的避让效果

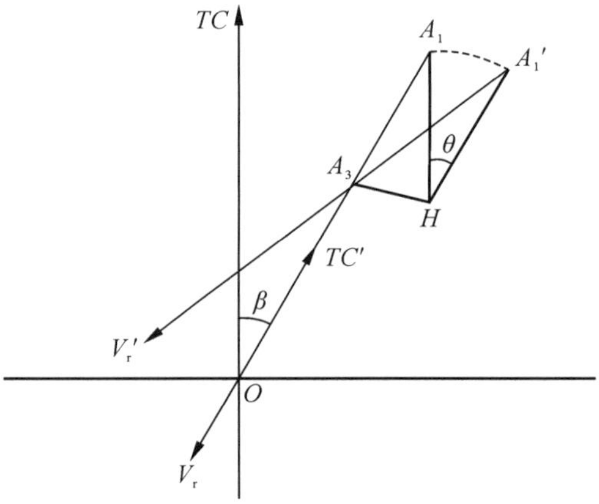

图 6-46　对右前方来船，本船右转且转向角与方位角相同时的避让效果

3. 右正横后来船

对本船右正横后 β 方位驶近的来船，本船向右转向 θ，则避让效果因 β 与 θ 的大小关系而出现三种结果。

(1)当 $\theta=2\beta$ 时

根据"转向不变线"原理，对于本船右正横后 β 方位的来船，本船右转 θ，则相对运动线方向及位置不变(A_1' 点落在原相对运动线的延长线上)，即 $DCPA$ 依然为零，来船的方位也不变，但新的相对运动速度变大，$TCPA$ 变小，会遇变得紧迫，如图 6-47 所示。

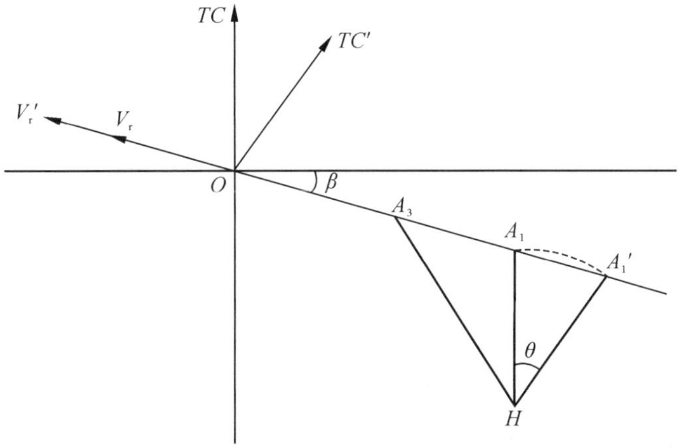

图 6-47　本船右转且转向角 $\theta=2\beta$ 时的避让效果

(2)当 $\theta<2\beta$ 时

同理推断，来船从本船船尾通过，相对运动线逆时针旋转，$DCPA$ 变大，但增量很有限，如图 6-48 所示。

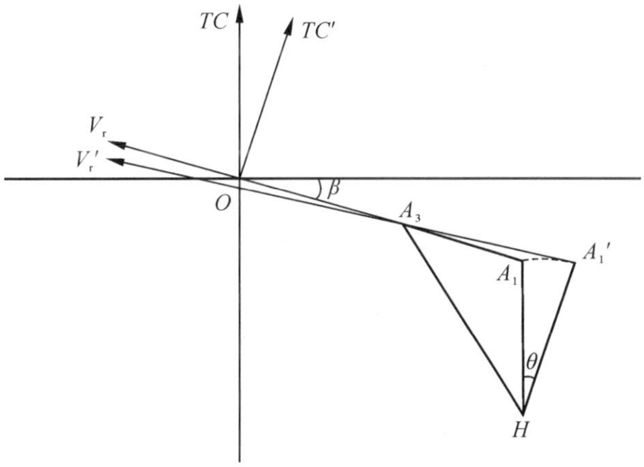

图 6-48　本船右转且转向角 $\theta<2\beta$ 时的避让效果

(3)当 $\theta>2\beta$ 时

同理推断，来船从本船船首通过，相对运动线顺时针旋转，$DCPA$ 变大，其增量随转向角的增大而增大，如图 6-49 所示。

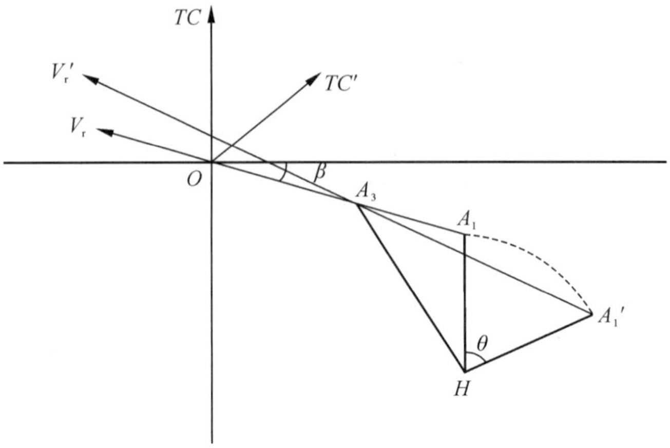

图 6-49　本船右转且转向角 $\theta>2\beta$ 时的避让效果

4. 右正横来船

对本船右正横驶近的来船，本船的转向行动分为左转（能见度不良时）和右转（互见中）两种：

(1)本船右转

对本船右正横驶近的来船，本船向右转向 θ，将导致来船从本船船首通过，相对运动线顺时针旋转，$DCPA$ 变大，$TCPA$ 变小，如图 6-50 所示。

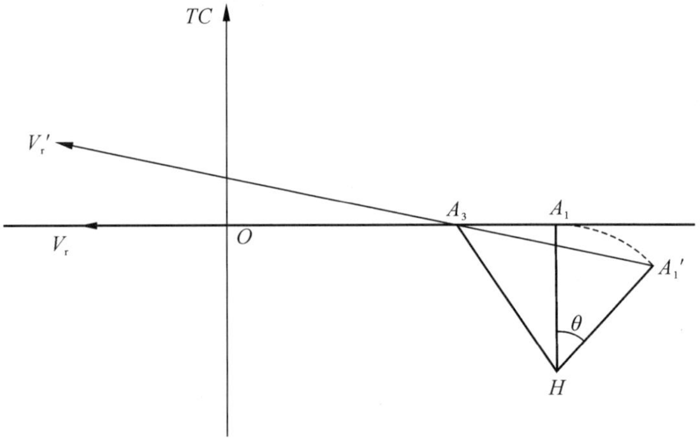

图 6-50　对右正横来船，本船右转后的避让效果

(2)本船左转

对本船右正横驶近的来船，若原速度三角形中的航向交角（HA_1 与 HA_3 的夹角）为 β，对于某个特定的会遇局面，该 β 为定值。本船向左转向的角度为 θ，则根据 θ 与 β 的大小关系，将出现三种结果：

①当 $\theta=\beta$ 时

当 $\theta=\beta$ 时，本船左转后的 A_1' 点刚好落在 HA_3 上，连接 A_1' 与 A_3 并延长，相对运动线顺时针旋转，新的相对运动线 V_r' 方向与来船真航向（HA_3）相同，本船新航向 TC' 与 V_r' 平行，即来船从本船的右舷追越通过，且航向平行，$DCPA$ 增大，如图 6-51 所示。

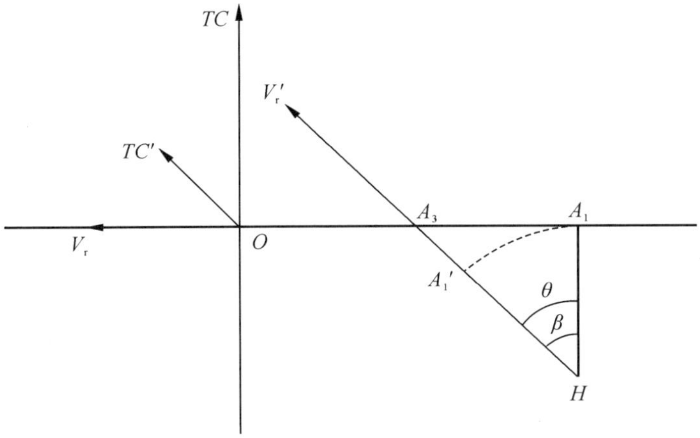

图 6-51　对右正横来船，本船左转且转向角度与航向交角相同时的避让效果

②当 $\theta<\beta$ 时

当 $\theta<\beta$ 时，则在本船左转 θ 后，新的相对运动线 V_r' 与本船的新航向 TC' 相交，相对运动线顺时针旋转，来船从本船右舷通过，且通过本船船首，$DCPA$ 变大，但增量有限，如图6-52所示。

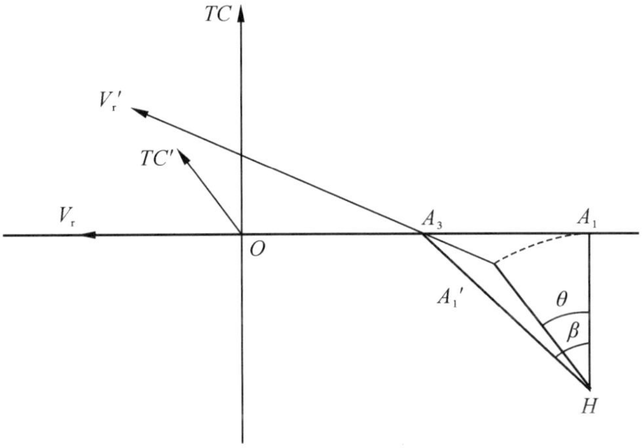

图 6-52　对右正横来船，本船左转且转向角度小于航向交角时的避让效果

③当 $\theta>\beta$ 时

当 $\theta>\beta$ 时，则本船左转 θ 后，来船从本船右舷通过，但两船航向发散（新的相对运动线 V_r' 离本船而去），不再存在碰撞危险，如图 6-53 所示。

5. 左正横前来船

(1)一般情况下的通过方式

对本船左正横前驶近的来船（航速高于本船），本船向右转向，则通过方式及避让效果将取决于来船具体方位和本船具体转向角度。如图 6-54 所示，在本船的左正横前来船，可分为两种情况：

①来船位于接近本船正前方附近（如 A 船，航向交角 β 角大于 90°）；

②来船位于接近本船左正横附近（如 B 船，航向交角 β 角小于 90°）。

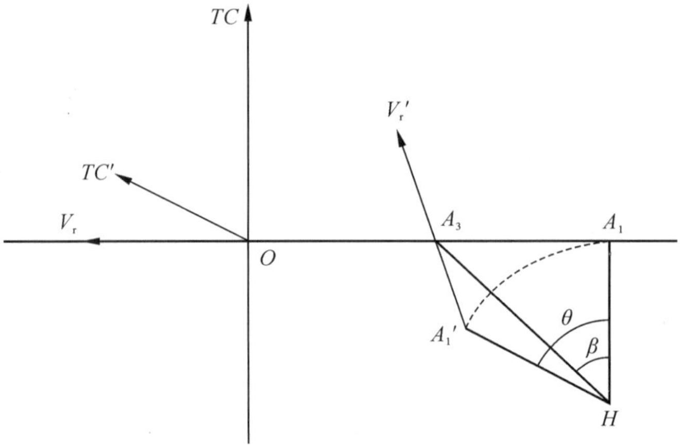

图 6-53　对右正横来船，本船左转且转向角度大于航向交角时的避让效果

A 船将从本船船尾通过，B 船将从本船船首通过。

对 A 船，若本船采用不同的转向角度 θ，则随着 θ 的增大，$DCPA$ 首先由小变大；而后，$DCPA$ 达到一个最大值，最后，随着 θ 的增大，$DCPA$ 反而变小。上述阶段 A 船均从本船的左舷驶近并从船尾通过，直至 $DCPA$ 再次变为零。随着 θ 的继续增大，则变成了 A 船从本船的船首通过。因此，其通过方式和避让效果与本船的转向角 θ 的大小有关。

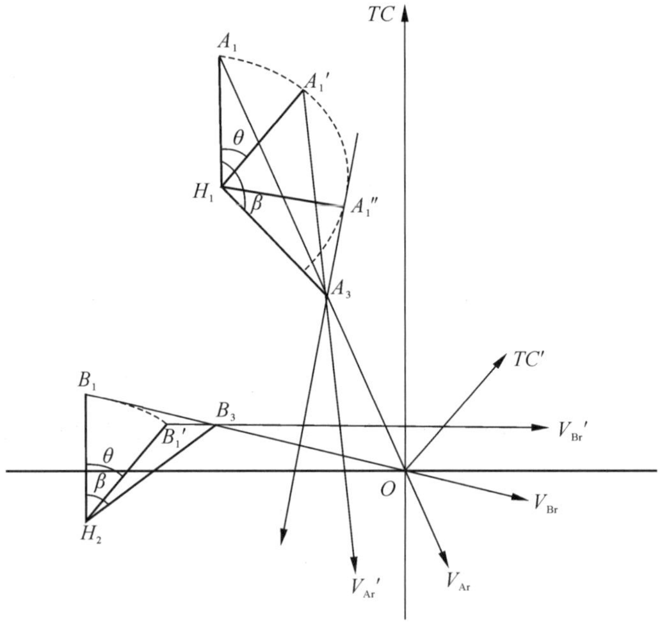

图 6-54　对左前方来船，本船右转时的避让效果

对 B 船，若本船采用不同的转向角度 θ，则当 θ 由小到大变化时，两船的通过方式有三种：

①来船从本船的左舷驶近并通过本船船首；

②来船从本船左舷以平行的航向追越本船；

③来船从本船左舷通过且航向发散。

综上分析，对于左前方的来船，本船向右转向后的两船通过方式和避让效果取决于来船的具体方位和本船的具体转向角度。

(2)特殊情况下的通过方式

对本船左舷 60°驶近的来船，本船向右转向 60°，则视两船的速度大小关系，可能出现三种不同的避让效果。

①$V_{他}=V_{本}$

$\triangle HA_1A_3$为等腰三角形，本船右转 60°后，A_1'与 A_3重合，即本船与来船变成同向同速船，来船的方位和距离均不变，如图 6-55 所示。

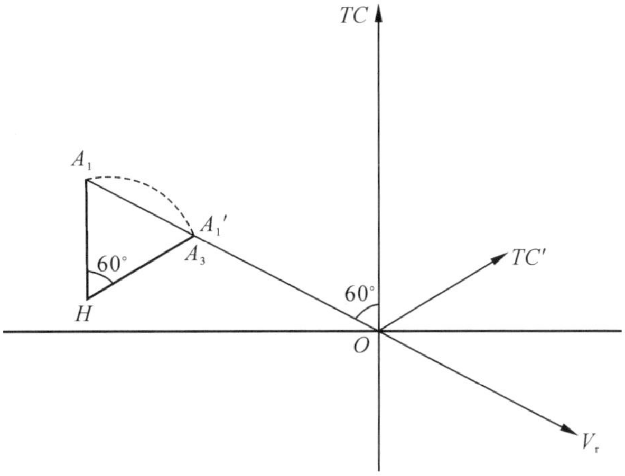

图 6-55　对左前方来船两船，航速相同时本船右转 60°的避让效果

②$V_{他}>V_{本}$

本船右转 60°后的新相对运动线 V_r'与原相对运动线 V_r重合，即方位不变，*DCPA* 依然为零，但 *TCPA* 变大，如图 6-56 所示。

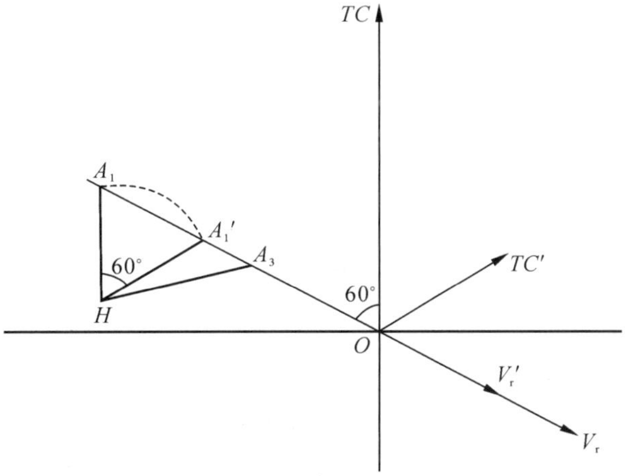

图 6-56　对左前方来船，来船航速大于本船时本船右转 60°的避让效果

③$V_{他}<V_{本}$

新相对运动线 V_r'与原相对运动线 V_r方向相反，离本船而去，方位不变，无碰撞危险，如图 6-57 所示。

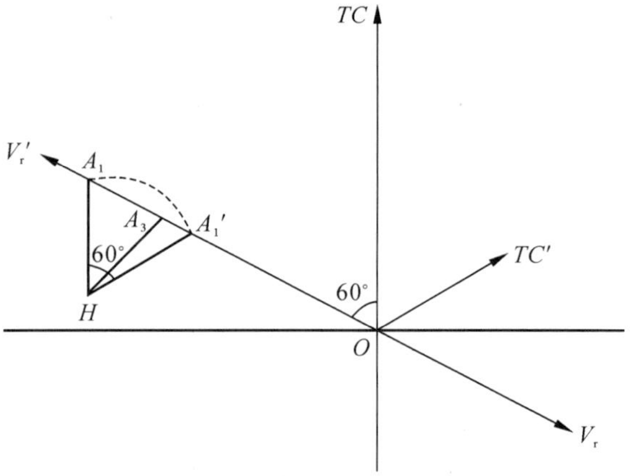

图 6-57　对左前方来船，来船航速小于本船时本船右转 60°的避让效果

6. 左正横后来船

对本船左正横后驶近的来船，本船向右转向后的效果与前述右正横来船同理，将导致来船从本船左舷或船首通过，如图 6-58 所示。

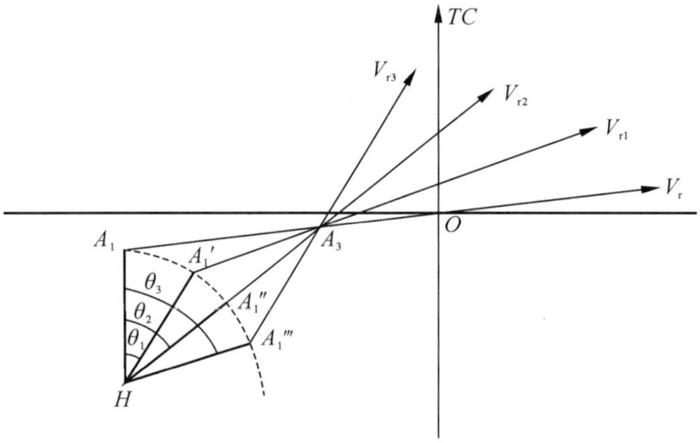

图 6-58　对左正横后来船，本船右转时的避让效果

视转向角度的大小，产生以下三种结果：

(1)本船右转 θ_1，则本船新航向与 $A_1'A_3$ 的延长线(V_{r1})相交，即来船通过本船船首，但 $DCPA$ 较小。

(2)本船右转 θ_2，θ_2 刚好为两船航向交角，HA_1'' 与 $A_1''A_3$ 为同一直线，V_{r2} 与本船新航向平行，则来船从本船的左舷通过，平行追越。

(3)本船右转 θ_3，则 V_{r3} 与本船新航向发散，且从本船左舷通过，不再存在碰撞危险。

综上，对于本船左正横后来船，本船采用不同的转向角度，相对运动线均将逆时针旋转，来船从本船左舷或船首通过。

7. 左正横来船

对本船左正横驶近的来船，本船向右转向 θ，则所产生的避让效果分为三种情况，其原理与前述本船对左正横后来船采取右转相似，设原速度三角形的航向交角为 β，则三种不同效果为：

(1)当 $\theta=\beta$ 时

相对运动线将逆时针旋转，新的相对运动线的方向与来船真航向相同，本船新航向 TC' 与新的相对运动线平行，即来船从本船的左舷追越通过，且航向平行。$DCPA$ 增大。

(2)当 $\theta<\beta$ 时

相对运动线将逆时针旋转，新的相对运动线与本船的新航向线相交，来船从本船左舷通过本船的船首方向，$DCPA$ 变大，但增量很有限。

(3)$\theta>\beta$ 时

相对运动线将逆时针旋转，来船从本船左舷通过，两船航向发散，新的相对运动线 V_r' 离本船而去，不再存在碰撞危险。

二、本船转向与变速组合行动的效果与行动协调性分析

在能见度不良的水域中不在互见时航行，由于通航密度大、水域受限等原因，船舶在实施转向行动时，可能考虑结合变速行动。当雷达上测得本船与来船构成碰撞危险时，设来船保向保速，则本船采取既转向又变速的组合行动时，其效果及两者行动的协调性应视具体情况而定。

1. *右正横前来船*

对本船右正横前的来船，在一定转向角度范围内，本船右转并减速，均使相对运动线 V_r 顺时针旋转，使 $DCPA$ 增大，右转与减速的效果一致，如图 6-59 所示。

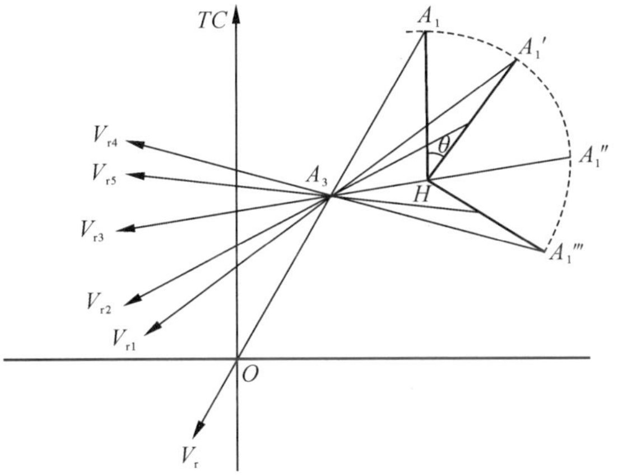

图 6-59　对右正横前来船，本船右转又减速的行动协调性分析

(1)当 $\theta<\angle A_1HA_1''$ 时

当 $\theta<\angle A_1HA_1''$ 时，本船向右转向 θ，且减速，相对运动线由 V_{r1} 顺时针旋转至 V_{r2}，$DCPA$ 进一步增大，表明右转与减速是协调的。

(2)当 $\theta=\angle A_1HA_1''$ 时

当 $\theta=\angle A_1HA_1''$ 时，HA_1'' 与 HA_3 在同一直线上，即本船新航向与来船航向相反。此时，本船在新航向的基础上，不论减速、停车或增速，相对运动线方向均不导致进一步的变化，即无助于 $DCPA$ 进一步增大。

(3)当 $\theta>\angle A_1HA_1''$ 时

当 $\theta>\angle A_1HA_1''$ 时，本船在右转 θ 并减速时，减速反而一定程度上削减右转 θ 的效果，

相对运动线由 V_{r4}(只转向)逆时针旋转至 V_{r5}(转向并减速),这表明两种行动不协调。

因此,只有在 $\theta < \angle A_1HA_1''$时,即一定转向角度范围内时,本船减速与右转是协调的。通常情况下,当 $\theta = \angle A_1HA_1''$时,即本船与来船反向航行,此时再减速已无实际意义。

综上,在一定的转向范围内本船右转并减速,两种行动是协调的。

2. 右正横后来船

对本船右正横后来船,本船右转并减速,两种行动的避让效果不一定一致,应视具体会遇局面而定,如图 6-60 所示。

本船右转 θ,并减速至 HA_1'',则 V_r' 与 V_r 重合,$DCPA$ 依然为零,说明两种行动的效果完全抵消。

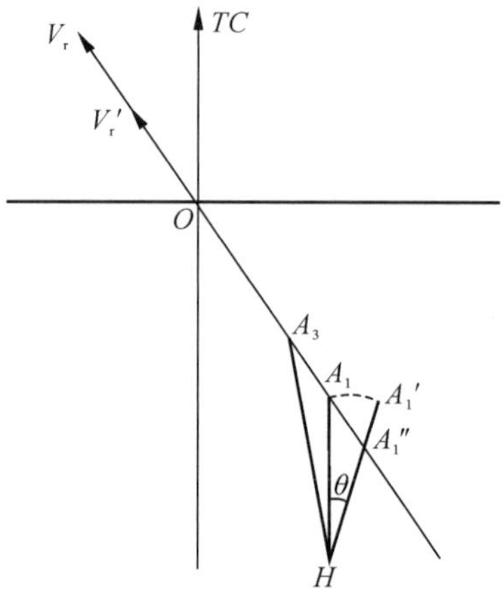

图 6-60　对右正横后来船,本船右转又减速的行动协调性分析

3. 左正横前来船

对左正横前来船,本船右转与增速的效果不一定一致,如图 6-61 所示。

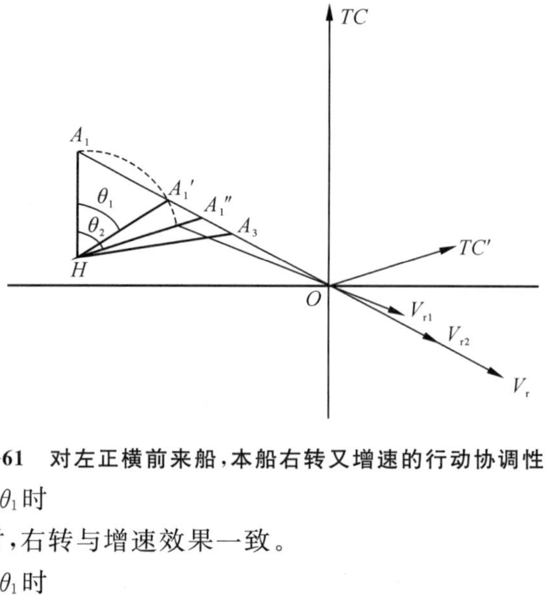

图 6-61　对左正横前来船,本船右转又增速的行动协调性分析

(1)当转向角小于 θ_1 时

本船右转并增速时,右转与增速效果一致。

(2)当转向角大于 θ_1 时

当转向角大于 θ_1 时，如右转至图中 θ_2，则产生新的相对运动线 V_{r1}，取得了避让效果，若本船在右转 θ_2 的基础上再增速至 HA_1''，则 $A_1''A_3$ 与 A_1A_3 重合，即 V_{r2} 与 V_r 重合，这表明本船右转 θ_2 并增速至 HA_1'' 的效果是完全抵消的，致使 $DCPA$ 依然为零。

可见，对左正横前来船，本船右转与增速的效果不一定一致。

4. 左正横后来船

对本船左正横后来船，本船采取右转并增速的措施，则右转与增速的行动通常是不协调的，如图 6-62 所示。

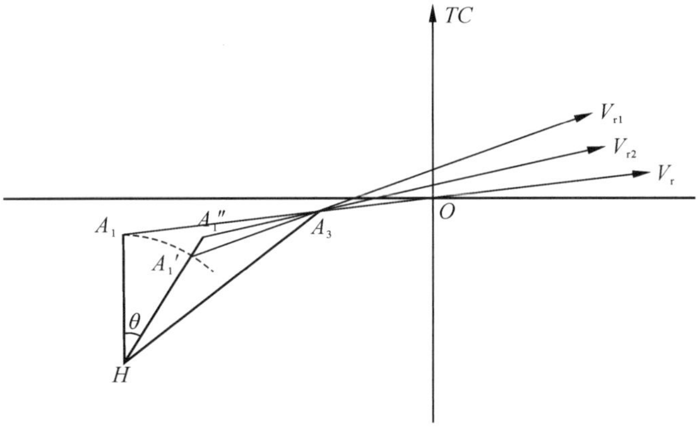

图 6-62　对左正横后来船，本船右转并增速的行动协调性分析

本船右转 θ 时得到新的相对运动线 V_{r1}，在此基础上，若增速，则新的相对运动线为 V_{r2}，相对运动线顺时针旋转，致使 $DCPA$ 变小。若继续增速，当 A_1'' 落在 A_1 与 A_3 连线上时，则 $DCPA$ 将变为零。因此，此种会遇局面下，本船右转后不宜增速。从理论上说，当本船增速很大时将导致来船将从本船船尾通过，但实际上过大的速度增量是难以达到的，同时也是没有实际意义的。

三、两船均采取行动时的避让效果与行动协调性分析

《规则》第 19 条第 4 款和第 5 款对能见度不良不互见时的转向和减速行动作了明确的规定，其主要内容为：

一船仅凭雷达测到他船时，应判定是否正在形成紧迫局面和（或）存在着碰撞危险。若是如此，应及早地采取避让行动，这种行动如包括转向，则应尽可能避免如下各点：

（1）除对被追越船外，对正横前的船舶采取向左转向；

（2）对正横或正横后的船舶采取朝着它转向。

除已断定不存在碰撞危险外，每一船舶当听到他船的雾号显示在本船正横以前，或者与正横以前的他船不能避免紧迫局面时，应将航速减到能维持其航向的最小速度。必要时，应把船完全停住，而且，无论如何，应极其谨慎地驾驶，直到碰撞危险过去为止。

按《规则》的规定，每一船舶在能见度不良的水域中航行和避让时，其避让行动首先应该符合《规则》的要求，另外，应充分考虑到他船可能采取的行动，预测本船采取行动后的避让效果，以确保双方行动协调，达到安全避让的目的。

以下就两船均采取行动时的避让效果、避让行动的协调性作分析与总结。

1. 右正横前来船

在能见度不良的水域中航行，本船从雷达上测得与来船构成碰撞危险，则：

(1)对本船右正横前的来船，本船采取减速措施与来船可能采取的向右转向措施的效果通常是一致的，但并不一定一致，具体应视会遇态势和本船减速及来船转向的幅度大小来确定避让效果的一致性，如图 6-63 所示。

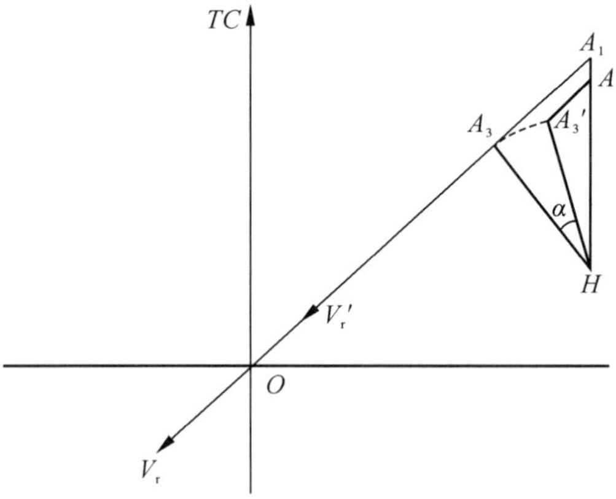

图 6-63　对右前方来船，本船减速与来船右转时效果完全抵消的情形

当 $V_{他}<V_{本}$时，来船右转 α(矢量端点至 A_3')，本船减速(矢量端点至 A_1')，A_1'与 A_3'的连线可能与 A_1A_3平行，则过 A_3作新相对运动线，则新的相对运动线与原相对运动线重合，表明两船此种组合行动的避让效果完全抵消，两船行动不协调。如新相对运动线与原相对运动线不平行时，则表明避让效果部分抵消，仍属行动不协调。

(2)本船采取向右转向措施与来船可能采取的向右转向措施的效果通常一致，但并不一定一致，如图 6-64 所示。

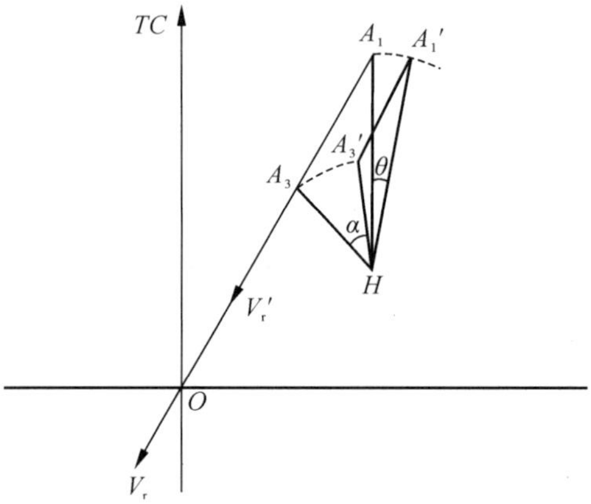

图 6-64　对右前方来船，两船均右转时避让效果完全抵消的情形

来船右转的圆弧上任取一点 A_3'，过 A_3'作 A_1A_3的平行线，交本船右转圆弧于 A_1'，则过 A_3点作 $A_1'A_3'$的平行线，即得到新的相对运动线 V_r'，此时，V_r'与原相对运动线 V_r重合。由此可见：本船右转 θ 与来船右转 α 的组合，两者的避让效果完全抵消。因此，对本船右正横前的来船，本船向右转向与来船可能采取向右转向的效果在特定情形下可能不一致，避让效果可能部分抵消，甚至完全抵消。

(3)两船航向相反，各自位于另一船的正横之前(左或右)，且存在碰避危险，则：

①按《规则》规定，两船均应右转而不应左转。

②当来船各自位于本船的左前方时，双方均向右转向的行动是协调的；一船向右转向，另一船减速将会使 $DCPA$ 增大。

③当来船各自位于本船的右前方时，双方均小幅度右转可能使 $DCPA$ 减小，甚至效果完全抵消，因此，双方均应大幅度转向。

(4)一船仅凭雷达发现来船，两船航向直角交叉，本船位于来船左舷，相互驶近构成碰撞危险，则：

①来船位于本船正横前，按《规则》规定，本船不应向左转向；

②本船位于来船正横前，按《规则》规定，来船不应向左转向转；

③不管两船航向是否直角交叉，两船均向右转向的行动效果不一定一致，如图 6-64 所示。

④单凭来船向右转向的行动，可能导致的通过方式视具体的来船方位和转向角度大小而定，可能通过本船船首，可能通过本船船尾，也可能是演变为追越与被追越的关系。

1)对右舷船首方向来船，由于直角交叉，只有在本船速度大于来船速度时才有可能构成碰撞危险，则可能通过的方式如图 6-65 所示。

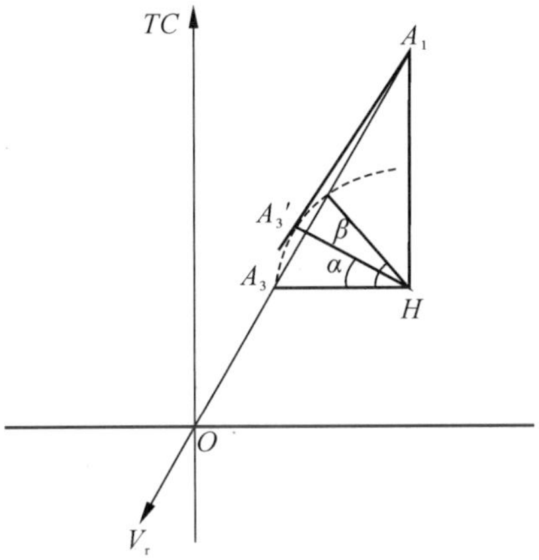

图 6-65　右舷船首方向来船，来船右转时两船可能通过的方式

当转向角小于 α 时，来船通过本船船首(A_3'为切点)；

当转向角等于 α 时，来船通过本船首，且 $DCPA$ 最大；

当转向角介于 α 和 β 之间时，来船通过本船船首，但 $DCPA$ 逐渐减小；

当转向角等于 β 时，$DCPA$ 再次变为零；

当转向角大于 β 时，来船通过本船船尾。

以上情况来船通过本船船首或船尾时的 $DCPA$ 数值均较小。

2)对于接近右正横方向来船，只有在来船速度大于本船速度时才有可能构成碰撞危险，单凭来船右转可能通过的方式如图 6-66 所示。

当转向角 α 小于 90°时，来船通过本船船首；

当转向角 α 等于 90°时，来船航向与本船相同，来船离本船而去。

(5)本船仅凭雷达发现右正横前来船航向与本船航向交叉，相互驶近并构成碰撞危

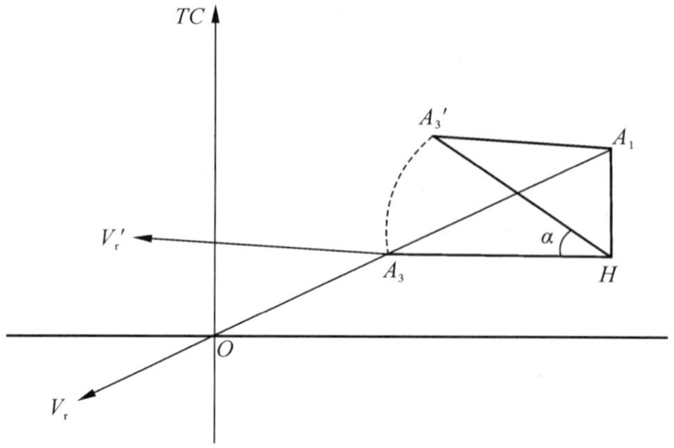

图 6-66　接近右正横方向来船，来船右转时两船可能通过的方式

险，则：

①若本船向右转向，在一定的转向角度内会导致来船通过本船船首，如图 6-67 所示。

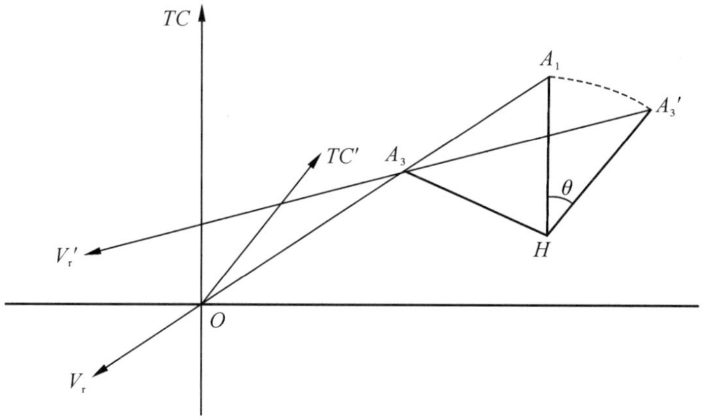

图 6-67　本船右转，在一定转向角度内来船通过本船船首

1）当 θ 小于舷角时，来船通过本船的船首；

2）当 θ 等于舷角时，在本船转至新航向的同时，来船已驶离本船的船首方向（理想状态的转向）；

3）当 θ 大于舷角时，$DCPA$ 进一步增大，来船从本船船首通过。

可以肯定，本船右转时，不管转向角度如何，来船均不可能通过本船的船尾。

②若来船右转，可能过本船船首，也可能通过本船船尾，应视具体的会遇局面和来船的转向角度大小而定。如图 6-68 所示，来船通过本船船首；如图 6-69 所示，来船通过本船船尾。

（6）能见度不良时航行，本船仅凭雷达发现右正横前来船方位不变，并构成碰撞危险，且本船位于来船左正横后，如图 6-70 所示，则：

①若本船向右转，将导致来船通过本船的船首，即本船通过来船的船尾；

②本船位于来船的左正横后，按《规则》规定，则来船不应向左转向，而应向右转向；

③按《规则》规定，由于来船不应左转而只能右转，而对于本船而言，本船位于来船左正横后，且存在碰撞危险，则说明本船的速度比来船快，且航向交角 β 较小。因此，从良好船艺

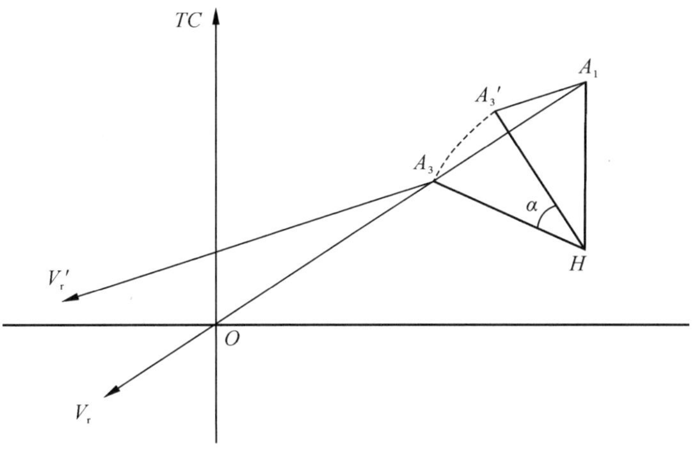

图 6-68　来船右转，通过本船船首的情形

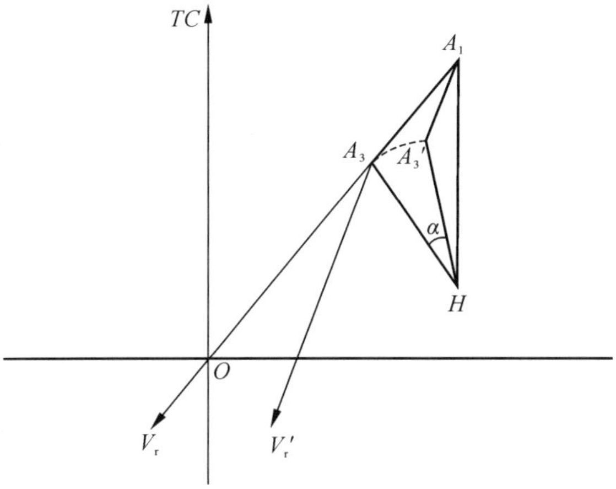

图 6-69　来船右转，通过本船船尾的情形

出发，本船左转至航向平行或发散，从来船的左舷驶过也是可以的。

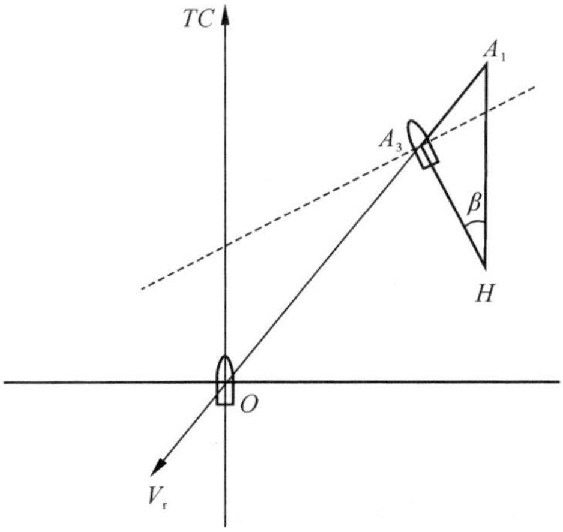

图 6-70　来船与本船的位置关系

2. 右正横后来船

(1)对本船右正横后的来船，本船采取向右转向行动与来船可能采取的向右转向的效果不一定一致，如图 6-71 所示。

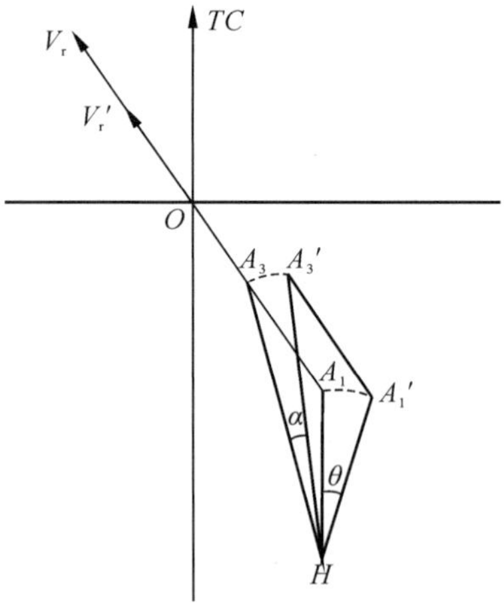

图 6-71　两船均右转时效果完全抵消的情形

在本船转向圆弧上任取 A_1'，过 A_1' 作 A_1A_3 的平行线，交来船转向圆弧于 A_3'，连接 A_1'、A_3'，过 A_3 作 $A_1'A_3'$ 的平行线，得到新的相对运动线 V_r'，则 V_r' 与原相对运动线 V_r 重合，$DCPA$ 仍然为零。这表明：当本船右转 θ 与来船右转 α 的组合，两船行动的避让效果完全抵消。可见，对本船右正横后来船，两船均右转的避让效果不一定一致。

(2)在能见度不良时航行，本船仅凭雷达发现右正横后的来船，其方位不变并构成碰撞危险，则：

①来船向右转向时，在一定的转向角度范围内，会导致来船通过本船船首，本船可配合减速，如图 6-72 所示。

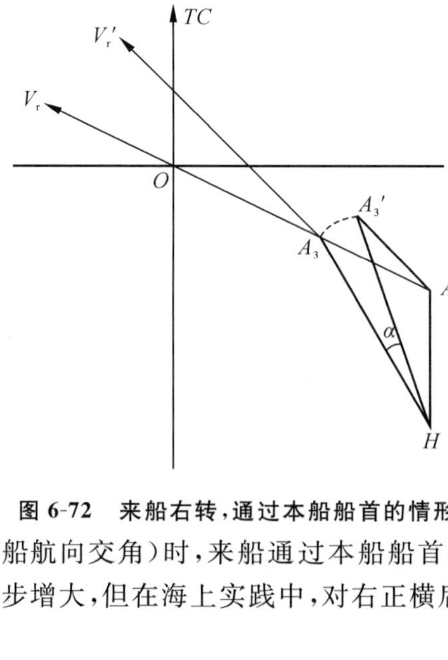

图 6-72　来船右转，通过本船船首的情形

1)当 $\alpha < \angle A_1HA_3$(两船航向交角)时，来船通过本船船首，本船可配合减速，本船的减速措施可导致 $DCPA$ 进一步增大，但在海上实践中，对右正横后的来船应慎用减速措施。

2）当 $\alpha = \angle A_1HA_3$ 时，来船平行追越本船，本船可配合采取减速措施，但应慎用减速措施；

3）当 $\alpha > \angle A_1HA_3$ 时，两船航向发散，背向而行，本船无需用减速来配合。

②在来船合理的转向角度范围内，来船右转不可能通过本船船尾。

③关于对来船的转向方向的要求，应视来船与本船的相对位置关系而定，具体分析如下：

1）若来船位于本船正横后小于 22.5°的方位内，则不构成“追越”，本船位于来船的正横之前，按《规则》规定，来船应右转，而不应向左转向；

2）若来船位于本船正横后大于 22.5°的方位内，则来船是追越船，按《规则》规定，来船可以视情况选择左转或右转。

综上，在来船的方位不确定的情况下，肯定的认为来船不应左转是不对的。对于一个具体的会遇局面，则需要方位核算。

④关于本船的转向方向，按《规则》规定，来船位于本船的右正横后，则本船应左转，而不应向右转向。

3. 左正横前来船

在能见度不良的水域中航行，本船从雷达上测得与来船构成碰撞危险，则：

（1）对本船左正横前的来船，本船采取增速的措施与来船可能采取的向右转向措施的效果通常是一致的，但具体应视本船增速及来船转向的幅度而定，当来船转到某个特定的新航向时，本船的增速无助于 *DCPA* 的增大，避让效果谈不上“一致”，如图 6-73 所示。

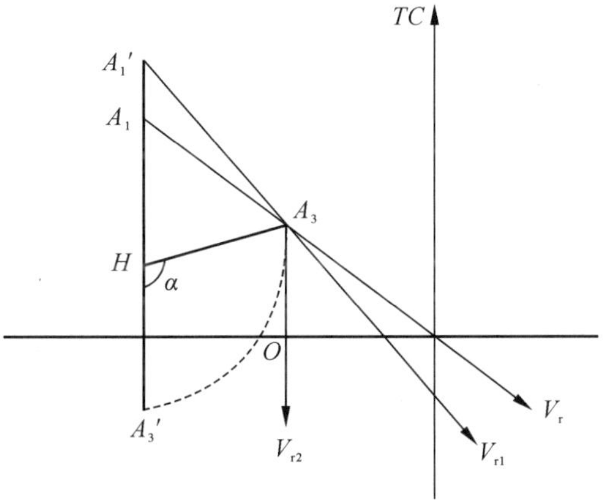

图 6-73　来船右转时，本船增速无助于 *DCPA* 增大的情形

当来船右转 α，与本船反向时，即使本船增速至 $A_1{}'$，新的相对运动线为过 A_3 点作 $A_1{}'$、$A_3{}'$ 连线的平行线，即 V_{r2}，本船增速无助于 *DCPA* 增大。可见，避让左正横前来船时，本船增速、来船右转，两者行动的效果不一定一致。

（2）对本船左正横前的船舶，本船采取减速行动与来船可能采取的右转行动效果通常不一致，如图 6-74 所示。

本船减速，矢量端点至 $A_1{}'$；过 $A_1{}'$ 作 A_1A_3 的平行线，交圆弧于 $A_3{}'$，连接 H、$A_3{}'$，即来船右转 α，则新的相对运动线与原相对运动线完全重合，说明本船减速至 $HA_1{}'$ 与来船右转 α

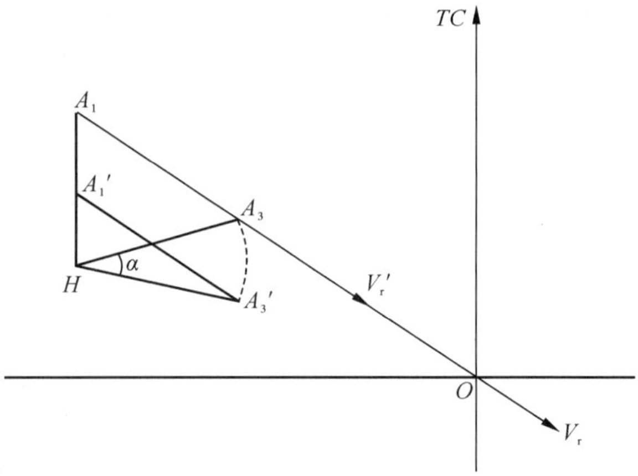

图 6-74　本船减速与来船右转效果完全抵消的情形

的效果完全抵消。可见，对本船左正横前来船，本船减速、来船右转的效果可能部分抵消，甚至完全抵消。

(3)能见度不良时航行，本船仅凭雷达发现左正横前来船方位不变，并构成碰撞危险，则：

①本船的转向方向

对于本船左正横前来船，本船与来船的位置关系有两种可能：

1)本船位于来船右正横后小于 22.5°的方向上，则不构成“追越”，按《规则》规定，对正横前的来船，本船如转向，应向右转向。

2)本船位于来船右正横后大于 22.5°的方向上，即在前船的尾灯照射角度范围内，本船为追越船，按《规则》规定，本船如转向，则既可以左转，也可以右转。

因此，对于具体的会遇局面，应进行方位核算，以确定本船是否在“追越”来船。简单的说本船只能右转是不对的，但可说本船可以右转。

②来船的转向方向

本船可能在来船的右正横前，也可能在右正横后，如图 6-75 所示。按《规则》规定，若本船在来船右正横后，则来船应左转；若本船在来船右正横前，则来船应右转。

4. 左正横后来船

能见度不良时航行，本船仅凭雷达发现左正横后来船方位不变，并构成碰撞危险，则：

(1)本船向右转向会导致来船通过本船左舷，并有可能通过本船船首，但来船不可能通过本船船尾，如图 6-76 所示。

具体分析如下：

①当 θ 小于$\angle A_1HA_3$(两船航向交角)时，来船通过本船船首；

②当 θ 等于$\angle A_1HA_3$时，来船从本船左舷追越，且航向平行；

③当 θ 大于$\angle A_1HA_3$时，新的相对运动线在本船左舷并远离而去。

(2)当来船右转时，则来船将通过本船船尾，如图 6-77 所示。

(3)允许来船的转向方向应视具体会遇局面而定。对于位于本船左正横后的来船，若存在碰撞危险，则本船肯定位于来船的正横之前，则按《规则》，来船应向右转向，但对被追越船除外。

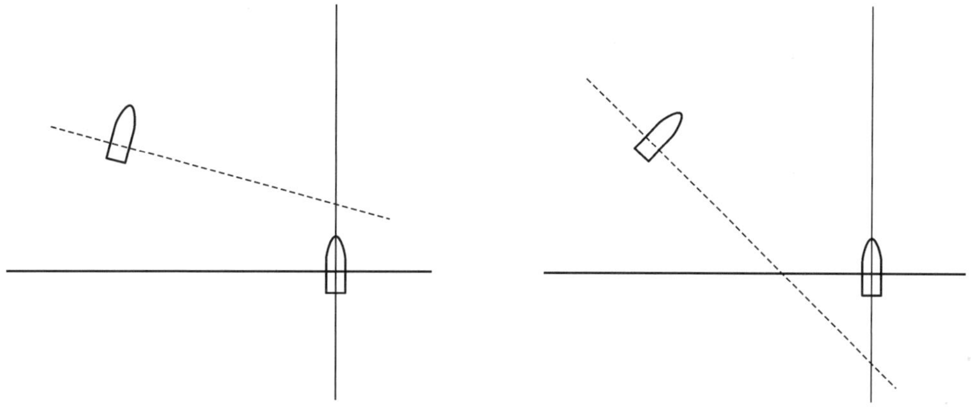

本船在来船的正横后　　　　本船在来船的正横前

图 6-75　来船与本船的位置关系

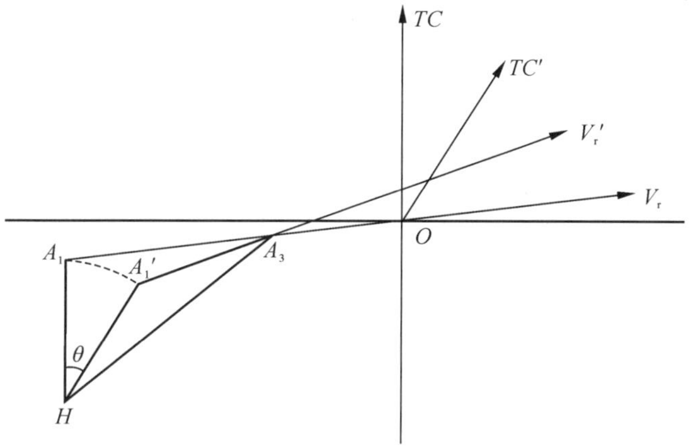

图 6-76　对左正横后来船，本船右转后的效果分析

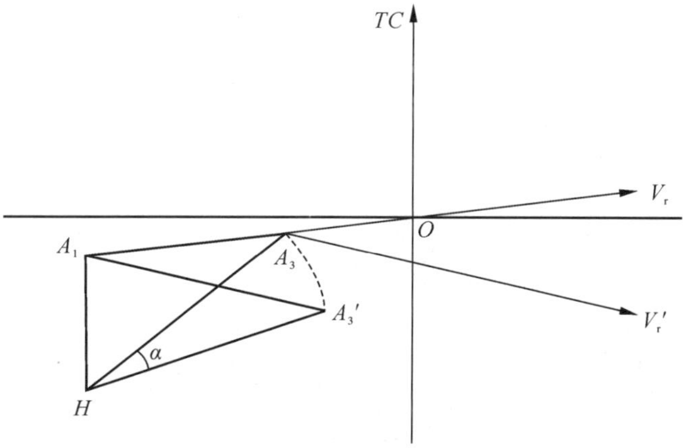

图 6-77　对左正横来船，来船右转后的效果分析

来船是否可以向左转向，应视两船之间的具体方位关系而定：

①当来船位于本船正横后小于 22.5°的方位上时，来船若转向，按《规则》则来船只能选择右转；

②当来船位于本船正横后大于 22.5°的方位上时，则本船是被追越船，按《规则》规定，来船既可以选择左转，也可以选择右转。

因此，对于具体的会遇局面，需要方位核算。

(4)若两船均采取右转的行动，则效果往往不协调，如图 6-78 所示，当本船右转 θ，来船右转 α 时，$A_1'A_3'$平行于 A_1A_3，则避让效果完全抵消。

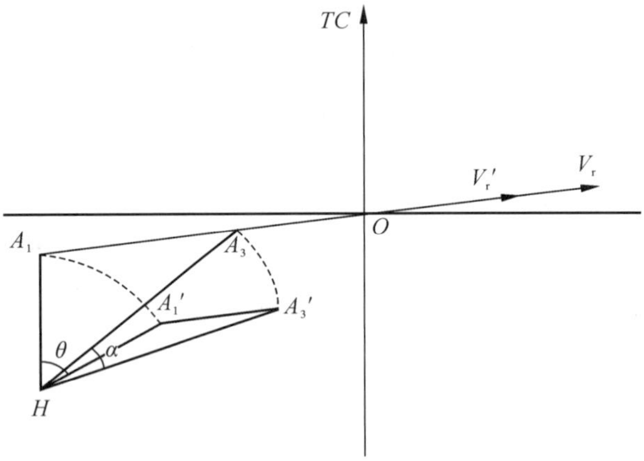

图 6-78　对左正横后来船，两船均右转后效果完全抵消的情形

(5)对左正横来船，与避让左正横后来船相似，具体有：

①本船向右转向会导致来船从本船的左舷通过，也有可能通过本船船首，但不可能从本船船尾通过；

②来船向右转向会导致通过本船船尾；

③本船若转向，按《规则》规定，本船不应向左转向；

④可以确定，本船位于来船正横前，则来船若转向，按《规则》规定，来船应向右转向。

思考题

1. 两船均按《规则》采取行动，但避让效果可能出现不一致的情况有哪些？
2. 在遵守《规则》规定进行行动时，哪些情况可以结合使用良好船艺？
3. 哪些避让行动虽可致使 $DCPA$ 增大，但增量有限？

第六节　AIS在船舶避碰中的作用
Application of AIS in Collision Avoidance of Vessel

AIS可以提供船舶的静态信息和动态信息，在船舶避碰中，其作用主要体现在船舶之间可以相互获取包括航向、航速在内的船舶运动参数。

船舶通过AIS获取来船运动要素信息后，应与通过雷达等途径获取的信息相比较，以避免使用不可靠的信息。

来船的AIS信息由该船主动发送，AIS信息受海况、海岛遮蔽的影响较小，但受船舶之间距离限制。来船的AIS准确性取决于来船包括GPS、罗经等的设备性能。目前的AIS不要求提供自动避碰决策支持，不要求提供避碰决策，也不要求具备试操船功能。因此，AIS在船舶避碰中的主要作用是获取避碰信息，有助于驾驶员判断碰撞危险，方便于双向信息交流与沟通。

思考题

1. 怎样认识AIS所显示的运动参数的可靠性？
2. 在使用AIS显示的来船运动参数时，应注意什么？
3. AIS对船舶避碰的主要作用是什么？

第七章 责任

Responsibility

本章重点

1. 疏忽的含义与表现。
2. 背离的内涵与背离行动。

学习任务

1. 责任条款的适用对象。
2. 疏忽的含义，三种疏忽的界定和具体表现。
3. 背离的内涵，背离的目的、条件、原则和可以背离的条款。

课程目标

1. 知识目标

(1)了解制定责任条款的目的。

(2)掌握责任条款的适用对象。

(3)掌握“疏忽”的含义和三种“疏忽”的解释。

(4)掌握背离的内涵，掌握背离的目的、原则、条件和可以背离的条款。

2. 能力目标

(1)责任条款适用对象可能存在的“疏忽”的具体表现。

(2)能识别船舶的某种行为是否存在疏忽，并能界定属于何种疏忽。

(3)能正确认识到背离规则的意义，明确背离规则的目的和原则。

(4)能正确判定满足背离规则的条件。

(5)明确可以背离的条款和相应的背离规则的方法、注意事项。

3. 素质目标

(1)从航行安全角度出发，具备有效规避“疏忽”和必要时背离规则避免碰撞的能力。

(2)从海事安全管理角度出发，具备有效判别是否存在“疏忽”和背离规则正确与否的业务素质；在船舶发生碰撞后能依据规则分析双方过失并确定双方责任。

(3)思政素质目标："实践没有止境，理论创新也没有止境"，在实践中积累经验，实现综合素质提升，包括：

①强化安全理念，减少人为疏忽(遵守规则和海员通常做法，对特殊情况保持必要的戒备)；

②具体问题具体分析(针对当时实际情况，采取相应避让行动)；

③克服"机械主义""教条主义"(当遵守规则已不能避免碰撞时，应果断的背离规则)；

④注重经验积累(在紧迫危险时不墨守成规、死守规则，而使用良好船艺化解危局)。

案例导入

"责任"条款明确了船舶存在"三种疏忽"时应承担的责任，并提出在遵守和解释《规则》条款时应考虑为避免紧迫危险可能需要背离规则的情况。

案例：某年 8 月 26 日，X 轮从香港开往台北途经东山海域时与 M1 轮、M2 轮发生碰撞。事发时能见度不良。

经有关海事主管机关认定，碰撞双方除存在其他疏忽外，还存在对海员通常做法可能要求的疏忽，违反《规则》第二条的规定。

X 轮戒备不足，未充分考虑事故区域的渔船较多、行动不定的特点，在发现 M1 轮和 M2 轮时没有及早采取措施对当时碰撞局面做出充分的估计，存在戒备上的疏忽；对风流影响估计不够充分，在距渔船 0.3n mile 左右时才大幅度向左转，两船距离小于该轮纵距，以致发生碰撞，存在对海员通常做法的疏忽；仅根据雷达物标的尾迹，对渔船动态作出缓慢向东移动的错误推断，存在雷达信息使用上的疏忽。

M1 轮和 M2 轮在沿海通航水域锚泊时未安排人员值班，尤其是能见度不良的情况下仍未加强值班与瞭望。

通过本案例，结合本章内容，提出如下思考：

(1)"疏忽"条款对船舶安全航行与避让具有怎样的重要意义？"背离"条款对在紧迫危险时避免碰撞具有怎样的重要意义？

(2)如何正确理解与界定"三种疏忽"？允许背离规则的条件是什么？

(3)在航海实践中，为避免产生"三种疏忽"具体应怎么做？在紧迫危险时背离规则具体应怎么做，并应注意哪些事项？

第二条　责任

1. 本规则条款并不免除任何船舶或其所有人、船长或船员由于对遵守本规则条款的任何疏忽，或者按海员通常做法或当时特殊情况所要求的任何戒备上的疏忽而产生的各种后果的责任。

2. 在解释和遵行本规则条款时，应充分考虑一切航行和碰撞的危险以及包括当事船舶条件限制在内的任何特殊情况，这些危险和特殊情况可能需要背离规则条款以避免紧迫危险。

第一节 概述
Introduction

一、责任条款的主要内容

《规则》第二条“责任”条款共两款，通常称 1 款为“疏忽条款”，2 款为“背离条款”。

疏忽条款的主要内容是《规则》不免除由于任何船舶或船舶所有人、船长或船员由于疏忽而产生的各种后果的责任，包括对遵守《规则》的疏忽和保持戒备上的疏忽，而保持戒备上的疏忽又分为对海员通常做法所要求的任何戒备上的疏忽和对当时特殊情况所要求的任何戒备上的疏忽。本条所指的“责任”包括由于船舶碰撞造成的民事赔偿责任、行政责任甚至刑事责任。

背离条款的主要内容是在遵循《规则》时，应当充分考虑到在某些危险和特殊情况下可能需要背离《规则》条款而采取行动，以避免紧迫危险。

二、制定责任条款的目的

尽管《规则》对船舶航行和避让作出了各种规定，但是对于各个水域、各种船舶、各种会遇情况和各种可能发生的情况，《规则》不可能面面俱到的把所有可能出现的情况都作出相应的规定，而船舶在实际航行和避让时，各种情况确实有可能发生，但又无法在《规则》中找到相应的规定。因此，有必要对除了《规则》有明确规定的事项外的其他情况作出责任上的规定。事实上，作为驾驶员，仅掌握《规则》本身是不足以保障船舶安全的，还需要对海员通常做法和特殊情况保持戒备。

思考题

1. 试述“责任”条款的内容。
2. 制定“责任”条款的作用是什么？

第二节 疏忽
Neglect

一、疏忽的含义

“疏忽”一词，按汉语的理解是指“粗心大意、忽略”，而按英语“neglect”理解，其意为“考虑不充分、未做该做的事情”。因此，“疏忽”可以解释为“应预见而没有预见到”和“应为而不为，不应为而为”。在航海实践中，“疏忽”包括没有戒备或戒备不足、应当作出判断但未有判断或判断有误、应该行动而未有行动或行动不当、不应当行动但做出盲目行动等。在判断是否有疏忽时，一般只考虑疏忽的客观后果，而不考虑疏忽是人为的或是非人为的。

二、疏忽条款的适用对象

本条明确规定，不能免除船舶或船舶所有人、船长或船员由于任何疏忽而产生的后果的责任，这已明确告知了疏忽条款的适用对象。船舶实际经营人应履行船舶所有人对遵守《规则》的责任。不管是强制引航或非强制引航，引航员作为船舶的雇员，承担船舶航行安全之责，也是适用对象。

三、对遵守规则的疏忽

所谓“遵守规则的疏忽”是指《规则》有明确规定但相关人员未能遵守，则属于对遵守《规则》的疏忽。

1. 船舶或船舶所有人对遵守规则的疏忽

(1)船舶所有人、经营人有意或无意压制船长以一定速度航行，使船长或船员无法遵守安全航速的规定；

(2)对船长或船员违反《规则》的行为不予制止，任其所为；

(3)对主机使用何种燃油作出不符安全实际的规定；

(4)开航前收到船长请求修理号灯、号型以及声响设备的报告不予安排，强令开航。

2. 船长或船员对遵守规则的疏忽

(1)未严格遵守规则，随意违反规则；

(2)错误地、片面地理解规则，由此作出错误行动决策；

(3)只强调他船执行规则而放弃本船对遵守规则的要求；

(4)对规则的重要性认识不足。

四、对海员通常做法所要求的任何戒备上的疏忽

1. 海员通常做法的含义

海员通常做法是海员传统的、习惯的、经常性的、合乎常理的做法，是海员在长期的海上实践中总结出来的、行之有效的、为广大海员所接受的做法，也是成功的经验和航行及碰撞的教训的总结。海员是指从事航海事务管理的人员。

海员通常做法与良好船艺的关系：良好船艺表现为更注重航海技能，同时还需具有一定的航海知识。良好船艺是海员通常做法的一部分。

2. 海员通常做法所要求的任何戒备上的疏忽的具体表现

(1)船舶所有人

①未能提供良好的船舶，开航前未能使船舶适航；

②在船员配备不当或严重缺员情况下强令开航；

③制定不合理的规章制度，使船员难以执行《规则》的某些规定。

(2)船长或船员

①不熟悉操纵性能，不注意船舶条件的限制，盲目施舵；

②对风流及其他外界条件对操纵的影响估计不足；

③对浅水效应、斜坡效应、岸壁效应、船吸等缺乏戒备；

④不了解地方规则，不懂该水域的习惯让法；

⑤不了解海员通常做法，未能掌握良好船艺；

⑥接班驾驶员在未适应“夜视眼”的情况下或在不了解周围环境的情况下交接班，或在避让时交接班；

⑦在狭水道或航道，渔区，交通密度大、航行条件复杂的水域航行时不备车、备锚或只备单锚；

⑧在狭水道或航道航行时，不注意条件限制，盲目追越；在地方规定禁止追越区、弯头地段、转向点附近追越；

⑨狭水道或航道追越时，在前船的右舷追越；

⑩发出操船口令时不叫舵角而叫航向，下达舵令后对执行情况不核查。

除上述外，还有：

①前方来船，未核查本船号灯显示情况；

②在不合适的水域锚泊；锚泊时未能留出足够的回旋余地；

③强风、强流时以过低的航速进入锚地，并过分接近其他锚泊船的上风、上流区域；

④舵工对舵令不复诵，驾驶员对操舵情况不核对。

五、对特殊情况可能要求的任何戒备上的疏忽

特殊情况通常包括船舶条件突变、自然条件突变、交通条件突变以及其他非正常情况。特殊情况至少包括：

(1)主机、舵机、操舵系统故障；

(2)突然遇到浓雾、暴风雨等恶劣天气；

(3)夜间突然临近不点灯的小船；

(4)浓雾中航行，雷达未发现任何回波，但突然在临近处听到来船的雾号显似在本船正横以前；

(5)多船同时卷入一个碰撞局面或另一船的存在使本船无法执行《规则》；

(6)他船突然意外行动，使本来可以在安全距离上驶过的局面陷入困境；

(7)他船突然背离《规则》，局势复杂化；

(8)两艘同类型船舶相遇并致有碰撞危险，《规则》无明确的避让规定；

(9)其他特殊情况。

在上述特殊情况下，船长或船员应保持必要的戒备，否则就可能产生对特殊情况可能要求的任何戒备上的疏忽。

思考题

1. 疏忽的含义是什么？
2. 列举对遵守《规则》条款产生疏忽的几种表现形式。
3. 何谓“海员通常做法”？列举对海员通常做法所要求的戒备上的疏忽的几种情况。
4. 列举对特殊情况所要求的戒备上的疏忽的几种情况。

第三节　背离
Departure

一、背离的含义

“背离”的含义：按《规则》的要求，在紧迫危险和（或）特殊情况下做出非常规的行动。该行动是由《规则》赋予的，是合法的行动，背离规则与违背规则有质的区别。

二、背离规则的目的

背离规则的目的是为了避免紧迫危险。当按《规则》要求的行动不能避免紧迫危险时，背离规则行动则可能可以避免航行和碰撞事故，或使损失减少到最小的程度。

三、背离规则的条件

背离规则是有严格条件限制的，并不是任何存在航行危险、碰撞危险的情况或者任何特殊情况下均可背离规则。背离规则必须满足如下条件：

(1)危险(danger)确实存在，包括航行危险和碰撞危险。

(2)危险是紧迫的。

(3)背离规则是必需的、合理的、正当的。当时的客观事实表明遵守规则不能避免航行或碰撞危险，而背离规则则可能避免这些危险。所以，只有当时局面已不允许船舶继续遵守规则时，才可以背离规则。

具备以下两者之一可以背离规则：

(1)紧迫危险(紧迫的航行危险或紧迫的碰撞危险)；

(2)特殊情况(特殊情况下是否可以背离规则应以构成紧迫危险为必要条件)。

紧迫的航行危险，如对遇时其中一船右舷有浅滩或碍航物；交叉相遇时，直航船前方有浅滩或碍航物而无法保向保速。

紧迫的碰撞危险，如对遇时其中一船突然左转；追越时被追越船向右转向避让其右前方的来船；右舷对右舷本可以安全通过，但其中一船突然横向另一船。

特殊情况包括：

①浓雾中突然近距离见到他船；

②潜水艇突然在前方上浮；

③机动船可能避让左前方驶近的军舰及护航下的船队；

④狭水道遇到他船违反《规则》靠左侧行驶；

⑤三船同时相遇致有构成碰撞危险；

⑥狭水道中靠右行驶时，前方船突然抛锚；

⑦交叉相遇，直航船前方出现另一机动船。

特殊情况还包括：

①由于自然条件的限制构成的特殊情况；

②本船条件限制构成的特殊情况；

③由于他船背离规则采取行动的特殊情况；

④由于地方规则约束或由海员通常做法构成的特殊情况；

⑤两船“协议背离”构成的特殊情况。

关于“协议背离”，不具备法律效力，具有严重的危害性，是对《规则》的严重侵害。

正当地背离规则是《规则》所允许的，也是《规则》所期望和要求的。但是，允许背离规则并不是《规则》灵活性的体现，背离规则是有严格的条件限制的，只有满足背离的条件，才能背离规则并采取行动。“协议背离”规则并不是正当的背离规则的行为，应当禁止。

四、背离的基本原则

当遵守规则能避免紧迫的航行和碰撞危险时不应背离规则，当遵守规则已不能避免紧迫的航行和碰撞危险时应果断背离规则，背离规则行动后的实际结果将是判断背离行动正确与否的标准。

下列情况通常不宜或不应背离规则：

(1)遵守规则尚可避免碰撞时；

(2)对当时局面和碰撞危险未作出充分估计时；

(3)未掌握来船动态，不清楚对方意图时；

(4)即使来船违反规则行动，若本船遵守规则尚能避免碰撞，则不宜背离。

五、背离规则行动时应注意的事项

(1)紧迫局面形成后，注意两船相互位置，尤其注意来船的航向、航速，并对来船进一步采取的行动保持戒备，力求避免紧迫危险的形成，尽可能运用一切手段向对方表明本船的行动意图。

(2)特殊情况下，在紧迫局面未形成之前，应果断采取行动，及早地、大幅度地行动，使来船在行动之前能明显察觉本船的意图及行动，行动时应按规定鸣放声号、显示灯光信号。

(3)在背离规则行动后，若发现两船行动不协调，应立即停车、倒车把船停住。

六、允许背离的条款

允许背离的条款只是《规则》第二章“驾驶和航行规则”中有关避让的条款。

背离规则并不意味可以背离《规则》所有条款，而仅是指可以背离《规则》中有关船舶航行规则和采取避碰行动规则的具体规定，例如《规则》第九条1款规定的“狭水道右行规则”和第十四条1款规定的“对遇局面右转规则”等条款。在背离某些或者某一条款的具体规定时，对《规则》其他条款的规定仍必须严格遵守，如瞭望、安全航速、判断碰撞危险、号灯、号型和声号等条款，这些在任何情况下均不得背离。

案例分析

1989年7月10日1400时，事故海域天气阴到多云，SE风3～5级，能见距离约10 n mile，海面轻浪，流向180°，流速1.5 kn。YX轮与YA轮在34°22′N，123°02′E发生碰撞。

1. 船舶概况

YX 轮船长 79.26 m，事发时载货 2519.86t，自天津新港驶往目的港香港。YA 轮船长 135.06 m，事故时载货 11571t，自连云港运往目的港日本黑崎港。

2. 事故经过

事故当日 1200 时，YX 轮卫星导航船位为 34°46′N，123°05′E，真航向 178°，速度约 9.5 kn。于 1341～1355 时，该船值班驾驶员发现本船右舷有向东航行的他船（YA 轮），方位约 80°，距离 4～6 n mile。1405 时，距离缩小至 1 n mile 左右，YX 轮仍未主动采取避让行动。直至 1407～1408 时，两船间的距离缩小至 0.5～0.6 n mile，紧迫局面已形成，才将自动舵改为人工操舵，在未与 YA 轮联系的情况下，采取了右舵 10°，紧接着再向右操舵 10°，采用右舵约 1 min 后，便开始回舵，仅以小角度右舵角避让航行，直至 1410 时发生碰撞，未曾改变过航速。

7 月 10 日 1200 时，YA 轮船位 34°28′N，122°32′E，真航向 103°，航速 12.5 kn。1340 时，YA 轮发现位于本船左舷、向南行驶的他船（YX 轮），方位约 40°，继续以原航向和航速航行。在临近 YX 轮时采取了操左舵的措施，约 1408 时，YA 轮的船首部碰撞 YX 轮左舷船尾机舱部位。两船碰撞发生过程如图 7-1 所示。

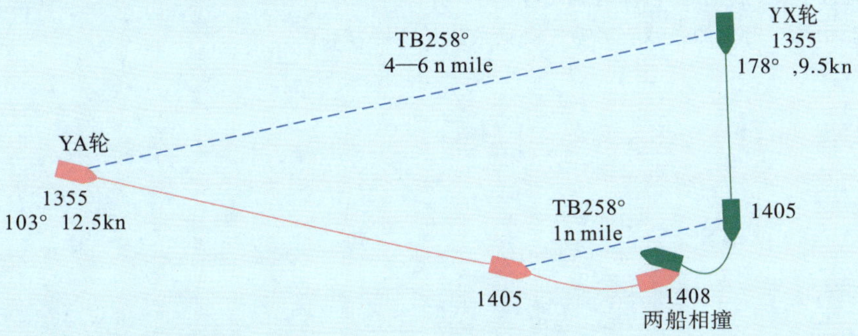

图 7-1　YX 轮与 YA 轮碰撞过程示意图

3. 事故分析

海事法院经过审理认为：碰撞前两船处于互见中交叉相遇，YX 轮为让路船，YA 轮为直航船。

YX 轮：

（1）YX 轮自互见至发生碰撞，未能正规瞭望，仅凭目测观察，未能对两船是否存在碰撞危险的局面做出充分正确的判断，违反了《规则》第五条和第七条的规定。

（2）YX 轮本应及早大幅度地避让 YA 轮，而该船采取避让措施过晚，导致了紧迫危险的发生，且未能采取停车或倒车的避让行动，仅以小角度转向避让他船，违反了《规则》第八条第 1 款、第十五条、第十六条的规定。

（3）转向行动时未鸣放操纵行动声号，违反《规则》第三十四条第 1 款的规定。

YA 轮：

YA 轮在与 YX 轮交叉相遇时，作为直航船本应保向保速航行，但由于疏于瞭望，在未查明 YX 船是否已开始让路行动，且在本船未发出任何行动信号的情况下，贸然对在本船左舷的YX轮采取左转向避碰措施，促使两船迅速发生碰撞。这种盲目背离《规则》的避碰措施显然不是最有助于避碰的紧急措施，也不是良好船艺的体现。YA轮违反了《规则》第二条、第五条、第七条第2款、第十七条及第三十四条第1款、第4款的规定。

4. 事故教训

每一船舶均应保持正规的瞭望，使用适于当时环境和情况的一切有效手段判断是否存在碰撞危险。

让路船应采取行动及早地、大幅度地、宽裕地让清他船，直航船应遵守《规则》第十七条的规定。

在紧迫危险时，应使用良好船艺和最有助于避碰的行动，切勿盲目背离规则。

思考题

1. 试述背离《规则》条款的条件和目的。
2. 可能需要背离《规则》的情况有哪几种？
3.《规则》中可以背离的条款有哪些？哪些条款是不能背离的？

第八章　特殊水域避碰
Preventing Collisions in Special Waters

本章重点

1. 各种捕鱼方式的动态特征、避让方法与要领。
2. 内河水域及船舶的特征、内河船舶避碰的方法与要领。

学习任务

1. 渔区及渔船的特征；各类渔船的捕鱼方式及其动态特征；避让不同种类渔船的方法与要领。

2. 内河水域及船舶的特点；内河避碰规则的框架结构与主要内容；内河避碰与海上避碰的主要区别；内河船舶的避碰方法与要领。

课程目标

1. 知识目标

(1)了解各类渔船的捕鱼方式及其动态特征；掌握避让各类渔船的方法与要领。

(2)了解内河避碰与海上避碰的主要区别；了解内河船舶避碰的基本方法与要领。

2. 能力目标

(1)能正确识别渔船的捕鱼方式，分析其动态，采取有效的避让行动。

(2)了解确定内河船舶避让关系的原则和避让基本方法、要领。

3. 素质目标

(1)从航行安全角度出发，具备有效识别渔船动态和避让渔船的专业素质。

(2)从海事安全管理角度出发，具备有效判别船舶避让渔船是否使用了良好船艺的业务素质；在船舶与渔船发生碰撞后，能依据规则和良好船艺的要求分析双方过失并确定双方责任。

(3)思政素质目标："知难而进、迎难而上，统筹发展和安全"，实现综合素质提升，包括：

①处理复杂问题的能力(应对渔区复杂会遇局面，培养沉着、细致的工作作风)；

②不畏惧困难，理性应对，化解困局(提升心理素质、分析复杂局面、正确应对)；

③强化安全理念，减少人为疏忽(加强渔区航行的瞭望与戒备)；

④具体问题具体分析(针对内河水域和船舶的特点，注重协调避碰，统筹考虑经济性与安全性)。

案例导入

特殊水域主要是指海上渔区水域和我国内河水域,上述两个水域具有航行环境复杂、船舶密度较大的特点,船舶在特殊水域中航行和避让的难度较大,易发生碰撞事故。

案例:2000年11月24日,集装箱船Y轮与G轮台湾基隆港附近水域发生碰撞。当时,东北风3～4级,轻浪,能见度良好,海面上灯光捕鱼的渔船星罗棋布,加上来自岸上的灯光,整个海域显得很明亮。当Y轮三副从雷达上发现G船时,由于当时海面背景灯光及渔船灯光较强,造成眩光影响,致使Y轮对G轮的号灯识别不清,直到两船相距1 n mile左右时,才发现G船显示失控船的号灯,以致避让不及而发生碰撞。

从本次碰撞事故可以看出,船舶在渔区航行时应注意当时航行环境,密集的渔船和渔网会增大航经船舶的避让难度,而渔船的灯光对船舶瞭望的影响也应予以充分估计。

通过本案例,结合本章内容,提出如下思考:

(1)渔区水域航行环境具有怎样的特征?渔船捕鱼具有哪些特点?

(2)船舶在渔区航行时的瞭望应注意哪些方面?如何准确识别渔船的动态?

(3)在航海实践中,为避免与渔船发生碰撞并避免损害渔网,针对各种捕鱼方式的渔船,怎样做到有效避让?

第一节　渔区避碰
Collision Avoidance in Fishing Area

一、渔区航行时对渔船的避碰

根据《规则》第十八条的规定,机动船、帆船在航时应当给从事捕鱼的船舶让路。为了做好避让从事捕鱼的船舶的工作,防止碰撞事故的发生,必须首先了解从事捕鱼的船舶的特点,认真识别其显示的号灯和号型,及时辨别出其捕鱼作业的方式,正确判明其动向,并按《规则》的规定及早采取避碰行动。

1. 渔船在捕鱼作业时的特点

(1)聚集性和季节性

由于渔场的固定性和鱼汛期的集中性,大量渔船常常集中出现在沿海某一通航水域,尤其是拖网渔船更是如此。在鱼汛期间渔船群集渔场,其范围有时可达数十海里。

(2)号灯不易识别

从事捕鱼的船舶除按《规则》规定显示相应的号灯或号型外,当它们邻近在一起捕鱼时,还将显示额外的信号,或者它们自定的相互联系的信号。因此,在渔船群集的渔区内,灯光闪烁，比比皆是，在有的情况下甚至使其号灯混乱、不易识别。再加上受作业现场照明用的强光灯干扰，有时很难依据号灯的显示来判断渔船的动态。

(3)渔具种类多，伸出方向和长度难以确定

常见的渔具有拖网、流网、围网、张网、绳钓等。这些渔具的尺度大小不一，使用方式各异，所以其他船舶往往难以识别其伸出的方式和作业的方式。

(4)动态不规律，不易预测

因捕鱼作业的需要，渔船的航向和航速缺少定常性，有时甚至突然掉头，加速冲向驶近的大船。

(5)不易被及早发现

小型渔船尺度小，尤其是木质渔船，雷达反射性能差，难以及早用视觉和雷达观察到。

(6)难以用 VHF 沟通

渔船使用的 VHF 的频率与商船所使用的 VHF 的频率不同，因此，商船与渔船之间用 VHF 难以沟通。

2. 在驶近渔区时的避碰戒备

在通过渔区时，尤其是在鱼汛季节通过渔区时，应当事先做好航次计划，尽量避开渔船密集区域。进入渔区时，应当做好如下避碰戒备：

(1)在驶入渔区之前，应了解渔区周围的情况，掌握水域的水文资料，认真观测渔区内渔船的范围和分布情况，避免驶入渔船密集的地方，一旦误入渔船密集区，应备车、减速行驶。

(2)进入渔区之前应了解渔区周围渔船的密集程度、作业方式和分布情况等。接近渔区时应用视觉和雷达观测渔船的集聚范围。如果渔船密集程度大，在可航水域许可时，大船应当绕过渔区，避免驶入渔船密集水域。如果不得不穿越渔区，应酌情选择渔船相对较少的水域穿越，必要时备车航行。

(3)进入渔区时应当合理安排值班，加强瞭望，必要时加派瞭头；改用手操舵；必要时将机器做好随时操纵的准备。

(4)备好 VHF 以及声响和灯光信号设备，需要时，积极使用。

3. 各类渔船的作业特点及其避碰方法

船舶在驶近渔船时，应当尽可能地依据渔船种类和作业方式避让渔船及其渔具。

(1)拖网渔船作业特点及避碰方法

①拖网渔船的作业特点

拖网是一种流动的过滤性渔具，其作业方式是利用渔船前进时的拖曳移动，迫使鱼类进入网具，以达到捕捞的目的。拖网的方式通常有双船拖网和单船拖网两种。

双船拖网方式也称为对拖方式，拖网时两渔船中间保持一定距离合拖一个渔具进行捕捞作业。这种捕捞方式，主要是捕捞水中底层和中层的鱼群，作业水深在 100m 之内，拖网时的船速为 3kn 左右。天气较好、风力在 3～5 级时，渔船多顺流拖网。风浪较大时，则采取顺风拖网的方法。在对拖的两艘渔船中，一艘为主船或称为头船，另一艘为副船，也称之为二船。主船上的船长负责这两船的指挥、联络等工作。双船拖网的方式、两船的间距、网长和收放网步骤，如图 8-1 所示。

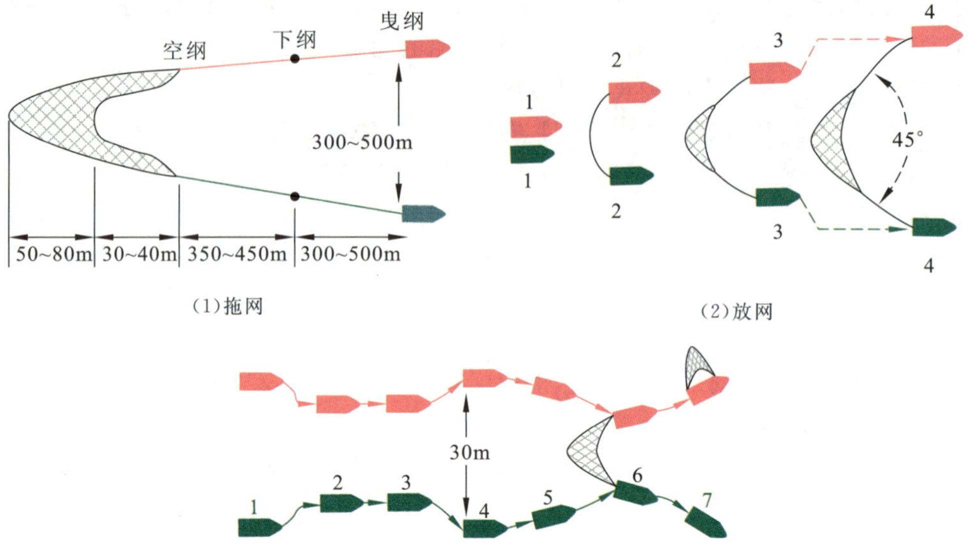

(1)拖网　　(2)放网

(3)收网

图 8-1　双船拖网捕鱼作业过程

单船拖网是由一艘渔船单独拖曳网具捕捞鱼类的作业方法。拖网在船尾的称尾拖，在船一舷的称舷拖。

尾拖是单船拖网作业的主要形式，它不受潮流的限制。拖网时的船速约为 4kn，最大速度可达到 6kn。适用于在远洋深水 100m 以上的区域进行捕捞作业。拖网的方式、网具的结构，如图 8-2 所示。

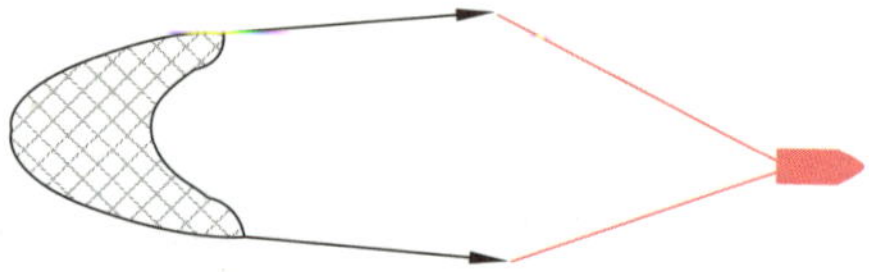

图 8-2　单船拖网捕鱼作业

拖网渔船在收、放网时，船员群集在甲板上，夜间甲板灯全部打开。

②避让拖网渔船的要点

避让双船拖网渔船应从距离其船尾或两船外舷不少于 0.5n mile 的区域驶过，不得从两船中间穿过。当发现两船背向行驶准备放网时，应从两船上风流一侧驶过。

避让单船拖网渔船时，应从距离其船尾 1n mile 之外的区域通过。应注意单船舷拖渔船放网的一舷，如果发现其航向不定，则是在放网或收网。

(2)流网渔船作业特点及避碰方法

①流网捕鱼作业船的特点

流网又称流刺网，由若干长方形网片连接而成，网片长 10～15m，高 1～6m。网具依靠浮沉子的作用直立于水中。当鱼群洄游时，缠上网具而被捕获。这种捕鱼方式多为捕获水中中上层鱼群时使用。

流网船收、放操作通常在早晨或傍晚进行。放网多数是在采用偏顺风或偏顺流时进行，放网结束后，使网列方向与主流呈 75°～90°角。大型流网可伸出 2n mile 以上，在白天可以看到泡沫塑料或玻璃的浮子和许多小浮标，并在一定间隔插有小旗，夜间在网端部的杆子上挂有闪光电池灯或煤油灯。

流网船放网结束后，网绳固定在船首端，船和网随风、流漂移，网在船首方向，如图 8-3 所示。

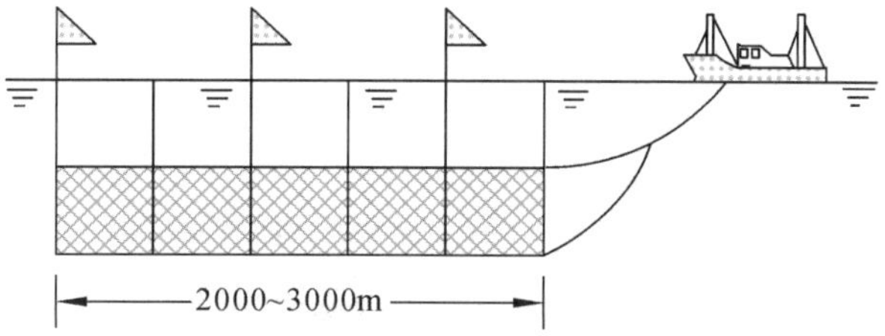

图 8-3　流网捕鱼作业

②避让流网捕鱼作业船的要点

流网渔船带网漂流时，网在其船首方向，避让时应从其船尾通过，绝不应在其船首和网上通过。如果想从其船首网的端部通过的，应在认清网端标杆后，再绕行。当流网船正在放网时，不要在其船首或船尾处通过，最好与该船保持一定距离，从其船侧平行驶过。

(3)围网渔船作业特点及避碰方法

①围网捕鱼船的作业特点

围网捕鱼是利用巨大的长带形网具围捕水中中上层鱼群的捕鱼方式，通常用灯光诱集鱼群后进行围网捕鱼作业。白天视线良好时，可在水面上看到其网具的浮子。围网捕鱼通常有大型围网方式、风网方式和围缯网方式。

大型围网由 2～3 艘机动船一起进行作业。开始时，三船呈三角形分散，灯光船把水上、水下灯光全部打开诱鱼，当鱼群被诱集后，由网船放网把鱼群和灯光船全部围起来。然后，灯光船将灯熄灭驶到围网外，最后开始收网，如图 8-4 所示。

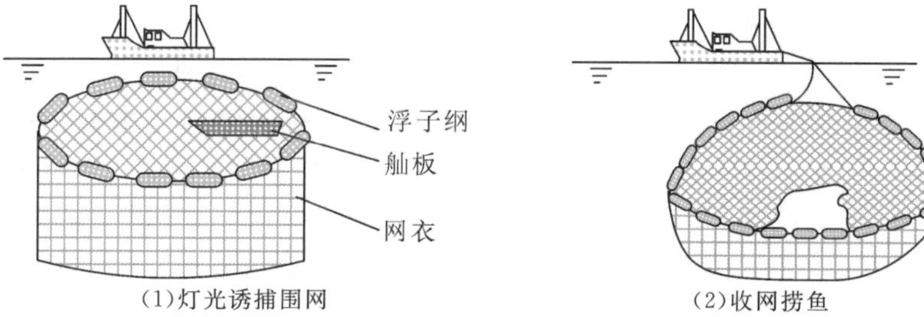

图 8-4　大型围网作业

围网船放、收网时，渔船及舢板分别在围网的附近，围网长 800～1000m，有的长达 1200m。这种捕鱼方式适合于 60～80m 水深的渔场。

单船围网作业多为左舷放网，船首方向选择的基本原则是：当放网结束后，使围网船左舷受风、右舷受流。放网时一般用慢、中速，很少用快车。捕鱼作业时，起放网约需 1h，灯光诱鱼约需 3h。

风网多用于木帆船，网呈带状，长约 300m，纲绳长 150m。由单船或双船作业，一般顺风逆流放网，放网后渔船和网皆随风漂流，如图 8-5 所示。

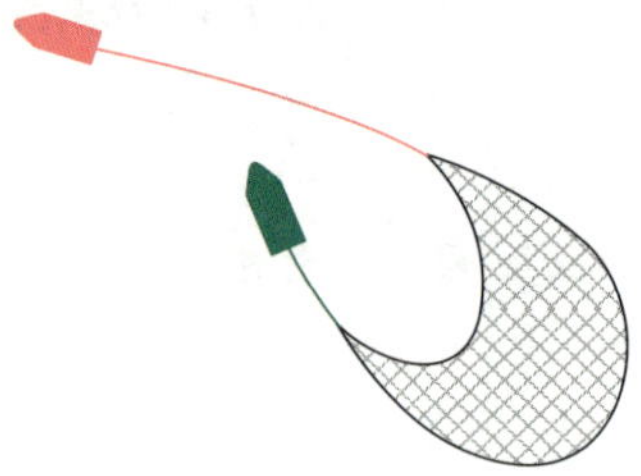

图 8-5　风网作业

围缯网多用于机帆船，用于围捕小黄鱼和带鱼。网长约 400m，纲绳长 150m。由双船作业，分张口、包围和拖曳 3 个步骤。起网时由副船在主船左舷横向拖带，如图 8-6 所示。

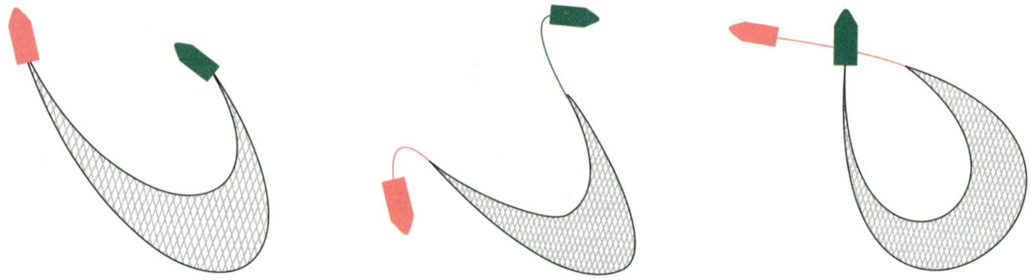

图 8-6　围缯网作业

②避让围网渔船的要点

避让灯诱围网渔船时应从距离其上风流侧不少于 0.5n mile 的区域驶过，避让围缯网渔船时离渔船的距离也应不小于 0.5n mile。

(4)张网渔船作业特点及避碰方法

①张网渔船的作业特点

张网捕鱼属于定置渔具的捕鱼方式，在近岸浅水急流区域作业。网架用桩或以渔船拖锚来固定，利用潮汐急流使网张开，鱼虾随急流冲入网内，水流速度转缓时收网，如图 8-7 所示。

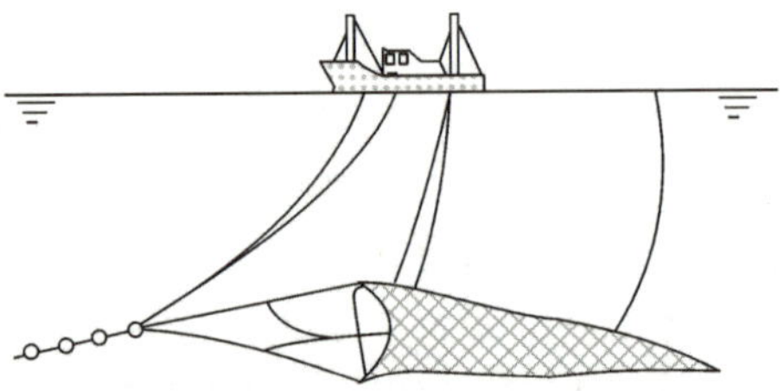

图 8-7　张网捕鱼作业

②避让张网渔船的要点

发现张网渔船时，应与其保持一定距离驶过。

(5)延绳钓渔船的作业特点及避碰方法

①延绳钓渔船的作业特点

延绳钓具是由干线、支线和钩组成的，每一干线上结附一定数量等距离的支线。每一支线末端系有带饵的钓钩，利用浮子和沉子将其悬浮于一定水层，如图 8-8 所示。干线的长度一般为 100～500m，支线的长度和间距为 0.5～4m。延绳钓渔船到达渔场后，由母船放下舢板，敷设延绳钓进行作业。浮延绳钓具是随着潮流漂移的，定置延绳钓具是用锚或沉石固定的。

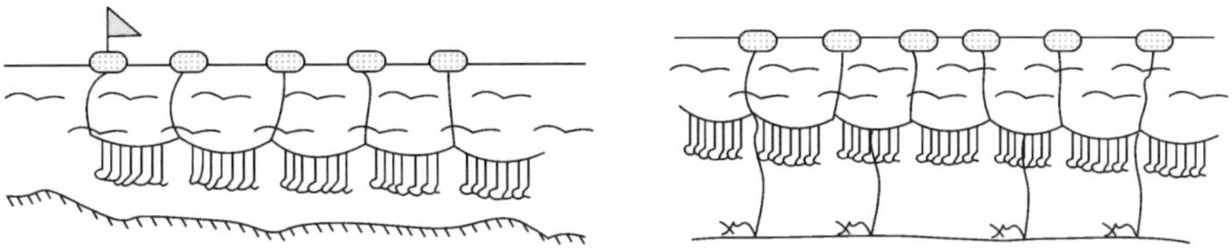

图 8-8　延绳钓捕鱼作业

②避让延绳钓渔船的要点

避让延绳钓渔船时，因其钓具从船尾放出，故应从距离其船尾 1n mile 外的区域通过。

(6)捕鲸船作业特点及避碰方法

①捕鲸船的作业特点

捕鲸船的船首特别高，装有捕鲸炮，炮座前盘有随炮发射的曳绳，捕鲸时发炮击中鲸并使曳绳把鲸挂连。被击中的鲸将带着捕鲸船在海上随意行驶直至鲸无力游动而被捕获。捕鲸船速度较快，在它的桅杆上设有瞭望台以便搜寻鲸。有时为了避免机器噪声惊跑鲸，采用停车靠近的方式并伺机发炮射击。

②避让捕鲸船的要点

避让捕鲸船时，应密切关注其动态，尽可能保持较大的距离，必要时采取减速的行动。

4. 我国沿海主要渔区分布、特点和避碰

(1)我国沿海主要渔区分布及休渔期

在我国漫长的海岸线上，渔区分布极为广泛。毫不夸张地讲，我国沿海基本上都是渔区。随着近年来我国沿海实行伏季休渔制度，我国沿海渔区从方位上可以分为三大渔区，即东海、黄海渔区，南海渔区和闽粤交界海域渔区。这三个渔区的休渔期情况如下：

①东海、黄海渔区：北纬 35°以北海域，休渔时间为每年的 7 月 1 日 12 时至 9 月 16 日 12 时，休渔作业类型为拖网和帆张网作业；北纬 35°～26°30′海域，休渔时间为每年的 6 月 16 日 12 时至 9 月 16 日 12 时，休渔作业类型为拖网（桁杆拖虾暂时除外）和帆张网作业；北纬 26°30′以南的东海海域，休渔时间为每年的 6 月 1 日 12 时至 8 月 1 日 12 时，休渔作业类型为拖网和帆张网作业。

②南海渔区：北纬 12°以北的南海海域（包括北部湾），休渔时间为每年的 6 月 1 日 12 时至 8 月 1 日 12 时，休渔作业类型为除刺网和笼捕外的其他所有作业类型。

③闽粤交界海域渔区：北纬 22°30′～23°30′、东经 117°～120°的闽粤交界海域，休渔时间为每年的 6 月 1 日 12 时至 8 月 1 日 12 时，除执行东海、南海有关休渔规定外，所有灯光围网作业同时实行休渔。

(2)我国沿海渔区及渔船特点

①我国沿海渔区多雾。中国黄海中部和南部、长江口至舟山群岛、北部湾是三个相对多雾的中心。雾天出现得最频繁的是山东半岛南部成山角和石岛一带的海面，年雾日超过

80d，最长连续雾日超过 25d，有“雾窟”之称。从范围看，舟山群岛一带的雾区宽约 400km，而 6～7 月的黄海几乎全部都是雾区。在这些多雾海区中，老铁山水道、成山角水域、舟山群岛及长江口水域都是重要的渔区，也是碰撞渔船事故多发区域。

②我国沿海渔船数量多、尺度小、通导设备配备相对落后。我国沿海地区大多数捕鱼船的主机功率在 294kW 以下，船长在 50m 以下，其配备的通信导航设备相对落后，大量渔船没有配备 AIS 系统，且其配备的 VHF 与商船无法进行正常的 VHF 通信。因此，在夜间和能见度不良时，商船对渔船的发现和识别存在一定的困难，且难以用 VHF 进行沟通。

③渔船船员对《规则》的理解不甚全面。我国沿海渔船大多数是个体经营，船员文化程度普遍偏低，缺乏系统的航海理论知识学习和培训，对船舶的操纵性能缺乏全面的了解，对船舶助航仪器的功能和工作原理缺乏全面认识，对《规则》的理解不甚全面。

④在休渔期结束后，该区域的渔船成群结队驶往渔场，渔船数量多而且较为集中，众多渔船集中在捕鱼开禁水域。渔民经过两个多月的休渔，在捕鱼开禁后忙于生产，易忽略海上碰撞风险，渔民为了赶鱼汛，多捕鱼，在捕鱼开禁的一段时间内，部分渔船昼夜连续作业，甚至违反《规则》和其他航行规定以增加捕鱼产量，对海上安全造成一定隐患。例如，在成山角附近水域，每年 9 月份休渔期结束后，部分渔船在通航分道内逆行、小角度穿越分道通航制水域。在休渔期结束前，所有渔船将返港休渔，渔船往往是成群结队航行，渔船密度大，存在渔船不理会附近商船和不注意避让的情况。

⑤在鱼汛期间捕鱼，渔船往往根据鱼汛潮汐来捕鱼，几乎所有渔船均往同一方向行驶捕鱼；在夜间等候鱼汛潮汐期间，大量渔船凑在一起或锚泊或漂流，除少数渔船显示一盏桅灯外，多数渔船关停动力和电源。对于不开灯的渔船，附近的商船很难发现和识别这些渔船，极易造成触碰或绞缠渔网事故。

(3)在我国沿海渔区避让渔船的对策

在我国沿海航行的船舶，应当熟悉我国沿海休渔的规定，针对我国沿海渔区和渔船的特点，采取相应的对策，避免发生碰撞渔船的事故。具体的对策如下：

①在设计航线时，应当充分考虑安全避让渔船。在设计航线前，应熟悉各个渔区和休渔期的情况，了解所航经渔区及其周围环境、海上气象、潮汐潮流情况。若可行，航线应尽可能避开渔区，适当远离岸边航行，以避开或减少与渔船相遇，尽量避免驶入渔船密集的地方。如果在所经水域有分道通航制，应当尽可能使用分道通航制，如在成山角和琼州海峡等水域附近应按通航分道航行；如果没有分道通航制，应当尽可能使用海上的习惯主航路。使用海上的习惯主航路有两大特点：一是离岸边距离适当，二是渔民了解，一般情况下极少有渔船在习惯主航路水域从事捕鱼，所以按习惯主航路航行，可以极大地减少与作业捕鱼船相遇的机会。

②对渔船不遵守《规则》和其他航行规定的情况，要求商船船员有充分的思想准备，加强瞭望，以安全航速行驶，对渔船尽可能采取早让、宽让。如前所述，由于渔船船员对《规则》理解不甚全面、为争抢鱼汛多捕鱼等各方面的原因，渔船往往不遵守有关的航行、避碰规定，尤其是在休渔期结束后 20 天内更是如此，因此，商船船员对此应当有充分的思想准备。在瞭望方面，应当加强瞭望，及时开启雷达，必要时加派瞭头和请船长上驾驶台亲自指挥操纵船舶；在安全航速方面，应当保证在任何时候均以适合当时环境和情况的安全航速行驶，在接近渔船密集区时，应提前通知机舱备车、减速航行；在避让方面，应当严格遵守避碰规则“早、大、宽、清”的要求等。

③在休渔期结束前和休渔期开始前。成千上万的渔船一起驶往渔区或返港，渔船与商船交会局面急剧增加，商船不但应当保持高度戒备，而且应当根据渔船成群结队朝一个方向航行的特点，及早制定避碰方案，充分注意到渔船不愿让商船穿插其间的情况，尽可能避免从渔船船队中间穿越，避免发生碰撞事故。

④在休渔期结束后的最初一段时间内，渔船为争抢鱼汛多捕鱼，违反航行、避碰规定的情况大大增加，商船在渔区航行时，航行船舶应当及时收听海事管理机构、交管中心(VTS)、海岸电台等播发的安全提醒信息，了解渔船动态，及时避让渔船。

⑤在鱼汛季节，商船应当尽可能了解鱼汛潮汐和潮流的情况和渔船捕鱼的方式，掌握渔船捕鱼的交通流总流向，并提前制定相应的避碰方案。如果从渔船渔具伸出方向通过，应注意避开渔船渔具，避免渔船为保护渔具采取一些过激措施而与商船发生碰撞。在渔船密集区域，应当通过雷达观察等手段，找出渔船相对稀少的水域，谨慎操纵船舶从该水域通过，避免船舶因进入渔船密集区域而发生危险。

5. 避让从事捕鱼船的注意事项

在避让从事捕鱼的船舶时，在让清渔船的同时，还应让清渔船所使用的渔具。在避碰中，应当注意如下事项：

(1)在渔区行驶时应特别注意渔船的动向和其网具的伸展方向，避让渔船的同时让过渔具，以免渔船为保护渔具突然朝大船冲来，大船躲避不及造成碰撞。

(2)在雾中应加强雷达瞭望，即使雷达上没有发现渔船，也应按规定鸣放雾号。应特别注意在沿岸夜间不点灯的渔船，或者所显示的号灯不符规定的渔船。

(3)浙、闽、粤沿海一带的渔船受其风俗习惯的影响，常欲抢过大船的船头，在避碰中应予以充分注意。

(4)一旦误入渔网或穿过渔网时，应立即停车淌航，以免渔网缠入螺旋桨。

(5)对于未从事捕鱼作业的机动渔船，尽管不属于“从事捕鱼作业的船舶”，也不享有直航的权利，但应注意渔船上的驾驶员对此并不一定有清楚的认识，必要时应主动避让。

(6)渔船在使用国际信号简语时，单字母旗的意义如下：

G——“我正在收网”；

Z——“我正在放网”；

P——“我的网已紧紧地挂在障碍物上”；

T——“我正在从事成对底拖捕鱼作业，避开我”，或者用一长声表示。

案例分析

1999年5月28日0242时左右，船长为107.77 m的巴拿马籍集装箱船XD轮与正在从事拖网捕鱼的“ZY40135”船在28°49.8′N，123°33.6′E附近海域发生碰撞，当时天气多云，能见度良好，流向约205°，流速约0.9kn，风向偏南，风力5级。

1. 事故经过

XD轮于1999年5月26日1750时从韩国釜山驶往香港。28日凌晨，该船驶至浙江沿海水域，当时该船航向228°，航速约15 kn，驾驶台由二副和一名操舵水手值班。约0200时，二副发现前方渔船较多，开启另一台雷达，并通知机舱备车。约0232时，二副在 3 n mile 量程的雷达上第一次发现"ZY40135"船，当时距离约 2.6 n mile，方位右舷约 12°。当"ZY40135"位于"向达"轮右前方距离约 1 n mile 时，XD 轮为增加与"ZY40135"船的会遇距离，航向从 228°修正至 225°。当舵工发现渔船红灯时，认为渔船要抢越船头，并告诉二副，二副立即下令右舵 20，紧接着右满舵，船舶在转向过程中，船首与"ZY40135"船左舷后部碰撞，碰撞时，XD 轮船首向约 235°。碰撞后，"ZY40135"船从 XD 轮左舷滑过沉没。

"ZY40135"和"ZY40136"两艘渔船于 1999 年 5 月 22 日下午从象山石浦开航，驶往浙江沿海水域拖网捕鱼。27 日晚 2330 时左右，两船从 28°57.5′N，123°55.6′E(概位)水域处向西南方向进行拖网作业，两船航向约在 190°至 200°之间，航速约 4 kn，"ZY40135"船在东侧，"ZY40136"船在西侧，当拖至 28°49.8′N，123°33.6′E 水域时，"ZY40135"船尾部与 XD 轮船首相撞。

海事调查处理机关根据调查以及对当时两船的速度和相遇态势分析，认为两船构成了追越，XD 轮为追越船，"ZY40135"船为被追越船。两船碰撞发生过程如图8-9所示。

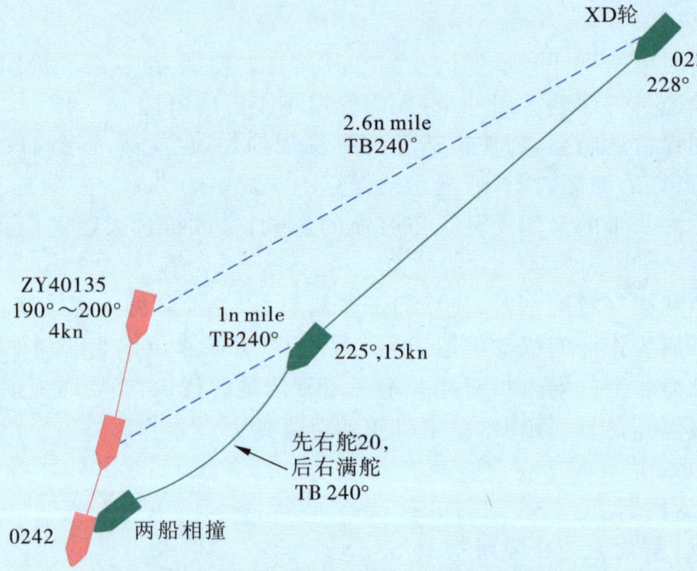

图 8-9　XD 轮与"ZY40135"碰撞过程示意图

2. 事故分析

XD 轮：

(1)严重疏于瞭望。该船值班驾驶员未能使用一切有效手段及早发现"ZY40135"船，未能对当时两船构成的碰撞危险作出正确的估计和判断，违反了《规则》第五条、第七条的规定。

(2)未使用安全航速。该船在决定航速时未考虑船舶密度这一因素，航行在渔船作业水域，在渔船如此密集水域内仍全速(15 kn)航行，违反了《规则》第六条的规定。

(3)未采取有效的避让行动。该船作为让路船，在两船构成碰撞危险后，没有采取让路行动及早地、大幅度地、宽裕地让清他船，在两船形成紧迫危险的情况下，也未能运用良好船艺采取正确的避让措施，违反了《规则》第十三条和第十六条的规定，同时也违反了《规则》第八条的规定。

"ZY40135"船：

(1)瞭望疏忽。该船未保持正规瞭望，未能对当时两船形成的避碰危险局面做出正确的估计和判断，违反了《规则》第五条、第七条的规定。

(2)未能给让路船以警告。当"向达"轮显然未采取有效的让路行动时，"ZY40135"船值班人员未能鸣放怀疑和警告声号，违反了《规则》第三十四条的有关规定。

(3)未能采取最有助于避碰的行动。当两船逼近到单凭让路船的行动已不能避免碰撞时，该船未能运用良好船艺采取最有助于避碰的行动来避免碰撞或减轻碰撞后果，违反了《规则》第十七条的有关规定。

3. 事故教训

船舶应加强瞭望，使用安全航速航行，在通航密度大的水域或渔区航行时尤其应加强戒备，注意来船动态，使用一切有效手段判断是否存在碰撞危险，并采取相应的行动。

当两船逼近或处于紧迫危险时，任何一船均应使用良好船艺和采取最有助于避碰的行动，以避免碰撞。

思考题

1. 从事捕鱼的船舶在作业时有何特点？
2. 渔船主要的捕鱼方式有哪些？各有哪些特点？应如何进行避让？
3. 机动船在避让从事捕鱼的船舶时应当注意哪些问题？
4. 试述中国沿海的休渔期。渔船在休渔期结束后捕鱼有何特点？休渔期结束后船舶在避让渔船时应注意哪些事项？

第二节　内河避碰
Collision Avoidance in Inland Waters

一、概述

1. 我国内河避碰规则立法背景

我国现行《内河避碰规则》(以下简称"《内规》")由交通部令 1991 年第 30 号颁布、1992 年 1 月 1 日开始实施，习惯上称之为"91《内规》"。2003 年 9 月对《内规》进行了修订。

20 世纪 80 年代，随着改革开放的不断深入，我国的内河航运业迅猛发展，船舶碰撞事故也随之增加，"91《内规》"在此背景下应运而生。新《内规》从结构和内容上更接近于《国际海上避碰规则》，同时引进了船舶定线制和分道通航制概念与规定。在随后的一段时间内，长江干线连续发生了几起大的客渡船碰撞事故，为此，《内规》(2003 年修订)增加了关于长江干线客渡船的相关条款。

2.《内规》的作用

制定《内规》的目的和立法宗旨是为了维护水上交通秩序，防止碰撞事故，保障人民生命、财产的安全。内河船舶通航环境条件复杂而多变，全国内河的自然条件和交通条件各不相同，船舶会遇局面复杂，易出现紧迫局面和紧迫危险，导致交通事故多发。《内规》的制定对保障内河水上交通秩序，最大限度地防止船舶航行和碰撞事故的发生，保障人民生命、财产的安全起到了积极的作用。

《内规》具有法律性，它约束和规范船舶航行及避让行为，在碰撞事故发生后，《内规》是海事调查、处理以及海事诉讼的主要法律依据；《内规》具有统一性，需要每艘船舶共同遵守规则，运用规则和良好的驾驶技术以保障船舶安全航行和避让；《内规》具有重要性，它是指导内河水上交通安全的重要法规，对船舶航行和避让安全具有重大的影响力。

3.《内规》的主要内容与结构

《内规》共五章四十九条、三个附录，其中，附录与正文具有同等的法律效力。其主要内容与结构如下（详见本书附录Ⅱ）：

- 第一章　总则
  - 第一条　宗旨
  - 第二条　适用范围
  - 第三条　责任
  - 第四条　特别规定
  - 第五条　定义
- 第二章　航行和避让
  - 第一节　行动通则
    - 第六条　瞭望
    - 第七条　安全航速
    - 第八条　航行原则
    - 第九条　避让原则
  - 第二节　机动船相遇，存在碰撞危险时的避让行动
    - 第十条　机动船对驶相遇
    - 第十一条　机动船追越
    - 第十二条　机动船横越和交叉相遇
    - 第十三条　机动船尾随行驶
    - 第十四条　在长江干线航行的客渡船
    - 第十五条　机动船在干、支流交汇水域相遇
    - 第十六条　机动船在汊河口相遇
    - 第十七条　机动船与在航施工的工程船相遇
    - 第十八条　限于吃水的海船相遇
    - 第十九条　快速船相遇
    - 第二十条　机动船掉头
  - 第三节　机动船、人力船、帆船、排筏相遇，存在碰撞危险时的避碰行动
    - 第二十一条　机动船与人力船、帆船、排筏相遇
    - 第二十二条　帆船、人力船、排筏相遇
  - 第四节　船舶在能见度不良时的行动及其他
    - 第二十三条　船舶在能见度不良时的行动
    - 第二十四条　靠泊、离泊
    - 第二十五条　停泊
    - 第二十六条　渔船捕鱼
    - 第二十七条　失去控制的船舶

第三章　号灯与号型
- 第二十八条　一般规定
- 第二十九条　在航的机动船
- 第三十条　在航的船队
- 第三十一条　在航的人力船、帆船、排筏
- 第三十二条　工程船
- 第三十三条　掉头
- 第三十四条　停泊
- 第三十五条　搁浅
- 第三十六条　装运危险物
- 第三十七条　要求减速
- 第三十八条　渔船
- 第三十九条　失去控制的船舶
- 第四十条　船舶眠桅
- 第四十一条　监督艇和航标艇

第四章　声响信号
- 第四十二条　声响信号设备
- 第四十三条　声号的含义
- 第四十四条　船舶相遇时声号的应用
- 第四十五条　能见度不良时的声响信号
- 第四十六条　甚高频无线电话

第五章　附则
- 第四十七条　附录
- 第四十八条　解释机关
- 第四十九条　生效

附录一　号灯与号型的技术要求
附录二　声响信号设备的技术要求
附录三　遇险信号

二、《内规》与《规则》的对比

《内规》与《规则》从作用、内容和特征等方面相比较，既有一定相似性，又有较明显的区别。两者之间在法律上具有相互关系，在内容上根据各自的适用水域特征而具有较大的区别。

1.《内规》与《规则》的关系

(1)法律关系

《规则》第一条 2 款规定：本规则各条款不妨碍有关主管机关为连接公海而可供海船航行的任何港外锚地、港口、江河、湖泊或内陆水道所制订的特殊规定的实施。这种特殊规定，应尽可能符合本规则各条款。在我国内河水域中，长江、珠江等水系与公海相连接并可供海船航行，《规则》允许我国交通主管机关制定尽可能符合《规则》的特殊规定。因此，我国《内规》是《规则》体系下的特殊规则，两者之间有着必然的联系：

①《内规》具有优先适用权，在同一水域，当《内规》与《规则》同时适用时，《内规》优先；

②对于某项具体规定，当两者不一致时，应执行《内规》；

③《内规》未规定的事项应遵照《规则》执行。

(2)条款关系

虽然《内规》的具体内容与《规则》有较大的区别，但由于《规则》第一条2款有“尽可能符合本规则”的规定，因此，《内规》的主要条文结构与《规则》较为相似，其中，章的标题与《规则》基本相同。

2.《内规》与《规则》的主要区别

(1)水域特征不同所致的规定不同

与海上开阔水域相比，内河水域具有明显的水域特征，即可航水域宽度较小，水深往往受限制，航道或水道弯曲等，因此，《内规》的规定更细致、更具体，在条款中处处体现船舶航行、避让的规定与水域特征的关联性，根据水域特征而制定相应的航行和避让规定。由此，对学习和使用规则带来了复杂性和难度。虽然《规则》中的狭水道与内河航道具有相似性，但《规则》更多地涉及开阔水域的航行与避让，相对来说，《规则》对航行与避让的规定较为简单，但避让关系简单并不代表船舶避碰行动简单，海上船舶行为的多变性和习惯航路交叉点多船相遇的可能性是内河船舶所不及的。

(2)确定各类船舶避让关系的原则不同

①《规则》中船舶的避让关系

《规则》把船舶分为机动船、帆船、从事捕鱼船、操纵能力受限制的船舶和失去控制的船舶共五类。以“几何制避让原则”确定帆船与帆船、追越与被追越、机动船对遇、机动船交叉相遇的避让关系；以“操纵避让能力”确定五类不同种类的船舶之间的避让关系。除此之外均适用良好船艺进行协调避让。在各种避让关系中，追越条款优先使用。

②《内规》中船舶的避让关系

内河航行水域条件和会遇局面复杂，决定了船舶之间的避让关系也较为复杂。《内规》中船舶之间的避让关系主要有以下几种：一是按航行方向确定避让关系，如上行船(感潮河段逆流船)避让下行船(感潮河段顺流船)、从干流驶进支流的船舶避让由支流驶向干流的船舶；二是按船舶种类确定避让关系，如机动船避让限于吃水的海船、所有船舶避让在航施工的工程船等；三是按会遇态势确定避让关系，如追越船避让被追越船、横越船避让顺航道航行机动船；四是按位置关系确定避让关系，如交叉相遇时有他船在本船右舷的船舶避让他船。

3.对被让路船的责任与义务规定不同

《规则》对让路船与被让路船(直航船)的责任与义务规定明确，其中，让路船应负有及早的、大幅度的、宽裕的避让以及驶过让清的责任，被让路船负有保向保速的义务，双方均负有采取最有助于避碰的行动以避免紧迫危险的形成和船舶碰撞的责任。《规则》中避让双方的责任与义务划分较为明确。

与《规则》相比，《内规》中避让双方的责任与义务并不像《规则》中那样“主”、“次”分明，主要是由于内河航道可航水域宽度有限，同时航道具有弯曲、横流等特征，过分强调让路船的行动责任而忽视被让路船的行动是不可行的。因此，内河避碰在明确让路船的责任的同时，也规定了被让路船“也应当注意让路船的行动，并按当时情况采取行动协助避让”。总之，内河船舶之间的避让更注重于“协调避让”。

4.能见度变化所致的避让关系规定不同

《规则》中，有明确的“互见”定义，互见中的船舶之间的避让关系与在能见度不良时不互见时的避让关系完全不同。在能见度不良时，避让双方负有同等避让责任与义务。

《内规》中，没有明确的“互见”的概念及定义，在确定避让关系时，《内规》没有明确区分“互见”与“不互见”，因此，无论是互见还是能见度不良时，均应按规则的相应规定确定避让关系并采取相应行动。

5.避让条款优先原则不同

《规则》中，以“追越”条款最为优先，在互见中，两船一旦构成“追越局面”，不论追越船及被追越船的船舶种类如何，一概以追越船避让被追越船。

《内规》中，避让优先关系以船舶种类而定，最优先的是“在航施工的工程船”，其次为“限于吃水的海船”，第三为“被追越船”。

三、《内规》的特别规定

我国内河水域船舶通航环境各异，包括自然条件、交通条件和船舶条件三方面。而我国的《内规》适用于“在中华人民共和国境内江河、湖泊、水库、运河等通航水域及其港口航行、停泊和作业的一切船舶、排筏”，对于全国各地不同的船舶通航环境条件，《内规》允许有关主管机关制定特别规定(第四条“特别规定”)。这些“特别规定”包括国境河流、湖泊航行和避让特别规定，境内水域船舶定线制等。

以长江为例，2007年以来，海事主管机关在长江干线实施了多个船舶定线制规定，这些特别规定的实施，为维护长江水上交通秩序，改善通航环境，提高交通效率，保障航行安全，促进航运发展起到了积极的作用。目前长江干线实施的定线制有:《长江三峡库区船舶定线制规定(2010)》、《长江中游分道航行规则(2007)》、《长江安徽段船舶定线制规定(2010)》、《长江江苏段船舶定线制规定(2013)》。

通过实施船舶定线制，长江干线水域安全形势有了根本性的好转，航行秩序也得到了根本性的改善，同时也带来了明显的经济效益与社会效益，减少了人民生命、财产的损失。船舶定线制的实施也树立了我国船舶安全航行的良好国际形象和海事管理机构良好的社会形象。

四、内河船舶避碰与航行安全

使用《内规》进行船舶避碰时，应领会《内规》的精神实质和内河船舶避碰安全的理念，注意内河水域的特点，具体问题具体分析，在遵守规则的前提下灵活机动地进行避让，必要时“背离”规则进行行动。

(1)注意与海上船舶避碰方法的区别

如前所述，《内规》与《规则》在条文的具体规定上存在较大的区别，在使用《内规》时应予以充分注意。部分同时持有“海证”和“江证”的驾驶员应特别注意到这一点，不应机械地、盲目地借鉴海上的避让原则、方法和要领。另外，海上避碰多为开阔水域，大幅度转向避让一般情况下是首选的避让方法，而内河的可航水域往往受限，尤其是在航道内航行时。因此，应注意转向避让的局限性，考虑使用慢车、停车避让以及转向与减速相结合的避让方法。总之，应根据当时实际情况灵活机动地选用避让方法。

(2)充分了解船舶通航环境及其特征

海上开阔水域避碰时，主要考虑的环境因素为能见度和交通密度，而内河船舶避碰除上述两个因素以外，还应特别注意水域条件，对不同水域的瞭望、安全航速、碰撞危险判断和避免碰撞的行动等环节采用不同的方法与手段，使船舶避碰行动与当时水域环境相适应。应考虑的水域环境条件至少包括：桥梁及跨江电缆航段、狭窄水域、弯曲航段、单向通航、船闸引航道、码头及水上装卸作业区、渡口及其航线、锚地、船舶定线制等。

(3)注意地方规则与地方船舶活动规律

内河水域多有各种地方规则，港章、港区航行规定、船舶定线制等特别规定，应熟悉各种地方规则，按章航行，以避免发生各种航行和碰撞危险。

内河水域地方船舶多，如渔船、横江及顺江轮渡、采砂船、小型短途运输船等，这些船舶活动的时空规律与一般航行船舶具有明显的区别，不同类别的地方船舶又具有其特殊的规律，部分船舶为了提高生产或运输效率，往往超载、超速以及不按规则航行与避让。因此，航行船舶应注意到这些规律与特征，加强瞭望与安全航速使用，按规则鸣放声号、VHF 联系，及早避让，并应特别注意地方船舶违反规则、不协助避让甚至采取突然性的不协调行动的可能性，提前做好应急措施。

(4)认识主动避让与协调避碰的重要性

应明确避让双方的责任与义务，严格按规则行动，行动时考虑双方行动的协调性。让路船应按规则要求及早、主动地避让，不应因规则"被让路船也应当注意让路船的行动，并按当时情况采取行动协助避让"的规定而忽视规则对让路船应主动避让的要求，过分依赖或期望被让路船采取配合行动。反之，被让路船也应按规则要求积极采取配合及协调的避让行动，不能因为他船是让路船而过分地依赖让路船采取行动避让本船。在行动时还应考虑到让路船在避让行动上可能存在的制约性，如受风流影响较大，操纵有一定困难、附近其他船舶的存在对让路船行动产生制约和航道条件对让路船行动的制约等。

(5)良好驾驶技术的应用

在严格遵守《内规》，按《内规》要求航行和避让的同时，应注意良好驾驶技术的应用。《内规》第九条"避让原则"规定：采取任何防止碰撞的行动，应当明确、有效、及早进行，并运用良好驾驶技术，直至驶过让清为止。航海习惯上，良好驾驶技术也称之为良好船艺。

与海上避碰规则一样，规则虽然没有明文规定，但船员经常的、习惯的、合乎常理的、正当的、符合船舶操纵和避碰理论与技术的航海操作都应该遵守或使用，这些航海操作是长期以来船员在实践中总结出来的、行之有效的操作方法，也是在成功的经验和失败的教训中总结出来的。如果在避让过程中，尤其是在紧迫危险情况下没有运用良好的驾驶技术而导致碰撞，则该船将承担"没有使用良好驾驶技术"或"没有运用良好船艺"，或"对船员通常做法的疏忽"的责任。

案例分析

发生内河船舶碰撞事故的原因诸多，从避碰规则的角度来分析，主要原因可以归结为：(1)对遵守规则的疏忽；(2)对船员通常做法(包括良好的驾驶技术)的疏忽；

(3)对当时特殊情况下可能要求的任何戒备上的疏忽。以下以碰撞实例进行分析。

2009年8月14日,G轮与W轮在芜湖水域发生碰撞,W轮沉没,1人失踪。

(1)事故时间、地点

事故时间:2009年8月14日约0407时。

事故地点:芜湖黑沙洲南水道黑南4#白浮下约350m、距黑南4#白浮与3#白浮连线横距约280m处(长江下游航道里程481km)。

(2)事发时通航环境情况

①水文、气象

2009年8月13日,汉口水位为12.26m(涨),芜湖水位为6.95m(涨)。芜湖市气象台2009年8月13日天气预报表明当天白天到夜里多云,偏北风3～4级,最高温度33℃,次日清晨最低温度25℃。据调查,事发时江面能见度在1500m以上。

②航道情况

黑南水道上起黑沙洲塔形侧面岸标,下至高安圩,全长约12km,事发地点处航道微弯,航宽约430m,水流流速平稳,流态正常。

③航路规定

《长江下游分道航行规则》规定,当汉口水位为4m及以上时,黑南水道实行分道通航,上、下行船舶各自靠右航行,上、下行航路分别占航标标示的航道宽度的五分之二、五分之三。

④附近水域通航秩序

事发当时,事发水域上、下行船舶流量较小,通航秩序正常。

(3)事故经过

①G轮

2009年8月14日约0338时,该轮进入黑南水道下口,航速约12km/h(双车前进二),大副发现本船右前方航道外有5艘船舶序列上行,其中前面2艘空载并列行驶,中间1艘重载,后2艘空载。此时该轮距最远船舶纵距约800m,距最近船舶纵距约300m,雷达(1.5km挡)观测显示下行船舶航行正常;该船开启红色闪光灯,并持续显示。

约0401时,船位至黑南3#白浮上约70m、距右侧前后浮标连线的横距约130m,航向223°,距前方最近1艘上行船舶纵距约100m。

约0404时,船位至黑南4#白浮下约650m,发现右前方约100m、距离最近的一艘上行船舶突然向左大角度转向,G轮立即慢车(前进一)。

约0405时,船位至黑南4#白浮下约570m、距右侧前后浮标连线的横距约200m时,发现与前船有碰撞危险,此时船舶航速约10km/h,航向226°,立即采取双车停车、倒车,左舵10,船首开始向左转向。该轮左转过程中突然发现前方左舷约45°、纵距约400m有一下水船(后证实为W轮),便用VHF无线电话呼叫对方向右调整航向,同时令副班水手用莫尔斯灯照射对方引起注意。

约 0407 时，在黑南 4＃白浮下约 350m、距右侧前后浮标连线的横距约 280m 处，因距离过近，G 轮船首偏右部与 W 轮左舷货舱前部约呈 70°夹角态势发生碰撞。

②W 轮

2009 年 8 月 14 日约 0345 时，船位至长江下游黑沙洲南水道塔形侧面岸标时，船首前方约 1500m 有一艘重载下行船，船后方约 1000m 有一船尾随下行，周围无其他下行船舶，船长当班，二副协助瞭望。

约 0357 时，下行至黑南 4＃红浮附近，二副用望远镜和雷达发现一艘海轮（后证实为 G 轮）在黑南 3＃白浮下正常上行，W 轮显示红色闪光灯，航速约 12km/h（为减速后的速度）下行。

约 0405 时，船长发现 G 轮突然大角度向左转向，立即用 VHF 无线电话联系，对方回答要求 W 轮向右（右岸）调向，于是 W 轮立即停车、倒车并向右岸调向。

约 0407 时，在黑南水道 4＃白浮下约 350m、距 4＃白浮与 3＃白浮之间连线的横距约 280m 处，因两船距离过近，W 轮船首左舷前部（货舱）与 G 轮船首偏右约呈 70°夹角发生碰撞，碰撞后两船分离，该轮约 2min 后沉没。事故经过如图 8-10 所示。

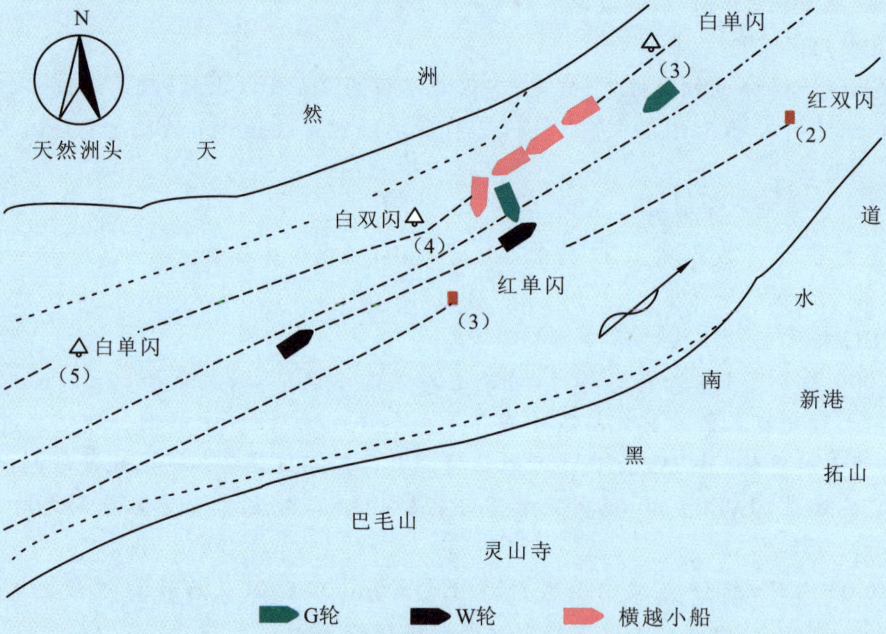

图 8-10 碰撞过程示意图

（4）事故损害

G 轮船首鼻尖和满载吃水线处有轻微凹陷和划痕；W 轮 1 人失踪，货物随船一起沉没。

（5）事故原因分析

①G 轮

A. 未保持正规瞭望

a. 该轮进入黑南水道后，未能密切注视前方同向的上行船舶的动态。

b. 雷达使用不当。该轮在使用雷达瞭望时，仅在雷达 1.5km 量程挡上观察周围船舶动态，不符合“大小量程交替使用”的要求，未能及时得到远距离来船 W 轮的相关信息，以至于发现 W 轮过晚，当肉眼发现 W 轮时，两船相距仅约 400m，导致紧迫局面形成。

B. 对当时特殊情况可能要求的戒备存在疏忽

临近前方同向上行船时对其突然向左转向的局面估计不足，缺乏必要的戒备。

C. 不熟悉通航环境

当班驾驶员对黑南水道的通航环境和地方船舶的航行习惯没有充分的了解，缺乏戒备。

D. 盲目行动，造成另一紧迫局面

当班人员在避让右舷突然转向的上行船舶时，未能有效观察下行船舶动态便盲目向左转向，以致与 W 轮构成另一紧迫局面，进而导致紧迫危险，致使两船发生碰撞。

E. 避让措施不当

进入黑南水道后，仅习惯用 VHF 无线电话与周围船舶联系，未按规定鸣放声号，引起他船注意；在发现与突然横越的上行船有碰撞危险时，未按规定鸣放警告声号并标明本船动态，在采取避让措施后没有及时回舵，没有采取右舵、双倒车以避免事故发生或减轻损害的积极措施。

②W 轮

A. 航路选择不当

船舶没有遵守分道通航制的航行规定，船位过分接近其左侧的分隔线，以致 G 轮在向左转时，两船在短时间内形成紧迫危险。

B. 未保持正规瞭望。

当班驾驶员使用望远镜和雷达发现 G 轮后，对其动态未保持连续的、系统的观测。

C. 对当时特殊情况可能要求的戒备存在疏忽

临近前方有多艘上行船、局面比较复杂时，未主动联系，对 G 轮突然向左转向的局面估计不足，缺乏必要的戒备，缺乏应急措施。

D. 避让措施不当

该轮在紧迫危险形成后，未能根据当时现场的具体情况，作出及早的避让措施，也未采取双倒车控制船舶速度等有效措施避让。

(6)教训与建议

船公司应进一步强化安全管理体系运行监控，有关人员应做到定期随船指导；加强船员责任意识、应急处置能力的教育和培训；经常性地通过 GPS 系统调阅本单位进出长江航行的船舶的航次轨迹，并加以分析、总结和反馈。

应强化驾驶人员（特别是持有《海船船员内河航线行驶资格证明》的驾驶人员）学习和遵守《中华人民共和国内河避碰规则》和《长江下游分道航行规则》等法规，充分掌握所驶水域通航环境和船舶航行习惯。

思考题

1. 试述《内规》的适用范围。
2. 试述《内规》有关航行原则和避让原则的要点。
3.《内规》对机动船之间的避让关系是如何规定的?
4.《内规》对机动船与非机动船之间的避让关系是如何规定的?
5.《内规》与《规则》在追越时的避让关系规定及追越声号使用上有何不同?

第九章　航行值班

Navigational Watch

本章重点

1. 航行值班的基本原则。
2. 驾驶台协调工作程序。

学习任务

1. 适于值班的条件。
2. 值班安排和应遵守的原则。
3. 驾驶台值班时驾驶员承担的责任及要求。
4. 驾驶台瞭望的要求。
5. 驾驶员交接班的有关规定。
6. 对船舶航行、操纵和避让行动的有关规定。

课程目标

1. 知识目标

(1)掌握保持安全值班的目的、值班时间的强制性标准、《STCW 规则》关于防止疲劳的指导性意见、疲劳产生的原因及影响因素、为保持安全值班应采取的措施。

(2)了解值班安排的总体要求、值班安排应遵循的原则。

(3)掌握驾驶台值班时驾驶员承担的责任及要求。

(4)掌握瞭望的目的和对瞭望人员的要求、值班驾驶员作为唯一瞭望人员的条件、为保持正规瞭望值班安排应考虑的因素。

(5)交班、接班事项和驾驶员应注意的事项。

(6)助航仪器的适用和定期检查的要求、通知船长的时机、引航员在船时驾驶员的职责、特殊情况下的操纵和避让行动的要求,以及船舶在锚泊时驾驶台人员的职责。

2. 能力目标

(1)明确安全值班的目的、合理安排休息以有效防止疲劳。

(2)了解值班安排总体要求和值班安排应遵守的原则,具备安全值班的能力。

(3)明确驾驶员值班的责任和要求,使值班人员的安排能满足正规瞭望的要求。

(4)按照交接班的相关要求进行有效的交接班。

(5)有效检查和使用助航仪器,进行有效地航行、操纵和避让。

(6)在引航员引航和港内、沿岸、夜间、能见度不良等各种情形下航行,能有效履行值班职责;锚泊时能有效履行值班职责。

3. 素质目标

(1)从航行安全角度出发,具备胜任驾驶员值班职责,有效履行值班的专业素质。

(2)从海事安全管理角度出发,具备判别值班驾驶员是否达到安全值班要求的业务素质;在船舶发生碰撞后,能依据值班规则的要求从值班安排和职责履行的角度分析过失并确定责任。

(3)思政素质目标:“推动绿色发展,促进人与自然和谐共生”,“深化集体主义教育”,实现综合素质提升,包括:

①海洋环境保护(航海大国的担当,船员的责任与义务);

②强化法治意识(严格遵守《STCW 规则》关于值班的规定);

③注重人文关怀(为防止疲劳对船员休息做出合理的安排);

④团队精神与集体主义(驾驶台值班人员团队成员之间有效的分工与协作)。

案例导入

《STCW 规则》对海员值班作出了明确的要求,海员值班时应严格遵守航行值班的基本原则和驾驶台协调工作程序。

案例:某年 4 月 20 日,MS 轮与 XD 轮在 18°55′N,120°07′E 海域发生碰撞,碰撞导致 XD 轮沉没,5 人失踪。

有关海事主管机关查明,MS 轮二副上驾驶台接班时,交班三副告知了前方船舶的动态,二副经用望远镜观察,看到桅灯,但未引起重视。接班后,二副在海图室查看海图的船位和船长夜航命令,停留约 5～6min。后二副再次瞭望,认为来船距离尚远。直到 20min 后,发现来船已逼近,终因避让行动过迟,且所采取措施不当,两船发生碰撞。

本起碰撞事故表明,在驾驶员交接班时段易发生碰撞事故,接班驾驶员应重视交班驾驶员的有关交班信息,尤其是与他船会遇和碰撞危险的信息,并应根据实际情况采取相应行动,以防止碰撞。

通过本案例,结合本章内容,提出如下思考:

(1)驾驶员交接班应具体交接哪些事项?

(2)交接班时段如何做到连续的、不间断的瞭望?

(3)在航海实践中,接班驾驶员应如何正确对待和有效处理交班驾驶员的各项交班信息?

加强海船船员值班安排与管理，防止船员疲劳操作，为船员提供切实有效的值班标准和指导，对保障海上人命与财产安全，保护海洋环境，有着非常重要的意义。本章阐述《1978年海员培训、发证和值班标准国际公约马尼拉修正案》（以下简称《STCW 公约》）和《海员培训、发证和值班规则马尼拉修正案》（以下简称《STCW 规则》）中有关船舶驾驶人员值班的公约法定要求、强制性标准和建设性指南，介绍驾驶台工作的组织及工作程序。保持严密、有效的船舶值班，是保证船舶避免海难事故的重要措施，对此各国政府、有关国际组织，船务公司都给予了高度重视，制定了相应的规定，为促进船舶的航行安全起到了积极的作用。

第一节　航行值班的基本原则
Basic Principles of Watchkeeping

一、适于值班的条件

1. 保持安全值班的目的

（1）避免船舶发生海难事故

船舶航行时，保持驾驶台安全值班，对于避免碰撞事故的发生、防止船舶发生航行危险是至关重要的。在船舶装备不断现代化的今天，海难事故仍然接连不断，主要是人为因素、人的过失造成的。在提高值班人员技术水准的同时，加强船舶安全值班，提高值班人员的责任意识，在各种情况下严格按照驾驶台工作程序所确立的原则操作船舶，船舶将更安全，海上人命、财产和海洋环境将更有保障。

（2）保证船舶随时处于适航状态

保持驾驶台有效的值班，及时发现船舶的不正常情况并立即处理解决，使船舶随时处于良好的适航状态。只有这样才能使船舶的先进装备与优良操船技艺完美地结合在一起，才能有效地防止船舶发生碰撞、搁浅、触礁等海难事故。

（3）保证船舶所装货物得到妥善保管

妥善保管货物是保持船舶安全值班的又一重要任务。特别是在装有危险货物时，货物完好和船舶安全，两者相互制约、相互依赖。通过保持安全值班，对货物进行必需的照管，将使船舶的安全更有保证。

2. 值班人员的值班时间的强制性标准

为了能切实做到值班人员适于值班，在《STCW 规则》第 A—Ⅷ/1 节中，对值班人员的休息时间作了详细的规定。

（1）主管机关应考虑海员，特别是涉及船舶安全和保安工作职责的船员，由于疲劳所引发的危险。

（2）为所有负责值班的高级船员或参与值班的普通船员以及涉及指定的安全、防污染和保安职责的人员提供的休息时间应不少于：

①任何 24 小时内最少 10 小时；

②任何 7 天内 77 小时。

（3）休息时间可以分为至多不超过 2 个时间段，其中一个时间段至少要求有 6 小时，连续休息时间段之间的间隔不应超过 14 小时。

(4)在紧急或在其他超常工作的情况下不必要保持第 2 段和第 3 段规定的关于休息时间的要求。紧急集合演习、消防和救生演习,以及国家法律与规则和国际文件规定的演习,应以对休息时间的干扰最小并不导致船员疲劳的形式进行。

(5)主管机关应要求将值班安排表张贴在易见处。该值班安排表应按照标准格式使用船上工作语言和英语制定。

(6)在海员处于待命情况下,例如机舱处于无人看守时,如该海员因被召去工作而占用了正常休息的时间,则应给予充分的补休。

(7)主管机关应要求使用船上工作语言和英语按照标准格式保持对船员每天休息时间的记录,以监督和核实是否符合本节的规定。海员应得到一份由船长或船长授权的人员和海员签注的有关其休息情况的记录。

(8)本节任何规定并不妨碍船长因船舶、船上人员或货物出现紧急安全需要,或出于帮助海上遇险的其他船舶或人员的目的,而要求海员从事长时间工作的权利。为此,船长可暂停执行休息时间制度,要求海员从事必要的长时间工作,直至情况恢复正常。一旦情况恢复正常,只要可行,船长就应确保在原定休息时间内完成工作的任何海员获得充分的休息时间。

(9)缔约国可以允许对上文(2)和(3)中所规定的休息时间有例外,但在任何 7 天内的休息时间不得少于 70 小时。

第 2 段①规定的休息时间可以分成不超过 3 个时间段,其中之一至少为 6 个小时,而另外两个时间段均不应少于 1 个小时。连续休息时间间隔不得超过 14 个小时。例外在任何 7 天时间内不得超过两个 24 小时时间段。

第 2 段②规定的每周休息时间的例外,不应超过连续两个星期。在船上连续两次例外时间的间隔不应少于该例外持续时间的两倍。

上述例外的规定应尽可能考虑到在 B—Ⅷ/1 节里关于防止疲劳的指导。

(10)为防止酗酒,主管机关应对正在履行安全、保安和海洋环境职责的船长、高级船员和其他海员设定血液酒精浓度(BAC)不高于 0.05%或呼吸中酒精浓度不高于 0.25mg/L,或可导致该酒精浓度的酒精量的限制。

3.《STCW 规则》为防止疲劳作出的指导性意见

为了能切实保障值班人员适于值班,在《STCW 规则》第 B—Ⅷ/1 节中对防止疲劳作出了如下指导建议:

(1)在遵守休息时间的要求时,"超常工作情况"应该解释为仅指由于安全或防污染原因而不能延误的或在航次开始时而不能合理预料的至关重要的船上工作。

(2)虽然疲劳尚无普遍接受的技术性定义,但每一个参与船舶操作的人需警惕能导致疲劳的因素,其中包括但不限于那些本组织已明确的因素,并应在决定船舶工作时加以考虑。

(3)在运用《STCW 规则》第 A—Ⅷ/1 节——适于值班时,应考虑以下各项:

①所制定的防止疲劳的规定应确保不采取过多的和不合理的整段工作时间,特别是第 A—Ⅷ/1 节规定最少休息时间不应解释为暗示所有其他时间可用于值班或履行其他职责;

②休息时段的次数和长短以及准予的补休是一段时间内防止疲劳的关键因素;

③对短航次的船舶,只要作出特殊的安全方面的安排可以有不同的规定。

(4)第 A—Ⅷ/1 节第 9 段所列的例外规定应解释为系指国际劳工组织 1996 年(第 180

号)《船员工作时间和船舶配员公约》或生效后的《2006 年海事劳工公约》所列的例外规定。适用该例外规定的情况需由缔约国确定。

(5)主管机关应以从海上事故调查结果所获得的信息为基础，对其防止疲劳的规定进行审核。

4.疲劳产生的原因及影响因素

疲劳是人们经过较长时间的或较大强度的体力劳动或脑力劳动后，全身机能下降的一种现象。疲劳的发生，除身体有劳累的感觉外，还将在不同程度上表现出工作能力降低、注意力和记忆力减弱、听觉和视觉及思维变得迟钝、动作不灵活、对外界事态的变化和发展判断不准确。此时，不但工作效率下降，而且容易导致事故发生。

(1)产生疲劳的原因

引起疲劳的原因很多，主要有以下几个方面：

①睡眠不足引起的疲劳，称之为大脑疲劳，这是造成船员疲劳的主要原因，长时间连续工作或者得不到整段时间的充分休息，极易造成大脑疲劳，甚至打瞌睡；

②过分的体力消耗引起的疲劳，称之为体力疲劳，这主要是人体肌肉的过分劳累引起的；

③人体内潜伏着某种疾病而产生的疲劳，称之为病态疲劳，通常是人体某器官产生疾病，并在疾病前就产生疲劳；

④由于情绪不佳、精神抑郁、忧虑等心理因素引起的疲劳，称之为心理疲劳，通常是由于工作不称心，生活遇到挫折，内心苦闷得不到发泄而产生的。

(2)影响疲劳的因素

①脑力和体力劳动的速度、强度和持续时间；

②心理紧张、情绪不良时；

③身体较弱、技术不熟练；

④工作环境对引起疲劳有直接影响，例如噪声高、振动大、温度高、船舶摇摆剧烈等情况。

5.为保证安全值班应采取的措施

当今海难事故频频发生，按海事统计分析，造成事故的主要原因是人为因素。因此，采取必要的措施，加强安全值班，以高度戒备和特别谨慎的状态值班，可以大幅度减少事故的发生，但这又必须以充沛的体力和精力为前提。为此，应做到以下几点：

(1)船长和大副应合理组织、安排值班人员的工作和休息，避免值班人员在未得到足够休息的情况下继续值下一个班，造成连续疲劳，以保证值班人员在值班时具有充足的体力和精力；

(2)当值班与正常工作规律由于某些原因被破坏时，船长应对值班人员的疲劳程度进行观察和判定，以确定是否影响安全值班；

(3)当发现负责值班的高级船员有疲劳的症状，但仍能担任其职责时，在值班的组成上应考虑配备精力充沛的其他人员配合其值班；

(4)当发现负责值班的高级船员因疲劳的影响难以保证安全值班时，应毫不犹豫地进行调整，使之得到适当的休息，以利于下一个班次时能够胜任职责的要求；

(5)负责值班的高级船员如在航行中值班时，由于工作强度过大，感到疲劳以至于难以保证安全值班的情况下，应毫不犹豫地通知船长；

(6)为保证安全值班，必要时船长应亲自到驾驶台值班。

二、值班安排和应遵守的原则

值班安排和应遵守的原则包括持证、航次计划、海上值班等。

1. 值班安排的总体要求

《STCW 规则》附则在第Ⅷ/2 条中对驾驶员值班安排和应遵守的原则提出了总体要求：缔约国应指示船舶所有人、经营人、船长和值班驾驶员遵守这些规定，以确保船舶在任何时候均能保持安全航行值班。每艘船舶的船长，必须确保值班的安排适于保持安全航行值班。

(1)船长和全体值班人员须注意到《STCW 规则》中应遵守的要求、原则和指南，以确保所有海船上始终保持安全、连续并适合环境和条件的值班。

(2)船长在应考虑船舶环境和条件的情况下，确保其值班安排足以保持安全值班。

(3)负责航行值班的高级船员在值班时间内始终身处驾驶台或与之相通的场所，如海图室或驾驶台控制室，对船舶的航行安全负责。

(4)当船舶锚泊或系泊时，为始终安全起见，应保持适当的有效的值班；如果船上载有有害货物，值班安排应充分考虑到有害物质的性质、数量、包装和积载，以及当时船上、水上和岸上的任何特殊情况。

2. 值班安排和应遵循的原则

《STCW 规则》A 部分第 A—Ⅷ/2 节对航行值班安排和应遵循的原则作出了基本规定。

(1)发证

负责航行和甲板值班的高级船员的资格应完全符合第Ⅱ章或第Ⅶ章有关航行或甲板值班职责相应的规定。

每一船舶，不得以低于主管机关颁布的船舶最低安全配员证书所列数目和级别的数额配备船员。

负责航行值班或甲板值班的高级船员的资格应完全符合《STCW 规则》中所规定的强制性最低要求或可供选择的发证标准，使负责航行值班或甲板值班的高级船员的资格与其担任的职责相适应。

(2)航次计划

①一般要求

对预定的航次，应在研究所有有关资料后事先做出计划，并应在航次开始前对设定的任何航线进行核实。

轮机长应与船长协商，预先确定航次计划的需要，并考虑对燃料、淡水、润滑油、化学品、消耗品和其他备件、工具、供应品以及任何其他物品的需求。

②每一航次前计划

每一航次前，各船船长应保证充分并恰当地运用本航次所必需的海图和其他航海出版物，对自出发港至第一停靠港的预定航线作出计划，所述海图和航海出版物应包括永久性的或可预测的以及涉及船舶航行安全的航行限制和危险物的准确、完整和最新的资料。

③计划航线的核实和标绘

在考虑了所有有关信息并核实了航线计划后，计划航线应清晰地标绘在相应的海图上，并在航行期间供值班高级船员随时使用，并应在使用之前核实将采取的每一航向。

④偏离计划航线

如果在航行期间决定改变计划航线的下一停靠港，或者因其他原因船舶需要大幅度地偏离计划航线，那么，应在大幅度的偏离计划航线之前计划出经修改的航线。

(3)值班的一般原则

值班应基于下列驾驶台和机舱的资源管理原则：

①应确保根据情况合理地安排值班人员；

②在安排值班人员时应考虑人员的资格或适合能力的局限性；

③应使值班人员理解其个人角色、责任和团队角色；

④船长、轮机长和负责航行值班的高级船员应保持适当的值班，并最有效地使用可用资源，如信息、装置/设备和其他人员；

⑤值班人员应理解装置/设备的功能和操作，并熟练使用；

⑥值班人员应理解信息且知道如何回应来自每一工作站/装置/设备的信息；

⑦所有值班人员应适当地共享来自工作站/装置/设备的信息；

⑧值班人员在任何情况下应保持适当的相互交流；

⑨对为安全而采取的行动产生任何怀疑时，值班人员应毫不犹豫地通知船长/轮机长/负责值班的高级船员。

(4)海上值班

①适用于值班的一般原则

缔约国应指示各公司、船长、轮机长和值班人员遵守下列原则，以确保能始终保持安全值班。

各船船长必须确保值班的安排足以保持安全航行值班或货物值班。在船长的统一指挥下，航行值班的高级船员在他们的值班期间，特别是他们在涉及避免碰撞和搁浅时，负责船舶的安全航行。

各船轮机长必须与船长协商，确保值班的安排足以保持安全的轮机值班。

②保护海洋环境

船长、高级船员和普通船员应了解操作性或事故性的海洋环境污染的严重后果，并应采取一切可能的预防措施防止这类污染，特别是有关国际规则和港口规章规定范围内的污染。

(5)航行值班中应遵循的原则

负责航行值班的高级船员是船长的代表，并在任何时候，主要负责船舶的安全航行和遵守《1972年国际海上避碰规则》。

(6)值班安排

在决定可能包括合格的普通船员在内的驾驶台值班组成时，应特别考虑下列因素：

①在任何时候，驾驶台不得无人值守；

②天气情况、能见度以及是白天值班或夜间值班；

③接近航行危险物可能需要负责航行值班的高级船员执行额外的航行职责；

④助航仪器，如电子海图显示与信息系统(ECDIS)、雷达或电子定位仪以及任何其他影响船舶安全航行的设备的使用和工作状态；

⑤船上是否装有自动操舵装置；

⑥是否履行无线电职责；

⑦装备在驾驶台上的无人机舱(UMS)控制装置、警报和指示器及其使用程序和局限性；

⑧特殊的操作环境可能导致对航行值班的出乎寻常的任何要求。

思考题

1. 为何要保持安全值班？
2. 疲劳产生的原因有哪些？
3. 影响疲劳的因素有哪些？
4. 防止疲劳值班的措施有哪些？
5. 值班的一般原则是什么？
6. 航次计划的要求有哪些？

第二节 驾驶台协调工作程序
Bridge Coordination Procedure

一、驾驶台值班驾驶员承担的责任及要求

负责航行和甲板值班的高级船员的资格应完全符合《STCW 规则》第Ⅱ章或第Ⅷ章有关航行或甲板值班职责相应的规定。

即每一船舶，不得以低于主管机关颁布的船舶最低安全配员证书所列数目和级别的数额配备船员。

负责航行值班或甲板值班的高级船员的资格应完全符合《STCW 规则》中所规定的强制性最低要求或可供选择的发证标准，使负责航行值班或甲板值班的高级船员的资格与其担当的职责相适应。

负责航行值班的高级船员是船长的代表，并在任何时候，主要负责船舶的安全航行和遵照《1972 年国际海上避碰规则》行事。在船长的统一指挥下，值班驾驶员在他们的值班期间，特别是在关系到避免碰撞和搁浅时，负责船舶的航行安全。

二、驾驶台瞭望的要求

1. 瞭望目的与瞭望人员

应遵照《1972 年国际海上避碰规则》第五条的规定随时保持正规的瞭望，并应达到下列目的：

(1)针对操作环境中发生的重大变化，利用视觉和听觉以及所有其他可用的手段保持连续戒备状态；

(2)全面判断碰撞、搁浅和其他危及航行安全的局面和危险；以及

(3)探明遇险的船舶和飞机、船舶遇难人员、沉船、残骸和其他碍航物。

瞭望人员必须全神贯注地保持正规瞭望，不得从事或分派给会影响瞭望的其他工作。

瞭望人员和舵工的职责是分开的，舵工在操舵时不应视为瞭望人员，除非在某些小船上，操舵位置具有四周无遮挡的视野并且没有夜视障碍或其他对保持正规瞭望的妨碍。

2. 值班驾驶员作为唯一瞭望人员的条件

在下列情况下，负责航行值班的高级船员在白天可以是唯一的瞭望人员：

(1)对局面作了充足估计，确信无疑这样做是安全的；

(2)充分考虑了包括但不限于下列的一切相关因素：

①天气情况；

②能见度；

③交通密度；

④邻近的航行危险物；和

⑤航行在分道通航制内或附近时必要的注意。

(3)当局面发生任何变化而且有需要时，能立即召唤人员到驾驶台协助。

3. 为保持正规瞭望值班安排应考虑的因素

在判断航行值班的组成是否足以保证能连续保持正规瞭望时，船长应考虑所有的相关因素，其中包括本规则本节所述的因素和以下因素：

(1)能见度、天气状况和海况；

(2)交通密度，以及发生在船舶航行区域内的其他活动；

(3)当航行在分道通航制或其他定线制水域内或附近时必要的注意；

(4)由船舶功能的性质、即时操纵要求和预期操纵所引起的额外工作量；

(5)应召并被指定为值班人员的任何船员适于值班的情况；

(6)船舶高级船员和普通船员的专业适任知识和自信心；

(7)每个负责航行值班的高级船员的经验和对船舶设备、程序和操纵能力的熟悉程度；

(8)任何特定时刻船上发生的活动，包括无线电通信活动，以及必要时召唤人员立即到驾驶台给予协助的可能性；

(9)驾驶台的仪器和操纵装置，其中包括报警系统的工作状况；

(10)舵和推进器的控制以及船舶操纵特性；

(11)船舶尺度和指挥位置的视野；

(12)驾驶台的结构，这种结构可能对值班人员利用视觉和听觉探测外部情况所造成的妨碍程度；

(13)IMO 通过的涉及值班安排和适于值班的任何其他有关标准、程序和指南。

三、驾驶台交接班的有关要求

1. 交班驾驶员应注意的事项

(1)负责航行值班的高级船员在交班时，如果正在进行船舶操纵或其他避免危险的行动，则该高级船员的交班应推迟到这种操纵完成之后再进行。

(2)交接时必须严肃认真。对转向、航向、航速、船位及周围情况，包括航标、物标等海区情况，天气、风、流、潮汐等情况以及安全航行设备及助航仪器的工作情况，应做好明确交接。

(3)注意船长、大副指示和无线电航行警告。当接班驾驶员适应并明确各项工作后，正式交接班。

(4)航行值班工作不得擅自交给一个不称职的人员代管。

(5)交接班必须在驾驶台现场进行,经双方同意才算交接完毕。

(6)下列情况下不宜交班:

①正在避让,临近转向点或正在转向,船位不明显。

②正在处理人员落水等应急事项,机电设备故障抢修时,在险要航段指挥航行时暂不交班。

③负责航行值班的高级船员,如果有理由相信来接班的高级船员不能有效履行其职责,则不应向其交班,在这种情况下应通知船长。

④接班驾驶员酗酒,或神志不清,或缺乏应对当时情况的能力,或对其有其他怀疑时,应暂不交班,并立即报告船长。

⑤接班时间已过,无人接班,应坚守岗位,并应立即报告船长。

2.接班驾驶员应注意的事项

接班的高级船员应确保本班人员完全能履行他们的职责,特别是他们的夜视力的适应性。接班的高级船员在其视力未完全调节到适应光线条件以前,不应接班。

接班的高级船员在接班前,应彻底搞清本船的推算船位或真船位,并核实本船的计划航线、航向和航速以及无人机舱控制装置(如有的话),还应注意在他们值班期间预计可能遇到的任何航行危险。

接班的高级船员应亲自搞清以下有关情况:

(1)船长对船舶航行有关的常规命令和其他特别指示。

(2)船位、航向、航速和船舶吃水。

(3)当时和预报的潮汐、潮流、气象和能见度以及这些因素对航向和航速的影响。

(4)当主机在驾驶台控制时操纵主机的程序。

(5)航行局面,包括但不限于:

①正在使用或在值班期间有可能使用的所有航行和安全设备的工作状况;

②陀螺罗经和磁罗经的误差;

③看到或知道附近船舶的位置及动态;

④在值班期间可能会遇到的有关情况和危险;

⑤船舶横倾、纵倾、水的密度及船体下沉而可能对龙骨下富裕水深的影响。

负责航行值班的高级船员接班时,如果交班的驾驶员正在进行船舶操纵或其他避免危险的行动,则接班的高级船员应等到这种操纵完成后再接班,交班的高级船员也不得在此时强行交班。

接班驾驶员对交接事项不明确或有疑虑时,应暂缓接班。

四、对船舶航行、操纵和避让行动的有关要求

负责航行值班的高级船员应:

(1)在驾驶台保持值班;

(2)在正式交班之前,任何情况下均不得离开驾驶台;

(3)即使船长在驾驶台,也应继续对船舶安全航行负责,直至被明确告知,船长已承担此

职责并且彼此领会为止。

1.助航仪器的使用、定期检查

在值班期间,应使用任何可用的、必要的助航仪器。以足够频繁的时间间隔对所航行的航向、船位和航速进行核算,以确保本船沿着计划航线航行。

负责航行值班的高级船员应充分了解船上所有安全和航行设备的放置地点和操作方法,并应知道和考虑这些设备在操作上的局限性。

负责航行值班的高级船员,不应被分派或担负任何妨碍船舶安全航行的职责。

在使用雷达时,负责航行值班的高级船员应切记,在任何时候均应遵守经修订的、有效的《1972年国际海上避碰规则》中的有关使用雷达的规定。

在需要时,负责航行值班的高级船员应毫不犹豫地使用舵、主机和音响信号装置,如果有可能,应及时通知拟进行主机变速,或者按照适用的程序有效地使用装配在驾驶台的无人机舱主机控制装置。

航行值班的高级船员应知晓包括冲程在内的本船操纵性能,并应意识到其他船舶可能具有不同的操纵性能。

值班期间应保持对与航行有关的动态和活动的正规记录。

特别重要的是负责航行值班的高级船员要确保随时保持正规瞭望。在具有单独海图室的船上,必要时,为了履行必要的航行职责,该负责航行值班的高级船员可以短时间进入海图室。但是,他应首先确保这样做是安全的,并保持正规瞭望。

在条件允许和可行的情况下,特别是在危险状况预计影响航行之前,应对船上的航行设备在海上进行频繁的操作性测试。适当时应对这些测试做好记录。这种测试还应在到港前和出港前进行。

负责航行值班的高级船员应做定期检查,以确保:

(1)舵工或自动舵正操纵在正确的航向上。

(2)标准罗经的误差每班至少测定一次,如可能,在任何大幅度改向后也应测定;标准罗经和陀螺罗经应经常核对,罗经复示仪应与主罗经同步。

(3)自动舵应至少每班手动测试一次。

(4)航行灯和信号灯及其他航行设备正常工作。

(5)无线电设备按照履行无线电值班的规定正常工作。

(6)无人机舱(UMS)控制装置、报警和指示器工作正常。

负责航行值班的高级船员应切记,始终遵守《1974年国际海上人命安全公约》中使用规定的必要性。航行值班的高级船员应考虑到:

(1)使舵工就位并及时改为手动操舵以使潜在的危险局面转危为安的必要性;

(2)使用自动舵的船舶,如让局面发展到使负责航行值班的高级船员得不到帮助以致不得不中断瞭望而采取紧急措施是非常危险的。

航行值班的高级船员应完全熟悉所装备的所有电子助航仪器的使用方法,其中包括其性能及局限性。适当时,应会使用每一种助航仪器并应切记回声探测仪是一种很有价值的助航仪器。

遇到或预料到能见度不良时,以及在拥挤水域的全部时间里,负责航行值班的高级船员应使用雷达,并注意其局限性。

负责航行值班的高级船员应确保所使用的量程以足够频繁的时间间隔进行转换，以便能及早发现回波，应切记小的或微弱的回波有可能探测不到。

每当使用雷达时，负责航行值班的高级船员应选择适当的量程，仔细观察显示器，并应确保有充分的时间进行标绘或进行系统的分析。

2.通知船长的时机

在下列情况下，负责航行值班的高级船员应立即通知船长：

(1)遇到或预料到能见度不良时；

(2)对交通状况或他船的动态发生疑虑时；

(3)对保持航向感到困难时；

(4)到预定时间未能看到陆地、航行标志或测不到水深时；

(5)意外地看到陆地、航标或水深突然发生变化时；

(6)主机、推进机械的遥控装置、舵机或者任何重要的航行设备、报警器、指示仪发生故障时；

(7)无线电设备发生故障时；

(8)在恶劣天气中，怀疑可能有天气危害时；

(9)船舶遇到任何航行危险时，诸如冰或海上弃船；

(10)其他紧急情况或感到怀疑时。

尽管在上述情况下要求立即通知船长，但在情况需要时，负责航行值班的高级船员为了船舶安全，应毫不犹豫地采取果断行动。

负责航行值班的高级船员应给予全体值班人员一切适当的指示和信息，以确保包括正规瞭望在内的安全值班得以保持。

3.引航员在船时驾驶员的职责

尽管引航员有其职责和义务，但他们在船上引航时并不解除船长或负责航行值班的高级船员对船舶安全所负的职责和义务。船长和引航员应交换有关航行程序、当地情况和船舶性能等信息。船长和负责航行值班的高级船员应与引航员密切配合，并保持对船舶的位置和动态进行准确的核对。

如果负责航行值班的高级船员对引航员的行动或意图有所怀疑，应要求引航员予以澄清，如仍有怀疑，应立即报告船长，并在船长到达之前采取必要的行动。

4.特殊情况下的操纵和避让行动的要求

(1)良好天气

负责航行值班的高级船员应频繁地测定驶近船舶精确的罗经方位作为及早发现碰撞危险的方法，并应切记有时方位变化明显但碰撞危险依然存在，特别是在驶近大型船舶或拖带船队时或是在近距离接近他船时，负责航行值班的高级船员还应按适用的经修订的《1972年国际海上避碰规则》及早采取积极的行动，随后还应检查这种避让行动是否足以取得预期的效果。

天气良好时，只要有可能，负责航行值班的高级船员应进行雷达操作。

(2)能见度不良时

遇到或预料到能见度不良时，负责航行值班的高级船员的首要职责是遵守经修订的

《1972年国际海上避碰规则》的相应条款，特别是有关鸣放雾号，以安全航速航行，并使主机处于立即可操纵的准备状态的条款。此外，负责航行值班的高级船员还应：

①通知船长；

②布置正规的瞭望；

③显示航行灯；

④操作和使用雷达。

(3)黑夜期间

船长和负责航行值班的高级船员在安排瞭望时应充分考虑到驾驶台设备和可供使用的助航仪器及其局限性、程序和所实施的安全措施。

船长应将航行指示和注意事项或者其他重要布置明确记入“船长夜航命令簿”。值班驾驶员必须仔细阅读“船长夜航命令簿”，充分了解其各项内容和要求，阅后签字并严格执行，若有不明之处，应立即请示船长，并在船长指示之前采取必要的行动。船长临时增改夜航指示内容时，应通知当班驾驶员，并在增减处签字。

(4)沿海和拥挤水域

应使用船上适合于该地区并依据最新资料改正过的最大比例尺海图，应以频繁的时间间隔测定船位，环境许可时应采取多种方法定位。使用电子海图显示与信息系统(ECDIS)，应选择适当使用码(比例尺)的电子海图，并以适当的时间间隔通过独立的定位方法对船位进行核查。

负责航行值班的高级船员应确切地辨认所有相关的航行标志。

5.船舶在锚泊时驾驶台人员的职责

如果船长认为必要，船舶在锚泊情况下也应保持连续的航行值班。船在锚泊时，负责航行值班的高级船员应：

(1)尽快地测定船位并标绘在相应的海图上；

(2)条件允许时，以足够频繁的时间间隔，利用固定航标或岸上容易辨认的物标测定方位，以校核船舶是否安全地保持在锚位上；

(3)确保保持正规的瞭望；

(4)确保定时巡视船舶；

(5)观察气象和潮汐情况以及海况；

(6)假若船舶走锚，通知船长并采取一切必要措施；

(7)确保主机和其他机器按照船长指示处于准备使用状态；

(8)如果能见度恶化，通知船长；

(9)确保船舶按照适用的规定显示相应号灯、号型并鸣放相应的声号；

(10)采取措施防止船舶污染环境，并遵守适用的防治污染规则。

案例分析

2018年9月30日，巴哈马籍LNG船P轮从上海空载驶往马来西亚途中，在宁波象山沿海南韭山东北约56n mile处，与中国象山籍渔船Z轮发生碰撞。

1. 事故经过

2018年9月30日1200，P轮从上海空载开航，拟驶往马来西亚。2040，Z轮到达东海192渔区并开始往东偏北方向拖网作业。

2209，P轮雷达上Z轮回波被激活，Z轮位于P轮右前方，相距约4.1n mile。三副并未发现来船，直至事发前4分钟(2219)在水手提醒下，三副才通过雷达核实Z轮方位、距离，此时两船相距约1.5n mile，但三副并未及时采取避让行动，仅用白昼信号灯照射来船。

2221，两船距离缩减至0.9 n mile，P轮三副下令小角度调整航向避让，未采取减速措施，航速维持在17 kn以上。

2222，P轮三副采取“右舵5”、“右满舵”等紧急避让行动，但此时已无法避免碰撞。

与此同时，从北斗航迹来看，Z轮在碰撞前采取了向左转向的措施。

2223，两船发生碰撞。P轮以为已正常驶过，继续航行。两船碰撞发生过程如图9-1所示。

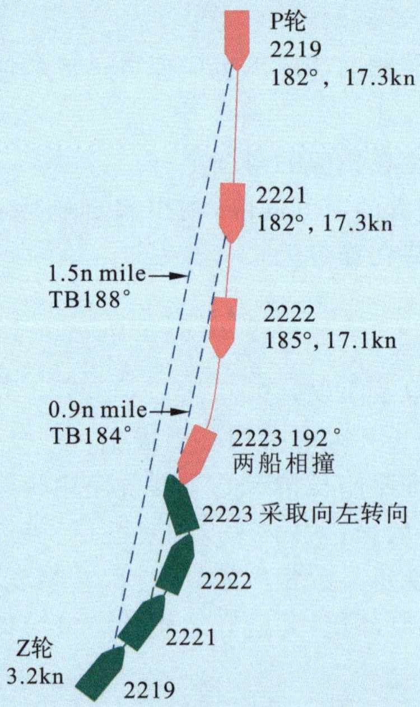

图9-1　P轮与Z轮碰撞过程示意图

2. 事故分析

P轮：

(1)P 轮未保持正规瞭望,对当时局面和碰撞危险做出充分估计。当 P 轮雷达上 Z 轮回波被激活,但三副未进行标绘及连续的系统观察,在事发前 4 分钟,两船相距约 1.5n mile 时,三副才发现来船,违反《规则》第五条的规定。

(2)P 轮采取避碰行动不及时,该轮作为让路船,在发现来船后,仅用白昼信号灯照射来船,碰撞前相距 2n mile 时三副采取小角度调整航向进行避让,直至碰撞前 1n mile 才采取紧急避让行动,但此时已无法避免碰撞,且避让过程中未采取减速措施。碰撞后,未细心查核避让行动的有效性,直接驶离事故现场,贻误了最佳救助时机,加剧了事故后果的严重性。违反了《规则》第七条、第八条、第十六条的规定。

Z 轮:

(1)Z 轮在拖网作业过程中,未能运用适合当时环境及其情况的一切有效手段保持连续、不间断的系统观察,未对局面和碰撞危险做出充分的估计,违反《规则》第五条的规定。

(2)在近距离时采取了左转的行动,与 P 轮的右转行动效果不协调,Z 轮的左转行动未运用良好船艺。违反《规则》第十七条的规定。

3. 事故教训

(1)加强航行值班。商船船员在中国沿海航行,尤其是航行至渔船较多水域时,值班驾驶员在值班时应加强瞭望,持续关注可能与本船构成碰撞危险的渔船动态,观察渔船号灯、号型以及运动态势,对渔船是否正在从事捕鱼作业进行正确的判断;在避让正在从事拖网作业的渔船时,要充分考虑拖带渔网的长度,及早采取避让措施,远距离让开渔船和渔具,做到"早、大、宽、清"。

(2)渔船应加强瞭望和避让技术。渔船在从事捕鱼作业过程中要加强值班瞭望,密切关注附近航经的船舶动态,在雷达等导助航设备上设置报警,当与他船有碰撞危险时,应加强联系,协调避让或主动避让。渔船不应抱有"他船会主动避让本船,而本船不用避让"这种错误思想。

(3)安全值班教育。船公司应加强对船员安全意识和避碰技能的教育培训,加强对船员值班情况的监督管理,确保船员适任值班要求。

思考题

1. 为保持正规瞭望,值班安排应考虑哪些因素?
2. 交班驾驶员应注意哪些事项?接班驾驶员应注意哪些事项?
3. 在船舶航行值班过程中,对助航仪器的使用、定期检查有何要求?
4. 在船舶航行值班过程中,在哪些情况下应通知船长?
5. 引航员在船时,驾驶员的职责有哪些?
6. 船舶在锚泊时驾驶台人员的职责有哪些?

第十章 船舶通信信号

Ship's Communication Signals

本章重点

1.《1969年国际信号规则》。

2.通信方法。

学习任务

本章内容以熟悉和了解为主，主要了解：

(1)船舶通信信号设备及其保养常识。

(2)《1969年国际信号规则》。

(3)挂旗常识。

(4)通信要素的表示方法及呼号的组成。

课程目标

1.知识目标

(1)熟悉船舶通信信号设备，了解其保养常识。

(2)了解国际信号规则中的单字母旗和常用双字母旗的含义。

(3)掌握挂旗常识。

(4)了解通信要素的表示方法及呼号的组成，掌握常用通信方法。

2.能力目标

(1)对船舶通信信号设备正常保养。

(3)能正确悬挂信号旗。

(3)掌握常用字母通信的方法。

3.素质目标

(1)作为一种经典的通信方式，船舶通信信号具有可靠和有效的特点，在现代通信信息化、快速化的时代，它依然是一种可靠的辅助手段。应对经典船舶通信具有正确的认识，并掌握正确的使用方法。

(2)思政素质目标："以国家战略需求为导向""增强自主创新能力""守正创新"，充分认识到经典船舶通信的重要性，具备现代通信技术与经典方法有机结合、正确使用的能力和素质，在实践中提升创新能力。

案例导入

航海是国际化的活动，船舶之间的通信与沟通语言，首选的当然是标准航海英语，但实际情况是，并不是所有的海员都有水平和能力使用标准航海英语，且可能存在外界通信环境的干扰。那么，在航海实践中当语言交流不畅通时怎么办？答案是：使用视觉信号通信。

2018年3月29日，一艘21000 TEU超大型集装箱船与一艘1万吨级的货船在东海水域相撞。碰撞发生时，集装箱船正在试航，货船自日本驶往中国途中。事故造成货船船体损坏，自船首至船尾发生泄漏，压载水舱进水，而集装箱船的船首右舷受损。

经海事调查专家致因分析后认为，事故原因除了疏于瞭望等因素外，具体原因涉及多个方面。事故描述中虽没有详细的关于信号旗的信息，而有关国际信号旗的正确显示和有效识别可能是间接原因之一。按照《1969年国际信号规则》，试航船舶一般应悬挂试航信号旗(RU1)，表明"我正在试航"。该起事故中并不排除集装箱船未按规定正确显示，甚至没有显示信号旗的可能性，致使他船误判本船的状态。另外，货船的瞭望和识别可能是按其"惯性思维"，将试航中的集装箱船作为一艘普通机动船对待，易忽视其信号旗和试航动态，导致避让行动上的疏忽，致使碰撞事故的发生。

通过本案例，结合本章内容，提出如下思考：

(1)正确显示和识别船舶的国际信号旗对避免碰撞有何重要意义？

(2)《1969年国际信号规则》中单字母旗的含义是什么？常用组合旗有哪些？其含义分别是什么？

(3)在航海实践中，根据实际情况如何做到正确显示信号旗？如何准确识别他船的信号旗？

确保船舶在任何时候都能与外界联系，不仅是海上航行和生产所必需的，而且与海上人命和财产的安全息息相关。《STCW公约》明确要求负责航行值班的驾驶员应能用视觉通信发出和接收信号，具备用莫尔斯灯收发信息的能力及使用国际信号规则的能力。可见，视觉和声响通信与无线电通信一样都是船舶驾驶人员必须掌握的基本技能。

视觉和声响通信包括灯光通信、旗号通信、手旗或手臂通信、音响通信和强力扬声器喊话等。

第一节　船舶信号设备
Signal Equipment of Vessels

一、手旗

手旗由两面四方形的布或旗纱(羽纱)与两根木棍制成，边长40cm。手旗分为两种，一种是字母"O"的式样，另一种是字母"P"的式样。这两种不同颜色的手旗可依据通信时的不同背景选用。能见距离为1～3n mile(指在正常天气以及使用望远镜条件下的距离)。

二、信号旗

信号旗是用红、黄、白、黑、蓝五种不同颜色的旗纱（羽纱）做成的，有字母旗 26 面，数字旗 10 面，代用旗 3 面，回答旗 1 面，1 套共有 40 面。它的形状有以下四种，如图 10-1 所示。

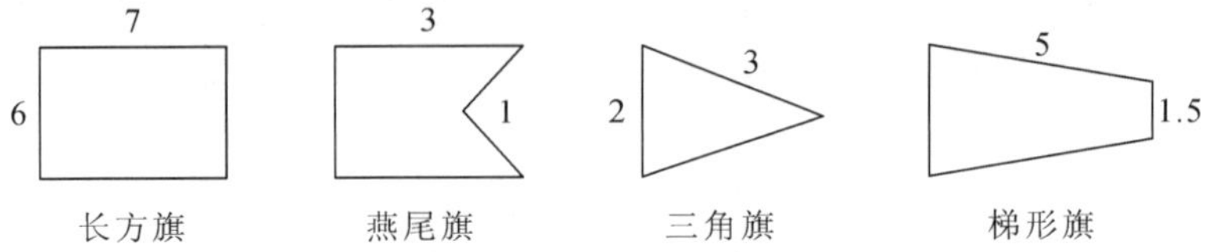

图 10-1　信号旗的形状

(1)长方旗：长与宽之比为 7∶6。

(2)燕尾旗：缺口斜边的长度是旗长的 1/3。

(3)三角旗：长与宽之比约为 3∶2。

(4)梯形旗：长与宽之比约为 5∶1.5。

国际信号旗规格分为 1 号、2 号及小 2 号、3 号、4 号，其尺寸如表 10-1 所示。

表 10-1　国际信号旗规格表　　单位：cm

号数	长方旗		燕尾旗		三角旗		梯形旗		
	长	宽	长	宽	长	宽	长	宽（大）	宽（小）
1	210	180	240	180	270	180	450	130	30
2	135	115	160	115	180	115	250	90	20
小 2	103	90	120	90	135	90	190	60	15
3	70	60	80	60	90	60	120	38	10
4	50	35	63	35	70	35	75	25	6

信号旗的能见距离一般是 1～3n mile（指大船）。按我国海船信号设备规范规定，每一机动船应配备国际信号旗 2 套。根据船舶的大小不同，应配备的手旗和信号旗如表 10-2 所示。

表 10-2　信号旗配备表

名称　数量　船长 L(m)	$L\geqslant150$	$150>L\geqslant100$	$100>L\geqslant50$	$50>L\geqslant20$
本国国旗 1 号	1 面			
本国国旗 2 号	2 面			
本国国旗 3 号	4 面	2 面	1 面	
本国国旗 4 号		4 面	2 面	1 面
本国国旗 5 号	2 面			
国际信号旗 2 号		2 套		
国际信号旗小 2 号	2 套			

续表 10-2

数量 船长 L(m) 名称	L≥150	150>L≥100	100>L≥50	50>L≥20
国际信号旗 3 号			1 套	
国际信号旗 4 号				1 套
手旗	1 副	1 副	1 副	1 副
相关国旗和区旗	各 1 面	各 1 面	各 1 面	各 1 面

三、灯光通信设备

每一机动船应配备闪光信号灯一个。超过 150 总吨的船舶，当从事国际航线航行时，需在船上配备一个有效的供白天通信用的闪光灯，该灯不应单纯依靠船舶的主要电源，而应备有蓄电池供随时使用。

闪光信号灯主要有两种。一种是桅顶信号灯，安装在桅顶或桅横桁两端。它由装在驾驶台附近的电键来操作，也叫电键式信号灯。这种信号灯灯光强度较差，向四周照射，仅能在夜间使用，并且受桅杆灯光的干扰，不易看清。另一种是有百叶遮板的闪光信号灯，一般设置在驾驶台的左右舷，能水平旋转 360°或上下垂直摆动 15°以上，用于白天和黑夜，能见距离不小于 10n mile。它用遮板的开闭来拍发，灯后有反射镜，使灯光集中一个方向照射。灯体有固定的也有手提式的。固定装置的信号灯，灯光强，通常为 1000～1500W，灯体可以左右上下转动。手提式信号灯，形似手枪，灯泡外套有一圆筒管，灯泡玻璃正前面被涂上不透光的黑颜色，然后利用圆管的前后移动，使反光镜反射出来的光束成不同角度照射。使用时必须对准目标，一般附有望远镜。

使用百叶式闪光灯发送信号时，必须把扣柄按到底，灯的百叶板水平张开，以便让最大的光量通过。相互距离较近时，灯光的照射方向不可直接对准对方的驾驶台，以免使对方炫眼而妨碍收读和航行。用完后要养成随手关灯和检查的习惯，防止灯泡烧坏。

船舶应根据各自的船长，按表 10-3 配置闪光灯。

表 10-3　通信闪光灯配备表

型式	能见距离 (n mile) \ 数量 \ 船长 L(m)	L≥150	150>L≥100	100>L≥50	50>L≥20	L<20 非机动船
手提式	白天≥2	1	建议①			手电筒或任何形式闪光灯一具
手提式	夜间≥2			1②	建议②	
旋转座架式	夜间≥15	2	2	1③		
旋转座架式	夜间≥10			1		
桅顶式(避碰用)	夜间≥5					
桅顶式	夜间≥2			1	1	

注：①国际航行船舶必须配备此灯。若此灯白昼能见距离为 5n mile 以上者，可代替一台旋转座架式闪光灯。②150 总吨以上的国际航行船舶应改为手提式白昼闪光灯。③对于船长小于 30m 的船舶，此灯仅属建议配备。

四、声响通信设备

船舶声响通信设备应按表10-4配备。

表10-4 声响信号器具配备表

型式 \ 听距(n mile) \ 数量 \ 船长 L(m)		$L\geqslant 200$	$200>L\geqslant 100$	$100>L\geqslant 75$	$75>L\geqslant 20$
超型号笛	2	1			
大型号笛	1.5		1	1	
中型号笛	1				1
大型号钟		1	1	1	1
号锣		1	1		

第二节 船舶信号设备的保养
Maintenance of Signal Equipment of Vessels

一、旗绳

新的旗绳要放在干燥的地方，以免受潮。桅上的各挂旗绳，在日落后都要放松，防止由于其伸缩性而断掉。靠近烟筒的绳子要经常保持清洁。旗绳一般是每年换一次，换下的绳子还可挑选一部分用作间索。

二、旗帜

各种旗帜使用完毕后，应按规定卷好放入旗柜，但若受潮，则必须阴干后才能卷起来，防止腐烂。旗帜经过久雨或阴天之后，遇有太阳时必须拿出来晒一下。一般在暴晒之后还要晾干，防止发生虫蛀。

三、灯光

各种灯光通信设备应经常清洁，使玻璃外罩保持良好的透明度。每天在天黑前应该测试一次，检查电源是否接好，保险丝是否完好。对遮板的转轴要经常清洁灰尘和加润滑油。对弹簧也要经常检查磨损情况，防止在通信中途折断。使用完毕后应用盒盖好，避免碰坏。

四、音响通信设备

每次在船舶停靠之后应该对音响器具包括汽笛、电力音响装置等进行清洁检查保养。

第三节　国际信号规则
International Code of Signals

一、国际信号规则组成

国际信号规则(International Code of Signals)是由世界各国政府共同协商订立的。制定该规则的目的主要是为了各国船舶、飞机、岸台之间在各种情况下进行通信联系。特别是在危及航行和人命安全而又存在语言障碍时,该规则提供了合适的通信方法和工具。即使不存在语言隔阂,该规则也可以使通信变得简洁而有效。

现行规则是1969年4月1日开始生效的。1981年、1987年和2003年国际有关组织对该规则作了修订。我国政府于1975年7月1日起正式承认并开始执行该规则。

根据SOLAS公约规定,《国际信号规则》是船舶必备的航海图书之一。该规则的内容分为三部分。第一部分是正文,共14章,包括各种信号通信的方法、程序、定义及规则等,供所有通信者共同执行和使用。第二部分是通信时可能用到的信号及其所代表的实际意义,分别用中、英文列出,供通信者选用。这部分是《国际信号规则》的主体。第三部分为附录,包括遇险信号、救生信号、呼救发信程序及安全电信的收听等,供紧急情况下参考使用。

二、常用单字母旗及其意义

国际信号规则的绝大部分篇幅是关于信号码组的。每个信号码组都有一个完整的意义。

利用国际信号规则,发信人可以将信文的主题意思编成码组发送,受信人可以将收到的码组查译出明语信文。使用信号码组通信,不仅内容简明,而且通信速度快。国际信号码组分为单字母、双字母和三字母三类。单字母信号用于最紧急、最重要或最常用的内容,并适用于任何通信方法,应熟练记忆。双字母组成的信号表示遇险、事故、航行、通信、水文、气象和船舶操纵等综合性内容。以“M”开始的3个字母组成的信号表示医疗方面的内容。这些信号可用旗语、灯光音响或无线电等方式表示。本书主要介绍用旗语和莫尔斯码的方式表示单字母信号的方法。

1. 单字母信号

单字母信号(single letter signals)是由单个英文字母组成的。在26个字母中,除“R”没有意义外,其他25个字母都有其完整的意义。单字母信号意义详见本书附录六。

2. 莫尔斯符号

莫尔斯符号是由短闪和长闪,即点和划之间的不同组合排列而形成的。26个英文字母和10个数字的符号表示如表10-5所示。

表 10-5 莫尔斯字母、数字符号表

字母	符号	字母	符号	字母	符号	数字	符号
A	·—	K	—·—	U	··—	1	·————
B	—···	L	·—··	V	···—	2	··———
C	—·—·	M	——	W	·——	3	···——
D	—··	N	—·	X	—··—	4	····—
E	·	O	———	Y	—·——	5	·····
F	··—·	P	·——·	Z	——··	6	—····
G	——·	Q	——·—			7	——···
H	····	R	·—·			8	———··
I	··	S	···			9	————·
J	·———	T	—			0	—————

莫尔斯符号的发送关键在于长闪和短闪，即点和划之间的时间比例是否准确，以及点和点、点和划、字母和字母、字和字、组和组之间的间隔是否准确。规则要求其间隔应按下列比例：

点： 1 单位

划： 3 单位

两个闪之间的间隔： 1 单位

两个字母（数字）之间的间隔： 3 单位

两个单字（组）之间的间隔： 7 单位

灯光通信收发的标准速度是每分钟 40 个字母。莫尔斯符号的点和划以及间隔应按上述的比例发送。但在实际发送时，最好把点发得短些，以便使点和划区别得更清楚。

第四节 挂旗常识
Common Sense of Flag Hanging

一、船舶挂旗类别

1. 船首公司旗

停泊时，悬挂于船首最前端旗杆上，航行时不挂。

2. 公司旗（该船所属公司的标志旗）

悬挂于后桅顶。

3. 国旗

国旗代表国家主权和尊严。各国对国旗的悬挂均有各自的要求。中国籍船舶及进入中国内水、港口、锚地的外国籍船舶都应遵守我国的《船舶升降国旗管理办法》。其规定为：

(1)悬挂时间：每日早升、晚降，恶劣天气除外。船舶在航行、锚泊时，由4～8点的值班水手负责升降；靠泊时则由相应班次的值班水手负责。

(2)悬挂位置：中国籍船悬挂于船尾旗杆上。无船尾旗杆的挂于驾驶台信号顶部或右横桁。外国籍船悬挂中国国旗时，应悬挂于前桅或驾驶台信号桅顶部或右横桁。当中国国旗与其他旗帜同时悬挂于右横桁时，中国国旗应在最外侧。

(3)船舶所悬挂的中国国旗，应当整洁，不得破损、污损、褪色和不合规格。

4. 抵达国外港口国旗（该港所属国家的国旗）

悬挂在前桅桅顶或右横桁。若与其他旗帜同时悬挂于右横桁时，港口国国旗应在最外侧。出港后即降下。

二、各类旗帜升降时间

(1)不论在航行或停泊时，应悬挂的各类旗帜通常应在日出时升起，日落时降下。

(2)在升旗时，应首先升起国旗，随后升起其他各旗；降旗时，先降其他各类旗，最后降下国旗。

(3)在极地航行时，应在能看得见的情况下悬升相关旗帜。

(4)船舶在进出港或其他必要显示国籍的情况下，国旗及各旗的升降时间视需要提早或延迟。

三、升、降旗的正确操作方法

1. 国旗

国旗代表了一个国家的尊严。保护国旗是所有海员的光荣职责，应时刻注意国旗悬挂状况。升国旗时应注意缓缓升起，并应升到顶后系牢旗绳，防止松弛而滑下。国旗应保持飘扬，不应卷叠。收下后平整叠好，放在旗箱内。如有破损应及时缝补。

2. 船舶间致敬

航行中在较近距离与本国及友好国家的海军舰艇和商船相遇时，应用国旗敬礼，以示敬意。敬礼的方法是：在驶近对方船的正横方向前，将国旗降到一半高度；对方船亦应同样将国旗降至一半高度，随即再拉到顶表示回礼；我船亦同时将国旗升到顶，敬礼全过程结束。

在下半旗期间敬礼时，应先将国旗升到顶后再降到一半高度处。敬礼完毕后还应将国旗升到顶然后再降至半旗位置。

3. 下半旗

凡遇哀悼日，应按国务院指示、规定下半旗致哀。在挂半旗时，应先将国旗升到顶然后再降到一半高度。在日落后降旗时，仍应先将国旗升到顶后再降下。

在国外港口是否需要降半旗，都应根据我国驻外使领馆的正式通知执行。

4. 挂满旗

凡遇国庆及重大节日，停泊中的船舶应挂满旗致庆。主要方式是：在主桅顶升挂国旗，从船首、尾到前、后桅以及桅间用绳索以滑车固定穿引，将国际信号旗连接并绕缠于张索上，然后升起装饰全船。但应注意下列各点：

(1)将全部国际信号旗从形状(方旗与尖旗)与色泽上做好搭配。

(2)升降索以及主旗绳应采用白棕绳,信号旗应与主旗绳牢固连接。

(3)航行中不挂满旗,但前后桅顶分别悬挂国旗。船首公司旗、船尾国旗等仍应悬挂。

(4)按照船舶的大小及类型,悬挂满旗亦可采取不同的形式。

(5)在国外港口遇该国国庆及重大节日是否挂满旗,需按我国驻外使领馆指示执行。

5.船舶进出港时应悬挂的旗号

(1)不同的港口国或不同的抵达港对船舶应悬挂的信号旗有不同的要求。船舶在进入这些水域之前或当时,应设法了解这方面的有关规定以便正确悬挂。例如:船舶进出我国港口时一般应悬挂船名旗,而进靠上海港时还应悬挂泊位旗;通过日本关门海峡的报告线时应悬挂信号旗“KPU”或“KPM”等。

(2)需要引航员时,先挂出“G”旗(我船需要引航员)。当引航员登船后应降下“G”旗,升上“H”旗(我船上有引航员)。当引航员离船后应即降下“H”旗。

(3)船抵国外港口或返航抵达国内第一港时,到检疫锚地锚泊应悬挂“Q”旗(我船没有染疫,请发给进口检疫证)。待检疫结束,领到进口检疫签证后,可降下“Q”旗。

(4)抵达泊位系泊结束后,即可降下船舶呼号旗、泊位旗和引航旗等。例如,船舶进行油类作业时,应及时悬挂“B”旗,表示本船正在装、卸或载运危险物。作业结束时立即降下。

(5)船舶在预计开航前12h,应在明显位置悬挂“P”旗(我船即将开航,所有人员应立即回船)。当引航员抵达,船舶呼号旗、引航旗升起。解掉第一根缆绳时,即降下“P”旗。

第五节　通信要素的表示方法及呼号的组成
Representation Methods of Communication Elements and Constitution of Call Sign

一、定义

(1)台:可以有效地使用任何一种工具进行通信的船舶、飞机、脱险艇筏或任何场所。

(2)呼号:包括船舶呼号,是有关当局指定给某个台的一组字母和数字。

(3)程序:为通信行动而订立的规则。

(4)程序信号:为便于通信行动而设计的一套信号。

(5)组(码组):一个或几个连续的字母或数字,或综合以上两种组成的一个信号码组。

(6)数字组:一个或几个数字组成的码组。

(7)受信人:接收信号的当事人。

(8)收报人:实际收到信号的人。

(9)发信时间:命令发出信号的时间。

(10)发信台:实际发送过信号的台。

(11)视觉通信法:可用眼睛看到的以任何通信方法发送的信号。

(12)明码:可以在国际信号规则内找到的码组。

二、通信要素的表示方法

1. 船舶的名称

船舶的名称即船名。每一船舶都由其所有人赋予一个名字并登记注册。在我国，不存在两个完全相同的船名。

2. 船舶或地方的名称

船舶或地方的名称应直接拼出。

例如："RV Gibraltar"＝"你应驶往直布罗陀。"

3. 数字的发送

(1)数字发送的方法

①手旗通信：拼出。

②旗号通信：用本规则的数字旗。

③灯光和音响通信：通常用莫尔斯码，也可用拼字。

④无线电话或扬声器：用数字拼读表中的代号。

(2)组成原信号部分的数字

组成原信号部分的数字，应和原信号组一起发送。

例如："DI20"＝"我需要供 20 人乘坐的小艇。"

"FJ2"＝"出事(或残存船艇)地点已设置海标。"

(3)数字中的小数点发送方法

①手旗通信：拼出"Decimal"。

②旗号通信：用回答旗插入需要表示小数点的位置。

③灯光和音响通信：用表示小数点的信号$\overline{AAA}$。

④喊话：用数字拼读表中的代号"Decimal"。

4. 方位角或者方位

方位是用三个数字表示度数，从 000°到 359°，顺时针方向计算。如有任何发生混淆可能时，应该在数字前面加字母"A"。除另有说明外，它通常是表示真方位。

例如："LW005"＝"我在方位 005°收到你的电信。"

"LTA120 T1540"＝"15 时 40 分(当地时间)你在我的方位 120°。"

5. 航向

航向是以三个数字表示度数，从 000°至 359°，顺时针方向计算。如有任何发生混淆可能时，应在数字前面加字母"C"。除另有说明外，它通常是表示真航向。

例如："MD025"＝"我的航向是 025°。"

"GR C240 S18"＝"前来援助你的船舶的操舵航向是 240°，航速是 18kn。"

6. 日期

日期是以两个、四个或六个数字前面加字母"D"发送信号的。前两个数字表示日期。当单独用两个数字时，表示是本月的日期。例如：在 4 月份的 15 日或任何其他日期发出的"D15"的信号，意思是 4 月 15 日。接着的两个数字表示月份。

例如："D1504"意思是 4 月 15 日，必要时要再接着两个数字表示年份。

"D181063"意思是"1963 年 10 月 18 日"。

7. 纬度

纬度是用四个数字前面加字母"L"来表示的。前面两个数字表示度，后两个数字表示分。必要时，后面应接着字母"N"(北)或"S"(南)。如果不会发生混淆，为简单起见，可以省略。

例如："L3740S"＝"南纬 37°40′。"

8. 经度

经度是用四个或五个数字前面加字母"G"来表示的。前面两个或三个数字表示度，后面两个数字表示分。当经度超过 99°时，如果不会发生混淆，可以将表示一百度的数字省略。但为了避免混淆，应使用五个数字。必要时，数字后面应接着字母"E"(东)或"W"(西)。如果不会发生混淆，也可以省略。

例如："G13925E"＝"东经 139°25′"。

一个需要以完整意义表示位置的信号，其发送方法如下：

"CH L2537N G4015W"＝"据报告所指明的船舶在北纬 25°37′，西经 40°15′需要救助。"

9. 距离

数字前面加字母"R"表示距离的海里数。

例如："OV A080 R10"＝"据信在我方位 080°距离 10n mile 处有水雷。"

如果不会发生混淆，字母"R"可以省略。

10. 速度

(1)字母"S"表示速度以节计算；

(2)字母"V"表示速度以每小时千米计算。

例如："SQ S300"＝"我机的相对地面速度为 300kn。"

"SQ V300"＝"我机的相对地面速度为每小时 300km。"

11. 时间

时间是以四个数字表示，前面两个数字表示时(从 00 到 23 即半夜至晚上 11 点)，后面两个数字表示分(从 00 到 59)，数字前面应加下列字母：

(1)字母"T"表示"当地时间"；

(2)字母"Z"表示"格林威治时间"。

例如："BH T1045 L2015N G3840W C125"＝"我在当地时间 10 时 45 分，北纬 20°15′，西经 38°40′，看到一架飞机在飞行，航向 125°。"

"RXZ0830"＝"你应在格林威治时间 0830 行驶。"

12. 水深

(1)数字加 M 表示以米为单位的水深；

(2)数字加 F 表示以英尺为单位的水深。

例如："OC 6M"＝"我前吃水为 6m"；"NU 18F"＝"我的吃水 18ft"

三、呼号的组成及用途

1. 船舶呼号的组成

船舶呼号是船舶所有国政府指定该船的一组字母和数字，常由四个或四个以上的英文字母或字母与数字混合构成。起始的一个或两个字母通常代表船舶所属国籍。呼号是在国际范围内统一分配的，如分配给：

中国——BAA～BIZ，3HA～3UZ；

英国——GAA～GZZ，2AA～2ZZ；

日本——JAA～JSZ，8JA～8NZ。

2. 呼号的用途

呼号是特指某一船舶的一组符号，代表船舶的名字，但比船名更具有可靠性，并且方便、简单，在通信中互相识别时经常使用。呼号的作用主要有两个：

(1)与某一船(台)通话或呼叫某一船(台)

【例 1】 某引航站用明语呼叫呼号为 J8FR2 的船

Juliett—Oktoeight—Foxtrot—Romeo—Bissotwo，this is pilot station. over.

【例 2】 码语信文 YP3 LABC = I wish to communicate with vessel LABC by morse signaling lamp.

(2)通信中讲到或指到某一船(台)

【例 3】 码语信文 HY1 LABC = The vessel LABC with which I have been in collision has resumed her voyage.

【例 4】 明语信文 Inward passenger ship，this is Shanghai VTS. There is a LNG ship Lima-Alfa-Bravo-Charlie ahead of you，navigate with caution，over.

部分单字母信号带有数字的表示方法及含义见表 10-6。

表 10-6 部分单字母信号带有数字的表示方法及含义

前置字母	后缀数字	含义	举例	
			码组	意义
A	三个	表示方位角或真方位，按顺时针方向计算，自 000°～359°	LW023	我在方位 023°收到你的电信
			LT A260 T1554	15 时 54 分(当地时间)你在我的方位 260°
C	三个	表示真航向，按顺时针方向计算，自 000°～359°	MD 324	我的航向是 324°
			CR C240 S18	前来救助你的船的航向是 240°，航速是 18kn
D	二、四或六个	表示日期。两个数字表示本月的日期。若四个数字，则前面两个数字表示日期，后面两个数字表示月份。若六个数字，则中间两个数字表示月份，后面两个数字表示年份	D21	本月 21 日
			D1812	12 月 18 日
			D010583	1983 年 5 月 1 日

续表 10-6

前置字母	后缀数字	含义	举例	
			码组	意义
G	四或五个加上E(东)W(西)	表示经度。前两个或三个数字表示度数,后两个数字表示分数。如果度数超过 99°,最好用三个数字以免混淆	G3840W	西经 38°40′或西经 138°40′
			EU L3724N G12246E	我现在的位置是北纬 37°24′,东经 122°46′
K	一个	我希望用……和你通信	K4	我希望用莫尔斯信号灯与你通信
L	四个加上N(北)或 S(南)	表示纬度。前两个数字表示度数,后两个数字表示分数。如果不会发生混淆,N、S 可以省略	L3230N	北纬 32°30′
R	一个或几个	表示距离,以海里为单位	OV A080 R10	据信在我方位 080°距离 10n mile 处有水雷
S	一个或几个	表示速度,以节为单位	SQ S300	我机的相对地面速度为 300kn
V	一个或几个	表示速度,以千米/小时为单位	SQ V300	我机的相对地面速度 300km/h
T	四个	表示当地时间。前两个数字表示小时,后两个数字表示分钟	BH T1045 L2415N G12240E C125	我在当地时间 1045,于北纬 24°15′,东经 122°40′看到一架飞机以航向 125°飞行
Z	四个	表示格林威治时间,其余同上	FE Z1530	我正全速驶往出事地点,预计在格林威治时间 1530 到达

注:以上附带数字的单字母信号适用于任何通信方法。前置字母 A、C、R 在不会发生混淆的情况下,往往可以省略,如第一个例题。

案例分析

2013 年 12 月 29 日 0215 时,一艘试航中的船舶与一艘航行中的船舶发生碰撞。

1. 船舶概况

巴哈马籍集装箱船“GRAVITY HIGHWAY”轮排水量约 5.5 万吨,中国香港籍油船载有 2.9 万吨易燃化学品。

2. 事故经过

“GRAVITY HIGHWAY”轮在韩国东南部海域进行航行试验，中国香港籍油船在航行途中，两船发生碰撞，碰撞致使两艘受损并起火。

3. 事故分析

从船舶碰撞致因角度分析，两艘船舶发生碰撞，往往与疏于瞭望、没有对碰撞危险系统分析与估计、没有采取积极有效的避让行动等因素有关，而对于本起碰撞事故，另有一个较为特殊的情形是其中一船处于试航中。

虽然本起碰撞事故中未有详细的关于对试航过程和碰撞过程的描述，但对于试航中船舶的碰撞，我们依然可以分析其可能存在的碰撞原因。

(1)有关规定

根据《国际海上避碰规则》，船舶应显示号灯和号型用以表示其相应的船舶种类、大小和动态(包括作业方式)，另外，各国往往对其沿海和港口水域制定有特殊规定。《国际海上避碰规则》未对试航船舶应显示的信号做出明确的规定，在《1969 年国际信号规则》和《中华人民共和国交通部沿海港口信号规定》，规定试航中船舶白天垂直显示“R、U、1”三面国际信号旗，夜间应垂直显示“白、绿、红”三盏环照灯，对于号型并没有明确规定。

(2)可能存在的疏忽

一般船员对船舶试航经历较少，部分新下水的试航船舶信号旗往往由船厂提供，大多数船员对试航信号旗并不是很熟悉。因此，可能存在试航船舶悬挂信号旗的规范性问题和他船识别试航信号旗有效性问题，致使他船对试航船舶的实际动态掌握不够，易引发碰撞事故。

《国际海上避碰规则》对试航船舶的定性是既不属于“失去控制的船舶”，也不属于“操纵能力受限制的船舶”，原因在于船舶试航既不存在“异常原因”，也不是基于某种“工作性质”。按对《国际海上避碰规则》的规定及理解，试航中的船舶当与他船构成碰撞危险时，完全可以暂时中止其试航作业，按要求进行行动。照此，试航中的船舶在实际的会遇局面中，完全有可能属于《国际海上避碰规则》中的让路船，然而，相当一部分的试航船舶并未意识到本船可能存在的让路责任，也不采取让路行动，一味的期望他船避让本船。航海实践中，有部分试航船舶以失控船、操限船的号灯和号型来表明本船的性质和动态，这是不符合《国际海上避碰规则》的。

4. 事故教训

试航船舶应遵守《1969 年国际信号规则》和所在国制定的特殊规定，显示试航船舶的相应信号，试航船舶不应认为本船是失控船或操限船以求他船避让本船。

航行中的船舶遇到试航船舶时，应密切注视试航船舶的动态，保持必要的戒备。

两船应根据当时实际会遇局面确定避让关系，并按规则要求采取相应行动。正常航行中的船舶在会遇与避让时并注意试航船舶可能存在的避让困境，并注意使用良好船艺。

思考题

1.船舶信号旗有哪些？

2.船舶信号旗是用几种颜色做成的？它有几种形状？

3.如何保养船舶信号设备？

4.《国际信号规则》由几部分组成？

5.简述船舶挂旗类别。

6.简述我国港口船舶升降国旗规定。

7.简述各类旗帜的升降时间。

8.什么情况下需要挂满旗？如何挂满旗及注意事项？

9.船舶呼号是如何组成的？

10.船舶呼号的用途是什么？

参 考 文 献

[1] A N Cockcroft, J N F Lameijer. Collision Avoidance Rules[M]. Butterwort-Heinemann,2011.

[2] Zhao Yuelin. Collision Avoidance and Watchkeeping. Dalian:Dalian Maritime University Press,2009.

[3] Mankabady Samir. The Law of Collision at Sea[M]. Holland:North-Holland Publishing Company, 1987.

[4] 祝建国,翁建军.雷达观测与标绘[M].武汉:武汉理工大学出版社,2010.

[5] 蔡存强.国际海上避碰规则释义[M].北京:人民交通出版社,1995.

[6] 迟双龙,王俊波.海事案例选编[M].大连:大连海事大学出版社,2001.

[7] 吴兆麟,赵月林.船舶值班与避碰[M].大连:大连海事大学出版社,2014.

[8] 中国海事服务中心.船舶操纵与避碰:船舶避碰[M].北京:人民交通出版社,2012.

[9] IMO.《1978年海员培训、发证和值班标准国际公约》马尼拉修正案[S].中华人民共和国海事局,译.大连:大连海事大学出版社,2010.

[10] IMO.1972年国际海上避碰规则[S].中华人民共和国海事局,译.北京:人民交通出版社,2008.

[11] 中华人民共和国交通部.内河避碰规则[S].1991(2003修订).

[12] 张维俊.避碰与信号[M].武汉:武汉理工大学出版社,2015.

[13] 吴兆麟.船舶避碰与海上安全研究[M].大连:大连海事大学出版社,2006.

International Regulations for Preventing Collision at Sea, 1972

(As amended by Resolutions A464(Ⅻ), A626(15), A678(16), A736(18), A910(22) and A1004(25))

附录一　1972 年国际海上避碰规则

（中英文对照）

（经 1981 年、1987 年、1989 年、1993 年、2001 年和 2007 年修正）

第一章　总则

第一条　适用范围

1. 本规则条款适用于在公海和连接公海可供海船航行的一切水域中的一切船舶。

2. 本规则条款不妨碍有关主管机关为连接公海而可供海船航行的任何港外锚地、港口、江河、湖泊或内陆水道所制定的特殊规定的实施。这种特殊规定，应尽可能符合本规则条款。

3. 本规则条款不妨碍各国政府为军舰及护航下的船舶所制定的关于额外的队形灯、信号灯、号型或笛号，或者为结队从事捕鱼的渔船所制定的关于额外的队形灯、信号灯或号型的任何特殊规定的实施。这些额外的队形灯、信号灯、号型或笛号，应尽可能不致被误认为本规则其他条文所规定的任何信号灯、号型或信号。

4. 为实施本规则，本组织可以采纳分道通航制。

PART A - GENERAL

Rule 1　Application

(a) These Rules shall apply to all vessels upon the high seas and in all waters connected therewith navigable by seagoing vessels.

(b) Nothing in these Rules shall interfere with the operation of special rules made by an appropriate authority for roadsteads, harbors, rivers, lakes or inland waterways connected with the high seas and navigable by seagoing vessels. Such special rules shall conform as closely as possible to these Rules.

(c) Nothing in these Rules shall interfere with the operation of any special rules made by the Government of any State with respect to additional station or signal lights, shapes or whistle signals for ships of war and vessels proceeding under convoy, or with respect to additional station or signal lights or shapes for fishing vessels engaged in fishing as a fleet. These additional station or signal lights, shapes or whistle signals shall, so far as possible, be such that they cannot be mistaken for any light, shape or signal authorized elsewhere under these Rules.

(d) Traffic separation schemes may be adopted by the Organization for the purpose of these Rules.

5. 凡经有关政府确定，某种特殊构造或用途的船舶，如不能完全遵守本规则任何一条关于号灯或号型的数量、位置、能见距离或弧度以及声号设备的配置和特性的规定，则应遵守其政府在号灯或号型的数量、位置、能见距离或弧度以及声号设备的配置和特性方面为之另行确定的、尽可能符合本规则所要求的规定。

(e) Whenever the Government concerned shall have determined that a vessel of special construction or purpose cannot comply fully with the provisions of any of these Rules with respect to the number, position, range or arc of visibility of lights or shapes, as well as to the disposition and characteristics of sound-signalling appliances, such vessel shall comply with such other provisions in regard to the number, position, range or arc of visibility of lights or shapes, as well as to the disposition and characteristics of sound-signalling appliances, as her Government shall have determined to be the closest possible compliance with these Rules in respect to that vessel.

第二条 责任

1. 本规则条款并不免除任何船舶或其所有人、船长或船员由于遵守本规则条款的任何疏忽，或者按海员通常做法或当时特殊情况所要求的任何戒备上的疏忽而产生的各种后果的责任。

2. 在解释和遵行本规则条款时，应充分考虑一切航行和碰撞的危险以及包括当事船舶条件限制在内的任何特殊情况，这些危险和特殊情况可能需要背离规则条款以避免紧迫危险。

Rule 2 Responsibility

(a) Nothing in these Rules shall exonerate any vessel, or the owner, master or crew thereof, from the consequences of any neglect to comply with these Rules or of the neglect of any precaution which may be required by the ordinary practice of seamen, or by the special circumstances of the case.

(b) In construing and complying with these Rules due regard shall be had to all dangers of navigation and collision and to any special circumstances, including the limitations of the vessels involved, which may make a departure from these Rules necessary to avoid immediate danger.

第三条 一般定义

除条文另有解释外，在本规则中：

1. "船舶"一词，指用作或者能够用作水上运输工具的各类水上船筏，包括非排水船筏、地效船和水上飞机。

2. "机动船"一词，指用机器推进的任何船舶。

3. "帆船"一词，指任何驶帆的船舶，如果装有推进机器但不在使用。

Rule 3 General Definitions

For the purpose of these Rules, except where the context otherwise requires:

(a) The word "vessel" includes every description of water craft, including non-displacement craft, WIG craft and seaplanes, used or capable of being used as a means of transportation on water.

(b) The term "power-driven vessel" means any vessel propelled by machinery.

(c) The term "sailing vessel" means any vessel under sail provided that propelling machinery, if fitted, is not being used.

4.“从事捕鱼的船舶”一词，指使用网具、绳钓、拖网或其他使其操纵性能受到限制的渔具捕鱼的任何船舶，但不包括使用曳绳钓或其他并不使其操纵性能受到限制的渔具捕鱼的船舶。

(d) The term “vessel engaged in fishing” means any vessel fishing with nets, lines, trawls or other fishing apparatus which restrict manoeuverability, but does not include a vessel fishing with trolling lines or other fishing apparatus which do not restrict manoeuverability.

5.“水上飞机”一词，包括为能在水面操纵而设计的任何航空器。

(e) The word “seaplane” includes any aircraft designed to manoeuvre on the water.

6.“失去控制的船舶”一词，指由于某种异常的情况，不能按本规则条款的要求进行操纵，因而不能给他船让路的船舶。

(f) The term “vessel not under command” means a vessel which through some exceptional circumstance is unable to manoeuvre as required by these Rules and is therefore unable to keep out of the way of another vessel.

7.“操纵能力受到限制的船舶”一词，指由于工作性质，使其按本规则条款要求进行操纵的能力受到限制，因而不能给他船让路的船舶。“操纵能力受到限制的船舶”一词应包括，但不限于下列船舶：

(g) The term “vessel restricted in her ability to manoeuvre” means a vessel which from the nature of her work is restricted in her ability to manoeuvre as required by these Rules and is therefore unable to keep out of the way of another vessel. The term “vessels restricted in their ability to manoeuvre” shall include but not be limited to:

(1)从事敷设、维修或起捞助航标志、海底电缆或管道的船舶；

(i) a vessel engaged in laying, servicing or picking up a navigation mark, submarine cable or pipeline;

(2)从事疏浚、测量或水下作业的船舶；

(ii) a vessel engaged in dredging, surveying or underwater operations;

(3)在航中从事补给或转运人员、食品或货物的船舶；

(iii) a vessel engaged in replenishment or transferring persons, provisions or cargo while underway;

(4)从事发射或回收航空器的船舶；

(iv) a vessel engaged in the launching or recovery of aircraft;

(5)从事清除水雷作业的船舶；

(v) a vessel engaged in mine clearance operations;

(6)从事拖带作业的船舶，而该项拖带作业使该拖船及其拖带物驶离其航向的能力严重受到限制者。

(vi) a vessel engaged in a towing operation such as severely restricts the towing vessel and her tow in their ability to deviate from their course.

8.“限于吃水的船舶”一词，指由于吃水与可航水域的可用水深和宽度的关系，致使其驶离航向的能力严重地受到限制的机动船。

(h) The term “vessel constrained by her draught” means a power-driven vessel which, because of her draught in relation to the available depth and width of navigable water, is severely restricted in her ability to deviate from the course she is following.

9."在航"一词,指船舶不在锚泊、系岸或搁浅。

(i) The word "underway" means that a vessel is not at anchor, or made fast to the shore, or aground.

10.船舶的"长度"和"宽度"是指其总长度和最大宽度。

(j) The words "length" and "breadth" of a vessel means her length overall and greatest breadth.

11.只有当两船中的一船能自他船以视觉看到时,才应认为两船是在互见中。

(k) Vessels shall be deemed to be in sight of one another only when one can be observed visually from the other.

12."能见度不良"一词,指任何由于雾、霾、下雪、暴风雨、沙暴或任何其他类似原因而使能见度受到限制的情况。

(l) The term "restricted visibility" means any condition in which visibility is restricted by fog, mist, falling snow, heavy rainstorms, sandstorms or any other similar causes.

13."地效船"一词,系指多式船艇,其主要操作方式是利用表面效应贴近水面飞行。

(m) The term "Wing-In-Ground(WIG) craft" means a multimodal craft which, in its main operational mode, flies in close proximity to the surface by utilizing surface-effect action.

第二章　驾驶和航行规则

PART B—STEERING AND SAILING RULES

第一节　船舶在任何能见度情况下的行动规则

SECTION Ⅰ—CONDUCT OF VESSELS IN ANY CONDITION OF VISIBILITY

第四条　适用范围

本节条款适用于任何能见度的情况。

Rule 4　Application

Rules in this Section apply in any condition of visibility.

第五条　瞭望

每一船在任何时候都应使用视觉、听觉以及适合当时环境和情况的一切可用手段保持正规的瞭望,以便对局面和碰撞危险作出充分的估计。

Rule 5　Look-out

Every vessel shall at all times maintain a proper look-out by sight and hearing as well as by all available means appropriate in the prevailing circumstances and conditions so as to make a full appraisal of the situation and of the risk of collision.

第六条　安全航速

每一船在任何时候都应以安全航速行驶,以便能采取适当而有效的避碰行动,并能在适合当时环境和情况的距离以内把船停住。

Rule 6　Safe Speed

Every vessel shall at all times proceed at a safe speed so that she can take proper and effective action to avoid collision and be stopped within a distance appropriate to the prevailing circumstances and conditions.

在决定安全航速时，考虑的因素中应包括下列各点：

1. 对所有船舶：

(1)能见度情况；

(2)交通密度，包括渔船或者任何其他船舶的密集程度；

(3)船舶的操纵性能，特别是在当时情况下的冲程和旋回性能；

(4)夜间出现的背景亮光，诸如来自岸上的灯光或本船灯光的反向散射；

(5)风、浪和流的状况以及靠近航海危险物的情况；

(6)吃水与可用水深的关系。

2. 对备有可使用的雷达的船舶，还应考虑：

(1)雷达设备的特性、效率和局限性；

(2)所选用的雷达距离标尺带来的任何限制；

(3)海况、天气和其他干扰源对雷达探测的影响；

(4)在适当距离内，雷达对小船、浮冰和其他漂浮物有探测不到的可能性；

(5)雷达探测到的船舶数目、位置和动态；

(6)当用雷达测定附近船舶或其他物体的距离时，可能对能见度作出的更确切的估计。

第七条　碰撞危险

1. 每一船都应使用适合当时环境和情况的一切可用手段判断是否存在碰撞危险，如有任何怀疑，则应认为存在这种危险。

In determining a safe speed the following factors shall be among those taken into account:

(a) By all vessels:

(i) the state of visibility;

(ii) the traffic density including concentrations of fishing vessels or any other vessels;

(iii) the manoeuvrability of the vessel with special reference to stopping distance and turning ability in the prevailing conditions;

(iv) at night the presence of background light such as from shore lights or from back-scatter of her own lights;

(v) the state of wind, sea and current, and the proximity of navigational hazards;

(vi) the draught in relation to the available depth of water.

(b) Additionally, by vessels with operational radar:

(i) the characteristics, efficiency and limitations of the radar equipment;

(ii) any constraints imposed by the radar range scale in use;

(iii) the effect on radar detection of the sea state, weather and other sources of interference;

(iv) the possibility that small vessels, ice and other floating objects may not be detected by radar at an adequate range;

(v) the number, location and movement of vessels detected by radar;

(vi) the more exact assessment of the visibility that may be possible when radar is used to determine the range of vessels or other objects in the vicinity.

Rule 7　Risk of Collision

(a) Every vessel shall use all available means appropriate to the prevailing circumstances and conditions to determine if risk of collision exists. If there is any doubt such risk shall be deemed to exist.

2. 如装有雷达设备并可使用，则应正确予以使用，包括远距离扫描，以便获得碰撞危险的早期警报，并对探测到的物标进行雷达标绘或与其相当的系统观察。

3. 不应当根据不充分的信息，特别是不充分的雷达观测信息作出推断。

4. 在判断是否存在碰撞危险时，考虑的因素中应包括下列各点：

(1)如果来船的罗经方位没有明显的变化，则应认为存在这种危险；

(2)即使有明显的方位变化，有时也可能存在这种危险，特别是在驶近一艘很大的船或拖带船组时，或是在近距离驶近他船时。

第八条　避免碰撞的行动

1. 为避免碰撞所采取的任何行动必须遵循本章各条规定，如当时环境许可，应是积极的，并应及早地进行和充分注意运用良好的船艺。

2. 为避免碰撞而作的航向和(或)航速的任何改变，如当时环境许可，应大得足以使他船用视觉或雷达观测时容易察觉到；应避免对航向和(或)航速做一连串的小改变。

3. 如有足够的水域，则单用转向可能是避免紧迫局面的最有效行动，只要这种行动是及时的、大幅度的并且不致造成另一紧迫局面。

4. 为避免与他船碰撞而采取的行动，应能导致在安全的距离驶过。应细心查核避让行动的有效性，直到最后驶过让清他船为止。

(b) Proper use shall be made of radar equipment if fitted and operational, including long-range scanning to obtain early warning of risk of collision and radar plotting or equivalent systematic observation of detected objects.

(c) Assumptions shall not be made on the basis of scanty information, especially scanty radar information.

(d) In determining if risk of collision exists the following considerations shall be among those taken into account:

(i) such risk shall be deemed to exist if the compass bearing of an approaching vessel does not appreciably change;

(ii) such risk may sometimes exist even when an appreciable bearing change is evident, particularly when approaching a very large vessel or a tow or when approaching a vessel at close range.

Rule 8　Action to Avoid Collision

(a) Any action taken to avoid collision shall be taken in accordance with the Rules of this Part and shall, if the circumstances of the case admit, be positive, made in ample time and with due regard to the observance of good seamanship.

(b) Any alteration of course and/or speed to avoid collision shall, if the circumstances of the case admit, be large enough to be readily apparent to another vessel observing visually or by radar; a succession of small alterations of course and/or speed should be avoided.

(c) If there is sufficient sea-room, alteration of course alone may be the most effective action to avoid a close-quarters situation provided that it is made in good time, is substantial and does not result in another close-quarters situation.

(d) Action taken to avoid collision with another vessel shall be such as to result in passing at a safe distance. The effectiveness of the action shall be carefully checked until the other vessel is finally past and clear.

5. 如需为避免碰撞或须留有更多时间来估计局面，船舶应当减速或者停止或倒转推进器把船停住。

(e) If necessary to avoid collision or allow more time to assess the situation, a vessel shall slacken her speed or take all way off by stopping or reversing her means of propulsion.

6. (1)根据本规则任何规定，要求不得妨碍另一船通行或安全通行的船舶应根据当时环境的需要及早地采取行动以留出足够的水域供他船安全通行。

(f) (i) A vessel which, by any of these rules, is required not to impede the passage or safe passage of another vessel shall, when required by the circumstances of the case, take early action to allow sufficient sea-room for the safe passage of the other vessel.

(2)如果在接近他船致有碰撞危险时，被要求不得妨碍另一船通行或安全通行的船舶并不解除这一责任，且当采取行动时，应充分考虑到本章各条可能要求的行动。

(ii) A vessel required not to impede the passage or safe passage of another vessel is not relieved of this obligation if approaching the other vessel so as to involve risk of collision and shall, when taking action, have full regard to the action which may be required by the rules of this part.

(3)当两船相互接近致有碰撞危险时，其通行不得被妨碍的船舶仍有完全遵守本章各条规定的责任。

(iii) A vessel the passage of which is not to be impeded remains fully obliged to comply with the rules of this part when the two vessels are approaching one another so as to involve risk of collision.

第九条　狭水道

Rule 9　Narrow Channels

1. 沿狭水道或航道行驶的船舶，只要安全可行，应尽量靠近其右舷的该水道或航道的外缘行驶。

(a) A vessel proceeding along the course of a narrow channel or fairway shall keep as near to the outer limit of the channel or fairway which lies on her starboard side as is safe and practicable.

2. 帆船或者长度小于 20 米的船舶，不应妨碍只能在狭水道或航道以内安全航行的船舶通行。

(b) A vessel of less than 20 meters in length or a sailing vessel shall not impede the passage of a vessel which can safely navigate only within a narrow channel or fairway.

3. 从事捕鱼的船舶，不应妨碍任何其他在狭水道或航道以内航行的船舶通行。

(c) A vessel engaged in fishing shall not impede the passage of any other vessel navigating within a narrow channel or fairway.

4. 船舶不应穿越狭水道或航道，如果这种穿越会妨碍只能在这种水道或航道以内安全航行的船舶通行。后者若对穿越船的意图有怀疑，可以使用第三十四条 4 款规定的声号。

(d) A vessel shall not cross a narrow channel or fairway if such crossing impedes the passage of a vessel which can safely navigate only within such channel or fairway. The latter vessel may use the sound signal prescribed in Rule 34(d) if in doubt as to the intention of the crossing vessel.

5. (1)在狭水道或航道内，如只有在被追越船必须采取行动以允许安全通过才能追越时，则企图追越的船，应

(e) (i) In a narrow channel or fairway when overtaking can take place only if the vessel to be overtaken has to take action to permit safe passing, the vessel intending to overtake shall

鸣放第三十四条3款(1)项所规定的相应声号,以表示其意图。被追越船如果同意,应鸣放第三十四条3款(2)项所规定的相应声号,并采取使之能安全通过的措施。如有怀疑,则可以鸣放第三十四条4款所规定的声号。

(2)本条并不解除追越船根据第十三条所负的义务。

6. 船舶在驶近可能有其他船舶被居间障碍物遮蔽的狭水道或航道的弯头或地段时,应特别机警和谨慎地驾驶,并鸣放第三十四条5款规定的相应声号。

7. 任何船舶,如当时环境许可,都应避免在狭水道内锚泊。

第十条　分道通航制

1. 本条适用于本组织所采纳的分道通航制,但并不解除任何船舶遵守任何其他各条规定的责任。

2. 使用分道通航制的船舶应:

(1)在相应的通航分道内顺着该分道的交通总流向行驶;

(2)尽可能让开通航分隔线或分隔带;

(3)通常在通航分道的端部驶进或驶出,但从分道的任何一侧驶进或驶出时,应与分道的交通总流向形成尽可能小的角度。

3. 船舶应尽可能避免穿越通航分道,但如不得不穿越时,应尽可能以与分道的交通总流向成直角的船首向穿越。

4. (1)当船舶可安全使用邻近分道通航制区域中相应通航分道时,不应使用沿岸通航带。但长度小于20

indicate her intention by sounding the appropriate signal prescribed in Rule 34(c)(i). The vessel to be overtaken shall, if in agreement, sound the appropriate signal prescribed in Rule 34(c)(ii) and take steps to permit safe passing. If in doubt she may sound the signals prescribed in Rule 34(d).

(ii) This Rule does not relieve the overtaking vessel of her obligation under Rule 13.

(f) A vessel nearing a bend or an area of a narrow channel or fairway where other vessels may be obscured by an intervening obstruction shall navigate with particular alertness and caution and shall sound the appropriate signal prescribed in Rule 34(e).

(g) Any vessel shall, if the circumstances of the case admit, avoid anchoring in a narrow channel.

Rule 10　Traffic Separation Schemes

(a) This Rule applies to traffic separation schemes adopted by the Organization and does not relieve any vessel of her obligation under any other rule.

(b) A vessel using a traffic separation scheme shall:

(i) proceed in the appropriate traffic lane in the general direction of traffic flow for that lane;

(ii) so far as practicable keep clear of a traffic separation line or separation zone;

(iii) normally join or leave a traffic lane at the termination of the lane, but when joining or leaving from either side shall do so at as small an angle to the general direction of traffic flow as practicable.

(c) A vessel shall, so far as practicable, avoid crossing traffic lanes but if obliged to do so shall cross on a heading as nearly as practicable at right angles to the general direction of traffic flow.

(d) (i) A vessel shall not use an inshore traffic zone when she can safely use the appropriate traffic lane within the adjacent traffic separation

米的船舶、帆船和从事捕鱼的船舶可使用沿岸通航带。

scheme. However, vessels of less than 20 meters in length, sailing vessels and vessels engaged in fishing may use the inshore traffic zone.

(2)尽管有本条4(1)规定，当船舶抵离位于沿岸通航带中的港口、近岸设施或建筑物、引航站或任何其他地方或为避免紧迫危险时，可使用沿岸通航带。

(ii) Notwithstanding subparagraph (d) (i), a vessel may use an inshore traffic zone when en route to or from a port, offshore installation or structure, pilot station or any other place situated within the inshore traffic zone, or to avoid immediate danger.

5.除穿越船或者驶进或驶出通航分道的船舶外，船舶通常不应进入分隔带或穿越分隔线，除非：

(e) A vessel other than a crossing vessel or a vessel joining or leaving a lane shall not normally enter a separation zone or cross a separation line except:

(1)在紧急情况下避免紧迫危险；

(i) in case of emergency to avoid immediate danger;

(2)在分隔带内从事捕鱼。

(ii) to engage in fishing within a separation zone.

6.船舶在分道通航制端部附近区域行驶时，应特别谨慎。

(f) A vessel navigating in areas near the terminations of traffic separation schemes shall do so with particular caution.

7.船舶应尽可能避免在分道通航制内或其端部附近区域锚泊。

(g) A vessel shall so far as practicable avoid anchoring in a traffic separation scheme or in areas near its terminations.

8.不使用分道通航制的船舶，应尽可能远离该区域。

(h) A vessel not using a traffic separation scheme shall avoid it by as wide a margin as is practicable.

9.从事捕鱼的船舶，不应妨碍按通航分道行驶的任何船舶的通行。

(i) A vessel engaged in fishing shall not impede the passage of any vessel following a traffic lane.

10.帆船或长度小于20米的船舶，不应妨碍按通航分道行驶的机动船的安全通行。

(j) A vessel of less than 20 meters in length or a sailing vessel shall not impede the safe passage of a power-driven vessel following a traffic lane.

11.操纵能力受到限制的船舶，当在分道通航制区域内从事维护航行安全的作业时，在执行该作业所必需的限度内，可免受本条规定的约束。

(k) A vessel restricted in her ability to manoeuvre when engaged in an operation for the maintenance of safety of navigation in a traffic separation scheme is exempted from complying with this Rule to the extent necessary to carry out the operation.

12.操纵能力受到限制的船舶，当在分道通航制区域内从事敷设、维修或起捞海底电缆时，在执行该作业所

(l) A vessel restricted in her ability to manoeuvre when engaged in an operation for the laying, servicing or picking up of a submarine cable,

必需的限度内，可免受本条规定的约束。

within a traffic separation scheme, is exempted from complying with this Rule to the extent necessary to carry out the operation.

第二节 船舶在互见中的行动规则

SECTION Ⅱ—CONDUCT OF VESSELS IN SIGHT OF ONE ANOTHER

第十一条 适用范围

本节条款适用于互见中的船舶。

Rule 11 Application

Rules in this section apply to vessels in sight of one another.

第十二条 帆船

1. 两艘帆船相互驶近致有构成碰撞危险时，其中一船应按下列规定给他船让路：

(1)两船在不同舷受风时，左舷受风的船应给他船让路；

(2)两船在同舷受风时，上风船应给下风船让路；

(3)如左舷受风的船看到在上风的船而不能断定究竟该船是左舷受风还是右舷受风，则应给该船让路。

2. 就本条规定而言，船舶的受风舷侧应认为是主帆被吹向的一舷的对面舷侧；对于方帆船，则应认为是最大纵帆被吹向的一舷的对面舷侧。

Rule 12 Sailing Vessels

(a) When two sailing vessels are approaching one another, so as to involve risk of collision, one of them shall keep out of the way of the other as follows:

(i) when each has the wind on a different side, the vessel which has the wind on the port side shall keep out of the way of the other;

(ii) when both have the wind on the same side, the vessel which is to windward shall keep out of the way of the vessel which is to leeward;

(iii) if a vessel with the wind on the port side sees a vessel to windward and cannot determine with certainty whether the other vessel has the wind on the port or on the starboard side, she shall keep out of the way of the other.

(b) For the purpose of this Rule the windward side shall be deemed to be the side opposite to that on which the mainsail is carried or, in the case of a square-rigged vessel, the side opposite to that on which the largest fore-and-aft sail is carried.

第十三条 追越

1. 不论第二章第一节和第二节的各条规定如何，任何船舶在追越任何他船时，均应给被追越船让路。

2. 一船正从他船正横后大于22.5度的某一方向赶上他船时，即该船对其所追越的船所处位置，在夜间只能

Rule 13 Overtaking

(a) Notwithstanding anything contained in the Rules of Part B, Sections Ⅰ and Ⅱ, any vessel overtaking any other shall keep out of the way of the vessel being overtaken.

(b) A vessel shall be deemed to be overtaking when coming up with another vessel from a direction more than 22.5 degrees abaft her beam, that is, in such a position with reference to the vessel

看见被追越船的尾灯而不能看见它的任一舷灯时,应认为是在追越中。

she is overtaking, that at night she would be able to see only the sternlight of that vessel but neither of her sidelights.

3. 当一船对其是否在追越他船有任何怀疑时,该船应假定是在追越,并应采取相应行动。

(c) When a vessel is in any doubt as to whether she if overtaking another, she shall assume that this is the case and act accordingly.

4. 随后两船间方位的任何改变,都不应把追越船作为本规则条款含义中所指的交叉相遇船,或者免除其让开被追越船的责任,直到最后驶过让清为止。

(d) Any subsequent alteration of the bearing between the two vessels shall not make the overtaking vessel a crossing vessel within the meaning of these Rules or relieve her of the duty of keeping clear of the overtaken vessel until she is finally past and clear.

第十四条　对遇局面

Rule 14　Head-on Situation

1. 当两艘机动船在相反的或接近相反的航向上相遇致有构成碰撞危险时,各应向右转向,从而各从他船的左舷驶过。

(a) When two power-driven vessels are meeting on reciprocal or nearly reciprocal courses so as to involve risk of collision each shall alter her course to starboard so that each shall pass on the port side of the other.

2. 当一船看见他船在正前方或接近正前方,在夜间能看见他船的前后桅灯成一直线或接近一直线和(或)两盏舷灯;在白天能看到他船的上述相应形态时,则应认为存在这样的局面。

(b) Such a situation shall be deemed to exist when a vessel sees the other ahead or nearly ahead and by night she could see the masthead lights of the other in a line or nearly in a line and/or both sidelights and by day she observes the corresponding aspect of the other vessel.

3. 当一船对是否存在这样的局面有任何怀疑时,该船应假定确实存在这种局面,并应采取相应的行动。

(c) When a vessel is in any doubt as to whether such a situation exists she shall assume that it does exist and act accordingly.

第十五条　交叉相遇局面

Rule 15　Crossing Situation

当两艘机动船交叉相遇致有构成碰撞危险时,有他船在本船右舷的船舶应给他船让路,如当时环境许可,还应避免横越他船的前方。

When two power-driven vessels are crossing so as to involve risk of collision, the vessel which has the other on her own starboard side shall keep out of the way and shall, if the circumstances of the case admit, avoid crossing ahead of the other vessel.

第十六条　让路船的行动

Rule 16　Action by Give-way Vessel

须给他船让路的船舶,应尽可能及早地采取大幅度的行动,宽裕地让清他船。

Every vessel which is directed to keep out of the way of another vessel shall, so far as possible, take early and substantial action to keep well clear.

第十七条　直航船的行动

Rule 17　Action by Stand-on Vessel

1. (1)两船中的一船应给另一船

(a) (i) Where one of two vessels is to keep out

让路时，另一船应保持航向和航速。

（2）然而，当保持航向和航速的船一经发觉规定的让路船显然没有遵照本规则条款采取适当行动时，该船即可独自采取操纵行动，以避免碰撞。

2. 当规定保持航向和航速的船，发觉本船不论由于何种原因逼近到单凭让路船的行动不能避免碰撞时，也应采取最有助于避碰的行动。

3. 在交叉相遇局面下，机动船按照本条 1 款（2）项采取行动以避免与另一艘机动船碰撞时，如当时环境许可，不应对在本船左舷的船采取向左转向。

4. 本条并不解除让路船的让路义务。

of the way the other shall keep her course and speed.

(ii) The latter vessel may, however, take action to avoid collision by her manoeuvre alone, as soon as it becomes apparent to her that the vessel required to keep out of the way is not taking appropriate action in compliance with these Rules.

(b) When, from any cause, the vessel required to keep her course and speed finds herself so close that collision cannot be avoided by the action of the give-way vessel alone, she shall take such action as will best aid to avoid collision.

(c) A power-driven vessel which takes action in a crossing situation in accordance with subparagraph (a)(ii) of this Rule to avoid collision with another power-driven vessel shall, if the circumstances of the case admit, not alter course to port for a vessel on her own port side.

(d) This Rule does not relieve the give-way vessel of her obligation to keep out of the way.

第十八条　船舶之间的责任

除第九、十和十三条另有规定外：

1. 机动船在航时应给下述船舶让路：

（1）失去控制的船舶；

（2）操纵能力受到限制的船舶；

（3）从事捕鱼的船舶；

（4）帆船。

2. 帆船在航时应给下述船舶让路：

（1）失去控制的船舶；

（2）操纵能力受到限制的船舶；

（3）从事捕鱼的船舶。

3. 从事捕鱼的船舶在航时，应尽可能给下述船舶让路：

（1）失去控制的船舶；

Rule 18　Responsibilities between Vessels

Except where Rules 9, 10 and 13 otherwise require:

(a) A power-driven vessel underway shall keep out of the way of:

(i) a vessel not under command;

(ii) a vessel restricted in her ability to manoeuvre;

(iii) a vessel engaged in fishing;

(iv) a sailing vessel.

(b) A sailing vessel underway shall keep out of the way of:

(i) a vessel not under command;

(ii) a vessel restricted in her ability to manoeuvre;

(iii) a vessel engaged in fishing.

(c) A vessel engaged in fishing when underway shall, so far as possible, keep out of the way of:

(i) a vessel not under command;

(2)操纵能力受到限制的船舶。

(ii) a vessel restricted in her ability to manoeuvre.

4.(1)除失去控制的船舶或操纵能力受到限制的船舶外,任何船舶,如当时环境许可,应避免妨碍显示第二十八条规定信号的限于吃水的船舶的安全通行。

(d) (i) Any vessel other than a vessel not under command or a vessel restricted in her ability to manoeuvre shall, if the circumstances of the case admit, avoid impeding the safe passage of a vessel constrained by her draught, exhibiting the signals in Rule 28.

(2)限于吃水的船舶应充分注意到其特殊条件,特别谨慎地驾驶。

(ii) A vessel constrained by her draught shall navigate with particular caution having full regard to her special condition.

5.在水面的水上飞机,通常应宽裕地让清所有船舶并避免妨碍其航行。然而在有碰撞危险的情况下,则应遵守本章条款的规定。

(e) A seaplane on the water shall, in general, keep well clear of all vessels and avoid impeding their navigation. In circumstances, however, where risk of collision exists, she shall comply with the Rules of this Part.

6.(1)地效船在起飞、降落和贴近水面飞行时应宽裕地让清所有其他船舶并避免妨碍他们的航行;

(f) (i) A WIG craft, when taking off, landing and in flight near the surface, shall keep well clear of all other vessels and avoid impeding their navigation;

(2)在水面上操作的地效船应作为机动船遵守本章条款的规定。

(ii) A WIG craft operating on the water surface shall comply with the Rules of this Part as a power-driven vessel.

第三节 船舶在能见度不良时的行动规则

SECTION Ⅲ — CONDUCT OF VESSELS IN RESTRICTED VISIBILITY

第十九条 船舶在能见度不良时的行动规则

Rule 19 Conduct of Vessels in Restricted Visibility

1.本条适用于在能见度不良的水域中或在其附近航行时不在互见中的船舶。

(a) This Rule applies to vessels not in sight of one another when navigating in or near an area of restricted visibility.

2.每一船应以适合当时能见度不良的环境和情况的安全航速行驶,机动船应将机器作好随时操纵的准备。

(b) Every vessel shall proceed at a safe speed adapted to the prevailing circumstances and conditions of restricted visibility. A power-driven vessel shall have her engines ready for immediate manoeuvre.

3.在遵守本章第一节各条时,每一船应充分考虑到当时能见度不良的环境和情况。

(c) Every vessel shall have due regard to the prevailing circumstances and conditions of restricted visibility when complying with the Rules of Section Ⅰ of this Part.

4. 一船仅凭雷达测到他船时，应判定是否正在形成紧迫局面和(或)存在着碰撞危险。若是如此，应及早地采取避让行动，如果这种行动包括转向，则应尽可能避免如下各点：

(1)除对被追越船外，对正横前的船舶采取向左转向；

(2)对正横或正横后的船舶采取朝着它转向。

5. 除已断定不存在碰撞危险外，每一船当听到他船的雾号显似在本船正横以前，或者与正横以前的他船不能避免紧迫局面时，应将航速减到能维持其航向的最小速度。必要时，应把船完全停住，而且，无论如何，应极其谨慎地驾驶，直到碰撞危险过去为止。

(d) A vessel which detects by radar alone the presence of another vessel shall determine if a close-quarters situation is developing and/or risk of collision exists. If so, she shall take avoiding action in ample time, provided that when such action consists of an alteration of course, so far as possible the following shall be avoided:

(i) an alteration of course to port for a vessel forward of the beam, other than for a vessel being overtaken;

(ii) an alteration of course towards a vessel abeam or abaft the beam.

(e) Except where it has been determined that a risk of collision does not exist, every vessel which hears apparently forward of her beam the fog signal of another vessel, or which cannot avoid a close-quarters situation with another vessel forward of her beam, shall reduce her speed to the minimum at which she can be kept on her course. She shall if necessary take all her way off and in any event navigate with extreme caution until danger of collision is over.

第三章　号灯和号型

第二十条　适用范围

1. 本章条款在各种天气中都应遵守。

2. 有关号灯的各条规定，从日没到日出时都应遵守。在此期间不应显示别的灯光，但那些不会被误认为本规则各条款订明的号灯，或者不会削弱号灯的能见距离或显著特性，或者不会妨碍正规瞭望的灯光除外。

3. 本规则条款所规定的号灯，如已设置，也应在能见度不良的情况下从日出到日没时显示，并可在一切其他认为必要的情况下显示。

4. 有关号型的各条规定，在白天都应遵守。

PART C—LIGHTS AND SHAPES

Rule 20　Application

(a) Rules in this Part shall be complied with in all weathers.

(b) The Rules concerning lights shall be complied with from sunset to sunrise, and during such times no other lights shall be exhibited, except such lights as cannot be mistaken for the lights specified in these Rules or do not impair their visibility or distinctive character, or interfere with the keeping of a proper look-out.

(c) The lights prescribed by these Rules shall, if carried, also be exhibited from sunrise to sunset in restricted visibility and may be exhibited in all other circumstances when it is deemed necessary.

(d) The Rules concerning shapes shall be complied with by day.

5. 本规则条款订明的号灯和号型，应符合本规则附录Ⅰ的规定。

(e) The lights and shapes specified in these Rules shall comply with the provisions of Annex Ⅰ to these Regulations.

第二十一条 定义

Rule 21 Definitions

1. "桅灯"是指安置在船的首尾中心线上方的白灯，在 225 度的水平弧内显示不间断的灯光，其安装要使灯光从船的正前方到每一舷正横后 22.5 度内显示。

(a) "Masthead light" means a white light placed over the fore and aft centerline of the vessel showing an unbroken light over an arc of the horizon of 225 degrees and so fixed as to show the light from right ahead to 22.5 degrees abaft the beam on either side of the vessel.

2. "舷灯"是指右舷的绿灯和左舷的红灯，各在 112.5 度的水平弧内显示不间断的灯光，其装置要使灯光从船的正前方到各自一舷的正横后 22.5 度内分别显示。长度小于 20 米的船舶，其舷灯可以合并成一盏，装设于船的首尾中心线上。

(b) "Sidelights" means a green light on the starboard side and a red light on the port side each showing an unbroken light over an arc of the horizon of 112.5 degrees and so fixed as to show the light from right ahead to 22.5 degrees abaft the beam on its respective side. In a vessel of less than 20 meters in length the sidelights may be combined in one lantern carried on the fore-and-aft centerline of the vessel.

3. "尾灯"是指安置在尽可能接近船尾的白灯，在 135 度的水平弧内显示不间断的灯光，其装置要使灯光从船的正后方到每一舷 67.5 度内显示。

(c) "Sternlight" means a white light placed as nearly as practicable at the stern showing an unbroken light over an arc of the horizon of 135 degrees and so fixed as to show the light 67.5 degrees from right aft on each side of the vessel.

4. "拖带灯"是指具有与本条 3 款所述"尾灯"相同特性的黄灯。

(d) "Towing light" means a yellow light having the same characteristics as the "sternlight" defined in paragraph (c) of this Rule.

5. "环照灯"是指在 360 度的水平弧内显示不间断灯光的号灯。

(e) "All-round light" means a light showing an unbroken light over an arc of the horizon of 360 degrees.

6. "闪光灯"是指每隔一定时间以频率为每分钟闪 120 次或 120 次以上的号灯。

(f) "Flashing light" means a light flashing at regular intervals at a frequency of 120 flashes or more per minute.

第二十二条 号灯的能见距离

Rule 22 Visibility of Lights

本规则条款规定的号灯，应具有本规则附录Ⅰ第 8 款订明的发光强度，以便在下列最小距离上能被看到：

The lights prescribed in these Rules shall have an intensity as specified in Section 8 of Annex Ⅰ to these Regulations so as to be visible at the following minimum ranges:

1. 长度为 50 米或 50 米以上的船舶：

——桅灯，6 海里；

——舷灯，3 海里；

(a) In vessels of 50 meters or more in length:

—a masthead light, 6 miles;

—a sidelight, 3 miles;

——尾灯，3 海里；
——拖带灯，3 海里；
——白、红、绿或黄色环照灯，3 海里。

2. 长度为 12 米或 12 米以上但小于 50 米的船舶：

——桅灯，5 海里；但长度小于 20 米的船舶，3 海里；
——舷灯，2 海里；
——尾灯，2 海里；
——拖带灯，2 海里；
——白、红、绿或黄色环照灯，2 海里。

3. 长度小于 12 米的船舶：

——桅灯，2 海里；
——舷灯，1 海里；
——尾灯，2 海里；
——拖带灯，2 海里；
——白、红、绿或黄色环照灯，2 海里。

4. 不易察觉的、部分淹没的被拖带船舶或物体：

——白色环照灯，3 海里。

—a sternlight, 3 miles;
—a towing light, 3 miles;
—a white, red, green or yellow all-round light, 3 miles.

(b) In vessels of 12 meters or more in length but less than 50 meters in length:

—a masthead light, 5 miles; except that where the length of the vessel is less than 20 meters, 3 miles;
—a sidelight, 2 miles;
—a sternlight, 2 miles;
—a towing light, 2 miles;
—a white, red, green or yellow all-round light, 2 miles.

(c) In vessels of less than 12 meters in length:

—a masthead light, 2 miles;
—a sidelight, 1 miles;
—a sternlight, 2 miles;
—a towing light, 2 miles;
—a white, red, green or yellow all-round light, 2 miles.

(d) In inconspicuous, partly submerged vessels or objects being towed:

—a white all-round light, 3 miles.

第二十三条　在航机动船

1. 在航机动船应显示：

(1) 在前部一盏桅灯；

(2) 第二盏桅灯，后于并高于前桅灯；长度小于 50 米的船舶，不要求显示该桅灯，但可以这样做；

(3) 两盏舷灯；

(4) 一盏尾灯。

2. 气垫船在非排水状态下航行时，除本条 1 款规定的号灯外，还应显示一盏环照黄色闪光灯。

Rule 23　Power-driven Vessels Underway

(a) A power-driven vessel underway shall exhibit:

(i) a masthead light forward;

(ii) a second masthead light abaft of and higher than the forward one; except that a vessel of less than 50 meters in length shall not be obliged to exhibit such light but may do so;

(iii) sidelights;

(iv) a sternlight.

(b) An air-cushion vessel when operating in the non-displacement mode shall, in addition to the lights prescribed in paragraph (a) of this Rule, exhibit an all-round flashing yellow light.

3. 除本条 1 款规定的号灯外，地效船只有在起飞、降落和贴近水面飞行时，才应显示高亮度的环照红色闪光灯。

(c) A WIG craft only when taking off, landing and in flight near the surface shall, in addition to the lights prescribed in paragraph (a) of this Rule, exhibit a high-intensity all-round flashing red light.

4. (1)长度小于 12 米的机动船，可以显示一盏环照白灯和舷灯以代替本条 1 款规定的号灯；

(d) (i) A power-driven vessel of less than 12 meters in length may in lieu of the lights prescribed in paragraph (a) of this Rule exhibit an all-round white light and sidelights;

(2)长度小于 7 米且其最高速度不超过 7 节的机动船，可以显示一盏环照白灯以代替本条 1 款规定的号灯。如可行，也应显示舷灯；

(ii) a power-driven vessel of less than 7 meters in length whose maximum speed does not exceed 7 knots may in lieu of the lights prescribed in paragraph (a) of this Rule exhibit an all-round white light and shall, if practicable, also exhibit sidelights;

(3)长度小于 12 米的机动船的桅灯或环照白灯，如果不可能装设在船的首尾中心线上，可以离开中心线显示，条件是其舷灯合并成一盏，并应装设在船的首尾中心线上或尽可能地装设在接近该桅灯或环照灯所在首尾线处。

(iii) the masthead light or all-round white light on a power-driven vessel of less than 12 meters in length may be displaced from the fore-and-aft centerline of the vessel if centerline fitting is not practicable, provided that the sidelights are combined in one lantern which shall be carried on the fore-and-aft centerline of the vessel or located as nearly as practicable in the same fore-and-aft line as the masthead light or the all-round white light.

第二十四条　拖带和顶推

Rule 24　Towing and Pushing

1. 机动船当拖带时应显示：

(a) A power-driven vessel when towing shall exhibit:

(1)垂直两盏桅灯，以取代第二十三条 1 款(1)项或 1 款(2)项规定的号灯。当从拖船船尾至被拖物体后端的拖带长度超过 200 米时，垂直显示三盏这样的号灯。

(i) instead of the light prescribed in Rule 23 (a)(i) or (a)(ii), two masthead lights in a vertical line. When the length of the tow, measuring from the stern of the towing vessel to the after end of the tow, exceeds 200 meters, three such lights in a vertical line.

(2)两盏舷灯。

(ii) sidelights.

(3)一盏尾灯。

(iii) a sternlight.

(4)一盏拖带灯位于尾灯垂直上方。

(iv) a towing light in a vertical line above the sternlight.

(5)当拖带长度超过 200 米时，在最易见处显示一个菱形体号型。

(v) when the length of the tow exceeds 200 meters, a diamond shape where it can best be seen.

2. 当一顶推船和一被顶推船牢固地连接成为一组合体时，则应作为一艘机动船，显示第二十三条规定的号灯。

(b) When a pushing vessel and a vessel being pushed ahead are rigidly connected in a composite unit they shall be regarded as a power-driven vessel and exhibit the lights prescribed in Rule 23.

3. 机动船当顶推或旁拖时，除组合体外，应显示：

(c) A power-driven vessel when pushing ahead or towing alongside, except in the case of a composite unit, shall exhibit:

(1)垂直两盏桅灯，以取代第二十三条1款(1)项或1款(2)项规定的号灯；

(i) instead of the light prescribed in Rule 23 (a)(i) or (a)(ii), two masthead lights in a vertical line;

(2)两盏舷灯；

(ii) sidelights;

(3)一盏尾灯。

(iii) a sternlight.

4. 适用本条1或3款的机动船，还应遵守第二十三条1款(2)项的规定。

(d) A power-driven vessel to which paragraph (a) or (c) of this Rule applies shall also comply with Rule 23 (a)(ii).

5. 除本条7款所述外，一被拖船或被拖物体应显示：

(e) A vessel or object being towed, other than those mentioned in paragraph (g) of this Rule, shall exhibit:

(1)两盏舷灯；

(i) sidelights;

(2)一盏尾灯；

(ii) a sternlight;

(3)当拖带长度超过200米时，在最易见处显示一个菱形体号型。

(iii) when the length of the tow exceeds 200 meters, a diamond shape where it can best be seen.

6. 任何数目的船舶如作为一组被旁拖或顶推时，应作为一艘船来显示号灯：

(f) Provided that any number of vessels being towed alongside or pushed in a group shall be lighted as one vessel:

(1)一艘被顶推船，但不是组合体的组成部分，应在前端显示两盏舷灯；

(i) a vessel being pushed ahead, not being part of a composite unit, shall exhibit at the forward end, sidelights;

(2)一艘被旁拖的船应显示一盏尾灯，并在前端显示两盏舷灯。

(ii) a vessel being towed alongside shall exhibit a sternlight and at the forward end, sidelights.

7. 一不易觉察的、部分淹没的被拖船或物体或者这类船舶或物体的组合体应显示：

(g) An inconspicuous, partly submerged vessel or object, or combination of such vessels or objects being towed, shall exhibit:

(1)除弹性拖曳体不需要在前端或接近前端处显示灯光外，如宽度小于25米，在前后两端或接近前后两端处各显示一盏环照白灯；

(i) if it is less than 25 meters in breadth, one all-round white light at or near the forward end and one at or near the after end except that dracones need not exhibit a light at or near the forward end;

(2)如宽度为25米或25米以上时,在两侧最宽处或接近最宽处,另加两盏环照白灯;

(3)如长度超过100米,在(1)和(2)项规定的号灯之间,另加若干环照白灯,使得这些灯之间的距离不超过100米;

(4)在最后的被拖船或物体的末端或接近末端处,显示一个菱形体号型,如果拖带长度超过200米时,在尽可能前部的最易见处另加一个菱形体号型。

8.凡由于任何充分理由,被拖船舶或物体不可能显示本条5款或7款规定的号灯或号型时,应采取一切可能的措施使被拖船舶或物体上有灯光,或至少能表明这种船舶或物体的存在。

9.凡由于任何充分理由,使得一艘通常不从事拖带作业的船不可能按本条1或3款的规定显示号灯,这种船在从事拖带另一遇险或需要救助的船时,就不要求显示这些号灯。但应采取如第三十六条所准许的一切可能措施来表明拖带船与被拖船之间关系的性质,尤其应将拖缆照亮。

(ii) if it is 25 meters or more in breadth, two additional all-round white lights at or near the extremities of its breadth;

(iii) if it exceeds 100 meters in length, additional all-round white lights between the lights prescribed in subparagraphs (i) and (ii) so that the distance between the lights shall not exceed 100 meters;

(iv) a diamond shape at or near the aftermost extremity of the last vessel or object being towed and if the length of the tow exceeds 200 meters an additional diamond shape where it can best be seen and located as far forward as is practicable.

(h) Where from any sufficient cause it is impracticable for a vessel or object being towed to exhibit the lights or shapes prescribed in paragraph (e) or (g) of this Rule, all possible measures shall be taken to light the vessel or object towed or at least to indicate the presence of such vessel or object.

(i) Where from any sufficient cause it is impracticable for a vessel not normally engaged in towing operations to display the lights prescribed in paragraph (a) or (c) of this Rule, such vessel shall not be required to exhibit those lights when engaged in towing another vessel in distress or otherwise in need of assistance. All possible measures shall be taken to indicate the nature of the relationship between the towing vessel and the vessel being towed as authorized by Rule 36, in particular by illuminating the towline.

第二十五条　在航帆船和划桨船

1.在航帆船应显示:

(1)两盏舷灯;

(2)一盏尾灯。

2.在长度小于20米的帆船上,本条1款规定的号灯可以合并成一盏,装设在桅顶或接近桅顶的最易见处。

Rule 25　Sailing Vessels Underway and Vessels Under Oars

(a) A sailing vessel underway shall exhibit:

(i) sidelights;

(ii) a sternlight.

(b) In a sailing vessel of less than 20 meters in length the lights prescribed in paragraph (a) of this Rule may be combined in one lantern carried at or near the top of the mast where it can best be seen.

3. 在航帆船，除本条 1 款规定的号灯外，还可在桅顶或接近桅顶的最易见处，垂直显示两盏环照灯，上红下绿。但这些环照灯不应和本条 2 款所允许的合色灯同时显示。

(c) A sailing vessel underway may, in addition to the lights prescribed in paragraph (a) of this Rule, exhibit at or near the top of the mast, where they can best be seen, two all-round lights in a vertical line, the upper being red and the lower green, but these lights shall not be exhibited in conjunction with the combined lantern permitted by paragraph (b) of this Rule.

4. (1)长度小于 7 米的帆船，如可行，应显示本条 1 或 2 款规定的号灯。但如果不这样做，则应在手边备妥白光的电筒一个或点着的白灯一盏，及早显示，以防碰撞。

(d) (i) A sailing vessel of less than 7 meters in length shall, if practicable, exhibit the lights prescribed in paragraph (a) or (b) of this Rule, but if she does not, she shall have ready at hand an electric torch or lighted lantern showing a white light which shall be exhibited in sufficient time to prevent collision.

(2)划桨船可以显示本条为帆船规定的号灯，但如不这样做，则应在手边备妥白光的电筒一个或点着的白灯一盏，及早显示，以防碰撞。

(ii) A vessel under oars may exhibit the lights prescribed in this Rule for sailing vessels, but if she does not, she shall have ready at hand an electric torch or lighted lantern showing a white light which shall be exhibited in sufficient time to prevent collision.

5. 用帆行驶的同时也用机器推进的船舶，应在前部最易见处显示一个圆锥体号型，尖端向下。

(e) A vessel proceeding under sail when also being propelled by machinery shall exhibit forward where it can best be seen a conical shape, apex downwards.

第二十六条　渔船

Rule 26　Fishing Vessels

1. 从事捕鱼的船舶，不论在航还是锚泊，只应显示本条规定的号灯和号型。

(a) A vessel engaged in fishing, whether underway or at anchor, shall exhibit only the lights and shapes prescribed in this Rule.

2. 船舶从事拖网作业，即在水中拖曳爬网或其他用作渔具的装置时，应显示：

(b) A vessel when engaged in trawling, by which is meant the dragging through the water of a dredge net or other apparatus used as a fishing appliance, shall exhibit:

(1)垂直两盏环照灯，上绿下白，或一个由上下垂直、尖端对接的两个圆锥体所组成的号型；

(i) two all-round lights in a vertical line, the upper being green and the lower white, or a shape consisting of two cones with their apexes together in a vertical line one above the other;

(2)一盏桅灯，后于并高于那盏环照绿灯；长度小于 50 米的船舶，则不要求显示该桅灯，但可以这样做；

(ii) a masthead light abaft of and higher than the all -round green light; a vessel of less than 50 meters in length shall not be obliged to exhibit such a light but may do so;

(3)当对水移动时,除本款规定的号灯外,还应显示两盏舷灯和一盏尾灯。

(iii) when making way through the water, in addition to the lights prescribed in this paragraph, sidelights and a sternlight.

3. 从事捕鱼作业的船舶,除拖网作业者外,应显示:

(c) A vessel engaged in fishing, other than trawling shall exhibit:

(1)垂直两盏环照灯,上红下白,或一个由上下垂直、尖端对接的两个圆锥体所组成的号型;

(i) two all-round lights in a vertical line, the upper being red and the lower white, or a shape consisting of two cones with apexes together in a vertical line one above the other;

(2)当有外伸渔具,其从船边伸出的水平距离大于 150 米时,应朝着渔具的方向显示一盏环照白灯或一个尖端向上的圆锥体号型;

(ii) when there is outlying gear extending more than 150 meters horizontally from the vessel, an all-round white light or a cone apex upwards in the direction of the gear;

(3)当对水移动时,除本款规定的号灯外,还应显示两盏舷灯和一盏尾灯。

(iii) when making way through the water, in addition to the lights prescribed in this paragraph, sidelights and a sternlight.

4. 本规定附录Ⅱ所述的额外信号,适用于在其他捕鱼船舶附近从事捕鱼的船舶。

(d) The additional signals described in Annex Ⅱ to these Regulations apply to a vessel engaged in fishing in close proximity to other vessel engaged in fishing.

5. 船舶不从事捕鱼时,不应显示本条规定的号灯或号型,而只应显示为其同样长度的船舶所规定的号灯或号型。

(e) A vessel when not engaged in fishing shall not exhibit the lights or shapes prescribed in this Rule, but only those prescribed for a vessel of her length.

第二十七条　失去控制或操纵能力受到限制的船舶

Rule 27　Vessels Not Under Command or Restricted in Their Ability to Manoeuvre

1. 失去控制的船舶应显示:

(a) A vessel not under command shall exhibit:

(1)在最易见处,垂直两盏环照红灯;

(i) two all-round red lights in a vertical line where they can best be seen;

(2)在最易见处,垂直两个球体或类似的号型;

(ii) two balls or similar shapes in a vertical line where they can best be seen;

(3)当对水移动时,除本款规定的号灯外,还应显示两盏舷灯和一盏尾灯。

(iii) when making way through the water, in addition to the lights prescribed in this paragraph, sidelights and a sternlight.

2. 操纵能力受到限制的船舶,除从事清除水雷作业的船舶外,应显示:

(b) A vessel restricted in her ability to manoeuvre, except a vessel engaged in mine clearance operations, shall exhibit:

(1)在最易见处,垂直三盏环照灯,最上和最下者应是红色,中间一盏应是白色;

(2)在最易见处,垂直三个号型,最上和最下者应是球体,中间一个应是菱形体;

(3)当对水移动时,除本款(1)项规定的号灯外,还应显示桅灯、舷灯和尾灯;

(4)当锚泊时,除本款(1)和(2)项规定的号灯或号型外,还应显示第三十条规定的号灯或号型。

3.从事一项使拖船和被拖物体双方在驶离其航向的能力上受到严重限制的拖带作业的机动船,除显示第二十四条1款规定的号灯或号型外,还应显示本条2款(1)和(2)项规定的号灯或号型。

4.从事疏浚或水下作业的船舶,当其操纵能力受到限制时,应显示本条2款(1)、(2)和(3)项规定的号灯和号型。此外,当存在障碍物时,还应显示:

(1)在障碍物存在的一舷,垂直两盏环照红灯或两个球体;

(2)在他船可以通过的一舷,垂直两盏环照绿灯或两个菱形体;

(3)当锚泊时,应显示本款规定的号灯或号型以取代第三十条规定的号灯或号型。

5.当从事潜水作业的船舶其尺度使之不可能显示本条4款规定的号灯和号型时,则应显示:

(i) three all-round lights in a vertical line where they can best be seen. The highest and lowest of these lights shall be red and the middle light shall be white;

(ii) three shapes in a vertical line where they can best be seen. The highest and lowest of these shapes shall be balls and the middle one a diamond;

(iii) when making way through the water, a masthead light or lights, sidelights and a sternlight, in addition to the lights prescribed in subparagraph (i);

(iv) when at anchor, in addition to the lights or shapes prescribed in subparagraphs (i) and (ii), the light, lights or shape prescribed in Rule 30.

(c) A power-driven vessel engaged in a towing operation such as severely restricts the towing vessel and her tow in their ability to deviate from their course shall, in addition to the lights or shapes prescribed in Rule 24(a), exhibit the lights or shapes prescribed in subparagraphs (b)(i) and (ii) of this Rule.

(d) A vessel engaged in dredging or underwater operations, when restricted in her ability to manoeuvre, shall exhibit the lights and shapes prescribed in subparagraphs (b)(i), (ii) and (iii) of this Rule and shall in addition, when an obstruction exists, exhibit:

(i) two all-round red lights or two balls in a vertical line to indicate the side on which the obstruction exists;

(ii) two all-round green lights or two diamonds in a vertical line to indicate the side on which another vessel may pass;

(iii) when at anchor, the lights or shapes prescribed in this paragraph instead of the lights or shape prescribed in Rule 30.

(e) Whenever the size of a vessel engaged in diving operations makes it impracticable to exhibit all lights and shapes prescribed in paragraph (d) of this Rule, the following shall be exhibited:

(1)在最易见处垂直三盏环照灯，最上和最下者应是红色，中间一盏应是白色；

(2)一个国际信号旗“A”的硬质复制品，其高度不小于1米，并应采取措施以保证周围都能见到。

6. 从事清除水雷作业的船舶，除显示第二十三条为机动船规定的号灯或第三十条为锚泊船规定的号灯或号型外，还应显示三盏环照绿灯或三个球体。这些号灯或号型之一应在接近前桅桅顶处显示，其余应在前桅桁两端各显示一个。这些号灯或号型表示他船驶近至清除水雷船1000米以内是危险的。

7. 除从事潜水作业的船舶外，长度小于12米的船舶，不要求显示本条规定的号灯和号型。

8. 本条规定的信号不是船舶遇险求救的信号。船舶遇险求救的信号载于本规则附录Ⅳ内。

第二十八条　限于吃水的船舶

限于吃水的船舶，除第二十三条为机动船规定的号灯外，还可在最易见处垂直显示三盏环照红灯，或者一个圆柱体。

第二十九条　引航船舶

1. 执行引航任务的船舶应显示：

(1)在桅顶或接近桅顶处，垂直两盏环照灯，上白下红；

(2)当在航时，外加舷灯和尾灯；

(3)当锚泊时，除本款(1)项规定的号灯外，还应显示第三十条对锚泊船规定的号灯或号型。

(i) three all-round lights in a vertical line where they can best be seen. The highest and lowest of these lights shall be red and the middle light shall be white;

(ii) a rigid replica of the International Code flag “A” not less than 1 meter in height. Measures shall be taken to ensure its all-round visibility.

(f) A vessel engaged in mine clearance operations shall in addition to the lights prescribed for a power-driven vessel in Rule 23 or to the lights or shape prescribed for a vessel at anchor in Rule 30 as appropriate, exhibit three all-round green lights or three balls. One of these lights or shapes shall be exhibited near the foremast head and one at each end of the fore yard. These lights or shapes indicate that it is dangerous for another vessel to approach within 1000 meters of the mine clearance vessel.

(g) Vessels of less than 12 meters in length, except those engaged in diving operations, shall not be required to exhibit the lights and shapes prescribed in this Rule.

(h) The signals prescribed in this Rule are not signals of vessels in distress and requiring assistance. Such signals are contained in Annex Ⅳ to these Regulations.

Rule 28　Vessels Constrained by Their Draught

A vessel constrained by her draught may, in addition to the lights prescribed for power-driven vessels in Rule 23, exhibit where they can best be seen three all-round red lights in a vertical line, or a cylinder.

Rule 29　Pilot Vessels

(a) A vessel engaged on pilotage duty shall exhibit:

(i) at or near the masthead, two all-round lights in a vertical line, the upper being white and the lower red;

(ii) when underway, in addition, sidelights and a sternlight;

(iii) when at anchor, in addition to the lights prescribed in subparagraph (i), the light, lights or shapes prescribed in Rule 30 for vessels at anchor.

2. 引航船当不执行引航任务时，应显示为其同样长度的同类船舶规定的号灯或号型。

第三十条　锚泊船舶和搁浅船舶

1. 锚泊中的船舶应在最易见处显示：

(1)在船的前部，一盏环照白灯或一个球体；

(2)在船尾或接近船尾并低于本款(1)项规定的号灯处，一盏环照白灯。

2. 长度小于 50 米的船舶，可以在最易见处显示一盏环照白灯，以取代本条 1 款规定的号灯。

3. 锚泊中的船舶，还可以使用现有的工作灯或同等的灯照明甲板，而长度为 100 米及 100 米以上的船舶应当使用这类灯。

4. 搁浅的船舶应显示本条 1 或 2 款规定的号灯，并在最易见处外加：

(1)垂直两盏环照红灯；

(2)垂直三个球体。

5. 长度小于 7 米的船舶，不在狭水道、航道、锚地或其他船舶通常航行的水域中或其附近锚泊时，不要求显示本条 1 和 2 款规定的号灯或号型。

6. 长度小于 12 米的船舶搁浅时，不要求显示本条 4 款(1)项和(2)项规定的号灯或号型。

第三十一条　水上飞机

当水上飞机或地效船不可能显示按本章各条规定的各种特性或位置的号灯和号型时，则应显示尽可能近似于这种特性和位置的号灯和号型。

(b) A pilot vessel when not engaged on pilotage duty shall exhibit the lights or shapes prescribed for a similar vessel of her length.

Rule 30　Anchored Vessels and Vessels Aground

(a) A vessel at anchor shall exhibit where it can best be seen:

(i) in the fore part, an all-round white light or one ball;

(ii) at or near the stern and at a lower level than the light prescribed in subparagraph (i), an all-round white light.

(b) A vessel of less than 50 meters in length may exhibit an all-round white light where it can best be seen instead of the lights prescribed in paragraph (a) of this Rule.

(c) A vessel at anchor may, and a vessel of 100 meters and more in length, shall also use the available working or equivalent lights to illuminate her decks.

(d) A vessel aground shall exhibit the lights prescribed in paragraph (a) or (b) of this Rule and in addition, where they can best be seen:

(i) two all-round red lights in a vertical line;

(ii) three balls in a vertical line.

(e) A vessel of less than 7 meters in length, when at anchor, not in or near a narrow channel, fairway or anchorage, or where other vessels normally navigate, shall not be required to exhibit the lights or shape prescribed in paragraphs (a) and (b) of this Rule.

(f) A vessel of less than 12 meters in length, when aground, shall not be required to exhibit the lights or shapes prescribed in subparagraphs (d) (i) and (ii) of this Rule.

Rule 31　Seaplanes

Where it is impracticable for a seaplane or a WIG craft to exhibit lights and shapes of the characteristics or in the positions prescribed in the Rules of this Part she shall exhibit lights and shapes as closely similar in characteristics and position as is possible.

第四章　声响和灯光信号

PART D—SOUND AND LIGHT SIGNALS

第三十二条　定义

1.“号笛”一词，指能够发出规定笛声并符合本规则附录Ⅲ所载规格的任何声响信号器具。

2.“短声”一词，指历时约1秒的笛声。

3.“长声”一词，指历时4～6秒钟的笛声。

第三十三条　声号设备

1.长度为12米或12米以上的船舶，应配备一个号笛，长度为20米或20米以上的船舶，除了号笛以外还应配备一个号钟，长度为100米或100米以上的船舶除了号笛和号钟以外，还应配备一面号锣。号锣的音调和声音不可与号钟相混淆。号笛、号钟和号锣应符合本规则附录Ⅲ所载规格。号钟、号锣或二者均可用与其各自声音特性相同的其他设备代替，只要这些设备随时能以手动鸣放规定的声号。

2.长度小于12米的船舶，不要求备有本条1款规定的声响信号器具。如不备有，则应配置能够鸣放有效声号的其他设备。

第三十四条　操纵和警告信号

1.当船舶在互见中，在航机动船按本规则准许或要求进行操纵时，应用号笛发出下列声号表明之：

——一短声 表示“我船正在向右转向”；

Rule 32　Definitions

(a) The word “whistle” means any sound signalling appliance capable of producing the prescribed blasts and which complies with the specifications in Annex Ⅲ to these Regulations.

(b) The term “short blast” means a blast of about one second's duration.

(c) The term “prolonged blast” means a blast of from four to six seconds' duration.

Rule 33　Equipment for Sound Signals

(a) A vessel of 12 meters or more in length shall be provided with a whistle, a vessel of 20 meters or more in length shall be provided with a bell in addition to a whistle, and a vessel of 100 meters or more in length shall, in addition, be provided with a gong, the tone and sound of which cannot be confused with that of the bell. The whistle, bell and gong shall comply with the specifications in Annex Ⅲ to these Regulations. The bell or gong or both may be replaced by other equipment having the same respective sound characteristics, provided that manual sounding of the prescribed signals shall always be possible.

(b) A vessel of less than 12 meters in length shall not be obliged to carry the sound signaling appliances prescribed in paragraph (a) of this Rule but if she does not, she sh all be provided with some other means of making an efficient sound signal.

Rule 34　Manoeuvreing and Warning Signals

(a) When vessels are in sight of one another, a power-driven vessel underway, when manoeuvreing as authorized or required by these Rules, shall indicate that manoeuvre by the following signals on her whistle:

—one short blast to mean “I am altering my course to starboard”;

——二短声 表示“我船正在向左转向”；

——三短声 表示“我船正在向后推进”。

2. 在操纵过程中，任何船舶均可用灯号补充本条1款规定的笛号，这种灯号可根据情况予以重复：

(1)这些灯号应具有以下意义：

——一闪 表示“我船正在向右转向”；

——二闪 表示“我船正在向左转向”；

——三闪 表示“我船正在向后推进”。

(2)每闪历时应约1秒，各闪应间隔约1秒，前后信号的间隔应不少于10秒；

(3)如设有用作本信号的号灯，则应是一盏环照白灯，其能见距离至少为5海里，并应符合本规则附录Ⅰ所载规定。

3. 在狭水道或航道内互见时：

(1)一艘企图追越他船的船应遵照第九条5款(1)项的规定，以号笛发出下列声号表示其意图：

——二长声继以一短声，表示“我船企图从你船的右舷追越”；

——二长声继以二短声，表示“我船企图从你船的左舷追越”。

(2)将要被追越的船舶，当按照第九条5款(1)项行动时，应以号笛依次发出下列声号表示同意：

——一长、一短、一长、一短声。

—two short blasts to mean “I am altering my course to port”;

—three short blasts to mean “I am operating astern propulsion”.

(b) Any vessel may supplement the whistle signals prescribed in paragraph (a) of this Rule by light signals, repeated as appropriate, whilst the manoeuvre is being carried out:

(i) these light signals shall have the following significance:

—one flash to mean “I am altering my course to starboard”;

—two flashes to mean “I am altering my course to port”;

—three flashes to mean “I am operating astern propulsion”;

(ii) the duration of each flash shall be about one second, the interval between flashes shall be about one second, and the interval between successive signals shall be not lsss than ten seconds;

(iii) the light used for this signal shall, if fitted, be an all-round white light, visible at a minimum range of 5 miles, and shall comply with the provisions of Annex Ⅰ to these Regulations.

(c) When in sight of one another in a narrow channel or fairway:

(i) a vessel intending to overtake another shall in compliance with Rule 9 (e)(i) indicate her intention by the following signals on her whistle:

—two prolonged blasts followed by one short blast to mean “I intend to overtake you on your starboard side”;

—two prolonged blasts followed by two short blasts to mean “I intend to overtake you on your port side”.

(ii) the vessel about to be overtaken when acting in accordance with Rule 9 (e)(i) shall indicate her agreement by the following signal on her whistle:

—one prolonged, one short, one prolonged and one short blast, in that order.

4. 当互见中的船舶正在互相驶近,并且不论由于何种原因,任何一船无法了解他船的意图或行动,或者怀疑他船是否正在采取足够的行动以避免碰撞时,存在怀疑的船应立即用号笛鸣放至少五声短而急的声号以表示这种怀疑。该声号可以用至少五次短而急的闪光来补充。

(d) When vessels in sight of one another are approaching each other and from any cause either vessel fails to understand the intentions or actions of the other, or is in doubt whether sufficient action is being taken by the other to avoid collision, the vessel in doubt shall immediately indicate such doubt by giving at least five short and rapid blasts on the whistle. Such signal may be supplemented by a light signal of at least five short and rapid flashes.

5. 船舶在驶近可能被居间障碍物遮蔽他船的水道或航道的弯头或地段时,应鸣放一长声。该声号应由弯头另一面或居间障碍物后方可能听到它的任何来船回答一长声。

(e) A vessel nearing a bend or an area of a channel or fairway where other vessels may be obscured by an intervening obstruction shall sound one prolonged blast. Such signal shall be answered with a prolonged blast by any approaching vessel that may be within hearing around the bend or behind the intervening obstruction.

6. 如船上所装几个号笛,其间距大于 100 米,则只应使用一个号笛鸣放操纵和警告声号。

(f) If whistles are fitted on a vessel at a distance apart of more than 100 meters, one whistle only shall be used for giving manoeuvreing and warning signals.

第三十五条　能见度不良时使用的声号

Rule 35　Sound Signals in Restricted Visibility

在能见度不良的水域中或其附近时,不论白天还是夜间,本条规定的声号应使用如下:

In or near an area of restricted visibility, whether by day or night, the signals prescribed in this Rule shall be used as follows:

1. 机动船对水移动时,应以每次不超过 2 分钟的间隔鸣放一长声。

(a) A power-driven vessel making way through the water shall sound at intervals of not more than 2 minutes one prolonged blast.

2. 机动船在航但已停车,并且不对水移动时,应以每次不超过 2 分钟的间隔连续鸣放二长声,二长声间的间隔约 2 秒钟。

(b) A power-driven vessel underway but stopped and making no way through the water shall sound at intervals of not more than 2 minutes two prolonged blasts in succession with an interval of about 2 seconds between them.

3. 失去控制的船舶、操纵能力受到限制的船舶、限于吃水的船舶、帆船、从事捕鱼的船舶,以及从事拖带或顶推他船的船舶,应以每次不超过 2 分钟的间隔连续鸣放三声,即一长声继以二短声,以取代本条 1 或 2 款规定的声号。

(c) A vessel not under command, a vessel restricted in her ability to manoeuvre, a vessel constrained by her draught, a sailing vessel, a vessel engaged in fishing and a vessel engaged in towing or pushing another vessel shall, instead of the signals prescribed in paragraphs (a) or (b) of this Rule, sound at intervals of not more than 2 minutes three blasts in succession, namely one prolonged followed by two short blasts.

4. 从事捕鱼的船舶锚泊时，以及操纵能力受到限制的船舶在锚泊中执行任务时，应当鸣放本条 3 款规定的声号以取代本条 7 款规定的声号。

(d) A vessel engaged in fishing, when at anchor, and a vessel restricted in her ability to manoeuvre when carrying out her work at anchor, shall instead of the signals prescribed in paragraph (g) of this Rule sound the signal prescribed in paragraph (c) of this Rule.

5. 一艘被拖船或者多艘被拖船的最后一艘，如配有船员，应以每次不超过 2 分钟的间隔连续鸣放四声，即一长声继以三短声。当可行时，这种声号应在拖船鸣放声号之后立即鸣放。

(e) A vessel towed or if more than one vessel is towed the last vessel of the tow, if manned, shall at intervals of not more than 2 minutes sound four blasts in succession, namely one prolonged followed by three short blasts. When practicable, the signal shall be made immediately after the signal made by the towing vessel.

6. 当一顶推船和一被顶推船牢固地连接成为一个组合体时，应作为一艘机动船，鸣放本条 1 或 2 款规定的声号。

(f) When a pushed vessel and a vessel being pushed ahead are rigidly connected in a composite unit they shall be regarded as a power-driven vessel and shall give the signals prescribed in paragraphs (a) or (b) of this Rule.

7. 锚泊中的船舶，应以每次不超过 1 分钟的间隔急敲号钟约 5 秒。长度为 100 米或 100 米以上的船舶，应在船的前部敲打号钟，并应在紧接钟声之后，在船的后部急敲号锣约 5 秒钟。此外，锚泊中的船舶，还可以连续鸣放三声，即一短、一长和一短声，以警告驶近的船舶注意本船位置和碰撞的可能性。

(g) A vessel at anchor shall at intervals of not more than one minute ring the bell rapidly for about 5 seconds. In a vessel of 100 meters or more in length the bell shall be sounded in the forepart of the vessel and immediately after the ringing of the bell the gong shall be sounded rapidly for about 5 seconds in the after part of the vessel. A vessel at anchor may in addition sound three blasts in succession, namely one short, one prolonged and one short blast, to give warning of her position and of the possibility of collision to an approaching vessel.

8. 搁浅的船舶应鸣放本条 7 款规定的钟号，如有要求，应加发该款规定的锣号。此外，还应在紧接急敲号钟之前和之后各分隔而清楚地敲打号钟三下。搁浅的船舶还可以鸣放合适的笛号。

(h) A vessel aground shall give the bell signal and if required the gong signal prescribed in paragraph (g) of this Rule and shall, in addition, give three separate and distinct strokes on the bell immediately before and after the rapid ringing of the bell. A vessel aground may in addition sound an appropriate whistle signal.

9. 长度为 12 米或 12 米以上但小于 20 米的船舶，不要求鸣放本条 7 款和 8 款规定的声号。但如不鸣放上述声号，则应鸣放其他有效的声号，每次间隔不超过 2 分钟。

(i) A vessel of 12 meters or more but less than 20 meters in length shall not be obliged to give the bell signals prescribed in paragraphs (g) and (h) of this Rule. However, if she does not, she shall make some other efficient sound signal at intervals of not more than 2 minutes.

10. 长度小于 12 米的船舶，不要求鸣放上述声号，但如不鸣放上述声号，则应以每次不超过 2 分钟的间隔鸣放其他有效的声号。

(j) A vessel of less than 12 meters in length shall not be obliged to give the above-mentioned signals but, if she does not, shall make some other efficient sound signal at intervals of not more than 2 minutes.

11. 引航船当执行引航任务时，除本条 1、2 或 7 款规定的声号外，还可以鸣放由四短声组成的识别声号。

(k) A pilot vessel when engaged on pilotage duty may in addition to the signals prescribed in paragraphs (a), (b) or (g) of this Rule Sound an identity signal consisting of four short blasts.

第三十六条　招引注意的信号

如需招引他船注意，任何船舶可以发出灯光或声响信号，但这种信号应不致被误认为是本规则其他条款所准许的任何信号，或者可用不致妨碍任何船舶的方式把探照灯的光束朝着危险的方向。任何招引他船注意的灯光，应不致被误认为是任何助航标志的灯光。为此目的，应避免使用诸如频闪灯这样高亮度的间歇灯或旋转灯。

Rule 36　Signals to Attract Attention

If necessary to attract the attention of another vessel any vessel may make light or sound signals that cannot be mistaken for any signal authorized elsewhere in these Rules, or may direct the beam of her searchlight in the direction of the danger, in such a way as not to embarrass any vessel. Any light to attract the attention of another vessel shall be such that it cannot be mistaken for any aid to navigation. For the purpose of this Rule the use of high intensity intermittent or revolving lights, such as strobe lights, shall be avoided.

第三十七条　遇险信号

船舶遇险并需要救助时，应使用或显示本规则附录Ⅳ所述的信号。

Rule 37　Distress Signals

When a vessel is in distress and requires assistance she shall use or exhibit the signals described in Annex Ⅳ to these Regulations.

第五章　豁免

PART E—EXEMPTIONS

第三十八条　豁免

在本规则生效之前安放龙骨或处于相应建造阶段的任何船舶（或任何一类船舶）只要符合 1960 年国际海上避碰规则的要求，则可：

Rule 38　Exemptions

Any vessel (or class of vessels) provided that she complies with the requirements of the International Regulations for Preventing Collision at Sea, 1960, the keel of which is laid or which is at a corresponding stage of construction before the entry into force of these Regulations may be exempted from compliance therewith as follows:

1. 在本规则生效之日后 4 年内，免除安装达到第二十二条规定能见距离的号灯。

(a) The installation of lights with ranges prescribed in Rule 22, until four years after the date of entry into force of these Regulations.

2. 在本规则生效之日后 4 年内，免除安装符合本规则附录Ⅰ第 7 款规

(b) The installation of lights with color specifications as prescribed in Section 7 of Annex Ⅰ to

定的颜色规格的号灯。

these Regulations, until four years after the date of entry into force of these Regulations.

3. 永远免除由于从英制单位变换为米制单位以及丈量数字凑整而产生的号灯位置的调整。

(c) The repositioning of lights as a result of conversion from Imperial to metric units and rounding off measurement figures, permanent exemption.

4. (1)永远免除长度小于150米的船舶由于本规则附录Ⅰ第3款(1)规定而产生的桅灯位置的调整。

(d) (i) The repositioning of masthead lights on vessels of less than 150 meters in length, resulting from the prescriptions of Sections 3(a) of Annex Ⅰ to these Regulations, permanent exemption.

(2)在本规则生效之日后9年内,免除长度为150米或150米以上的船舶由于本规则附录Ⅰ第3款(1)规定而产生的桅灯位置的调整。

(ii) The repositioning of masthead lights on vessels of 150 meters or more in length, resulting from the prescriptions of Sections 3(a) of Annex Ⅰ to these Regulations, until nine years after the date of entry into force of these Regulations.

5. 在本规则生效之日后9年内,免除由于本规则附录Ⅰ第2款(2)规定而产生的桅灯位置的调整。

(e) The repositioning of masthead lights resulting from the prescriptions of Sections 2(b) of Annex Ⅰ to these Regulations, until nine years after the date of entry into force of these Regulations.

6. 在本规则生效之日后9年内,免除由于本规则附录Ⅰ第2款(7)和第3款(2)规定而产生的舷灯位置的调整。

(f) The repositioning of sidelights resulting from the prescription of Section 2(g) and 3(b) of Annex Ⅰ to these Regulations, until 9 years after the date of entry into force of these Regulations.

7. 在本规则生效之日后9年内,免除本规则附录Ⅲ对声号器具所规定的要求。

(g) The requirements for sound signal appliances prescribed in Annex Ⅲ to these Regulations, until 9 years after the date of entry into force of these Regulations.

8. 永远免除由于本规则附录Ⅰ第9款(2)规定而产生的环照灯位置的调整。

(h) The repositioning of all-round lights resulting from the prescription of Section 9(b) of Annex Ⅰ to these Regulations, permanent exemption.

第六章 对符合本公约规定的验证

PART F—VERIFICATION OF COMPLIANCE WITH THE PROVISIONS OF THE CONVENTION

第三十九条 定义

1. 审核系指为确定达到审核标准的程度而获取审核证据和客观地对其评价的一套系统的、独立的和有文件记录的程序。

Rule 39 Definitions

(a) Audit means a systematic, independent and documented process for obtaining audit evidence and evaluating it objectively to determine the extent to which audit criteria are fulfilled.

2. 审核机制系指本组织制定的国际海事组织成员国审核机制，其中考虑到本组织制定的导则。

(b) Audit Scheme means the IMO Member State Audit Scheme established by the Organization and taking into account the guidelines developed by the Organization.

3. 文书实施规则系指本组织以第A. 1070(28)号决议通过的《国际海事组织文书实施规则》(《文书实施规则》)。

(c) Code for Implementation means the IMO Instruments Implementation Code (III Code) adopted by the Organization by resolution A. 1070 (28).

4. 审核标准系指《文书实施规则》。

(d) Audit Standard means the Code for Implementation.

第四十条 适用范围

Rule 40 Application

各缔约国在按本附则履行其责任和义务时，须使用《文书实施规则》的规定。

Contracting Parties shall use the provisions of the Code for Implementation in the execution of their obligations and responsibilities contained in the present Convention.

第四十一条 符合性验证

Rule 41 Verification of Compliance

1. 每一缔约国均须接受本组织按照审核标准进行的定期审核，以验证其是否符合并实施了本公约的要求。

(a) Every Contracting Party shall be subject to periodic audits by the Organization in accordance with the audit standard to verify compliance with and implementation of the present Convention.

2. 本组织秘书长须基于本组织制订的导则，负责对审核机制实施管理。

(b) The Secretary—General of the Organization shall have responsibility for administering the Audit Scheme, based on the guidelines developed by the Organization.

3. 每一缔约国均须基于本组织制订的导则，负责为开展审核提供便利并实施为处理审核结果的行动计划。

(c) Every Contracting Party shall have responsibility for facilitating the conduct of the audit and implementation of a programme of actions to address the findings, based on the guidelines developed by the Organization.

4. 对所有缔约国的审核均须：

(d) Audit of all Contracting Parties shall be:

(1)基于本组织秘书长制订的总体计划，并考虑到本组织制订的导则；和

(i) based on an overall schedule developed by the Secretary—General of the Organization, taking into account the guidelines developed by the Organization; and

(2)定期进行，并考虑到本组织制订的导则。

(ii) conducted at periodic intervals, taking into account the guidelines developed by the Organization.

附录Ⅰ 号灯和号型的位置和技术细节

1. 定义

“船体以上的高度”一词，指最上层连续甲板以上的高度。这一高度应从灯的位置垂直下方处量起。

2. 号灯的垂向位置和间距

(1)长度为20米或20米以上的机动船，桅灯应安置如下：

①前桅灯，或如只装设一盏桅灯，则该桅灯在船体以上的高度应不小于6米，如船的宽度超过6米，则在船体以上的高度应不小于该宽度，但是该灯安置在船体以上的高度不必大于12米；

②当装设两盏桅灯时，后灯高于前灯的垂向距离应至少为4.5米。

(2)机动船的两盏桅灯的垂向距离应是这样：即在一切正常纵倾的情况下，当从距离船首1000米的海面观看时，应能看出后灯在前灯的上方并且分开。

(3)长度为12米或12米以上但小于20米的机动船，其桅灯安置在舷边以上的高度应不小于2.5米。

(4)长度小于12米的机动船，可以把最上面的一盏号灯装在舷边以上小于2.5米的高度，但当除舷灯和尾灯之外还设有一盏桅灯或者除舷灯之外还设有第二十三条4款(1)项所规

ANNEX Ⅰ POSITIONING AND TECHNICAL DETAILS OF LIGHTS AND SHAPES

1. Definition

The term “height above the hull” means height above the uppermost continuous deck. This height shall be measured from the position vertically beneath the location of the light.

2. Vertical positioning and spacing of lights

(a) On a power-driven vessel of 20 meters or more in length the masthead lights shall be placed as follows:

(i) the forward masthead light, or if only one masthead light is carried, then that light, at a height above the hull of not less than 6 meters, and, if the breadth of the vessel exceeds 6 meters, then at a height above the hull not less than such breadth, so however that the light need not be placed at a greater height above the hull than 12 meters;

(ii) when two masthead lights are carried the after one shall be at least 4.5 meters vertically higher than the forward one.

(b) The vertical separation of masthead lights of power-driven vessels shall be such that in all normal conditions of trim the after light will be seen over and separate from the forward light at a distance of 1000 meters from the stem when viewed from sea-level.

(c) The masthead light of a power-driven vessel of 12 meters but less than 20 meters in length shall be placed at a height above the gunwale of not less than 2.5 meters.

(d) A power-driven vessel of less than 12 meters in length may carry the uppermost light at a height of less than 2.5 meters above the gunwale. When, however, a masthead light is carried in addition to sidelights and a sternlight or the all-round light prescribed in Rule 23(c) (i) is carried

定的环照白灯时，则该桅灯或该环照白灯的设置至少应高于舷灯 1 米。

in addition to sidelights, then such masthead light or all-round light shall be carried at least 1 meter higher than the sidelights.

(5)为从事拖带或顶推他船的机动船所规定的两盏或三盏桅灯中的一盏，应安置在前桅灯或后桅灯相同的位置。如果该灯装在后桅上，则该最低的后桅灯高于前桅灯的垂向距离应不少于 4.5 米。

(e) One of the two or three masthead lights prescribed for a power-driven vessel when engaged in towing or pushing another vessel shall be placed in the same position as either the forward masthead light or the after masthead light; provided that, if carried on the aftermast, the lowest after masthead light shall be at least 4.5 meters vertically higher than the forward masthead light.

(6)①第二十三条 1 款规定的桅灯，除本款②项所述外，应安置在高于并离开其他一切灯光和遮蔽物的位置上。

(f) (i) The masthead light or lights prescribed in Rule 23 (a) shall be so placed as to be above and clear of all other lights and obstructions except as described in subparagraph (ii).

②当在低于桅灯的位置上不可能装设第二十七条 2 款(1)项或第二十八条规定的环照灯时，这些环照灯可以装设在后桅灯上方或悬挂于前桅灯和后桅灯垂向之间，如属后一种情况，则应符合本附录第 3 款(3)项的要求。

(ii) When it is impracticable to carry the all-round lights prescribed by Rule 27(b) (i) or Rule 28 below the masthead lights, they may be carried above the after masthead light(s) or vertically in between the forward masthead light(s) and after masthead light(s), provided that in the latter case the requirement of Section 3 (c) of this Annex shall be complied with.

(7)机动船的舷灯安置在船体以上的高度，应不超过前桅灯高度的四分之三。这些舷灯不应低到受甲板灯光的干扰。

(g) The sidelights of a power-driven vessel shall be placed at a height above the hull not greater than three quarters of that of the forward masthead light. They shall not be so low as to be interfered with by deck lights.

(8)长度小于 20 米的机动船的舷灯，如并为一盏，则应安置在低于桅灯不小于 1 米处。

(h) The sidelights, if in a combined lantern and carried on a power-driven vessel of less than 20 meters in length, shall be placed not less than 1 meter below the masthead light.

(9)当本规则规定垂直装设两盏或三盏号灯时，这些号灯的间距如下：

(i) When the Rules prescribe two or three lights to be carried in a vertical line, they shall be spaced as follows:

①长度为 20 米或 20 米以上的船舶，这些号灯的间距应不小于 2 米，而且除需要拖带号灯的情况外，这些号灯的最低一盏，应装设在船体以上高度不小于 4 米处。

(i) on a vessel of 20 meters in length or more such lights shall be spaced not less than 2 meters apart, and the lowest of these lights shall, except where a towing light is required, be placed at a height of not less than 4 meters above the hull;

②长度小于 20 米的船舶，这些号

(ii) on a vessel of less than 20 meters in length

灯的间距应不小于1米，而且除需要拖带号灯的情况外，这些号灯的最低一盏，应装设在舷边以上高度不小于2米处。

③当装设三盏号灯时，其间距应相等。

(10)为从事捕鱼的船所规定的两盏环照灯的较低一盏，在舷灯以上的高度应不小于这两盏号灯垂向间距的2倍。

(11)当装设两盏锚灯时，第三十条1款(1)项规定的前锚灯应高于后锚灯不小于4.5米。长度为50米或50米以上的船舶，前锚灯应装设在船体以上高度不小于6米处。

3. 号灯的水平位置和间距

(1)当机动船按规定有两盏桅灯时，两灯之间的水平距离应不小于船长的一半，但不必大于100米。前桅灯应安置在离船首不大于船长的四分之一处。

(2)长度为20米或20米以上的机动船，舷灯不应安置在前桅灯的前面。这些舷灯应安置在舷侧或接近舷侧处。

(3)当第二十七条2款(1)项或第二十八条规定的号灯设置在前桅灯和后桅灯垂向之间时，这些环照灯应安置在与该船首尾中心线正交的横向水平距离不小于2米处。

(4)当机动船按规定仅有一盏桅灯时，该灯应在船中之前显示；长度小于20米的船舶不必在船中之前显示该灯，但应在尽可能靠前的位置上显示。

such lights shall be spaced not less than 1 meter apart and the lowest of these lights shall, except where a towing light is required, be placed at a height of not less than 2 meters above the gunwale;

(iii) when three lights are carried they shall be equally spaced.

(j) The lower of the two all-round lights prescribed for a vessel when engaged in fishing shall be at a height above the sidelights not less than twice the distance between the two vertical lights.

(k) The forward anchor light prescribed in Rule 30(a)(i), when two are carried, shall not be less than 4.5 meters above the after one. On a vessel of 50 meters or more in length this forward anchor light shall be placed at a height of not less than 6 meters above the hull.

3. Horizontal positioning and spacing of lights

(a) When two masthead lights are prescribed for a power-driven vessel, the horizontal distance between them shall not be less than one half of the length of the vessel but need not be more than 100 meters. The forward light shall be placed not more than one quarter of the length of the vessel from the stem.

(b) On a power-driven vessel of 20 meters or more in length the sidelights shall not be placed in front of the forward masthead lights. They shall be placed at or near the side of the vessel.

(c) When the lights prescribed in Rule 27(b)(i) or Rule 28 are placed vertically between the forward masthead light(s) and the after masthead light(s) these all-round lights shall be placed at a horizontal distance of not less than 2 meters from the fore-and-aft centerline of the vessel in the athwartship direction.

(d) When only one masthead light is prescribed for a power-driven vessel, this light shall be exhibited forward of amidships; except that a vessel of less than 20 meters in length need not exhibit this light forward of amidships but shall exhibit it as far forward as is practicable.

4. 渔船、疏浚船及从事水下作业船舶的示向号灯的位置细节

(1)从事捕鱼的船舶,按照第二十六条 3 款(2)项规定用以指示船边外伸渔具方向的号灯,应安置在离开那两盏环照红和白灯不小于 2 米但不大于 6 米的水平距离处。该号灯的安置应不高于第二十六条 3 款(1)项规定的环照白灯但也不低于舷灯。

(2)从事疏浚或水下作业的船舶,按照第二十七条 4 款(1)和(2)项规定用以指示有障碍物的一舷和(或)能安全通过的一舷的号灯和号型,应安置在离开第二十七条 2 款处,但绝不应小于 2 米。这些号灯或号型的上面一个的安置高度决不高于第二十七条 2 款(1)和(2)项规定的三个号灯或号型中的下面一个。

5. 舷灯遮板

长度在 20 米或 20 米以上的船舶的舷灯,应装有无光黑色的内侧遮板,并符合本附录第 9 款的要求。长度小于 20 米的船舶的舷灯,如需为符合本附录第 9 款的要求,应装设无光黑色的内侧遮板。用单一直立灯丝并在绿色和红色两部分之间有一条很窄分界线的合座灯,可不必装配外部遮板。

6. 号型

(1)号型应是黑色并具有以下尺度:

①球体的直径应不小于 0.6 米;

4. Details of location of direction-indicating lights for fishing vessels, dredgers and vessels engaged in underwater operations

(a) The light indicating the direction of the outlying gear from a vessel engaged in fishing as prescribed in Rule 26(c) (ii) shall be placed at a horizontal distance of not less than 2 meters and not more than 6 meters away from the two all-round red and white lights. This light shall be placed not higher than the all-round white light prescribed in Rule 26(c)(i) and not lower than the sidelights.

(b) The lights and shapes on a vessel engaged in dredging or underwater operations to indicate the obstructed side and/or the side on which it is safe to pass, as prescribed in Rule 27 (d) (i) and (ii), shall be placed at the maximum practical horizontal distance, but in no case less than 2 meters, from the lights or shapes prescribed in Rule 27(b) (i) and (ii). In no case shall the upper of these lights or shapes be at a greater height than the lower of the three lights or shapes prescribed in Rule 27(b) (i) and (ii).

5. Screens for sidelights

The sidelights of vessels of 20 meters or more in length shall be fitted with inboard screens painted matt black, and meeting the requirements of Section 9 of this Annex. On vessels of less than 20 meters in length the sidelights, if necessary to meet the requirements of Section 9 of this Annex, shall be fitted with inboard matt black screens. With a combined lantern, using a single vertical filament and a very narrow division between the green and red sections, external screens need not be fitted.

6. Shapes

(a) Shapes shall be black and of the following sizes:

(i) a ball shall have a diameter of not less than 0.6 meter;

②圆锥体的底部直径应不小于0.6米,其高度应与直径相等;

(ii) a cone shall have a base diameter of not less than 0.6 meter and a height equal to its diameter;

③圆柱体的直径至少为0.6米,其高度应两倍于直径;

(iii) a cylinder shall have a diameter of at least 0.6 meter and a height of twice its diameter;

④菱形体应由两个本款②所述的圆锥体以底相合组成。

(iv) a diamond shape shall consist of two cones as defined in (ii) above having a common base.

(2)号型间的垂直距离应至少为1.5米。

(b) The vertical distance between shapes shall be at least 1.5 meters.

(3)长度小于20米的船舶,可用与船舶尺度相称的较小尺度的号型,号型间距亦可相应减少。

(c) In a vessel of less than 20 meters in length shapes of lesser dimensions but commensurate with the size of the vessel may be used and the distance apart may be correspondingly reduced.

7. 号灯的颜色规格

7. Color specification of lights

所有航海号灯的色度应符合下列标准,这些标准是包括在国际照明委员会(CIE)为每种颜色所规定的图解区域界限以内的。

The chromaticity of all navigation lights shall conform to the following standards, which lie within the boundaries of the area of the diagram specified for each color by the International Commission on Illumination (CIE).

每种颜色的区域界限是用折角点的坐标表示的,这些坐标如下:

The boundaries of the area for each color are given by indicating the corner coordinates, which are as follows:

(1)白色 (i) White:

x	0.525	0.525	0.452	0.310	0.310	0.443
y	0.382	0.440	0.440	0.348	0.283	0.382

(2)绿色 (ii) Green:

x	0.028	0.009	0.300	0.203
y	0.385	0.723	0.511	0.356

(3)红色 (iii) Red:

x	0.680	0.660	0.735	0.721
y	0.320	0.320	0.265	0.259

(4)黄色 (iv) Yellow

x	0.612	0.618	0.575	0.575
y	0.382	0.382	0.425	0.406

8. 号灯的发光强度

8. Intensity of lights

(1)号灯的最低发光强度应用下述公式计算:

(a) The minimum luminous intensity of lights shall be calculated by using the formula:

$$I=3.43\times10^{6}TD^{2}K^{-D}$$

式中：I——在使用的情况下，以堪(Candelas)单位计算的发光强度；

T——临阈系数，为 2×10^{-7} 勒克斯；

D——号灯的能见距离(照明距离)，以海里计算；

K——大气透射率。用于规定的号灯，K 值应是 0.8，相当于约 13 海里的气象能见度。

(2)从上述公式导出的数值示例如下：

以海里为单位的号灯能见距离(照明距离) D	以堪为单位的号灯发光强度($K=0.8$) I
1	0.9
2	4.3
3	12
4	27
5	52
6	94

注：航海号灯的最大发光强度应予限制，以防止过度的眩光，但不应该使用发光强度可变控制的办法。

9. 水平光弧

(1)①船上所装的舷灯，在朝前的方向上，应显示最低要求的发光强度，发光强度在规定光弧外的 1～3 度之间，应减弱以达到切实断光。

②尾灯和桅灯，以及舷灯在正横后 22.5 度处，应在水平弧内保持最低要求的发光强度，直到第二十一条规定的光弧界限内 5 度。从规定的光弧内 5 度起，发光强度可减弱 50%，直到规定的界限；然后，发光强度应不断减弱，以达到在规定光弧外至多 5 度处切实断光。

$$I=3.43\times10^{6}\times T\times D^{2}\times K^{-D}$$

where: I is luminous intensity in candelas under service conditions;

T is threshold factor 2×10^{-7} lux;

D is range of visibility (luminous range) of the light in nautical miles;

K is atmospheric transmissivity.

For prescribed lights the value of K shall be 0.8, corresponding to a meteorological visibility of approximately 13 nautical miles.

(b) A selection of figures derived from the formula is given in the following table:

Range of visibility (luminous range) of light in nautical miles D	Minimum luminous intensity of light in candelas for $K=0.8$ I
1	0.9
2	4.3
3	12
4	27
5	52
6	94

Note: The maximum luminous intensity of navigation lights should be limited to avoid undue glare. This shall not be achieved by a variable control of the luminous intensity.

9. Horizontal sectors

(a) (i) In the forward direction, sidelights as fitted on the vessel shall show the minimum required intensities. The intensities shall decrease to reach practical cut-off between 1° and 3° outside the prescribed sectors.

(ii) For sternlights and masthead lights and at 22.5° abaft the beam for sidelights, the minimum required intensities shall be maintained over the arc of the horizon up to 5° within the limits of the sectors prescribed in Rule 21. From 5° within the prescribed sectors the intensity may decrease by 50% up to the prescribed limits; it shall decrease steadily to reach practical cut-off at not more than 5° outside the prescribed sectors.

(2)①环照灯应安置在不被桅、顶桅或建筑物遮蔽大于 6 度角光弧的位置上，但第三十条规定的锚灯除外，锚灯不必安置在船体以上不切实际的高度。

(b) (i) All-round lights shall be so located as not to be obscured by masts, topmasts or structures within angular sectors of more than 6°, except anchor lights prescribed in Rule 30, which need not be placed at an impracticable height above the hull.

②如果仅显示一盏环照灯无法符合本段第(2)①小段的要求，则应使用两盏环照灯，固定于适当位置或用挡板遮挡，使其在 1 海里距离上尽可能像是一盏灯。

(ii) If it is impracticable to comply with paragraph (b)(i) of this section by exhibiting only one all-round light, two all-round lights shall be used suitably positioned or screened so that they appear, as far as practicable, as one light at a distance of one mile.

10. 垂向光弧

10. Vertical sectors

(1)所装电气号灯的垂向光弧，除在航帆船的号灯外，应保证：

(a) The vertical sectors of electric lights as fitted, with the exception of lights on sailing vessels underway, shall ensure that:

①从水平上方 5 度到水平下方 5 度的所有角度内，至少保持所要求的最低发光强度；

(i) at least the required minimum intensity is maintained at all angles from 5° above to 5° below the horizontal;

②从水平上方 7.5 度到水平下方 7.5 度，至少保持所要求的最低发光强度的 60%。

(ii) at least 60% of the required minimum intensity is maintained from 7.5° above to 7.5° below the horizontal.

(2)在航帆船所装电气号灯的垂向光弧，应保证：

(b) In the case of sailing vessels underway the vertical sectors of electric lights as fitted shall ensure that:

①从水平上方 5 度到水平下方 5 度的所有角度内，至少保持所要求的最低发光强度；

(i) at least the required minimum intensity is maintained at all angles from 5° above to 5° below the horizontal;

②从水平上方 25 度到水平下方 25 度，至少保持所要求的最低发光强度的 50%。

(ii) at least 50% of the required minimum intensity is maintained from 25° above to 25° below the horizontal.

(3)电气号灯以外的灯应尽可能符合这些规格。

(c) In the case of lights other than electric these specifications shall be met as closely as possible.

11. 非电气号灯的发光强度

11. Intensity of non-electric lights

非电气号灯应尽可能符合本附录第 8 款表中规定的最低发光强度。

Non-electric lights shall so far as practicable comply with the minimum intensities, as specified in the Table given in Section 8 of this Annex.

12. 操纵号灯

12. Manoeuvreing light

尽管有本附录第 2 款(6)项规定，第三十四条 2 款所述的操纵号灯应安置在一盏或多盏桅灯的同一首尾垂直面上，如可行，并且操纵号灯高于或低于后桅灯的距离不小于 2 米，则操纵号灯应高于前桅灯的垂向距离至少为 2 米。只装设一盏桅灯的船舶，如装有操纵号灯，则应将其装设在与桅灯的垂向距离不小于 2 米的最易见处。

Notwithstanding the provisions of paragraph 2 (f) of this Annex the manoeuvreing light described in Rule 34(b) shall be placed in the same fore-and-aft vertical plane as the masthead light or lights and, where practicable, at a minimum height of 2 meters vertically above the forward masthead light, provided that it shall be carried not less than 2 meters vertically above or below the after masthead light. On a vessel where only one masthead light is carried, the manoeuvreing light, if fitted, shall be carried where it can best be seen, not less than 2 meters vertically apart from the masthead light.

13. 高速船*

(1)高速船的桅灯可装设在相应于船的宽度、低于本附录第 2 款(1)①规定的高度上，其条件是由两盏舷灯和一盏桅灯形成的等腰三角形的底角，在正视时不应小于 27 度。

(2)长度为 50 米或 50 米以上的高速船上，本附录第 2 款(1)②规定的前桅灯和主桅灯之间 4.5 米的垂向距离可以修改，但此距离应不少于下列公式规定的数值：

$$y=\frac{(a+17\Psi)C}{1000}+2$$

式中：y——主桅灯高于前桅灯的高度(米)；

a——航行状态下前桅灯高于水面的高度(米)；

Ψ——航行状态下的纵倾(度)；

C——桅灯的水平距离(米)。

* 参照 1994 年国际高速客船安全规则和 2000 年国际高速客船安全规则。

13. High Speed Craft*

(a) The masthead light of high-speed craft may be placed at a height related to the breadth of the craft lower than that prescribed in paragraph 2 (a)(i) of this Annex, provided that the base angle of the isosceles triangles formed by the sidelights and masthead light, when seen in end elevation, is not less than 27°.

(b) On high-speed craft of 50 meters or more in length, the vertical separation between foremast and mainmast light of 4.5 meters is required by paragraph 2(a)(ii) of this Annex and may be modified provided that such distance shall not be less than the value determined by the following formula:

$$y=\frac{(a+17\Psi)C}{1000}+2$$

where: y is the height of the mainmast light above the foremast light in meters;

a is the height of the foremast light above the water surface in service condition in meters;

Ψ is the trim in service conditions in degrees;

C is the horizontal separation of masthead lights in meters.

* Refers to the International Code of Safety for High-Speed Craft, 1994 and the International Code of Safety for High-Speed Craft, 2000.

14. 认可

14. Approval

号灯和号型的构造以及号灯在船上的安装，应符合船旗国的有关主管机关的要求。

The construction of lights and shapes and the installation of lights on board the vessel shall be to the satisfaction of the appropriate authority of the State whose flag the vessel is entitled to fly.

附录Ⅱ 在相互邻近处捕鱼的渔船的额外信号

ANNEX Ⅱ ADDITIONAL SIGNALS FOR FISHING VESSELS FISHING IN CLOSE PROXIMITY

1. 通则

本附录中所述的号灯，如为履行第二十六条4款而显示时，应安置在最易见处。这些号灯的间距至少应为0.9米，但要低于第二十六条2款(1)项和3款(1)项规定的号灯。这些号灯，应能在水平四周至少1海里的距离上被见到，但应小于本规则为渔船规定的号灯的能见距离。

2. 拖网渔船的信号

(1)长度等于或大于20米的船舶在从事拖网作业时，不论使用海底还是深海渔具，应显示：

①放网时：垂直两盏白灯；

②起网时：垂直两盏灯，上白下红灯；

③网挂住障碍物时：垂直两盏红灯。

(2)长度等于或大于20米、从事对拖网作业的每一船应显示：

①在夜间，朝着前方并向本对拖网中另一船的方向照射的探照灯；

②当放网或起网或网挂住障碍物时，按本附录第2节(1)规定的号灯。

1. General

The lights mentioned herein shall, if exhibited in pursuance of Rule 26(d), be placed where they can best be seen. They shall be at least 0.9 meter apart but at a lower level than lights prescribed in Rule 26(b)(i) and (c)(i). The lights shall be visible all around the horizon at a distance of at least 1 mile but at a lesser distance than the lights prescribed by these Rules for fishing vessels.

2. Signals for trawlers

(a) Vessels of 20 meters or more in length when engaged in trawling, whether using demersal or pelagic gear, shall exhibit:

(i) when shooting their nets:
two white lights in a vertical line;

(ii) when hauling their nets:
one white light over one red light in a vertical line;

(iii) when the net has come fast upon an obstruction:
two red lights in a vertical line.

(b) Each vessel of 20 meters or more in length engaged in pair trawling shall exhibit:

(i) by night, a searchlight directed forward and in the direction of the other vessel of the pair;

(ii) when shooting or hauling their nets or when their nets have come fast upon an obstruction, the lights prescribed in 2(a) above.

(3)长度小于20米、从事拖网作业的船舶，不论使用海底或深海渔具还是从事对拖网作业，可视情况显示本段(1)或(2)中规定的号灯。

3. 围网船的信号

从事围网捕鱼的船舶，可垂直显示两盏黄色号灯。这些号灯应每秒钟交替闪光一次，而且明暗历时相等。这些号灯仅在船舶的行动为其渔具所妨碍时才可显示。

(c) A vessel of less than 20 meters in length engaged in trawling, whether using demersal or pelagic gear or engaged in pair trawling, may exhibit the lights prescribed in paragraphs (a) or (b) of this section, as appropriate.

3. Signals for purse seiners

Vessels engaged in fishing with purse seine gear may exhibit two yellow lights in a vertical line. These lights shall flash alternately every second and with equal light and occultation duration. These lights may be exhibited only when the vessel is hampered by its fishing gear.

附录Ⅲ　声号器具的技术细节

1. 号笛

(1)频率和可听距离

笛号的基频应在70～700赫兹的范围内。

笛号的可听距离应通过其频率来确定，这些频率可包括基频和(或)一种或多种较高的频率，并具下文第1(3)款规定的声压级。对于长度为20米或20米以上的船舶，频率范围为180～700赫兹(±1%)；对于长度为20米以下的船舶，频率范围为180～2100赫兹(±1%)。

(2)基频的界限

为保证号笛的多样特性，号笛的基频应介于下列界限以内：

①70～200赫兹，用于长度200米或200米以上的船舶；

②130～350赫兹，用于长度75米或75米以上但小于200米的船舶；

③250～700赫兹，用于长度小于75米的船舶。

ANNEX Ⅲ TECHNICAL DETAILS OF SOUND SIGNAL APPLIANCES

1. Whistles

(a) Frequencies and range of audibility

The fundamental frequency of the signal shall lie within the range 70-700Hz. The range of audibility of the signal from a whistle shall be determined by those frequencies, which may include the fundamental and/or one or more higher frequencies, which lie within the range 180-700Hz (±1%) for a vessel of 20 meters or more in length, or 180-2100Hz (±1%) for a vessel of less than 20 meters in length and which provide the sound pressure levels specified in paragraph 1(c) below.

(b) Limits of fundamental frequencies

To ensure a wide variety of whistle characteristics, the fundamental frequency of a whistle shall be between the following limits:

(i) 70-200 Hz, for a vessel 200 meters or more in length;

(ii) 130-350 Hz, for a vessel 75 meters but less than 200 meters in length;

(iii) 250-700 Hz, for a vessel less than 75 meters in length.

(3)笛号的声强和可听距离

船上所装的号笛,在其最大声强方向上,距离1米处,在频率为180～700赫兹(±1%)(长度20米或20米以上船舶)或180～2100赫兹(±1%)(长度20米以下船舶)范围内的至少每个1/3倍频带宽中,应具有不小于下表所订相应数值的声压。

船舶长度(米)	1/3倍频程带宽声压相对值(距离1米,相对于$2\times10^{-5}N/m^2$)(分贝)	可听距离(海里)
200或200以上	143	2
75或75以上但小于200	138	1.5
20或20以上但小于75	130	1
小于20	120①	0.5
	115②	
	111③	

注:①当量测频率在180～450赫兹时。
②当量测频率在450～800赫兹时。
③当量测频率在800～2100赫兹时。

表中的可听距离是参考性的而且是在号笛的前方轴线上,在无风条件下,有90%的概率可在有一般背景噪声(用中心频率为250赫兹的倍频程带宽时取68分贝,用中心频率为500赫兹的倍频程带宽时取63分贝)的船上收听点听到的大约距离。实际上,号笛的可听距离极易变化。而且主要取决于天气情况,所订数值可作为典型值,但在强风或在收听点周围有高背景噪声的情况下,可听距离会大大减小。

(c) Sound signal intensity and range of audibility

A whistle fitted in a vessel shall provide, in the direction of maximum intensity of the whistle and at a distance of 1 meter from it, a sound pressure level in at least one 1/3-octave band within the range of frequencies 180-700 Hz (±1%) for a vessel of 20 meters or more in length, or 180-2100 Hz (±1%) for a vessel of less than 20 meters in length, of not less than the appropriate figure given in the table below.

Length of vessel in meters	1/3-octave band level at 1 meter in dB referred to $2\times10^{-5}N/m^2$	Audibility range in nautical miles
200 or more	143	2
75 but less than 200	138	1.5
20 but less than 75	130	1
Less than 20	120①	0.5
	115②	
	111③	

Note:①When the measured frequencies lie within the range 180～450 Hz.
②When the measured frequencies lie within the range 450～800 Hz.
③When the measured frequencies lie within the range 800～2100 Hz.

The range of audibility in the table above is for information and is approximately the range at which a whistle may be heard on its forward axis with 90% probability in conditions of still air on board a vessel having average background noise level at the listening posts (taken to be 68 dB in the octave band centered on 250 Hz and 63 dB in the octave band centered on 500 Hz).

In practice the range at which a whistle may be heard is extremely variable and depends critically on weather conditions; the values given can be regarded as typical but under conditions of strong wind or high ambient noise level at the listening post the range may be much reduced.

(4)方向性

方向性号笛的声压值，在轴线±45度内的任何水平方向上，比轴线上的规定声压级至多只应低4分贝，在任何其他水平方向上的声压级，比轴线上的规定声压值至多只应低10分贝，以使任何方向上的可听距离至少是轴线前方上可听距离的一半。声压级应在决定可听距离的那个1/3倍频带中测定。

(d) Directional properties

The sound pressure level of a directional whistle shall be not more than 4 dB below the prescribed sound pressure level on the axis at any direction in the horizontal plane within ±45° of the axis. The sound pressure level at any other direction in the horizontal plane shall be not more than 10 dB below the prescribed sound pressure level on the axis, so that the range in any direction will be at least half the range on the forward axis. The sound pressure level shall be measured in that 1/3-octave band which determines the audibility range.

(5)号笛的安装

当方向性号笛作为船上唯一的号笛使用时，其安装应使最大声强朝着正前方。

号笛应安置在船上尽可能高的地方，使发出的声音少受遮蔽物的阻截，并使人员听觉受损害的危险降到最低程度。在船上收听点听到本船声号的声压值不应超过110分贝(A)。并应尽可能不超过100分贝(A)。

(e) Positioning of whistles

When a directional whistle is to be used as the only whistle on a vessel, it shall be installed with its maximum intensity directed straight ahead.

A whistle shall be placed as high as practicable on a vessel, in order to reduce interception of the emitted sound by obstructions and also to minimize hearing damage risk to personnel. The sound pressure level of the vessel's own signal at listening posts shall not exceed 110 dB (A) and so far as practicable should not exceed 100 dB (A).

(6)一个以上号笛的安装

如各号笛配置的间距大于100米，则应作出安排使其不致同时鸣放。

(f) Fitting of more than one whistle

If whistles are fitted at a distance apart of more than 100 meters, it shall be so arranged that they are not sounded simultaneously.

(7)组合号笛系统

如果由于遮蔽物的存在，以致单一号笛或本节(6)所指号笛之一的声场可能有一个声压值大为降低的区域时，建议用一组合号笛系统以克服这种降低。就本规则而言，组合号笛系统作为单一号笛论。组合系统中各号笛的间距应不大于100米，并应作出安排使其同时鸣放。任一号笛的频率应与其他号笛的频率至少相差10赫兹。

(g) Combined whistle systems

If due to the presence of obstructions the sound field of a single whistle or of one of the whistles referred to in paragraph 1(f) above is likely to have a zone of greatly reduced signal level, it is recommended that a combined whistle system be fitted so as to overcome this reduction. For the purposes of the Rules a combined whistle system is to be regarded as a single whistle. The whistles of a combined system shall be located at a distance apart of not more than 100 metres and arranged to be sounded simultaneously. The frequency of any one whistle shall differ from those of the others by at least 10 Hz.

2. 号钟和号锣

(1)声号的强度

号钟、号锣或其他具有类似声音特性的器具所发出的声压值，在距它1米处，应不少于110分贝。

(2)构造

号钟和号锣应用抗蚀材料制成，其设计应能使之发出清晰的音调。长度为20米或20米以上的船舶，号钟口的直径应不小于300毫米。如可行，建议用一个机动钟锤，以保证敲力稳定，但仍应可能用手操作，钟锤的质量应不小于号钟质量的3%。

3. 认可

声号器具的构造性能及其在船上的安装，应符合船旗国的有关主管机关的要求。

2. Bell or gong

(a) Intensity of signal

A bell or gong, or other device having similar sound characteristics shall produce a sound pressure level of not less than 110 dB at a distance of 1 meter from it.

(b) Construction

Bells and gongs shall be made of corrosion-resistant material and designed to give a clear tone. The diameter of the mouth of the bell shall be not less than 300 mm for vessels of 20 meters or more in length. Where practicable, a power-driven bell striker is recommended to ensure constant force but manual operation shall be possible. The mass of the striker shall be not less than 3% of the mass of the bell.

3. Approval

The construction of sound signal appliances, their performance and their installation on board the vessel shall be to the satisfaction of the appropriate authority of the State whose flag the vessel is entitled to fly.

附录Ⅳ　遇险信号

1. 下列信号，不论是在一起或分别使用或显示，均表示遇险需要救助：

(1)每隔约1分钟鸣炮或燃放其他爆炸信号一次；

(2)以任何雾号器具连续发声；

(3)以短的间隔，每次放一个抛射红星的火箭或信号弹；

(4)无线电报或任何其他通信方法发出莫尔斯码 · · · — — — · · ·(SOS)的信号；

(5)用无线电话发出“梅代”(MAYDAY)语音信号；

ANNEX Ⅳ
DISTRESS SIGNALS

1. The following signals, used or exhibited either together or separately, indicate distress and need of assistance:

(a) a gun or other explosive signal fired at intervals of about a minute;

(b) a continuous sounding with any fog-signaling apparatus;

(c) rockets or shells, throwing red stars fired one at a time at short intervals;

(d) a signal made by radiotelegraphy or by any other signaling method consisting of the group ···— — —··· (SOS) in the Morse Code;

(e) a signal sent by radiotelephony consisting of the spoken word “Mayday”;

(6)《国际简语信号规则》中表示遇险的信号 N.C.；

(7)由一个球体或任何类似球体的物体及在其上方或下方的一面方旗所组成的信号；

(8)船上的火焰(如从燃着的柏油桶、油桶等发出的火焰)；

(9)火箭降落伞式或手持式的红色突耀火光；

(10)放出橙色烟雾的烟雾信号；

(11)两臂侧伸，缓慢而重复地上下摆动；

(12)通过数字选择性呼叫(DSC)在以下频道上发送的遇险报警：

①甚高频第 70 频道，或

②MF/HF，频率为 2187.5kHz、8414.5kHz、4207.5kHz、6312kHz、12577kHz 或 16804.5kHz；

(13)通过国际海事卫星(Inmarsat)站或其他移动卫星服务供应商提供的船舶地面站发送的船岸遇险报警；

(14)由无线电应急示位标发出的信号；

(15)无线电通信系统发出的经认可的信号，包括救生艇筏雷达应答器。

2. 除为表示遇险需要救助外，禁止使用或显示上述任何信号，并禁止使用可能与上述任何信号相混淆的其他信号。

3. 应注意《国际信号规则》、《商船搜寻和救生手册》的有关部分，以及下述的信号：

(1)一张橙色帆布上带有一个黑色正方形和圆圈或者其他合适的符号(供空中识别)；

(2)海水染色标志。

(f) the International Code Signal of distress indicated by N. C.;

(g) a signal consisting of a square flag having above or below it a ball or anything resembling a ball;

(h) flames on the vessel (as from a burning tar barrel, oil barrel, etc.);

(i) a rocket parachute flare or a hand-flare showing a red light;

(j) a smoke signal giving off orange-colored smoke;

(k) slowly and repeatedly raising and lowering arms outstretched to each side;

(l) a distress alert by means of digital selective calling (DSC) transmitted on:

(i) VHF channel 70, or

(ii) MF/HF on the frequencies 2187.5 kHz, 8414.5 kHz, 4207.5 kHz, 6312 kHz, 12577 kHz or 16804.5 kHz;

(m) a ship-to-shore distress alert transmitted by the ship's Inmarsat or other mobile satellite service provider ship earth station;

(n) signals transmitted by emergency position-indicating radio beacons;

(o) approved signals transmitted by radiocommunication systems, including survival craft radar transponders.

2. The use or exhibition of any of the foregoing signals except for the purpose of indicating distress and need of assistance and the use of other signals which may be confused with any of the above signals is prohibited.

3. Attention is drawn to the relevant sections of the International Code of Signals, the Merchant Ship Search and Rescue Manual and the following signals:

(a) a piece of orange-colored canvas with either a black square and circle or other appropriate symbol (for identification from the air);

(b) a dye marker.

附录二　中华人民共和国内河避碰规则

（2003 年修正）

第一章　总　则

第一条　宗旨

为维护水上交通秩序，防止碰撞事故，保障人民生命、财产的安全，制定本规则。

第二条　适用范围

在中华人民共和国境内江河、湖泊、水库、运河等通航水域及其港口航行、停泊和作业的一切船舶、排筏均应当遵守本规则。

船舶、排筏在国境河流、湖泊航行、停泊和作业，按照中国政府同相邻国家政府签有的协议或者协定执行。

船舶、排筏在与中俄国境河流相通的水域航行、停泊和作业不适用本规则。

第三条　责任

船舶、排筏及其所有人、经营人以及船员应当对遵守本规则的疏忽而产生的后果以及对船员通常做法所要求的或者当时特殊情况要求的任何戒备上的疏忽而产生的后果负责。

不论由于何种原因，两船已逼近或者已处于紧迫局面时，任何一船都应当果断地采取最有助于避碰的行动，包括在紧迫危险时而背离本规则，以挽救危局。

不论由于何种原因，在长江干线航行的客渡船都必须避让顺航道行驶的船舶。

第四条　特别规定

本规则授权各省、自治区、直辖市海事机构，长江、黑龙江海事局及辖区内有内河的沿海海事机构根据辖区具体情况，制定包括分道通航等有关交通管制在内的特别规定，报交通部批准后生效。

第五条　定义

本规则下列用语的含义是：

（一）“船舶”是指各种船艇、移动式平台、水上飞机和其他水上运输工具，但不包括排筏。

（二）“机动船”是指用机器推动的船舶。

（三）“非自航船”是指驳船、趸船等本身没有动力推动的船舶。

(四)"帆船"是指任何正在驶帆的船舶,包括装有推进器而不在使用者。

(五)"拖船"是指从事吊拖或者顶推(包括旁拖)的任何机动船。

(六)"船队"是指由拖船和被吊拖、顶推的船舶、排筏或者其他物体编成的组合体。

(七)"快速船"是指静水时速为 35 千米以上的船舶。

(八)"限于吃水的海船"是指由于船舶吃水与航道水深的关系,致使其操纵、避让能力受到限制的船舶。限于吃水的海船的实际吃水在长江定为 7 米以上,珠江定为 4 米以上。

(九)"在航"是指船舶、排筏不在锚泊、系靠或者搁浅。

(十)"船舶长度"是指船舶的总长度。

(十一)"航路"是指船舶根据河流客观规律或者有关规定,在航道中所选择的航行路线。

(十二)"顺航道行驶"是指船舶顺着航道方向行驶,包括顺着直航道和弯曲航道行驶。

(十三)"横越"是指船舶由航道一侧横向或者接近横向驶向另一侧,或者横向驶过顺航道行驶船舶的船首方向。

(十四)"对驶相遇"是指顺航道行驶的两船来往相遇,包括对遇或者接近对遇、互从左舷或者右舷相遇、在弯曲航道相遇,但不包括两横越船相遇。

(十五)"能见度不良"是指由于雾、霾、下雪、暴风雨、沙暴等原因而使能见度受到限制的情况。

(十六)"感潮河段"是指沿海各省、自治区、直辖市海事机构及长江海事局划定的受潮汐影响明显的河段。

(十七)"干、支流交汇水域"是指不与本河(干流)同出一源的支流与本河的汇合处。

(十八)"汊河口"是指与本河同出一源的汊河道与本河的分合处。

(十九)"平流区域"是指水流较平缓的运河及水网地带。

(二十)"渡船"是指内河Ⅰ级航道内,单程航行时间不超过 2 小时,或单程航行距离不超过 20 千米,其他内河通航水域单程航行时间不超过 20 分钟的用于客渡、车渡、车客渡的船舶。

第二章　航行和避让

第一节　行动通则

第六条　瞭望

船舶应当随时用视觉、听觉以及一切有效手段保持正规的瞭望,随时注意周围环境和来船动态,以便对局面和碰撞危险作出充分的估计。

第七条　安全航速

船舶在任何时候均应当以安全航速行驶,以便能够采取有效的避让行动,防止碰撞。

船舶决定安全航速时,应当考虑能见度、通航密度、船舶操纵性能、风、浪、流及航道情况和周围环境等主要因素;使用雷达的船舶,还应当考虑雷达设备的特性、效率和局限性。

机动船经过要求减速的船舶、排筏、地段和船舶装卸区、停泊区、鱼苗养殖区、渡口、施工水域等易引起浪损的水域,应当及早控制航速,并尽可能保持较开距离驶过,以避免浪损。

由于本身防浪能力或者防浪措施存在缺陷的，不能因本条第三款规定而免除责任。

第八条　航行原则

机动船航行时，上行船应当沿缓流或者航道一侧行驶，下行船应当沿主流或者航道中间行驶。但在感潮河段、湖泊、水库、平流区域，任何船舶应当尽可能沿本船右舷一侧航道行驶。

设有分道通航、船舶定线制的水域，必须按照有关规定航行和避让。两船对遇或者接近对遇应当互以左舷会船。

第九条　避让原则

船舶在航行中要保持高度警惕，当对来船动态不明产生怀疑，或者声号不统一时，应当立即减速、停车，必要时倒车，防止碰撞。采取任何防止碰撞的行动，应当明确、有效、及早进行，并运用良好驾驶技术，直至驶过让清为止。

在任何情况下，在长江干线航行的客渡船都必须避让顺航道或河道行驶的船舶。

船舶在避让过程中，让路船应当主动避让被让路船；被让路船也应当注意让路船的行动，并按当时情况采取行动协助避让。

两机动船相遇，双方避让意图经声号统一后，避让行动不得改变。

第二节　机动船相遇，存在碰撞危险时的避让行动

第十条　机动船对驶相遇

两机动船对驶相遇时，除本节另有规定外：

(一)上行船应当避让下行船，但在感潮河段，逆流船应当避让顺流船；在湖泊、水库、平流区域，两船中一船为单船，而另一船为船队时，则单船应当避让船队。

(二)在感潮河段、湖泊、水库、平流区域，两船对遇或者接近对遇，除特殊情况外，应当互以左舷会船。

(三)机动船驶近弯曲航段、不能会船的狭窄航段，应当按规定鸣放声号，夜间也可以用探照灯向上空照射以引起他船注意。遇到来船时，按本条(一)、(二)项规定避让，必要时上行船(感潮河段的逆流船)还应当在弯曲航段或者不能会船的狭窄航段下方等候下行船(感潮河段的顺流船)驶过。

第十一条　机动船追越

一机动船正从另一机动船正横后大于22.5度的某一方向赶上、超过该船，可能构成碰撞危险时，应当认定为追越，并应当遵守下列规定：

(一)在狭窄、弯曲、滩险航段、桥梁水域和船闸引航道禁止追越或者并列行驶。

(二)在可以追越的航道中，追越船必须按规定鸣放声号，并取得前船同意后，方可以追越。

(三)在追越过程中，追越船应当避让被追越船，不得和被追越船过于逼近，禁止拦阻被追越船的船头。

（四）被追越船听到追越船要求追越的声号后，应当按规定回答声号，表示是否同意追越。在航道情况和周围环境允许时，被追越船应当同意追越船追越，并应当尽可能采取让出一部分航道和减速等协助避让的行动。

第十二条　机动船横越和交叉相遇

机动船在横越前应当注意航道情况和周围环境，在确认无碍他船行驶时，按照规定鸣放声号后，方可以横越。除本节另有规定外，机动船横越和交叉相遇时，应当按下列规定避让：

（一）横越船都必须避让顺航道或河道行驶的船，并不得在顺航道行驶的船前方突然和强行横越。

（二）同流向的两横越船交叉相遇，有他船在本船右舷者，应当给他船让路。

（三）不同流向的两横越船相遇，上行船应当避让下行船，但在感潮河段逆流船应当避让顺流船。

（四）在平流区域两横越船相遇，上行船应避让下行船；同为上行或者下行横越船时，有他船在本船右舷者，应当给他船让路。

（五）在湖泊、水库两船交叉相遇，有他船在本船右舷者，应当给他船让路。

第十三条　机动船尾随行驶

机动船尾随行驶时，后船应当与前船保持适当距离，以便前船突然发生意外时，能有充分的余地采取避免碰撞的措施。

第十四条　长江干线航行的客渡船

在长江干线航行的客渡船与其他顺航道或河道行驶的机动船相遇，客渡船都必须避让顺航道或河道行驶的船舶，并不得与顺航道或河道行驶的船舶抢航、强行追越或者强行横越或掉头。两渡船相遇时，应当按本节各条规定避让。

第十五条　机动船在干、支流交汇水域相遇

机动船驶经支流河口，在不违背第八条规定的情况下，应当尽可能地绕开行驶。除在平流区域外，两机动船在干、支流交汇水域相遇时，应当按下列规定避让：

（一）从干流驶进支流的船，应当避让从支流驶出的船。

（二）干流船同从支流驶出的船同一流向行驶，干流船应当避让从支流驶出的船。

（三）干流船同从支流驶出的船不同流向行驶，上行船应当避让下行船，但在感潮河段逆流船应当避让顺流船。

两机动船在平流区域进出干、支流交汇水域相遇时，有他船在本船右舷者，应当给他船让路。

第十六条　机动船在汊河口相遇

两机动船在汊河口相遇，同一流向行驶时，有他船在本船右舷者，应当给他船让船；不同流向行驶时，上行船应当避让下行船，但在感潮河段逆流船应当避让顺流船。

第十七条　机动船与在航施工的工程船相遇

不论本节有何规定，机动船与在航施工的工程船相遇，机动船应当避让在航施工的工程船。

第十八条　限于吃水的海船相遇

在长江干线航行的客渡船都必须避让限于吃水的船舶。

限于吃水的船舶遇有来船时，应当及早发出会船声号。除第十七条外，不论本节有何规定，来船都必须避让限于吃水的海船并为其让出深水航道。两艘限于吃水的海船相遇时，应当按本节各条规定避让。

第十九条　快速船相遇

快速船在航时，应当宽裕地让清所有船舶。两快速船相遇时，应当按本节各条规定避让。

第二十条　机动船掉头

机动船或者船队在掉头前，应当注意航道情况和周围环境，在无碍他船行驶时，按规定鸣放声号后，方可以掉头。

过往船舶应当减速等候或者绕开正在掉头的船舶行驶。

第三节　机动船、人力船、帆船、排筏相遇，存在碰撞危险时的避让行动

第二十一条　机动船与人力船、帆船、排筏相遇

除快速船外，机动船与人力船、帆船、排筏相遇时，船舶、排筏均应当遵守下列规定：

(一)机动船发现人力船、帆船有碍本船航行时，应当鸣放引起注意和表示本船动向的声号。人力船、帆船听到声号或者见到机动船驶来时，应当迅速离开机动船航路或者尽量靠边行驶。机动船发现与人力船、帆船距离逼近，情况紧急时，也应当采取避让行动。

(二)人力船、帆船除按当地主管部门规定的航线航行外，不得占用机动船航道或航路。

(三)人力船、帆船不得抢越机动船船头或者在航道上停桨流放，不得驶进机动船刚刚驶过的余浪中去，不得在狭窄、弯曲、滩险航段，桥梁水域和船闸引航道妨碍机动船安全行驶。

(四)人工流放的排筏见到机动船驶来，应当及早调顺排身，以便于机动船避让。

第二十二条　帆船、人力船、排筏相遇

帆船、人力船、排筏相遇，按下列规定避让：

(一)两帆船相遇，顺风船应当避让抢风船；两船都是顺风船或者抢风船，左舷受风船应当避让右舷受风船；两船同舷受风，上风船应当避让下风船。

(二)帆船应当避让人力船。

(三)帆船、人力船都应当避让人工流放的排筏。

第四节　船舶在能见度不良时的行动及其他

第二十三条　船舶在能见度不良时的行动

船舶在能见度不良的情况下航行，应当以适合当时环境和情况的安全航速行驶，加强瞭望，并按规定发出声响信号。

装有雷达设备的船舶测到他船时，应当判定是否存在着碰撞危险。若是如此，应当及早地与对方联系并采取协调一致的避让行动。

除已判定不存在碰撞危险外，每一船舶当听到他船雾号不能避免紧迫局面时，应当将航速减到能维持其航向操纵的最低速度。

无论如何，每一船舶都应当极其谨慎地驾驶，直到碰撞危险过去为止，必要时应当及早选择安全地点锚泊。

第二十四条　靠泊、离泊

机动船靠、离泊位前，应当注意航道情况和周围环境，在无碍他船行驶时，按规定鸣放声号后，方可以行动。正在上述水域附近行驶的船舶，听到声号后，应当绕开行驶或者减速等候，不得抢档。

第二十五条　停泊

船舶、排筏在锚地锚泊不得超出锚地范围。系靠不得超出规定的尺度。停泊不得遮蔽助航标志、信号。

船舶、排筏禁止在狭窄、弯曲航道或者其他有碍他船航行的水域锚泊、系靠。

除因工作需要外，过往船舶不得在锚地穿行。

第二十六条　渔船捕鱼

渔船捕鱼时，不得阻碍其他船舶航行，在航道上不得设置固定渔具。

第二十七条　失去控制的船舶

失去控制的机动船、非自航船应当及早选择安全地点锚泊，严禁非自航船自行流放。

第三章　号灯和号型

第二十八条　一般规定

有关号灯的各条规定从日落到日出期间都应当遵守。在白天能见度不良的情况下也可以显示有关号灯。在显示号灯的时间内，凡是可能与规定号灯相混淆或者减弱其显示性能的灯光，均不得显示。

有关号型的各条规定，在白天都应当遵守。

号灯、号型均应当显示在最易见处，并符合本规则附录一的技术要求。除本规则另有规定外，几个号灯、号型组成一组时，均应当垂直显示。

第二十九条　在航的机动船

除本章另有规定外，机动船单船在航时，应当显示白光桅灯一盏，红、绿光舷灯各一盏，白光尾灯一盏。船舶长度为 50 米以上的机动船，还应当在后桅显示另一盏白光灯；除快速船外，船舶长度小于 12 米的机动船，条件不具备时，可以显示白光环照灯一盏和红、绿光并合灯一盏，也可以显示红、白、绿光三色灯一盏，以代替上述规定的号灯。

下列船舶在航时，除显示前款规定的号灯外，还应当：

（一）快速船白天和夜间均显示黄闪光灯一盏。

（二）限于吃水的海船夜间显示红光环照灯三盏，白天悬挂圆柱形号型一个。

（三）横江渡船夜间在桅杆的横桁两端显示绿光环照灯各一盏，白天在桅杆横桁的一侧悬挂双箭头号型一个。

第三十条　在航的船队

在航的船队分别按下列规定显示号灯：

（一）拖船除显示舷灯、尾灯外，还应当按拖带形式显示：

1. 吊拖或者吊拖又顶推船舶时，显示白光桅灯两盏。

2. 顶推船舶、排筏时，显示白光桅灯三盏。拖船显示上述号灯有困难时，可以改在船队中最适宜的船舶上显示。

3. 吊拖排筏时，显示白、绿、白光桅灯各一盏。

4. 吊拖船舶、排筏的拖船，为便于被吊拖船舶或者排筏操舵，也可以在烟囱或者桅的后面，高于尾灯的位置显示另一盏白光灯，但灯光不得在正横以前显露。

（二）两艘以上拖船共同拖顶组成一个船队时，应当按拖带形式显示：

1. 共同顶推船舶、排筏时，应当在一艘拖船上显示顶推船队的号灯，其余拖船只显示被顶推船号灯。

2. 前后吊拖船舶、排筏或者采用又吊拖又顶推的混合队形时，最前面一艘拖船显示吊拖号灯，后面的拖轮只显示被拖船的号灯。

（三）被吊拖、顶推的船舶或者排筏在航时，应当显示下列号灯：

1. 被吊拖、顶推的船舶应当显示红、绿光舷灯。被编组为多排数列式队形时，应当在最左边的一列船舶只显示红光舷灯，在最右边的一列船舶只显示绿光舷灯。顶推船队中最前一艘船的船首，应当显示白光船首灯一盏，其灯光不得在正横后显露。被顶推船的船尾超过拖轮船尾时，还应当显示白光尾灯。吊拖船队中最后一排船应当显示白光尾灯。

2. 船舶长度未满 30 米的船舶被吊拖为单排一列式时，每艘船可以显示白光环照灯一盏以代替红、绿光舷灯。

3. 人力船、帆船、物体在被吊拖、顶推时，应当显示白光环照灯一盏，被顶推时灯光不得在正横后显露。当编组为多排数列式时，则在左、右最外一列显示。

4. 排筏被吊拖时，应当在排筏四角高出排面至少 1 米处显示白光环照灯各一盏；被顶推时，在排首两角高出排面至少 1 米处显示白光环照灯各一盏，其灯光不得在正横后显露。

第三十一条　在航的人力船、帆船、排筏

人力船、帆船在航时，应当在船尾最易见处显示白光环照灯一盏。帆船遇见机动船驶来时，应当及早在船头显示另一盏白光环照灯或者白光手电筒，直到机动船驶过为止。

人力船、帆船由于操作上的困难，确实不能按照机动船要求方向避让时，夜间应当用白光灯或者白光手电筒，白天用白色信号旗左右横摇。

排筏流放时，应当在前后高出排面至少 1 米处显示白光环照灯各一盏。

第三十二条　工程船

工程船未进入工地或者已撤出工地时，应当显示一般船舶规定的信号，进入工地时，应当显示下列号灯、号型：

（一）工程船在工地其位置固定时，夜间显示环照灯三盏，其连线构成尖端向上的等边三角形，三角形顶端为红光环照灯，底边两端，通航的一侧为白光环照灯，不通航的一侧为红光环照灯。白天在桅杆横桁两端各悬挂号型一个，通航的一侧为圆球，不通航的一侧为十字号型。

（二）自航工程船在航施工时，除显示机动船在航号灯外，夜间显示红、白、红光环照灯各一盏，白天悬挂圆球、菱形、圆球号型各一个。被拖船拖带的工程船在航施工时，除按第三十条规定显示号灯外，还应当显示与自航工程船在航施工时相同的号灯、号型。

（三）工程船所伸出的排泥管，应当在管头和管尾并每隔 50 米距离，显示白光环照灯一盏。

船舶有潜水员在水下作业时，夜间应当显示红光环照灯一盏，白天悬挂“A”字信号旗一面。

第三十三条　掉头

长度为 30 米以上的机动船或者船队，在掉头前 5 分钟，夜间应当显示红、白光环照灯各一盏，白天悬挂上为圆球一个，下为回答旗一面的信号，掉头完毕后熄灭或者落下。

第三十四条　停泊

船舶、排筏停泊时，分别按下列规定显示信号：

（一）机动船、非自航船停泊时，夜间显示白光环照灯一盏；船舶长度为 50 米以上的，应当在前部和尾部各显示白光环照灯一盏，前灯高于后灯。白天锚泊时均悬挂圆球一个。

（二）人力船、帆船停泊时，夜间显示白光环照灯一盏。排筏停泊时，夜间在靠航道一侧，前部和后部各显示白光环照灯一盏。

（三）停泊的船舶、排筏向外伸出有碍其他船舶行驶的缆索、锚、锚链或者其他类似的物体时，应当在伸出的方向，夜间显示红光环照灯一盏，白天悬挂红色号旗一面。

第三十五条　搁浅

搁浅的机动船、非自航船夜间除显示停泊号灯外，还应当显示红光环照灯两盏，白天悬挂圆球三个。

第三十六条 装运危险货物

装运易爆、易燃、剧毒、放射性危险货物的船舶在停泊、装卸及航行中，除显示一般船舶规定的信号外，夜间还应当在桅杆的横桁上显示红光环照灯一盏，白天悬挂"B"字信号旗一面。

第三十七条 要求减速

要求减速的船舶、排筏或者地段，应当在桅杆横桁处或者地段上、下两端，夜间显示绿、红光环照灯各一盏，白天悬挂"RY"信号旗一组。

重载人力船、帆船要求机动船减速，夜间用白光灯或者白光手电筒，白天用白色号旗，在空中上下挥动。

第三十八条 渔船

渔船不捕鱼时，显示为一般船舶规定的信号。捕鱼时应当显示下列号灯、号型：

（一）机动船在捕鱼时，夜间除显示机动船在航或者锚泊的号灯外，还应当显示绿、白光环照灯各一盏。白天悬挂尖端相对的两个圆锥体所组成的号型。

（二）人力船、帆船捕鱼时，不论在航或者停泊，夜间均应当显示白光环照灯一盏，白天悬挂篮子一个。

（三）渔船有外伸渔具时，应当在渔具伸出方向，夜间显示白光环照灯一盏，白天悬挂三角红旗一面。

第三十九条 失去控制的船舶

失去控制的机动船、非自航船锚泊前，夜间除显示舷灯和尾灯外，还应当显示红光环照灯两盏，白天悬挂圆球两个。

第四十条 船舶眠桅

船舶通过桥梁、架空设施需要眠桅，不能按规定显示桅灯时，应当在两舷灯光源连线中点上方不受遮挡处显示白光环照灯一盏，代替桅灯。通过后立即恢复原状。

第四十一条 监督艇和航标艇

监督艇执行公务时，夜间应当显示舷灯、尾灯和红闪光旋转灯一盏。

航标艇在航时，夜间应当显示舷灯、尾灯和绿光环照灯两盏；停泊时显示绿光环照灯两盏。

第四章 声响信号

第四十二条 声响信号设备

机动船应配备号笛一个、号钟一只。非自航船、人力船、帆船和排筏应当配备号钟或者其他有效响器一只。

号笛、号钟应当符合本规则附录二的技术要求。

第四十三条　声号的含义

机动船为表示本船的意图、行动或者需要其他船舶、排筏注意时，应当根据本规则各条规定使用号笛发出下列声号：

(一)一短声——我正在向右转向；当和其他船舶对驶相遇时，表示“要求从我左舷会船”。

(二)两短声——我正在向左转向；当和其他船舶对驶相遇时，表示“要求从我右舷会船”。

(三)三短声——我正在倒车或者有后退倾向。

(四)四短声——不同意你的要求。

(五)五短声——怀疑对方是否已经采取充分避让行动，并警告对方注意。

(六)一长声——表示“我将要离泊”、“我将要横越”，以及要求来船或者附近船舶注意。

(七)两长声——我要靠泊或者我要求通过船闸。

(八)三长声——有人落水。

(九)一长一短声——掉头时，表示“我向右掉头”；进出干、支流或者汊河口时，表示“我将要或者正在向右转弯”。

(十)一长两短声——掉头时，表示“我向左掉头”；进出干、支流或者汊河口时，表示“我将要或者正在向左转弯”。

(十一)一长三短声——拖轮通知被拖船舶、排筏注意。

(十二)两长一短声——追越船要求从前船右舷通过。

(十三)两长两短声——追越船要求从前船左舷通过。

(十四)一长一短一长声——我希望和你联系。

(十五)一长一短一长一短声——同意你的要求。

(十六)一长两短一长声——要求来船同意我通过。

(十七)一短一长一短声——要求他船减速或者停车。

(十八)一短一长声——我已减速或者停车。

(十九)两短一长声——能见度不良时，表示“我是客渡船”。

前款中“短声”是指历时约 1 秒钟的笛声，“长声”是指历时 4 到 6 秒钟的笛声。一组声号内各笛声的间隔时间约为 1 秒钟，组与组声号的间隔时间约为 6 秒钟。

第四十四条　船舶相遇时声号的应用

船舶相遇时，应当按下列规定使用声号：

(一)两机动船对驶相遇，下行船(感潮河段的顺流船)应当在相距 1 千米以上处谨慎考虑航道情况和周围环境，及早鸣放会船声号；上行船(感潮河段的逆流船)听到声号后，如无特殊情况，应当立即回答相应的会船声号。在鸣放会船声号的同时，夜间还应当配合使用红、绿闪光灯，白天也可以配合使用白色号旗。鸣放声号一短声时，夜间连续显示红闪光灯，白天在左舷挥动白色号旗，表示要求来船从我左舷会过；鸣放声号两短声时，夜间连续显示绿闪光灯，白天在右舷挥动白色号旗，表示要求来船从我右舷会过。

(二)机动船发现人力船、帆船有碍本船航行，要求其让路时，应当鸣放声号一长声以引起注意,并鸣放一短声或者两短声表示本船动向。

(三)机动船驶经支流河口或者汊河口前,应当鸣放声号一长声以引起注意;进出干、支流或者汊河口前,向右转弯应当鸣放声号一长一短声,向左转弯应当鸣放声号一长两短声。

(四)机动船与在航施工的工程船对驶相遇,机动船应当在相距 1 千米以上处鸣放声号一长声,待工程船发出会船声号后,机动船方可以回答相应的会船声号,并谨慎通过。

第四十五条　能见度不良时的声响信号

船舶、排筏在能见度不良的情况下航行、停泊,应当按下列规定发出声响信号:

(一)在航的机动船应当每隔约 1 分钟鸣放声号一长声。在航的人力船、帆船、排筏应当每隔约 1 分钟急敲号钟或者其他有效响器约 5 秒钟。

(二)锚泊的机动船、非自航船、排筏应当每隔约 1 分钟急敲号钟或者其他有效响器约 5 秒钟。锚泊的人力船、帆船在听到来船声号后,应当不间断地急敲号钟或者其他有效响器,直到判定来船已对本船无碍时为止。

第四十六条　甚高频无线电话

配有甚高频无线电话的船舶在航时,应当在规定的频道上正常守听,并按下列规定进行通话:

(一)一般先由被让路船呼叫,通话时用语应当简短、明确。

(二)一船发出呼叫后,未闻回答,应当认为另一船未设有无线电话设备。

(三)两船的避让意图经通话商定一致后,仍应当按本规则规定鸣放声号。

(四)船舶驶近弯曲、狭窄航段以及在能见度不良的情况下航行,应当用无线电话周期性地通报本船船位和动态。

第五章　附　则

第四十七条　附录

本规则的三个附录是本规则的组成部分,与本规则条文具有同等效力。

本规则中所称的“以上”、“大于”,包括本数;所称的“未满”、“小于”,不包括本数。

第四十八条　解释机关

本规则的解释权属于中华人民共和国交通部。

第四十九条　生效

本规则自 1992 年 1 月 1 日零时起生效,交通部 1979 年颁布的《内河避碰规则》同时废止。

附录一:号灯和号型的技术要求

(一)号灯

1.“桅灯”是指安置在船舶的桅杆上方或者首尾中心线上方的号灯,在 225 度的水平弧内显示不间断的灯光，其装置要使灯光从船舶的正前方到每一舷正横后 22.5 度内显示。

在后桅装设另一盏桅灯时，后灯高于前灯的垂向距离至少为 3 米，水平距离不小于船舶长度的一半。

2.“舷灯”是指安置在船舶最高甲板左右两侧的左舷的红光灯和右舷的绿光灯，各自在 112.5 度的水平弧内显示不间断的灯光，其装置要使灯光从船舶的正前方到各自一舷的正横后 22.5 度内分别显示。

舷灯遮板向灯面，应当涂以无光黑漆。遮板的高度至少等于灯高。

船舶长度为 80 米以上的驳船，应当在船首、尾部分别设置红、绿光舷灯。

3.“尾灯”是指安置在船尾正中的白光灯，在 135 度的水平弧内显示不间断的灯光，其装置要使灯光从船舶的正后方到每一舷 67.5 度内显示。尾灯的高度应当尽可能与舷灯保持水平，但不得高出舷灯。

4.“船首灯”是指安置在被顶推驳船船首的一盏白光灯，在 180 度的水平弧内显示不间断的灯光，其装置要使灯光从船舶的正前方到每一舷 90 度内显示，但不得高于舷灯。

5.“环照灯”是指在 360 度的水平弧内显示不间断灯光的号灯。

6.“红闪光灯”、“绿闪光灯”是指安置在舷灯上方左红、右绿的闪光环照灯，其频率为每分钟 50 至 70 闪次。

船舶长度小于 12 米的机动船也可以用红、绿光手电筒代替红、绿闪光灯，但应当保持灯光明亮，颜色清晰分明。

7.“黄闪光灯”是指安置在快速船桅杆上的黄闪光环照灯，其频率为每分钟 50 至 70 闪次。

8.“红、绿光并合灯”是指安装在桅灯的位置，分别从船舶的正前方到左舷正横后 22.5 度内显示红光，到右舷正横后 22.5 度内显示绿光的一盏并合灯。

9.“红、白、绿光三色灯”是指安装在桅灯的位置，从船舶的正前方到左舷正横后 22.5 度内显示红光，到右舷正横后 22.5 度内显示绿光，从船舶的正后方到每舷 67.5 度内显示白光的并合灯。

10.“能见距离”是指在大气透射率为 0.8 的黑夜，用正常目力能见到的规定的号灯距离。

11.号灯的能见距离、桅灯垂直间距和舷灯遮板长度的技术要求如表 1 所示。

（二）操纵号灯

1.有条件的船舶可以装置操纵号灯，以补充本规则第四十三条（一）项所规定的声号，操纵号灯的每闪历时应当尽可能与声号鸣放的历时时间同步，其表示的意义与相应的声号意义相同。

2.操纵号灯应当安置在一盏或者多盏桅灯的同一首尾垂直面上，并不低于前桅灯的位置。

3.操纵号灯是一盏白光环照灯，其能见距离至少为 4 千米。

（三）保证发光的电源要求

船舶长度小于 12 米的机动船夜间航行必须备有能够使用的发电设备和蓄电池，以保证号灯的能见距离。

（四）号型、号旗的尺寸与颜色

(1)除另有规定外,号型均为黑色。

(2)号型间的垂直距离不得小于 1.5 米,但船舶长度未满 30 米的船舶,其号型间距可相应减小。

(3)横江渡船号型的箭头为等边三角形。

(4)红色、白色旗的规格是宽 0.6 米,高 0.4 米。

(5)本规则所用信号旗和回答旗,均应当符合《1969 年国际信号规则》的规定。

(6)号型的技术要求如表 2 所示。

表 1　能见距离表

<table>
<tr><th rowspan="2">船舶长度</th><th rowspan="2">桅灯、一组号灯间距离</th><th rowspan="2">舷灯遮板长度(m)</th><th colspan="8">能见距离(km)</th></tr>
<tr><th>桅灯</th><th>舷灯</th><th>尾灯</th><th>环照灯</th><th>闪光灯</th><th>人力船、帆船、排筏和船舶长度小于 12m 的机动船的白色环照灯</th><th>船首灯</th><th>红、绿光并合灯和红、白、绿光三色灯</th></tr>
<tr><td>50m 以上</td><td>1.5m(最低一盏不小于最高甲板以上 4.5m)</td><td>0.91</td><td>6</td><td>4</td><td>4</td><td>4</td><td>4</td><td rowspan="3">2</td><td rowspan="3">2</td><td rowspan="3">1</td></tr>
<tr><td>30m 至未满 50m</td><td>1m(最低一盏不小于最高甲板以上 3m)</td><td>0.91</td><td>5</td><td>3</td><td>3</td><td>3</td><td>3</td></tr>
<tr><td>未满 30m</td><td>0.6m(最低一盏不小于最高甲板以上 1m)</td><td>0.6</td><td>3</td><td>2</td><td>2</td><td>2</td><td>2</td></tr>
</table>

表 2　号型尺度表　　单位:m

<table>
<tr><th rowspan="2">船舶长度</th><th>球型</th><th colspan="2">十字形</th><th colspan="2">圆柱形</th><th colspan="2">圆锥形</th><th>菱形</th><th>横江渡船号型</th></tr>
<tr><th>直径</th><th>长度</th><th>宽度</th><th>直径</th><th>高度</th><th>底圆直径</th><th>高度</th><td rowspan="3">两个圆锥体以底相合组织</td><td rowspan="3">双箭头,箭身长 1m,宽 0.2m;箭头为等边三角形,边长 0.3m。</td></tr>
<tr><td>30m 以上</td><td>0.6</td><td>0.6</td><td>0.6</td><td>0.6</td><td>1.2</td><td>0.6</td><td>0.6</td></tr>
<tr><td>未满 30m</td><td>0.3</td><td>0.3</td><td>0.3</td><td></td><td></td><td>0.6</td><td>0.6</td></tr>
</table>

附录二:声响信号设备的技术要求

(1)号笛应当能够发出符合本规则要求的声号。船舶长度为 30 米以上的船舶,可听距离不小于 2 千米,船舶长度未满 30 米的船舶,可听距离不小于 1 千米。

(2)号笛应当安置在船上尽可能高的地方,使声音尽可能少受障碍物阻挡,特别是在前方方向上或者特定方向上。

(3)号钟或者其他具有类似音响特性的器具所发出的声压级,在距它 1 千米处,应当不小于 110 分贝。

(4)号钟应当用抗蚀材料制成,并能发出清晰的音响。船舶长度为 30 米以上的船舶,号钟口的直径应当不小于300毫米，船舶长度未满30米的船舶，号钟口的直径应当不小于200毫米。钟锤的重量应当不小于号钟重量的3%。

附录三：遇险信号

1. 船舶遇险需要其他船舶救助时，应当同时或者分别使用下列信号：

(1)用号笛、号钟或者其他任何有效响器连续发出急促短声；

(2)用无线电报或者其他通信方法发出莫尔斯码组…— — —…(SOS)的信号；

(3)用无线电话发出“求救”或者“梅代”(MAYDAY)语音的信号；

(4)在船上燃放火焰；

(5)人力船、帆船遇险时白天摇红色号旗，夜间摇红光灯或者红光手电筒。

2. 任何船舶如见他船遇险，也可以代发上述求救信号，但应当说明遇险船舶的船名、位置。

3. 除船舶遇险需要救助外，可能与上述信号有混淆的其他信号，都禁止使用。

附录三　中华人民共和国非机动船舶海上安全航行暂行规则

（1958年4月19日交通部、水产部发布，1958年7月1日起施行）

第一条　凡使用人力、风力、拖力的非机动船，在海上从事运输、捕鱼或者其他工作，都应当遵守本规则。

在港区内航行的时候，应当遵守各港港章的规定。

第二条　非机动船在夜间航行、锚泊的时候，应当在容易被看见的地方，悬挂明亮的白光环照灯一盏。如果因为天气恶劣或者受设备的限制，不能固定悬挂白光环照灯，必须将灯点好放在手边，以备应用；在与他船接近的时候，应当及早显示灯光或者手电筒的白色闪光或者火光，以防碰撞。

非机动船已经设置红绿舷灯、尾灯或者使用合色灯的，仍应继续使用。

第三条　非机动渔船，在白昼捕鱼的时候，应当在容易被看见的地方，悬挂竹篮一只，当发现他船驶近的时候，应当用适当信号指示渔具延伸方向；使用流网的渔船，还要在流网延伸末端的浮子上，系小红旗一面；在夜间捕鱼的时候，应当在容易被看见的地方，悬挂明亮的白光环照灯一盏，当发现他船驶近的时候，向渔具延伸方向，显示另一白光。

第四条　非机动船在有雾、下雪、暴风雨或者其他任何视线不清楚的情况下，不论白昼或者夜间，都应当执行下列规定：

（1）在航行的时候，应当每隔约1min，连续发放雾号声响（如敲锣、敲梆、敲煤油桶、吹螺、吹雾角、吹喇叭等）约5s；

（2）在锚泊的时候，如果听到来船雾号响声，应当有间隔地、急促地发放响声，以引起来船注意，直到驶过为止；

（3）在捕鱼的时候，也应当依照前两项的规定执行。

第五条　两艘帆船相互驶近，若有碰撞的危险，应当依照下列规定避让：

（1）顺风船应当避让逆风打抢、掉抢的船；

（2）左舷受风打抢的船应当避让右舷受风打抢的船；

（3）两船都是顺风，而在不同的船舷受风的时候，左舷受风的船应当避让右舷受风的船；

（4）两船都是顺风，而在同一船舷受风的时候，上风船应当避让下风船；

（5）船尾受风的船应当避让其他船舷受风的船。

第六条　在航行中的非机动船，应当避让用网、曳绳钓或者拖网进行捕鱼作业的非机动渔船。

第七条　非机动船应当避让下列的机动船：

（1）从事起捞、安放海底电线或者航行标志的机动船；

（2）从事测量或者水下工作的机动船；

（3）操纵失灵的机动船；

(4)用拖网捕鱼的机动船；

(5)被追越的机动船。

第八条　非机动船与机动船相互驶近，若有碰撞危险，机动船应当避让非机动船。

第九条　非机动船在海上遇难，需要他船或者岸上援救的时候，应当显示下列信号：

(1)用任何雾号器具连续不断发放响声；

(2)连续不断燃放火光；

(3)将衣服张开，挂上桅顶。

第十条　本规则经国务院批准后，由交通部、水产部联合发布施行。

附录四　海船船员考试大纲(2022版)

(船舶值班与避碰)

第一部分:船长、大副考试大纲

9101:3000总吨及以上船舶船长　　9102:500～3000总吨船舶船长

9103:3000总吨及以上船舶大副　　9104:500～3000总吨船舶大副

考试大纲	适用对象			
	9101	9102	9103	9104
1 协调搜寻和救助行动(属《船舶操纵》,略)				
2 确立值班安排和程序				
2.1 1972年国际海上避碰规则				
2.1.1 适用范围	√	√	√	√
2.1.2 责任	√	√	√	√
2.1.3 一般定义,包括船舶、机动船、帆船、从事捕鱼的船舶、限于吃水的船舶、失去控制的船舶、操纵能力受到限制的船舶、在航、长度和宽度、水上飞机、互见、能见度不良和地效船等十三个名词的定义	√	√	√	√
2.1.4 号灯与号型	√	√	√	√
2.1.5 声响与灯光信号:基础知识,信号种类、适用、使用方法和注意事项	√	√	√	√
2.1.6 瞭望	√	√	√	√
2.1.7 安全航速	√	√	√	√
2.1.8 碰撞危险:判断原则、手段与方法,雷达的正确使用,雷达标绘及其相当的系统观察方法,罗经方位法使用注意事项	√	√	√	√
2.1.9 避免碰撞的行动	√	√	√	√
2.1.10 狭水道条款	√	√	√	√
2.1.11 分道通航制条款	√	√	√	√
2.1.12 帆船条款	√	√	√	√
2.1.13 追越局面	√	√	√	√

考试大纲	适用对象			
	9101	9102	9103	9104
2.1.14 对遇局面	√	√	√	√
2.1.15 交叉相遇局面	√	√	√	√
2.1.16 让路船的行动	√	√	√	√
2.1.17 直航船的行动	√	√	√	√
2.1.18 船舶之间的责任	√	√	√	√
2.1.19 能见度不良时的行动规则	√	√	√	√
2.2 航行值班应遵循的原则(内容、应用和意图)				
2.2.1 保持安全值班的目的	√	√	√	√
2.2.2 值班人员的值班时间的强制性标准	√	√	√	√
2.2.3 为保证安全值班应采取的措施	√	√	√	√
2.2.4 值班安排的总体要求	√	√	√	√
2.2.5 值班安排和应遵循的原则的基本规定	√	√	√	√
2.3 驾驶台值班驾驶员承担的责任及要求			√	√
2.4 驾驶台瞭望的要求				
2.4.1 瞭望的目的			√	√
2.4.2 值班驾驶员作为唯一瞭望人员的条件			√	√
2.4.3 为保持正规瞭望值班安排应考虑的因素			√	√
2.5 驾驶台交接班的有关要求				
2.5.1 交班驾驶员应注意的事项			√	√
2.5.2 接班驾驶员应注意的事项			√	√
2.6 船舶航行、操纵和避让行动的有关要求				
2.6.1 助航仪器的使用、定期检查			√	√
2.6.2 通知船长的时机			√	√
2.6.3 引航员在船时驾驶人员的职责	√	√	√	√
2.6.4 特殊情况下的操纵和避让行动的要求	√	√	√	√
2.7 船舶在锚泊时驾驶台人员的职责			√	√
2.8 防止滥用酒精、药物控制的标准和方法				
2.8.1 酗酒、滥用药物的危害	√	√		
2.8.2 酒精控制标准及方法	√	√		
2.8.3 药物控制标准及方法	√	√		
2.9 船员疲劳的原因及预防疲劳的方法				

考试大纲	适用对象			
	9101	9102	9103	9104
2.9.1 STCW规则为防止疲劳作出的指导性意见	√	√	√	√
2.9.2 船员疲劳的原因及影响因素	√	√	√	√
2.9.3 预防疲劳的方法	√	√		
2.10 驾驶台航行值班报警系统(BNWAS)的作用与目的、配置要求、报警方式和工作方式等				
2.10.1 BNWAS的作用和目的	√	√	√	√
2.10.2 配置要求	√	√	√	√
2.10.3 报警方式	√	√	√	√
2.10.4 工作模式	√	√	√	√
2.11 VDR与S－VDR的组成、目的、存储的信息、报警的处置				
2.11.1 VDR与S－VDR的组成、目的			√	
2.11.2 存储的信息			√	
2.11.3 报警的处置			√	

第二部分:二/三副考试大纲

9105:500总吨及以上船舶二/三副

考试大纲	适用对象
	9105
1 船舶操纵(属《船舶操纵》,略)	
2 操舵控制系统(属《船舶操纵》,略)	
3 避碰规则	
3.1 适用范围	
3.1.1 适用的水域、适用的船舶、我国的保留	√
3.1.2 可制定特殊规则的水域、制定机关与国际规则关系	√
3.1.3 显示额外信号的船舶、制定部门、对额外信号的要求	√
3.1.4 特殊构造或用途的船舶特殊信号规定与要求	√
3.1.5 分道通航制水域适用的相关避碰规定	√
3.2 责任:适用对象,疏忽种类,背离规则的条件、目的和注意事项	
3.2.1 适用对象	√
3.2.2 疏忽种类	√
3.2.3 背离规则的条件	√
3.2.4 背离规则的目的	√

考试大纲	适用对象
	9105
3.2.5 背离规则时的注意事项	√
3.3 一般定义:船舶、机动船、帆船、从事捕鱼的船舶、限于吃水的船舶、失去控制的船舶、操纵能力受到限制的船舶、在航、船舶的长度和宽度、水上飞机、互见、能见度不良和地效船十三个名词的定义	
3.3.1 船舶、机动船、帆船、从事捕鱼的船舶、水上飞机和地效船	√
3.3.2 限于吃水的船舶、失去控制的船舶、操纵能力受到限制的船舶	√
3.3.3 在航、船舶的长度和宽度	√
3.3.4 互见、能见度不良	√
3.4 号灯与号型:基础知识、各类船舶号灯与号型的显示与识别	
3.4.1 基础知识	√
3.4.2 在航机动船应显示的号灯号型	√
3.4.3 拖带与顶推应显示的号灯号型	√
3.4.4 在航帆船应显示的号灯号型	√
3.4.5 从事捕鱼的船舶应显示的号灯号型	√
3.4.6 相互邻近处捕鱼的渔船额外信号	√
3.4.7 失去控制的船舶应显示的号灯号型	√
3.4.8 操纵能力受到限制的船舶应显示的号灯号型	√
3.4.9 限于吃水的船舶应显示的号灯号型	√
3.4.10 从事引航任务的船舶应显示的号灯号型	√
3.4.11 锚泊船应显示的号灯号型	√
3.4.12 搁浅船应显示的号灯号型	√
3.5 声响与灯光信号:基础知识,信号种类、适用、使用方法和注意事项	
3.5.1 基础知识	√
3.5.2 信号种类	√
3.5.3 各信号的适用情况	√
3.5.4 声响与灯光信号的使用方法	√
3.5.5 使用声响与灯光信号时的注意事项	√
3.6 瞭望:适用范围与目的、瞭望人员与手段	
3.6.1 适用范围与目的	√
3.6.2 瞭望人员	√
3.6.3 瞭望的手段	√
3.7 安全航速:含义与要求、决定因素	

考试大纲	适用对象
	9105
3.7.1 安全航速的含义与要求	√
3.7.2 确定安全航速应考虑的因素	√
3.8 碰撞危险:判断原则、手段与方法,雷达的正确使用,雷达标绘及其相当的系统观察方法,罗经方位法使用注意事项	
3.8.1 判断碰撞危险的原则	√
3.8.2 判断碰撞危险的手段与方法	√
3.8.3 雷达的正确使用	√
3.8.4 雷达标绘以及与雷达标绘相当的系统观察方法	√
3.8.5 罗经方位判断碰撞危险时应注意的问题	√
3.9 避免碰撞的行动:时机、幅度和效果,避让有效性查核要求,减速或把船停住的时机与要求,本船转向与变速避让效果及 DCPA 和 TCPA 的变化规律,不应妨碍的责任与行动要求,不应妨碍的船舶与不应被妨碍的船舶之间的责任关系	
3.9.1 避碰行动的时机要求	√
3.9.2 避碰行动的幅度要求	√
3.9.3 避碰行动的效果要求	√
3.9.4 查核避让行动的有效性	√
3.9.5 减速或把船停住的时机与要求	√
3.9.6 本船转向与变速避让效果及 DCPA 和 TCPA 的变化规律	√
3.9.7 不应妨碍的责任与行动要求	√
3.9.8 不应妨碍的船舶与不应被妨碍的船舶之间的责任关系	√
3.10 狭水道:狭水道与航道的定义、适用范围、航行原则、不应妨碍的船舶的义务、狭水道航行的注意事项	
3.10.1 狭水道与航道的定义	√
3.10.2 狭水道条款的适用范围	√
3.10.3 狭水道的航行原则	√
3.10.4 不应妨碍的船舶的义务	√
3.10.5 狭水道航行的注意事项	√
3.11 分道通航制:分道通航制和沿岸通航带的定义及组成,分道通航制条款适用范围、与规则其他条款的关系,使用分道通航制和沿岸通航带的原则,穿越分道通航制的航法,进入分隔带或分隔线的规定,应特别谨慎航行的区域,避免锚泊,不应妨碍的规定,免受约束的船舶	
3.11.1 分道通航制和沿岸通航带的定义及组成	√

考试大纲	适用对象 9105
3.11.2 分道通航制条款的适用范围	√
3.11.3 分道通航制条款与其他条款的关系	√
3.11.4 使用分道通航制和沿岸通航带的原则	√
3.11.5 穿越分道通航制的航法	√
3.11.6 进入分隔带或分隔线的规定	√
3.11.7 应特别谨慎航行的区域	√
3.11.8 避免锚泊	√
3.11.9 不应妨碍的规定	√
3.11.10 免受约束的船舶	√
3.12 帆船条款:适用范围、避让责任和行动	√
3.13 追越局面:适用范围、构成要件、局面特点、避让责任与行动、追越条款与其他条款的关系	
3.13.1 适用范围	√
3.13.2 追越局面构成要件	√
3.13.3 追越局面的特点	√
3.13.4 避让责任与行动	√
3.13.5 追越条款与其他条款的关系	√
3.14 对遇局面:适用范围、构成要件、局面特点、避让责任与行动、危险对遇的理解及避让特点	
3.14.1 适用范围	√
3.14.2 对遇局面构成要件	√
3.14.3 对遇局面的特点	√
3.14.4 避让责任与行动	√
3.14.5 危险对遇的理解及避让特点	√
3.15 交叉相遇局面:适用范围、构成要件、局面特点、避让责任与行动	
3.15.1 适用范围	√
3.15.2 交叉相遇局面的构成要件	√
3.15.3 交叉相遇局面的特点	√
3.15.4 避让责任与行动	√
3.16 让路船的行动:让路责任的确定、避让原则	
3.16.1 让路责任的确定	√

考试大纲	适用对象
	9105
3.16.2 避让原则	√
3.17 直航船的行动:直航船的含义、保向保速的含义及适用时机、可独自采取行动的时机及注意事项、采取最有助于避碰行动的时机及注意事项、让路船的责任	
3.17.1 直航船的含义	√
3.17.2 保向保速的含义及适用时机	√
3.17.3 可独自采取避让行动的时机及行动的注意事项	√
3.17.4 应采取最有助于避碰行动的时机及行动的注意事项	√
3.17.5 让路船的责任	√
3.18 船舶之间的责任:确定船舶之间责任的原则,与其他条款的关系以及互见中让路责任的确定,机动船、帆船以及从事捕鱼的船舶与其他船舶之间的责任,限于吃水的船舶与其他船舶之间的责任,水上飞机与其他船舶之间的责任,地效船与其他船舶之间的责任	
3.18.1 确定船舶之间责任的原则	√
3.18.2 与其他条款的关系以及互见中让路责任的确定	√
3.18.3 机动船与其他船舶之间的责任	√
3.18.4 帆船与其他船舶之间的责任	√
3.18.5 从事捕鱼的船舶与其他船舶之间的责任	√
3.18.6 限于吃水的船舶与其他船舶之间的责任	√
3.18.7 水上飞机与其他船舶之间的责任	√
3.18.8 地效船与其他船舶之间的责任	√
3.19 能见度不良时的行动规则:一般规定,避让行动规定	
3.19.1 一般规定	√
3.19.2 避让行动规定	√
4 航行值班	
4.1 航行值班基本原则的内容、应用和意图	
4.1.1 保持安全值班的意图	√
4.1.2 值班人员的值班时间的强制性标准及 STCW 规则为防止疲劳作出 的指导性意见	√
4.1.3 值班安排的总体要求	√
4.2 驾驶台瞭望的要求	
4.2.1 值班驾驶员作为唯一瞭望人员的条件(瞭望人员)	√
4.2.2 为保持正规瞭望值班安排应考虑的因素(驾驶台瞭望要求)	√

考试大纲	适用对象
	9105
4.3 驾驶台交接班的有关要求	
4.3.1 交班驾驶员应注意的事项	√
4.3.2 接班驾驶员应注意的事项	√
4.4 船舶航行、操纵和避让行动的有关要求	
4.4.1 助航仪器的使用、定期检查	√
4.4.2 使用雷达	√
4.4.3 使用主机和施放声响信号设备	√
4.4.4 自动舵的使用	√
4.4.5 沿岸航行	√
4.4.6 在良好天气中的值班	√
4.4.7 通知船长的时机	√
4.4.8 引航员在船(引航员在船时驾驶员的职责)	√
4.4.9 能见度不良值班(特殊情况下的操纵和避让行动的要求)	√
4.5 船舶在锚泊时驾驶值班人员的职责	√
4.6 船舶在港内以及装卸危险品时驾驶值班人员的职责	
4.6.1 港内值班职责	√
4.6.2 装卸危险品时值班职责	√
4.7 渔区航行与避让	
4.7.1 渔场知识	√
4.7.2 渔船种类与作业特点	√
4.7.3 渔船避让要点	√
4.8 船舶内部通信设备和船舶报警系统及使用方法	√
4.9 船舶常规指令	√
4.10 主要航海国家的国旗、常见国际信号旗及船舶挂旗方法	√
5 搜寻与救助(属《船舶操纵》,略)	
6 应急反应(属《船舶操纵》,略)	
7 驾驶台资源管理(属《驾驶台资源管理》,略)	
8 用视觉信号发出和接收信息	
8.1 国际信号规则	
8.1.1 主要的国际信号旗	√
8.1.2 旗意的解释	√

考试大纲	适用对象
	9105
8.1.3 代旗的正确使用	√
8.1.4 当信号不明白时,应采取的行动	√
8.1.5 如何终止信号的显示	√
8.1.6 所列的信号名字,说出其明语意思	√
8.1.7 识别信号的使用	√
8.1.8 带补充码的单字母信号的用法	√
8.1.9 信号的组成	√
8.1.10 补充码和补充表的使用	√
8.1.11 单字母信号的意思	√
8.1.12 破冰船与被援助船之间的单字母信号	√
8.1.13 国际信号规则中的遇险信号	√
8.2 莫尔斯信号通信	
8.2.1 会区分莫尔斯信号中的数字和字母	√
8.2.2 用闪光灯收发遇险信号 SOS	√
8.2.3 声响信号中的推荐信号	√
8.2.4 仅在符合《1972 年国际海上避碰规则》的要求中所示的单字母信号	√

附录五 《1972年国际海上避碰规则》船舶号灯与号型示意图

一、在航机动船(第二十三条)

1. $L \geqslant 50$m 右侧视图

2. $L \geqslant 50$m 正视图

3. $L \geqslant 50$m 尾视图

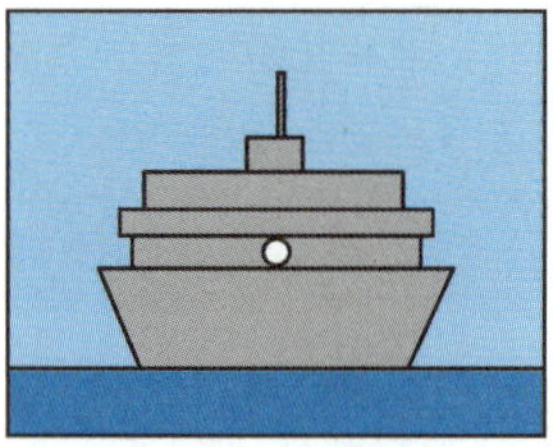

4. $L < 50$m 左侧视图

5. 气垫船非排水状态

6. $L < 20$m 正视图

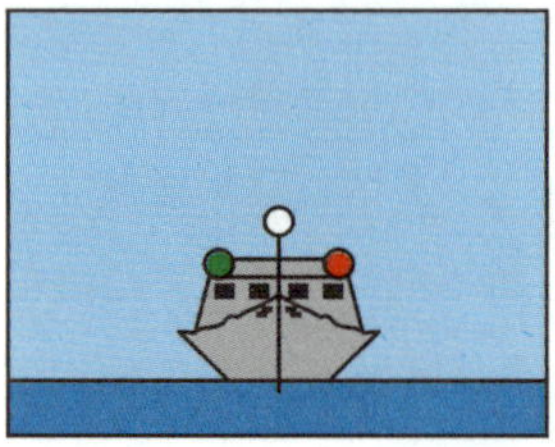

7. $L < 20$m 正视图

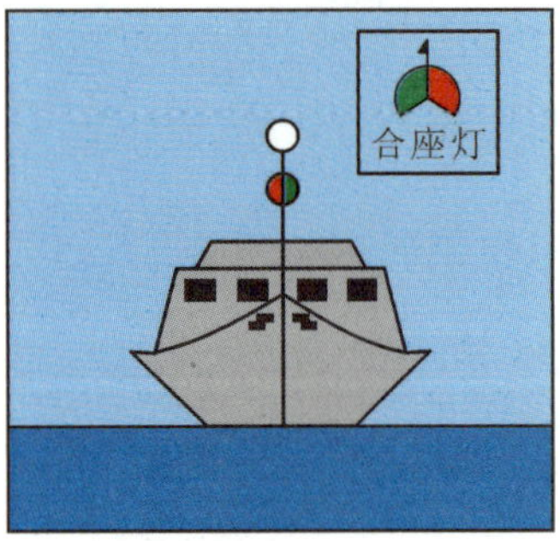

8. $L < 12$m 正视图

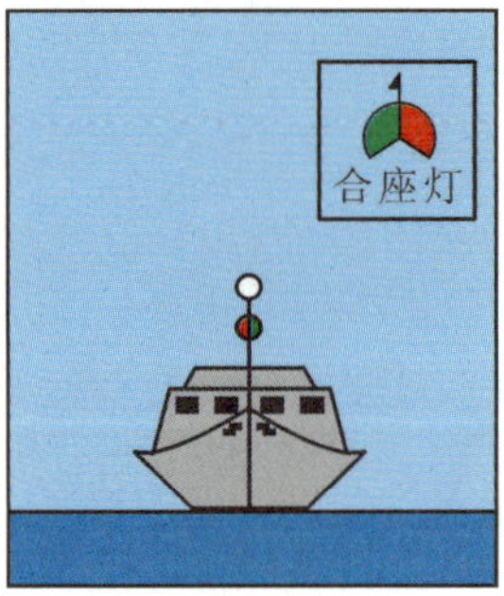

9. $L < 7$m 且 $v \leqslant 7$kn 侧视图

二、拖带和顶推(第二十四条)

1. 机动船拖带时

(1) $L \geqslant 50$m,
拖带长度 $S > 200$m

(2) $L < 50$m, $S \leqslant 200$m

(3) $S > 200$m

2. 组合体 $L \geqslant 50\text{m}$

3. 机动船顶推时

(1) $L \geqslant 50\text{m}$

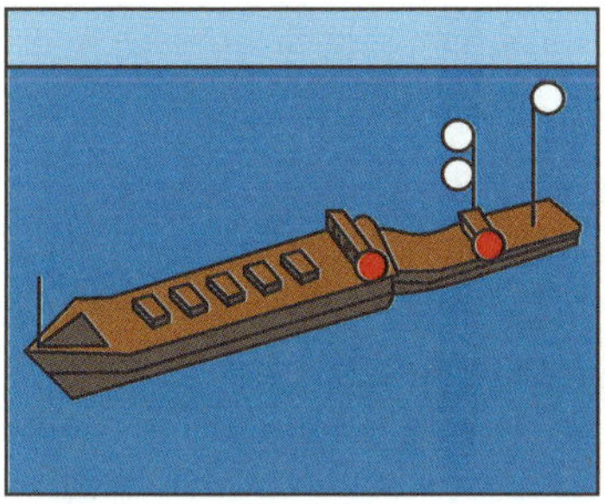

(2) $L < 50\text{m}$

4. 机动船旁拖时，$L < 50\text{m}$

5. 一艘通常不从事拖带作业的船舶从事拖带另一遇险或需要救助的船舶

6. 一不易察觉的、部分淹没的被拖船舶或物体或者这类船舶或物体的组合体

(1) $b_{被拖}<25m$

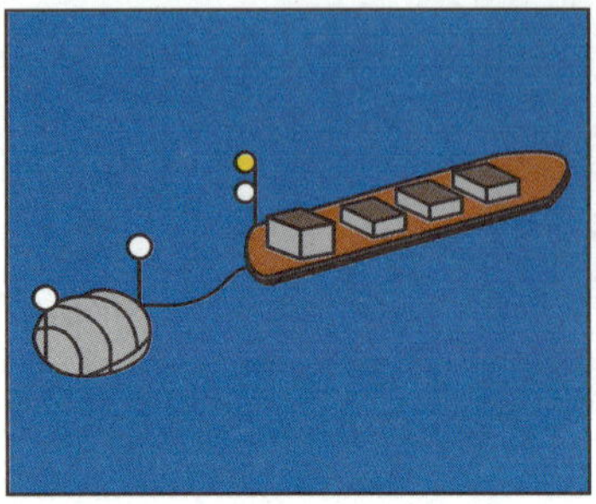

(2) $b_{被拖}\geq 25m$

(3) $S>100m, b_{被拖}\geq 25m$

(4) $S>200m$

三、在航帆船和划桨船（第二十五条）

1. 在航帆船

(1) $L\geq 20m$

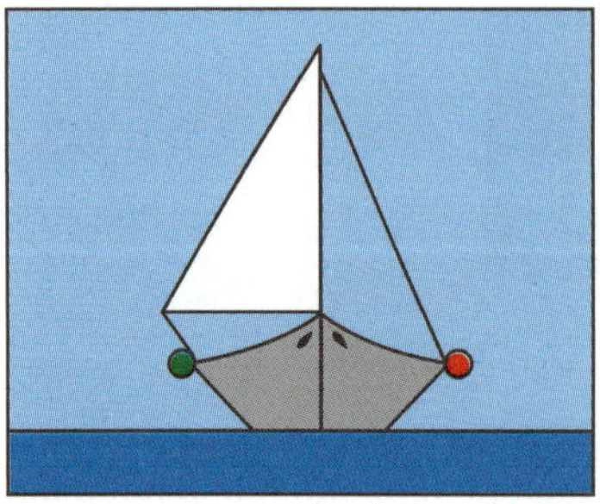

(2) $L\geq 20m$

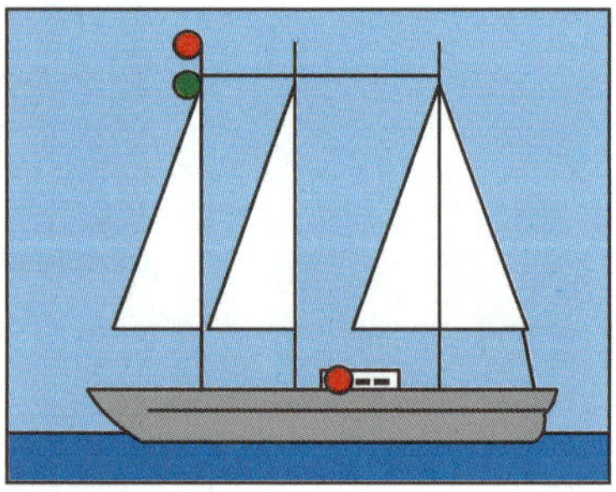

(3) $L<20m$

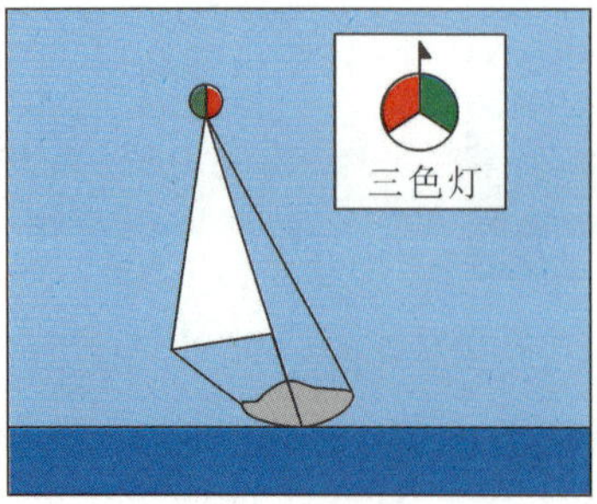

(4) $L<7m$

2. 机帆并用船

3. 划桨船

四、渔船(第二十六条)

1. 从事拖网作业的渔船

(1)$L \geq 50$m,对水移动

(2)$L < 50$m,对水移动

(3)$L < 50$m,不对水移动或锚泊

(4)拖网渔船,在航或锚泊

2.从事非拖网作业渔船

(1)$S_{\text{渔具外伸}}>150\text{m}$,对水移动

(2)$S_{\text{渔具外伸}}\leqslant150\text{m}$,对水移动

(3)$S_{\text{渔具外伸}}>150\text{m}$,对水移动

(4)$S_{\text{渔具外伸}}\leqslant150\text{m}$,不对水移动或锚泊

(5)$S_{\text{渔具外伸}}>150\text{m}$,在航或锚泊

3.在相互邻近处捕鱼的渔船额外信号

(1)拖网渔船额外信号

①从事拖网捕鱼放网时,$L\geqslant50\text{m}$

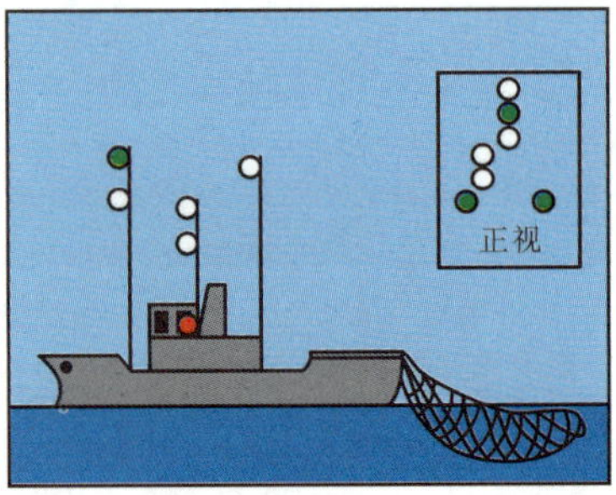

②从事拖网捕鱼起网时,$L<50\text{m}$

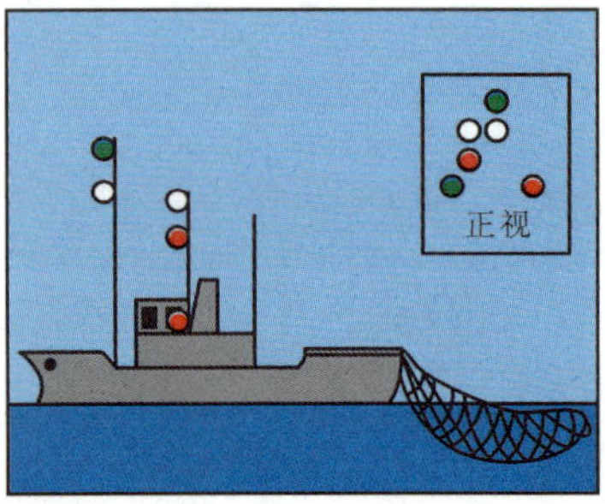

③从事拖网捕鱼网挂住障碍物时，$L<50\text{m}$

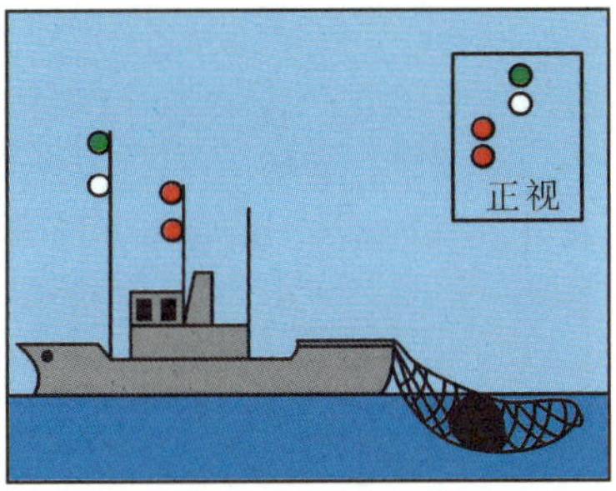

④对拖

⑤对拖放网(起网、网挂住)

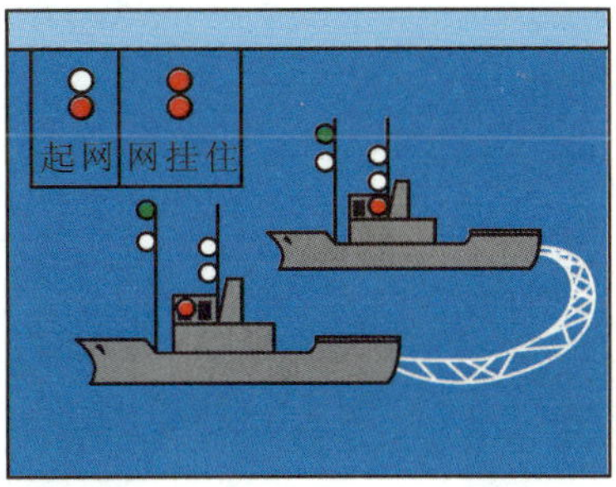

(2)围网渔船额外信号

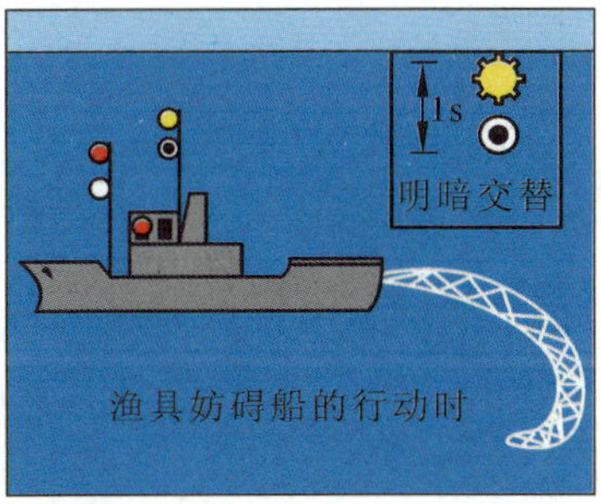

五、失去控制或操纵能力受到限制的船舶(第二十七条)

1. 失去控制的船舶

(1)$L\geqslant 12\text{m}$，对水移动

(2)$L\geqslant 12\text{m}$，对水移动

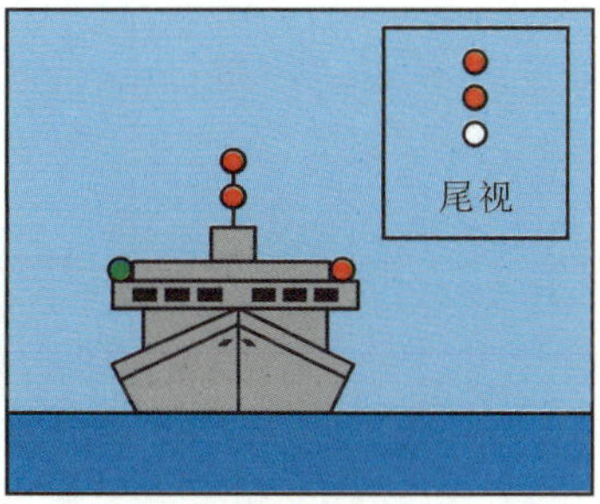

(3)$L\geqslant12$m,不对水移动

(4)在航

2.操纵能力受到限制的船舶(从事拖带、清除鱼雷、疏浚或水下作业的操限船除外)

(1)$L\geqslant50$m,对水移动

(2)$L\geqslant50$m,对水移动

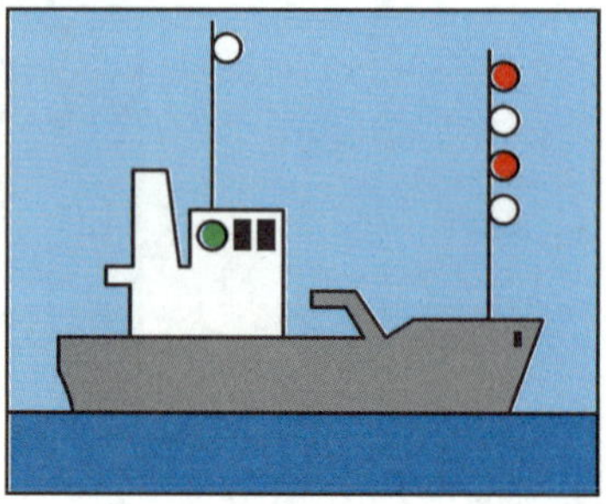

(3)$L<50$m,不对水移动
(锚泊时加锚灯)

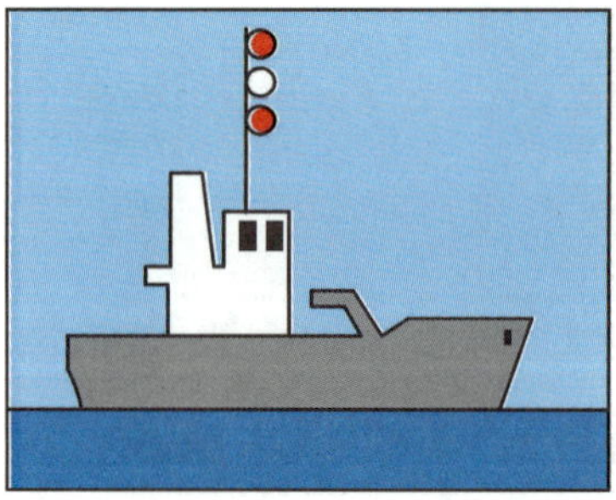

(4)在航

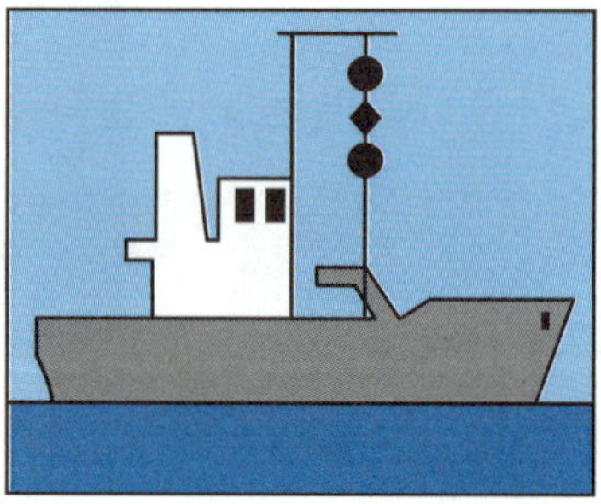

(5)锚泊

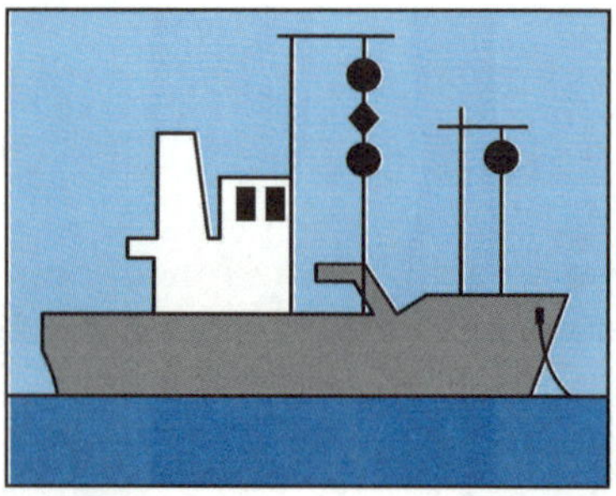

3. 从事拖带而驶离航向的能力严重受到限制的机动船

(1)$L<50$m,$S>200$m

(2)$S>200$m

4. 从事疏浚或水下作业的船舶操纵能力受到限制

(1)$L\geqslant50$m,对水移动

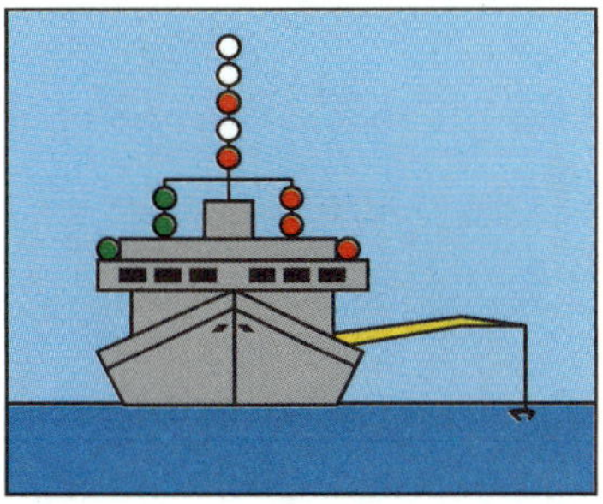

(2)12m$\leqslant L<50$m,对水移动

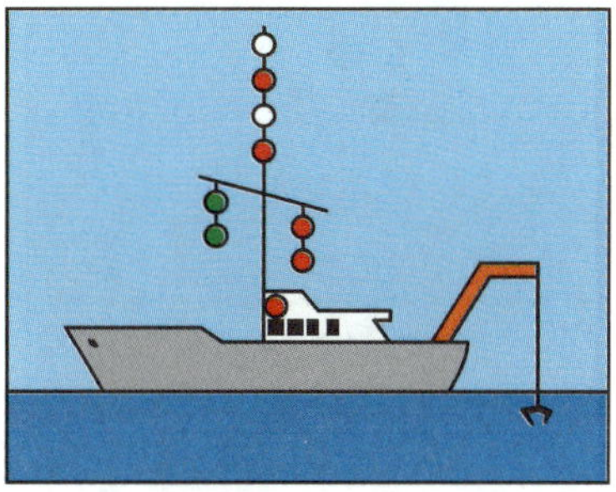

(3)不对水移动或锚泊

(4)在航或锚泊

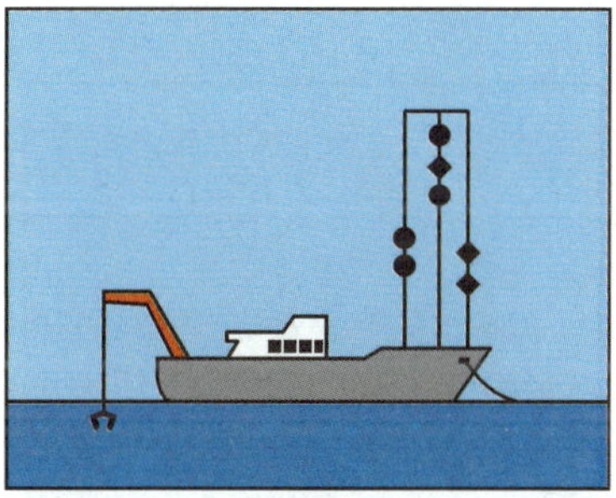

5. 从事潜水作业的船舶

6. 从事清除水雷作业的船舶

(1) $L<50$m

(2) 在航

(3) $L<50$m，锚泊

(4) 锚泊

六、限于吃水的船舶（第二十八条）

(1) $L\geqslant 50$m

(2) $L\geqslant 50$m

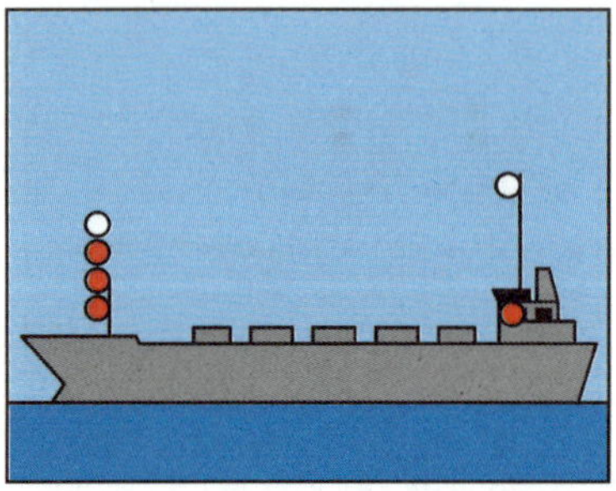

(3) $L\geqslant 50$m

(4) 在航

七、引航船舶执行引航任务(第二十九条)

1. $L \geqslant 20\text{m}$ 右侧视图

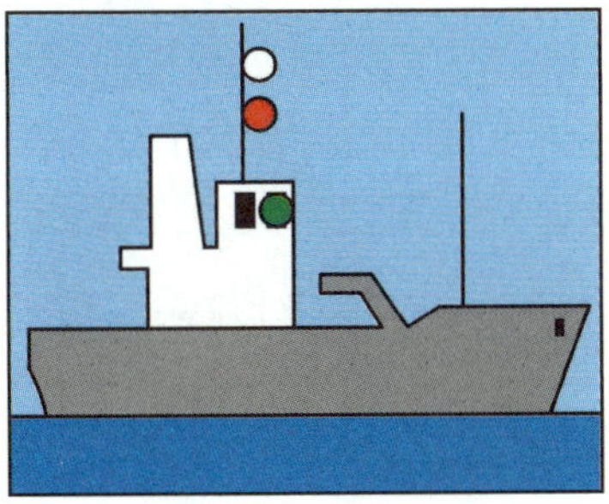

2. $L \geqslant 20\text{m}$ 正视图

3. $L \geqslant 20\text{m}$ 尾视图

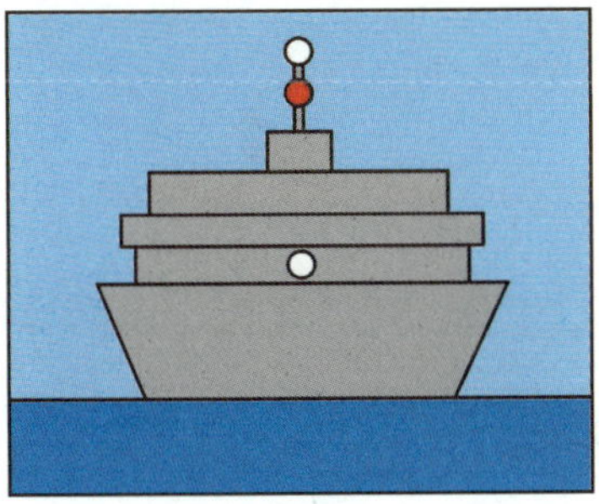

4. 锚泊($L < 50\text{m}$)

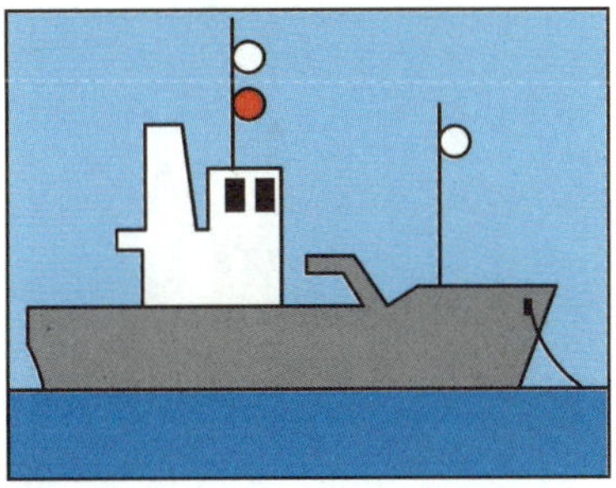

5. $L < 20\text{m}$

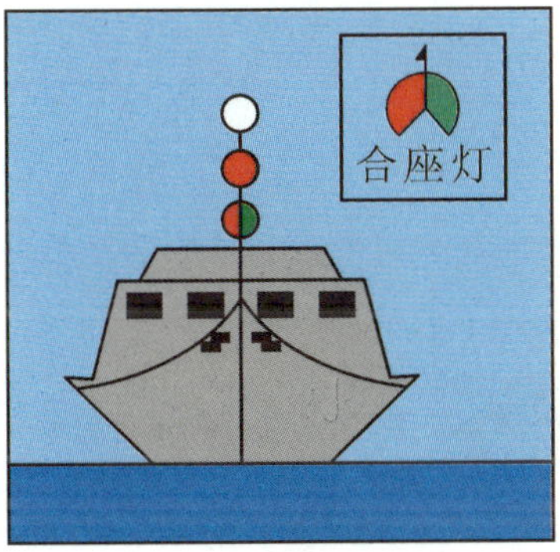

6. 锚泊

八、锚泊船舶和搁浅船舶(第三十条)

1. 锚泊船

(1)$L \geqslant 100\text{m}$

(2)$50\text{m} \leqslant L < 100\text{m}$

(3)L 不限

(4)$L<50m$

2. 搁浅船

(1)$L\geqslant 50m$

(2)$12m\leqslant L<50m$

(3)L 不限

九、水上飞机(第三十一条)

1. 水上飞机

2. 地效船

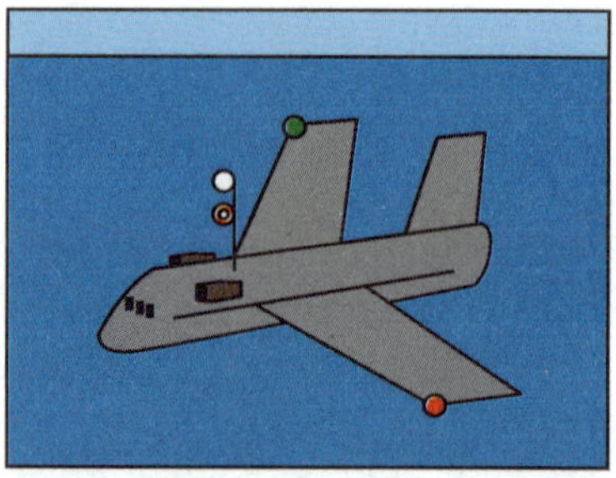

十、招引注意信号(第三十六条)

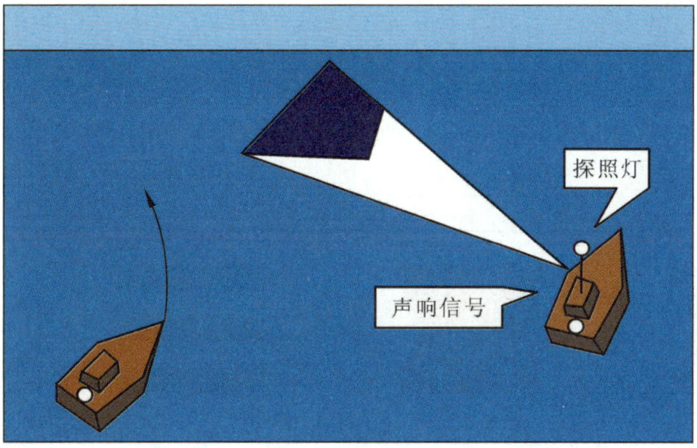

十一、号灯平面示意图

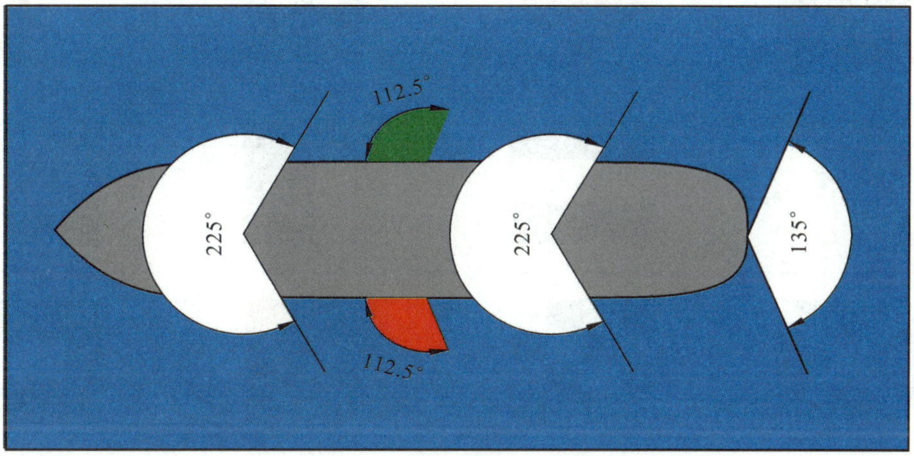

十二、号型尺寸示意图

号型尺寸图				
球体	圆锥体	圆柱体	菱形体	两个圆锥体 尖端对接
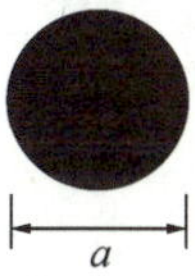	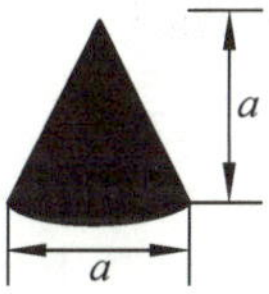	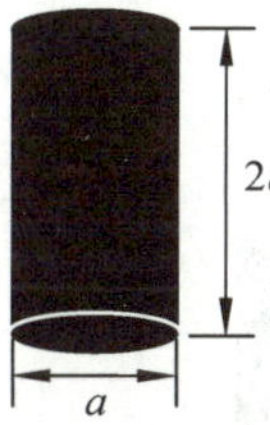	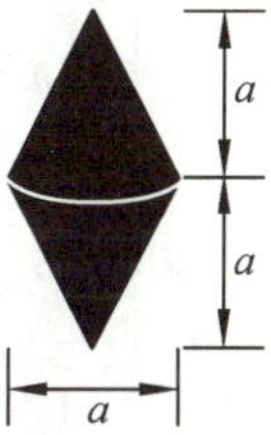	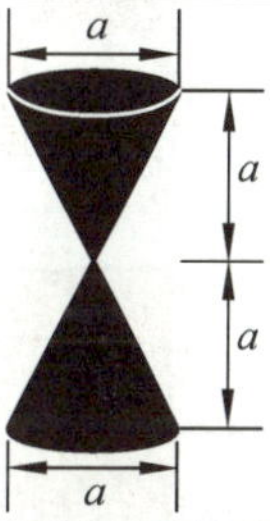
a=0.6m 及以上				

附录六　国际信号旗形状和颜色

一、字母旗

A		B		C		D	
E		F		G		H	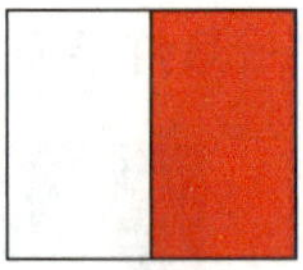
I	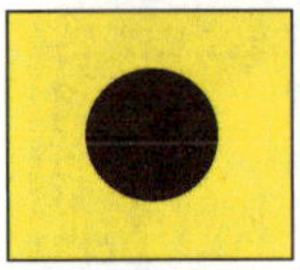	J		K		L	
M		N		O		P	
Q		R		S	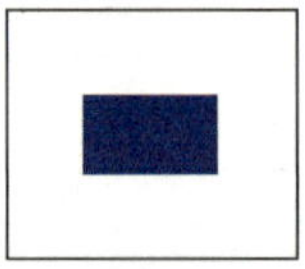	T	
U		V		W		X	
Y		Z					

二、数字旗、回答旗和代旗

1	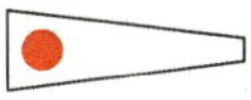	2		3	
4		5		6	
7		8	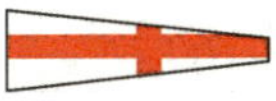	9	
0		代 1		代 2	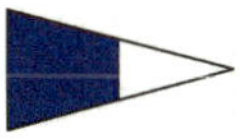
代 3	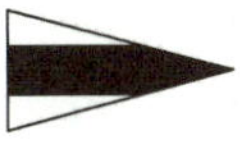	回答	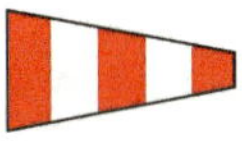		

三、单字母信号

A　I have a diver down, keep well clear at slow speed.
我下面有潜水员，请慢速远离我。

* **B**　I am taking in, or discharging, or carrying dangerous goods.
我正在装、卸或载运危险货物。

* **C**　Yes (affirmative or "The significance of the previous group should be read in the affirmative").
是(肯定或"前组信号的意义应理解为肯定的")。

* **D**　Keep clear of me; I am manoeuvring with difficulty.
请让开我；我操纵困难。

* **E**　I am altering my course to starboard.
我正在向右转向。

F　I am disabled; Communicate with me.
我操纵失灵；请与我通信。

* **G**　I require a pilot(When made by fishing vessels operation in close proximity on the fishing groups, it means"I am hauling nets").
我需要引航员(在渔场附近由正在作业的渔船使用时，它的意思是"我正在收网")。

* **H**　I have a pilot on board.
我船上有引航员。

* **I**　I am altering my course to port.

我正向左转向。

J　I am on fire and have dangerous cargo on board, keep well clear of me.

我船失火,并且船上有危险货物,请远离我。

K　I wish to communicate with you.

我希望与你通信。

L　You should stop your vessel instantly.

你应立即停船。

M　My vessel is stopped and making no way through the water.

我船已停,并已没有对水速度。

N　No (negative or "The significance of the previous group should be read in the negative". This signal may be given only visually or by sound. For voice or radio transmission the signal should be "NO").

不(否定或"前组信号的意义应理解为否定的"。这个信号仅可以用视觉或用音响信号发出。在用话音或无线电发送这个信号时应该用"NO"字)。

O　Man overboard.

有人落水。

P　In harbour. All persons should report on board as the vessel is about to proceed to sea(At sea. It may be used by fishing vessels to mean "My nets have come fast upon an obstruction").

在港内:本船将要出海,所有人员应立即回船(在海上:当由渔船使用时,意为"我的网缠在障碍物上")。

Q　My vessel is "healthy" and I request free pratique.

我船没有染疫,请发给进口检疫证。

* **S**　I am operating astern propulsion.

我的机器正在开倒车。

* **T**　Keep clear of me; I am engaged in pair trawling.

请让开我;我正在对拖作业。

U　You are running into danger.

你正临近危险中。

V　I require assistance.

我需要援助。

W　I require medical assistance.

我需要医疗援助。

X　Stop carrying out your intentions and watch for my signals.

中止你的意图,并注意我发送的信号。

Y　I am dragging my anchor.

我正在走锚。

* **Z**　I require a tug (When made by fishing vessels operating in close proximity on the fishing groups, it means "I am shooting nets").

我需要一艘拖船(在渔场附近由正在作业的渔船使用时,它的意思是"我正在放网")。

注释:

a. Signals of letters marked * when made by sound may only be made in compliance with the requirements of the International Regulations for Preventing Collisions at Sea, Rules 34 and 35.

有*符号的字母信号,仅在遵照《国际海上避碰规则》第三十四条和第三十五条的规定的情况下,才可以用声号发送。

b. Signals "K" and "S" have special meanings as landing signals for small boats with crews or persons in distress. (International Convention for the Safety of Life at Sea. 1974, Chapter V, Regulation16)

信号"K"和"S"如果作为乘小艇的遇险船员或人员的登录信号时,则另有专门的含义(《1974 年国际海上人命安全公约》第五章第十六条规定)。